이토록 지적인 산책

이토록 지적인 산책

On Looking
Eleven Walks with Expert Eyes

알렉산드라 호로비츠 지음
박다솜 옮김

나를 둘러싼 것들에 대한
끝없는 놀라움에 관하여

라이온북스

차례

프롤로그

우리는 보지만, 제대로 보지 못한다

잠깐! 지금 당신은 무언가를 놓쳤다. 당신은 현재 주변에서 일어나는 일 대부분을 놓치고 있다. 당신의 몸 안에서, 아득히 멀리서, 또는 코앞에서 펼쳐지는 사건들까지도 말이다. 친절하게도 이 책의 하얀 종이 위에 담긴 일련의 단어들에 주의를 기울이는 지금도, 모든 감각을 통해 쏟아져 들어오는 많은 양의 정보를 무시하고 있다. 형광등에서 나는 잡음과 커다란 방 안의 생활소음들. 의자에 닿은 등과 다리가 배기는 지점, 그리고 입천장을 건드리는 혀의 감촉. 어깨와 턱의 긴장감, 몸 안의 뜨겁고 차가운 부분들에 대한 온도 감각. 마지막으로 끊임없이 들려오는 도로의 소음과 먼 곳에서 기계로 잔디를 깎는 소리, 주변시야에 흐릿하게 포착된 당신의 어깨와 몸통, 벌레 우는 소리와 주방가전이 윙윙 돌아가는 소음까지.

그런데 이 모든 것들은 무시하고 사는 편이 오히려 유용하다. 사람들은 이런 능력에 찬사를 보내며 '집중력'이라는 이름을 붙였다. 우리가 이 책장에 어떤 문자들이 있다는 사실을 인식하는 데 그치지 않고 단어와 구와 그 의미를 이해할 수 있는 것은 이처럼 선택적으로 집중할 수 있기 때문이다. 집중력은 우리의 모든 행동에 활용된다. 아주 복잡한 행동뿐 아니라 대수롭지 않은 행동을 할 때도 마찬가지다. 어딘가로 오가는 일, 예컨대 길을 걸어 출근하거나 가게에 가거나 학교에 가는 일은 놀라울 정도로 기억에 남지 않는다. 관심을 쏟을 만한 사건이 일어나지 않았기 때문은 아니다. 애초에 집중할 대상이 아니었기 때문에 잊히는 것이다. 우리는 걷는 동안 전화를 하고, 저녁 반찬을 고민하고, 옆 사람 얘기를 듣고, 머릿속에서 할 일들을 점검하다가 세상이 마련해둔 볼거리들을 그냥 지나쳐버린다. 눈앞에 펼쳐진 평범한 풍경 곳곳에 숨겨진 놀라운 요소들을 발견할 가능성을 놓치는 것이다.

그렇다면 매일같이 반복되는 길 위에서의 시간을 좀 더 '잘' 보내는 방법은 없을까? 내게 이런 생각을 처음 불어넣은 건 바로 개였다. 털이 부숭부숭하고 눈이 커다랗고 코가 예리한 개 한 마리가 삶에 들어오면, 자연스레 산책이라는 걸 하게 된다. 그중에서도 이른바 '동네 산책'을 자주 하기 마련이다. 개 두 마리와 함께 지낸 지난 30년 동안 나는 언제나 전형적인 도시 마을에 살았다. 길을 쭉 걷다가 세 번 오른쪽으로 꺾으면 곧장 집 앞에 다다르게 되는, 구획이 딱딱 나뉜 동네 말이다. 또 보도가 깔린 자그마한 동네에도 살았었고 보도가 없는 언덕배기 동네에도 살아보았다. 그런데 이 '동네'라는 개념은 시시때때로 변했다. 가볍게 동네 한 바퀴 돌자고 나간 것이, 개에 이끌려 엉뚱한 곳으로 가버리는 경우가 종종 생겼다. 동네 산책으로 시작한 게 그만 도심 공원 일주가 되어버린 적도 있었다. 우리는 골짜기를 우왕좌왕 헤매며 지나갔고 고속도로변을 잰걸음으로 달렸다. 어떤 날에는 마냥 걷다 보니 운 좋게도 좁은 숲길이 나오기도 했다.

산책하다가 툭하면 삼천포로 빠지기를 여러 번 반복하자, 나는 우리 개가 대체 무엇을 보고 어떤 냄새를 맡았기에 저 먼 곳으로 나를 이끄는지 궁금해지기 시작했다. 어디로, 어떤 방식으로 움직일 것인지를 두고 사소한 의견 충돌을 거듭한 지난 경험들에 비춰 보건대, 나와 개는 같은 동네에서 전혀 다른 경험을 한 게 분명하다. 평소 나는 몽유병자처럼 눈앞에 나타나는 것들에 조금도 신경 쓰지 않고 멍하니 거리를 활보했다. 내가 눈길을 던지고 주의를 기울이는 대상은 오로지 내가 이미 볼 거라고 예상하고 있던 것들뿐이다. 그런 내게 개가 깨달음을 주었다. 내가 한 가지에 주의를 기울이면서 필연적으로 그 밖에 모든 것을 무시한다는 사실을 알려준 것이다.

이 책은 이렇게 '주목받지 못한 것들'에 주목한다. 이 책은 톨스토이의 소설을 더욱 몰입해 읽는 법이나 배우자의 말을 더욱 성의껏 듣는 법을 다루지 않는다. 공개 강의에 참석했을 때 또는 할아버지의 소년 시절 모험담을 들을 때 졸지 않는 법을 다루지도 않는다. 운전하면서 GPS를 확인하는 동시에 오디오북에 귀를 기울이며 여덟 명이 참석하기로 한 저녁식사를 계획하는 방법을 알려주는 책도 아니다. 이 책에서 나는 내 자신의 감각을 깨우고자 했다. 그래서 동네를 걷는다는, 누구나 매일같이 하는 흔한 행위를 열두번이나 되풀이했다. 독특하고 개성 넘치는 전문적 시각을 지닌 사람들과 함께 각각 다르게 걸어봄으로써 우리가 평소에 쉽게 놓치고 사는 일상적인 요소들을 포착하려 했다. 우리는 동네 골목 골목과 그 안의 모든 것을 살아 움직이는 관찰 대상으로 삼아 일상의 세계를 탐사했다.

이런 탐사에서 익숙했던 것들은 낯선 면을 드러내고, 지겨웠던 것들은 신선하게 다시 다가온다. 나는 두 가지 요소를 활용해 탐사에 나섰다.

첫째는 사람이라면 누구나 타고난 것으로, 바로 앞에 있는 것을 보는 능력이다. 예컨대 이사를 한다고 치자. 처음에는 누구나 새 동네가 전에 살던 곳과 어떻게 다른지 알아보려고 눈을 크게 뜨고 모든 감각을 열어둔다. 나무 그늘이 더 넓게 퍼진다거나, 차가 더 많이 지나다닌다거나, 보도 폭이 더 좁다거나, 건물들이 길가에서 더 멀리 떨어져 있다는 것을 인식하기 위해서다. 그러나 이사하고 나서 같은 길을 거듭 걸어다니다 보면 예리하게 동네를 살피던 감각은 이내 잠들고 만다. 동네를 걸을 때 느끼는 시간 감각에도 변화가 온다. 주의를 기울이는 대상이 없으니 시간도 더 빠르게 흘러가는 것이다. 이렇듯 우리에겐 주목하는 능력이 있지만 그것을 잊고 잘 사용하지 않는다.

두 번째 요소는 개개인의 전문 분야를 활용한 것이다. 모든 사람의 시간에는 프랑스인들이 '직업적 왜곡déformation professionnelle'이라고 이름 붙인 특정한 편향성이 존재한다. 바로 모든 상황을 자신의 직업적 관점에서 바라보는 경향이다. 정신과 의사는 슈퍼마켓 계산대 점원에서부터 배우자에 이르기까지 자신이 마주치는 모든 사람에게서 병적 질환으로 진단할 수 있는 증상들을 읽어낸다. 경제학자는 커피 한 잔을 사는 단순한 행위에서도 거시경제 현상의 한 사례로 본다. 이런 전문가들은 디너파티에서는 기피 대상일지 몰라도 우리 프로젝트에서는 꼭 필요하다. 나름의 방식으로 대상을 보고 사람의 행동양식이나 사회적 상호작용처럼 우리가 곧잘 간과하는 것들에 주의를 기울이게 해주기 때문이다.

나는 대도시 뉴욕에서 살고 근무하며 자연스레 도시의 활기 넘치는 생활방식에 매료되었다. 그래서 뉴욕을 비롯한 몇몇 도시의 평범한 동네 길을 탐사 지역으로 선택했다. 내 산책의 동반자들은 자신만의 분명한 '시각'으로 세상을 보는 사람들이었다. 시각에는 여러 종류가 있다. 가령 의사라는 직업처럼 교육을 통해 단련된 시각이 있고, 곤충을 찾아다니거나 글씨체를 연구하는 등 취미와 개인적인 열정으로 예민하게 다듬어진 시각도 있다. 마지막으로 어린아이와 시각장애인, 개처럼 존재 자체의 특성에서 비롯된 독특한 시각도 있다. 그럼, 이제부터 나와 함께 열한 번의 동네 산책에 나선 '관찰 전문가'들이 들려준 이야기를 펼쳐 보이겠다. 아니다, 열두 번의 산책이라 해야 맞을 것이다. 맨 처음에 나 홀로 나선 산책도 포함해야 할 테니까. 나는 산책 동반자들에게서 보는 법을 훈련받기 전에 나 혼자 힘으로 무엇을 보았는지를 우선 기록해두고 싶었다.

혼자 첫 산책을 떠난 아침, 문밖으로 한 발짝 내디뎠을 때 공기는 이미 촉촉이 젖어 있었다. 내가 처음 걷기로 한 곳은 우리 동네다. 여기를 선정한 것은 어느 모로 보나 평범하기 짝이 없는 동네라는 점 때문이다. 나는 어느덧 이 동네를 꽤 좋아하지만, 돌이켜보니 동네에 정을 붙여가는 동안 이곳에 어떤 것들이 있는지 제대로 살펴본 적이 거의 없었다. 그럼에도 나는 우리 동네를 훌륭하게 묘사할 수 있을 거라고 자신했다. 사실 내 눈이 전적으로 아마추어라고 할 수는 없다. 동물의 행동을 연구하는 직업이라 지금껏 자세히 관찰하는 방법을 자주 사용했고, 이번 산책에서는 의식적으로 더 많은 것에 시선을 던지려고 노력할 테니 말이다. 나는 오늘 보게 될 장면들을 나중에 다시 떠올려볼 요량으로 한 손에 기자수첩을 들고 천천히 걸음을 내디뎠다.

처음으로 눈에 띈 것은 도로 연석 옆에 놓인 쓰레기봉투였다. 한때 사적인 내용을 담고 있었을 종이들이 곱게 갈려 통명한 재활용봉투 속에 담겨있었다. 기다란 줄을 목에 비끄러맨 비글 한 마리가 잰걸음으로 지나가다가 쓰레기더미 위로 소변을 갈기며 버릇없이 영역 표시를 했다.

나는 가로수 발치에 꽃 몇 송이가 피어 있는 것을 발견하고 수첩에 적었다. 하늘을 올려다보니 양옆으로 거대하고 침울한 아파트 건물 두 채가 버티고 서 있어서 내가 길모퉁이에 있다는 걸 알 수 있었다. 다시 시선을 땅으로 돌리니 연석을 따라 나란히 세워둔 차 사이로 휑하니 빈 공간이 눈에 띄었다. 순간, 저기 주차를 해도 되겠다는 생각이 스쳤다. 가까이에 있는 건물은 별다른 장식물 없이 단지 파이프 두 개만 눈에 들어왔다. 하나는 흔해빠진 수도관이고 다른 하나는 작달막하고 머리가 두 개 달린 수수께끼 파이프였다. 그러나 나는 더 살펴보지 않았다. 마침 어린애 하나가 종종걸음으로 옆을 지나갔고 개를 산책시키는 사람들도 몇몇 내 뒤편의 공원을 향해 스쳐지나갔다.

산책하는 사람들은 말없이 걸음을 내디뎠고 개들도 아무런 소리를 내지 않았다. 들리는 것은 오직 에어컨이 윙윙대는 소음뿐이었다. 현관 앞으로 층계가 우아하게 휘어진 예쁘장한 적갈색 사암 건물 한 채가 커다란 석조 건물과 붉고 흰 벽돌 건물들 사이에 들어서 있었다. 나는 하늘을 거의 올려다 보지 않았다. 땅만 해도 볼 게 넘쳤기 때문이다. 이 동네 건물들은 저마다 앞에 쌓아놓은 쓰레기봉투로 개성을 뽐내고 있는데, 봉투에는 으레 무언가 삐져나와 있었다.

어떻게 튀어나왔는지 도무지 알 수 없는 면봉, 닭 뼈, 구겨서 뭉친 이런저런 종이들까지. 걸어가다 면봉을 하나 더 발견하고 나는 이웃 주민들의 귀 건강 상태에 의문을 품기 시작했다. 걸어갈수록 쓰레기더미는 점점 더 지저분하게 쌓여 있었다. 보도가 좁아져서 그렇게 보였는지도 모른다. 어쩌면 둘 다일 수도 있고. 다른 행인이 지나갈 수 있도록 길을 비켜주느라 나는 건물 벽에 움푹 파인 조그만 공간에 몸을 구겨 넣다시피 했다. 어쩌면 앉아서 쉬다 가라고 만들어둔 공간이었을지도 모르지만, 대못이 주르르 박혀 있는 탓에 거기 앉지는 않았다.

곧이어 다다른 사거리에는 양방향 차로인 브로드웨이 대로가 나 있다. 나이가 지긋한 신사 한 분이 두 차선을 한 번에 건너지 못하고 중앙선 위에 서 있었다. 다시 길을 건너기 시작한 신사의 발걸음은 불안하기 짝이 없어서 나는 그의 진로를 방해할까봐 멀리 돌아갔다.

브로드웨이 대로를 건너 계속 동쪽으로 걸어가자 골목 안쪽에 상점 몇 개가 보였다. 작은 식료품점 문 앞에 짓밟힌 담배꽁초가 가득 쌓여 있었다. 입구에 기다란 차양을 드리운 미용실은 어울리지 않게 격식을 차린 느낌이었다. 길 끝에서는 차들이 줄줄이 방향을 돌리고 있었다. 주차공간으로 들어갔다가 방향을 바꿔 나오는 차가 있는가 하면 부주의하게 길 위에서 후진하는 차도 있었다. 어디선가 쓰레기 냄새가 났다. 쓰레기 트럭이 수집한 쓰레기를 으깨서 분쇄하는 소리가 공중에 떠돌았다. 길바닥에는 소스를 묻힌 스파게티 한 덩이가 햇살 모양으로 엎질러져 비둘기 한 떼의 이목을 끌고 있었다. 쓰레기 트럭은 눈에 띄지 않았다. 그러나 보도에서 차도까지 점점이 떨어진 쓰레기들은 하나의 길을 형성하며 그 동네 주민들의 식사, 씻는 습관, 원치 않은 기억들을 모두 내보이고 있었다.

나는 성마른 운전자들을 지켜보았다. 눈을 부릅뜬다고 해서 장애물이 사라지는 것도 아닌데, 그들은 모두 기를 쓰고 앞만 쳐다보고 있었다. 운전자들을 쳐다보다가 거리의 마지막 건물에 다다른 나는 오른쪽으로 길을 틀어 또다시 번화한 대로를 걷기 시작했다. 도로에 초록불이 들어올 때마다 빽빽이 들어찬 자동차들이 파도처럼 시 외곽으로 빠져나가기를 반복했다. 대로변 건물의 1층마다 늘어선 상점들은 아직 이른 시각이라 셔터가 내려진 상태였다. 피자집과 세탁소는 아무런 개성 없이 십사리 기억에서 지워질 게 뻔한 간판을 내걸고 있었다. 나는 수첩에 메모를 끼적이다가 다음 골목 어귀에 무엇이 있는지를 놓쳤다. 하지만 가로수가 울창한 것이, 적어도 반 이상은 그늘 져 있는 골목처럼 보였다. 나는 그리로 들어섰다. 새로 깔아 색이 유달리 시커먼 아스팔트가 아침 햇볕에 뽐내듯 번들거리며 신발 밑창에 쩍쩍 들러붙었다. 저 앞에 영화 촬영용 세트 트럭이 보였고 곧이어 그쪽에서 나는 소리도 들려왔다. 그날 하루, 이 골목은 자신의 모조품을 만들려는 사람들에게 점령당했다. 그리고 문제의 트럭은 본질을 알기 어려운 인간 행동의 중추 역할을 맡고 있었다. 트럭 꽁무니에 주차해둔 바퀴 달린 수레에는 철제 막대기 더미와 봉이 잔뜩 걸린 선반, 층층이 쌓인 발판들이 작업에 투입될 준비 태세를 갖추고 있었다. 호기심에 찬 구경꾼 무리가 사암으로 지은 건물 현관의 계단 위에서 아침 시간을 흘려보내고 있었다.

거리의 주택들은 저마다 한두 가지 눈에 띄는 특징이 있다. 한 건물의 굳게 닫힌 문 앞 계단 위에는 고무줄로 돌돌 말아 묶어둔 신문이 수북하게 쌓여 있었다. 매일 아침 배달된 신문을 누가 가져가지 않는다는 것에 벌써 몇 번이나 놀란 참이었다. 또 한 건물은 계단 위에 담쟁이덩굴이 희망찬 아치형으로 자라 있었다. 철제 울타리 아래로 쓰레기통을 줄 맞춰 나란히 진열해 놓은 건물도 보였다.

연석 위로는 영화 스태프들이 트럭을 대놓고 어슬렁거리고 있었다. 발전기가 굉음을 내며 돌아갔다. 스태프들은 옷에 배지를 달거나 헤드셋을 끼고, 이른 아침의 추위를 막기 위해 하나같이 담요 비슷한 것을 뒤집어쓰고 있었다. 그리고 다들 손에 커피 한 잔을 들고 있었다. 그들은 나를 빤히 쳐다보았다. 딱히 할 일이 없었기 때문일 것이다. 그러나 나는 동네에서 마주친 이웃들에게 으레 그러듯이, 짧고 예의 바른 눈인사를 보내고 바로 시선을 돌릴새도 없었다. 그 순간, 근처 식당에서 흘러나오는 냄새가 나를 사로잡았다. 아침식사 시간이었다. 옆에는 내가 들어가본 적 없는 교회가 여러 개의 문을 활짝 열어젖히고 마치 커다란 굴처럼 내부를 드러내 보이고 있었다. 마침 그 안에서 무릎까지 오는 반바지를 입은 남자들이 상자를 들어올리는 게 보였다.

사방이 요란스러운 가운데 쥐엄나무 한 그루가 부러져 있는 것도 눈에 띄었다. 최근에 불어 닥친 사나운 폭풍에 두 동강 난 가지가 줄기 옆으로 고꾸라져 난장판을 만들어놓았다. 행인들은 나무 둘레로 별 의미 없이 쳐놓은 경찰 통제선을 피해서 걸어다녔다. 길 저편에서 산들바람이 살랑 불어와 유혹의 손길을 건네기에 나는 반사적으로 그것을 따라 다시 브로드웨이 쪽으로 걷기 시작했다. 얼핏 오르막길인가 싶더니 곧 내리막길이 펼쳐지는 이 거리는 퍽 멋진 풍경을 자아냈다. 쌍둥이처럼 닮은 집들이 조금씩 다른 높이로 나란히 선 모습이 흥미로웠다. 어떤 건물 2층에서 늙은 개 한 마리가 발코니 창살 사이로 고개를 빼고 나를 물끄러미 내려다보았다. 머리 위로 두 귀가 우아하게 달랑거리고 있었다. 내가 인사를 건네자 녀석은 꼬리를 흔들었다.

이 거리에서 가장 시선을 잡아끄는 것은, 뉴욕에서는 몹시 이례적이라고 할 수 있는 단독주택이다. 그 집 담장 뒤에서 갑자기 다람쥐 한 마리가 튀어나와 멈칫멈칫 길을 건넜다. 녀석은 자동차 아래에서 잠시 숨을 고르고는 쪼르르 길로 달려나오더니, 길 한가운데에서 순간 주춤거리다가 곧 덤불 속으로 사라졌다. 나는 단독주택의 대문 쪽을 향해 마지막 골목을 꺾어 들어갔다. 대문 위에는 돌사자 한 쌍이 절대 행차하지 않을 왕족을 끈덕지게 기다리고 있다. 현관 앞 첫 번째 계단에는 털이 부숭부숭하고 머리에 무시무시한 초록색 뿔 네 개를 왕관처럼 얹은 애벌레 한 마리가 게으르게 몸을 꿈틀대며 전진하고 있었다. 그러나 아무래도 방향을 잘못 잡은 것 같았기에 나는 녀석을 손가락 위에 태워서 근처의 나무 화분에 놓아주었다. 이윽고 우리 집 현관에 도착했다. 문 앞에 놓여 있어야 할, 고무줄에 묶인 신문은 누가 훔쳐 가고 없었다. 나는 열쇠로 문을 열고 집으로 들어갔다.

✷

나는 '가장 전형적인 동네 산책'을 하겠다는 목표를 의식한 나머지 평소보다 자의식이 충만한 상태로 현관을 나섰다. 나자신의 천진난만한 모습을 한껏 즐기는 한편 스스로 몰랐던 신비로운 관찰력을 발휘하게 될지도 모른다는 기대를 품고 말이다. 어쨌든 나는 직업상 관찰을 하는 사람이다. 개를 관찰하는 기술은 내 행동을 관찰하는 데에도, 그리고 확신컨대 우리 동네를 관찰하는 데에도 적용할 수 있을 터였다. 친구들에게 달갑지 않은 지적을 할 때마다 '관찰력 한번 뛰어나다'는 말을 듣지 않았던가?

그래서 집에 돌아왔을 때 나는 자신에게 그리고 이번 산책에 퍽 만족했다. 우리 동네에서 중요한 것은 전부 눈에 담아왔다고 자신했다. 나는 차 한 대도 허투루 보내지 않았고 건물 하나하나에 눈길을 던졌다. 오늘 훑어본 가로수 이름까지 알고 있었다. 행인들을 빤히 쳐다보았고, 용감무쌍한 다람쥐 녀석을 관찰했고, 털이 난 애벌레의 행동을 엿보았다. 이렇게나 의식적으로 온갖 것을 쳐다보았는데 무엇을 놓칠 수 있었겠는가?

그러나 앞으로 서술하겠지만 이 산책에는 이런저런 한계가 있었다. 알고 보니 나는 거의 모든 것을 놓치고 있었다. 다른 열한 명과의 산책들을 마친 뒤 나는 기분 좋은 탄성을 지르는 한편, 나의 평범한 시각의 한계를 깨닫고 코가 납작해지고 말았다. 그나마 위안거리가 있다면 나의 이런 부족함이 지극히 인간적인 특성이라는 점이다. 우리는 보지만, 제대로 보지 못한다.

우리는 눈을 사용하지만, 시선이 닿는 대상을 경박하게 판단하고 스쳐 지나간다. 우리는 기호를 보지만 그 의미는 보지 못한다. 남이 우리를 보지 못하게 하는 게 아니라 우리 스스로 보지 못하는 것이다. 즉, 내게 부족한 것은 집중력이었다. 그저 충분히 집중하지 못한 게 문제였다. 주의를 기울인다는 것은 일견 단순해 보이지만 그 방식은 천차만별이다. 아이들이라면 모두 선생님 또는 부모님으로부터 집중하라는 타이름을 받아본 적이 있을 것이다. 하지만 '어떻게' 집중하는지는 아무도 가르쳐 주지 않는다.

집중이 상당히 고된 일이라는 것에는 누구나 동의할 것이다. 19세기 독일의 정신물리학자인 구스타프 페흐너Gustave Fechner는 집중할 때 몸에서 특정한 느낌을 받는다고 주장했다. 무언가를 볼 때는 '안구가 앞쪽으로 쏠리는 듯한 긴장감'을, 무언가를 들을 때는 '귀가 옆으로 쏠리는 듯한 긴장감'을 느낀다고 했다. 미국 현대 심리학의 아버지인 윌리엄 제임스William James는 어떤 기억에 집중할 때 마치 머릿속 뉴런 다발에 주의를 쏟는 것처럼 '안구가 실제로 바깥쪽과 위쪽으로 향하는 것'을 느꼈다고 한다. 집중에 대한 대중의 인식을 조사한 심리학자들은 선생님이 학생들에게 그림에 집중하라고 할 때 '카메라로 보는 것처럼 그림을 가만히 보라'고 지시한다는 것을 알게 되었다. 이렇듯 집중한다는 것 또는 주의를 기울인다는 것은 이마 근육을 위로 올려 주름살을 만드는 행위로 간주된다. 가만히 앉아서, 눈을 깜박이지 말고, 집중하라.

어려운 문장을 읽고 있을 때, 또는 트럭이 굉음을 내며 지나가는데 귓속말로 비밀 이야기를 듣고 있을 때, 당신은 페흐너와 제임스가 기술한 바와 같이 빠르게 정신을 긴장시킬 것이다. 우리는 집중할 때 특유의 자세를 취한다. 무언가를 읽을 때는, 인상을 살짝 찌푸리고 글자에 초점을 예리하게 맞추기 위해 눈을 가늘게 뜬다. 무언가를 들을 때는, 말하는 사람 쪽으로 몸을 기울이고 시각적 방해를 피하기 위해 아래쪽을 쳐다보며 입은 약간 벌어지게 놔둔다. 동시에 발 근육을 수축시키거나 손가락을 말아 약하게 주먹을 쥐거나 어깨를 방어적으로 움츠리는 등 어떤 식으로든 몸을 긴장시킨다. 근육을 움직이는 소리에 속삭임이 묻힐 것을 염려하기라도 하는 것처럼, 청각에 집중하고 있을 때 우리는 놀라울 정도로 몸을 움직이지 않는다.

이는 한순간의 집중을 위해서는 썩 괜찮은 방법이지만 일상에서 집중력을 높이는 데는 별 소용이 없다. 일상의 집중력을 향상시키려면 우선 집중이 무엇인지부터 알아야 한다. 사실 집중이라는 개념 자체가 퍽 얄궂다. 집중은 능력일까, 경향일까, 기술일까? 뇌 안의 어떤 덩어리 안에서 처리되는 걸까, 아니면 눈과 귀를 통해 처리되는 걸까? 심리학자들도 이런 궁금증에 명확한 답을 제시하지 못한다. 우리는 집중이라는 단어를 사용하는 데 익숙해서 누가 집중에 대해 얘기하면 별생각 없이 고개를 끄덕여준다. 하지만 신체 어느 부분에서 일어나는지도 알지 못하고 그 정의조차 내릴 수 없는 개념에 대해 얘기를 나누는 것이 과연 마땅한 일일까?

"집중이 무엇인지는 누구나 안다." 한 세기도 전에 제임스가 단언했다. 맞는 말인지도 모른다. 하지만 그조차 자신의 심리학

저서에서 집중이 정확히 무엇인지 설명하고자 60페이지나 할애했다. 이는 주목할 만한 사실이다. 집중이 무엇인지 확신하지 못한다면 그것을 갈고닦는 일도 당연히 어려울 것이기 때문이다.

이를 설명하기 위해 심리학자들이 오랫동안 사용해온 모델이 바로 '스포트라이트 이론'이다. 흥미를 끄는 요소에 초점을 맞추고 관심을 쏟는 한편 나머지는 전부 어둡고 먼지 쌓인 구석에 내버려둔다는 것이다. 이 비유를 들을 때마다 나는 어두컴컴한 동굴 속에서 헤드라이트를 쓰고 있어 바로 코앞에 있는 것밖에 보지 못하는 탐험가가 된 기분이다. 그러나 집중을 스포트라이트에 비유하는 것은 잘못일지도 모른다. 우선 대다수 사람들은 주변 시야에 무엇이 있었는지 물을 때 대답할 수 있다. 이는 우연으로 치부할 수 없을 정도로 높은 확률이다. 또한 스포트라이트가 있는 것치고는 우리가 표면적으로 주의를 기울인 대상에서 놓치는 부분이 너무 많다.

집중에 대해 알아보려면 진화상의 문제들 가운데 집중으로 해결된 사례를 살펴보는 편이 나을 것이다. 첫 번째 문제는 이 세상의 본질에서 비롯된다. 세상은 우리의 주의를 산산이 흩뜨려놓는 것들로 가득 차 있다. 채도 높은 색깔, 그림자를 드리우는 커다란 물체, 빠르게 움직이는 것들, 가까이 다가오는 것들, 시끄러운 소리, 불규칙성 그리고 이런저런 냄새들. 이런 불협화음은 집 밖으로 한 발짝만 나가도 곧장 느낄 수 있다. 아파트 건물 바로 앞 보도에 가만히 서 있는 우리를 보고 누군가 "무슨 일 있어요?"라고 묻는다면 정확한 대답을 하느라 퍽 애를 먹을 것이다.

이런 식으로 말문을 열 수도 있다. "제 앞에 펼쳐진 근사한 색채들로 눈이 즐거워요. 말도 안 되게 커다란 석조 건물들이 제 주변을 둘러싸고 있고요. 도로에는 쇠와 플라스틱으로 만들어진 물체가 굉음을 내며 쏜살같이 달려가고 있군요. 표면이 부드럽고 불규칙적으로 움직이는 형체들이 저에게 가까이 왔다가 곧 지나쳐가곤 해요. 자그마하고 몸이 다부진 형체들이 제 머리 위 공중에서 움직이고 있고요. 어디선가 덜컹대는 소리가 들려오고, 표면이 부드러운 무언가가 간헐적으로 재잘대고, 석조 건물에서는 계속 윙윙대는 소리가 나요. 달콤하게 익어 썩어가는 냄새에 코가 이끌릴 듯 말 듯해요……." 하지만 우리는 그 대신에 이렇게 대답한다. "아무 일도 없어요."

실제로 우리는 대답한 바와 같이 거의 아무것도 알아차리지 못한다. 유아가 태어나자마자 맞닥뜨리게 되는 "웅성거리고 흐드러진 혼돈blooming, buzzing confusion"•에 대처하고자 사용하는 방법 중 하나가 바로 세상의 대부분을 의식에서 치워버리는 것이다. 나날이, 다달이 성장해가면서 우리는 혼돈에 대처하는 방법을 배운다. 해결책은 거의 신경을 쓰지 않는 것이다. 보도를 거닐 수 있을 정도로 자라고 나면 우리는 혼전을 벌이는 지각을 조직해서 덩어리진 물체로 인식할 수 있게 된다. 그리고 몇 년이 더 지나면 우리는 거리 풍경을 보면서 아무것도 눈에 담지 않는 법을 배운다.

두 번째 문제는 이처럼 세계의 대부분을 무시하고 있으면서도 우리가 한 번에 받아들일 수 있는 정보가 너무 적다는 것

• 미국의 철학자 윌리엄 제임스가 한 유명한 말.

이다. 우리 감각기관은 범위와 처리 속도에 뚜렷한 한계가 있다. 우리가 볼 수 있는 빛, 즉 가시광선은 태양의 스펙트럼 전체에 비하면 새 발의 피에 지나지 않고, 우리가 듣는 소리도 우리가 듣지 못하는 것을 포함한 전체 소리에 비하면 한낱 티끌일 뿐이다. 눈은 다른 감각기관과 마찬가지로 한 번에 한정된 양의 정보만 처리할 수 있다. 빛을 전기신호로 전환시키는 역할을 맡은 뇌세포들은 색소를 변화시킴으로써 임무를 수행하는데, 그 작업 중에는 빛을 더 받아들이지 못한다. 망막을 통과하지 못한 것은 우리가 볼 수 없다. 고도로 복잡한 뇌를 가진 우리는 거대한 병렬 분산 프로세서나 다름없지만 계산 능력에 한계가 있다. 세계 최고의 컴퓨터들은 (아직은) 인간처럼 생각하진 못하지만 정보처리는 훨씬 빠르다. 하지만 다행히도 세상에 존재하는 모든 것이 정보와 중요성의 측면에서 동등한 것은 아니다. 다시 말해 우리가 모든 것을 볼 필요는 없다는 뜻이다.

우리가 꼭 봐야만 하는 것들을 보여주는 시스템이 있다면 얼마나 좋을까? 사실 우리는 그런 시스템을 이미 갖고 있다. '집중'이라는 시스템이 그것이다. 불필요한 정보를 걸러내고 우리를 폭격해오는 시각적·청각적 자극을 분류해주는 이 시스템 덕분에 우리는 앞서 말한 문제들을 해결할 수 있다. 얼핏 보기에 세상의 물체들은 유순하고 사람의 시선이 자기 위에 한번 머물러주기를 하릴없이 기다리는 것처럼 느껴진다. 그러나 사실 물체들은 그 시선을 받기 위해 서로 경쟁하고 있다. 그리고 집중은 고의적으로 변명 한마디 없이 차별을 자행한다. 지금 당장 적절한 것이 무엇인지를 묻고 오직 그것에만 집중하도록 우리를 부추긴다.

우리가 수고를 무릅쓰고 시야에 들어오는 모든 요소를 분류하려는 이유는 무엇일까? 진화론적인 면에서 간단히 설명하자면, 어떤 것들은 먹을 수 있고 또 어떤 것들에게는 먹힐 수 있기 때문이다. 유기체는 가장 기본적인 수준에서 이 두 가지를 세상의 나머지 것들과 구분하는 능력이 필요하다. 실제로 단순한 유기체가 아는 것은 이 정도가 전부이다. 박테리아는 주황색 셔츠가 분홍색 바지와 끔찍이도 어울리지 않는다는 사실에 콧방귀조차 뀌지 않는다. 땀이 찬 발 냄새와 림버거 치즈 냄새의 차이는 미묘하지만 중요한 것이나(물론 치즈 상인이 아니라면 알아차리기 어렵다), 과감한 박테리아는 둘 중 어디든 상관 않고 기꺼이 자리를 잡는다. 사바나에서 생활하던 초기 인류에게는 사자와 같은 포식자를 감지하는 것이 지상 과제였을 것이다. 그 결과 사자가 다가오는지 망을 보다가 놈이 나타나면 달아날 수 있게 해주던 집중력의 일종, 즉 경계심이 현대 인간들에게도 아직 남아 있다. 조금 더 가까운 사례를 살펴보자. 현대인에게 필요한 것은 칵테일파티에서 열띠게 말을 걸어오는 사람에게 적당한 때마다 고개를 두어 번 끄덕여주면서 주변의 다른 대화 소리는 모두 걸러내는 한편, 자기 이름이 들릴 때마다 귀를 쫑긋 세우는 기술이다. 이런 작업을 가능하게 해주는 것은 집중력의 또 다른 종류인 선택적 집중력selective attention이다.

우리는 가능하면 집중력이 해야 할 일을 세계에 떠넘기려고 노력한다. 외부 세계를 바꿈으로써 집중을 불러일으키는 것이다. 책을 읽다가 핵심 단어들에 동그라미를 친다거나, 주목해야 하는 것에 밝은 색으로 표시해둔다거나, 좋아하는 나이프를 나이프 꽂이가 아니라 딱하게도 방어할 힘이 없는 숟가락들 사이에 꽂아놓는 것이 그 예이다. 그 덕분에 형광펜, 밝은 주황색의 원추형 교통 표지판, 그리고 진부한 주황색과 대비를 이룬다는 점에서 우위에 있는 형광 초록색 교통 표지판, 게시판에서 당신에게 윙크를 날리는 광고들은 모두 상업적 성공을 거두었다.• 실제로 시각적 장면에서 예상치 못한 요소가 나타나면 그 특이함 때문에 몹시 눈에 띄어 다른 것에 대한 표지로 쓸 수 있다. 예를 들어 빨래를 해야 한다거나 어머니에게 전화를 드려야 한다는 것과 같은 무형의 일을 알리는 기능을 할 수도 있다. 이게 우리가 무언가를 기억하기 위해 손가락에 실을 묶어두는 이유이다. 실을 보면 실에 대한 생각에 빠져드는 대신 기억해야 할 대상이 있다는 것을 떠올릴 수 있기 때문이다. 하지만 이 방법을 지나치게 많이 쓰면 손가락에 실이 묶인 상태에 익숙해진다. 그렇게 되면 실은 더 이상 아무런 기능도 하지 못하게 된다. 그저 매듭을 묶을 일이 있을 때 요긴하게 쓰일 뿐이다.

가장 효과적인 집중은 보통 위에서 내려온 명령, 즉 뇌에서 비롯된다. 뇌는 항상 손가락에 실을 묶어두고 있으며 실 한 토막도 함부로 버리는 법이 없다. 어떤 순간에 당신이 지금 무엇을 하고 있는지 속으로 되뇌어보면 그 순간 시야에 들어오는

• 아이가 태어나고 우리 집 방바닥이 목제 장난감과 삑삑 소리를 내는 공, 플러시 천으로 만든 동물 인형을 마음껏 올려둘 수 있는 캔버스로 변질되기 이전에 내가 쓰던 방법은, 다음날 가지고 나가야 하는 물건을 현관 앞에 두는 것이었다. 그러면 뭔가 기억해야 한다는 것 자체를 까맣게 잊고 있다가도, 아침에 문을 나서기 전에 현관 앞에서 얌전히 기다리는 물건을 배낭에 챙겨 넣을 수 있었다.

것이 달라질 것이다. 즉, 자신이 칼을 찾고 있다는 것에 확실히 주의를 기울이면 칼을 더 쉽게 찾을 수 있다는 말이다.

기본적인 수준에서 주의를 기울인다는 것은 매 순간 우리를 폭격하는 자극 전체에서 몇 가지를 선별해내는 작업일 뿐이다. 그러나 이 작업은 뇌의 지시가 있어야 한다. 지금 이 글자들을 읽고 있다는 것은 당신의 정신 범위를 이 책장 위의 단어들로 좁히고 있다는 뜻이다. 다른 시각·청각·후각적 자극과 여러 생각들도 여전히 당신의 정신적 뷰파인더 주변을 맴돌고 있다. 우리의 정신 범위 안으로 들어오기 전까지 그것들은 우리가 의식하지 못하는 집중의 하위 차원에 있다. 주목받을 만반의 준비를 하고 있지만 보나 마나 금세 잊히고 말 것이다. 당신은 오늘 저녁에 이 책을 읽었던 것을 떠올리면서도 그 왼쪽이나 오른쪽에 무엇이 있었는지, 책장 위 시야에는 무엇이 들어왔는지를 기억하지 못할 것이다. 머릿속에서 맴돌던 멜로디 그리고 독서의 배경음악이 되어준 낮은 발소리와 자동차 소음도 기억하지 못할 것이다.

심리학자들은 이와 같이 지각에서 어떤 분야를 강화시키고 나머지를 억누르는 것을 선택적 강화Selective enhancement라고 부른다. 동네를 주의 깊게 살펴보려는 나의 시도 역시 이런 접근법을 따르고 있다. 내 산책의 동반자들은 우리를 위해 각각 자신의 전문 분야를 선택적으로 강화해줄 것이다. 다시 말해 그들은 세상에서 또렷이 볼 수 있지만 우리는 무시해버렸던 부분, 또는 우리가 볼 수 있다는 것 자체도 알지 못했던 부분을 강조해줄 것이다.

✶

나와 함께 산책을 나선 사람들이 모든 것을 보았다는 말은 아니다. 실제로 내가 집중 분야에서 세계 최고로 불리는 과학자와 함께 산책을 나섰을 때, 그녀는 발밑에 있던 60달러를 그냥 밟고 지나갔다.

못 보고 지나친 것이다!

반 발짝 뒤에 서서 그걸 지켜본 나는 깜짝 놀라 눈썹이 저절로 올라갔다. 집중에 대해 골똘히 연구하는 그녀는 이 동네를 한 바퀴 돌아보려고 아침 일찍 기차에 올라 낯선 도시까지 찾아왔다. 우리는 조금 전에 평범한 일상에서 새로운 것에 주의를 기울이며 적극적으로 집중하는 것을 뜻하는 심리학적 개념인 '마인드풀mindful'에 대해 이야기를 나누었고, 이제 개들이 돌아다니는 평범한 동네를 걸으며 전형적인 일상에 뛰어들려는 참이었다.

하지만 주의를 기울여야 한다던 과학자는 부주의하게 지폐를 밟고 지나갔다. 그 장면을 목격한 것은 나와 심리학자의 개였다(개는 눈이 아니라 코로 알아차린 것 같았지만). 길바닥에는 누군가 잃어버린 20달러 지폐가 한 장 떨어져 있고 한 발짝 거리에 한 장이 더 있었다. 그 지폐 두 장 옆에 세 번째 지폐가 또 애처롭게 놓여 있는 것을 보고 나는 눈이 튀어나올 뻔했다. 욕심껏 사분의 일로 접어놓았던 자국이 서로 똑 닮아 있는 것을 보면 한 때 같은 주인에게 속했던 게 분명한 지폐들은 이제 제멋대로 구깃구깃 펼쳐져 있었다. 주머니에서 함께 딸려 나와 제각기 다른 속도로 추락해 땅바닥에 한 걸음씩 간격을 두고 떨어진 게 분명했다. 나는 그 자리에 멈춰 땅으로 손을 뻗었다. 그리고 전리품을 주워든 채 겨우 입을 열었다. "이것 좀 보세요!"

심리학자는 쫙 펼친 손바닥 위에 지폐가 놓인 것을 보고 활짝 웃었다. 개는 내 옆에서 아무 소리도 내지 않고 당당하게 서서 다만 코끝을 땅으로 향할 따름이었다. 그때 나는 생각했다. 잠깐, 내가 뭔가 또 놓친 걸까?

이 책에서 나는 동네를 걸으며 매일 코앞에서 놓치고 지나가는 것들이 무엇인지 찾아내려 한다. '동네'란 보도와 건물을 비롯해 거리 위 형체가 있는 것들과 그것들의 역사를 일컫는다. 이 산책들의 결과로 내가 얻은 것은 어떤 도시나 동네에 대해 석사 학위를 받을 수 있을 정도의 상세한 지식이 아니다. 하지만 나는 도시든 시골이든 상관없이 하나의 환경에서 볼 수 있는 것들이 얼마나 많은지 알게 되었고, 나를 둘러싼 것들에 대한 끝없는 놀라움을 다시 내 안에서 일깨울 수 있었다. 오직 관찰 전문가들과 아직 사람처럼 구는 데 익숙하지 못한 갓난아기들에게만 허락된 지각적 기술을 선물 받은 것이다. 어쩌면 당신도 이 책을 통해 당신 안에 숨어 있던 놀라움을 일깨울 수 있을지 모른다.

윌리엄 제임스가 말했다. 내가 무엇을 경험하느냐는 내가 어디에 주목하려 하느냐에 달렸다고. 그래서 나는 정신을 바짝 차리고 기분 좋게 첫 번째 동네 산책을 나섰다.

첫 번째
산책

아들 오그던과 함께

새로운 것을 사랑하는 병

"당신은 그저 보는 것만으로도 많은 것을 관찰할 수 있다."

— 요기 베라Yogi Berra

건물은 별다른 장식물 없이
단지 파이프 두 개만 눈에 들어왔다.
하나는 흔해빠진 수도관이고
다른 하나는 작달막하고 머리가 두 개
달린 수수께끼 파이프였다.
그러나 나는 더 살펴보지 않았다.

태어난 지 19개월 된 아들의 연약하게 구부린 손가락과 닳아빠진 모직 재킷 소매를 손에 잡고 길을 나선 나는, 우리 동네에 뾰족한 이등변삼각형이 여럿 있다는 것을 알게 되었다. 사실 내 세계의 개념적 기반은 삼각형을 마주치기 전부터 흔들리기 시작했다. 아니, 아들과 함께 산책을 나선 순간부터 내가 지금껏 거만했다는 것을 알 수 있었다. 내게 산책을 한다는 것은 너무 단순해서 기술할 가치조차 느끼지 못하는 일이었다. 하지만 걸음마를 뗀 지 몇 달 안 되는 우리 아이와 함께 나선 산책에서 걷기에 대한 나의 상식은 완전히 뒤집혔다. 먼저 내가 원래 걷기를 어떻게 이해하고 있었는지 기술해보겠다. 나는 걷는 것이 보도, 차도, 흙길 등을 통해 A 지점에서 B 지점으로 이동하는 행위라고 생각했다. 굳이 그럴듯한 '길'일 필요도 없다. 그저 발을 한 걸음씩 내디뎌 한 곳에서 다른 곳으로 갈 수 있으면 됐다.

하지만 이 생각은 완전한 오산이었다. 봄이 저물어갈 무렵의 늦은 오후, 우리는 동네 산책을 떠날 준비를 했다. 아들은 홀로 걷기 시작한 지 7개월이 되었지만 바깥에서, 그것도 혼자 힘으로 걷는 것은 자주 있는 일이 아니었다. 아이는 아직 작고 어려서 바깥을 돌아다닐 때면 아기띠로 엄마 배에 안기거나 아빠의 개조한 배낭에 업혀 있는 경우가 대부분이었다. 하지만 오늘은 아이가 나를 이끄는 날이다. 게다가 나는 아이 눈에 무엇이 보이는지 물어볼 작정이었다.

물론 아들의 대답은 어느 정도 번역을 거쳐야 알아들을 수 있다. '엄마' '까꿍' '아빠' '사과' 말고도 '배꼽' '헬리콥터' 같은 단어들을 좋아할 뿐 아니라 우리 술 진열장이 무너지는 것을 보고 깊은 인상을 받은 뒤로는 '대재앙'이라는 단어도 즐겨 쓰게 된 아들은 어휘 습득의 신동이라 할 수 있다. 하지만 말소리를 녹음했을 때 알아들을 수 있을 정도는 아니다. 그럼에도 아이는 언제나 의사소통을 하려 했다. 정교한 몸짓과 얼굴 전체를 이용한 표정, 미숙한 수화 그리고 감정이 그 애의 소통 수단이다. 이번 산책에서 나는 내가 150밀리미터 사이즈의 신발을 신고 있다고 상상하고, 아이가 관심을 보이는 곳으로 졸졸 따라다니며 그 애 눈높이에서 세상이 어떻게 보이는지 알아낼 것이다.

단추를 모두 채우고 지퍼를 올리고 매듭을 꼭 동여맸다. 우리는 몹시 들떠서 엘리베이터를 타고 1층으로, 아들이 소리친 대로 "바깥!"을 향해 나아갔다. 아이는 로비를 가로질러 아파트 현관으로 달려갔다. 유리와 쇠로 만들어진 묵직한 현관문은 아이의 자그마한 몸에 비하면 거대하기 짝이 없었다. 우리는 문이 얼마나 튼튼한지 음미하는 것처럼 느릿느릿 열었다. 그리고 서로의 손을 꼭 붙잡고 몸을 왼쪽으로 틀었다. 산책의 시작이었다.

그리고 우리는 바로 멈춰 섰다. 미처 몸을 완전히 틀기도 전이었다. 아들은 현관 제일 아래 계단에서 보도로 내려가는 도중에 몸을 쪼그리고 멈춰 서 있었다. 젊은 역도 선수 또는 용수철을 내리눌러 추진력을 얻는 아기 로켓 같았다. 아이는 그렇게 몸을 웅크린 채 꿈쩍도 하지 않았다.

"산책하러 가자!" 내가 재촉했다.

하지만 아무 반응이 없었다.

"자, 이제 됐어요!" 나는 한껏 발랄한 목소리로 출발하자고 아이를 꼬드겼다.

여전히 아무 반응도 없었다. 눈꺼풀을 한 번 깜박였는지도 모르겠다.

결국 아이가 다시 손을 내밀었고 나는 그 손을 잡았다.

이렇게 나는 깨달았다. 아이에게 우리의 '산책'은 이미 시작돼 있었다. 길을 걸으면서 나는 아이가 걷는다는 것을 어떻게 정의하고 있는지 실마리를 잡았다. 우리 아이에 의하면, '걷기'는 때로 '걷지 않는 것'이다.

A 지점과 B 지점, 두 지점 사이의 이동은 아무런 상관이 없다. 직선 위로 발걸음을 내딛는 것과도 거의 무관하다. 산책은 에너지로 가득할 때 시작해서 지쳐 나가떨어질 때 끝나는 하나의 탐험이다. 아이의 산책은 이미 엘리베이터에서 시작됐다. 곧이어 건물 밖으로 뛰어나가고 문을 열고 계단 위에서 균형을 잡는 것도 아이에게는 모두 산책의 일부였다. 아이의 산책은 어쩌면 엘리베이터에 타기 전 신발을 신을 때부터 시작됐는지도 모른다. 아니, 사실은 신발 끈을 묶으러 가자고 함께 복도를 걸어가던 순간에 이미 시작해 있었다. 우리 아이는 벌써 몇 킬로미터나 자신만의 산책을 계속해온 것이다.

아이에게 산책이란 손가락, 발가락 그리고 혀로 물체의 표면과 질감을 탐험하는 행위이다. 가만히 서서 누군가 혹은 무언가 지나가는지 지켜보는 것이다. 다양한 이동 방법(달리기, 두 손을 흔들며 씩씩하게 걷기, 발차기, 겅중겅중 뛰기, 빠르게 내달리기, 종알처럼 재빨리 떨어지기, 빙빙 돌기, 시끄럽게 발을 끌며 걷기)을 실험해보는 것이다. 한편, 산책은 고고학이다. 버려진 사탕 껍질을 조사하고, 자갈 한 움큼과 나뭇가지와 소설책 귀퉁이에서 떨어져 나온 종잇조각을 수집하는 것이다. 땅 위로 흙을 이리저리 튀겨보는 것이다. 잠깐 멈춰 서서 나무 사이로 속삭이는 산들바람을 음미하는 것이고, 새의 노랫소리가 어디에서 흘러나오는지 알아내는 것이다. 또한 손가락으로 가리키는 것, 즉 팔을 이용해 시선이 머무는 지점을 확장시켜서 다른 사람들이 내가 본 것을 같이 볼 수 있게 하는 것이다. 즉, 산책은 공유의 시간이다.

우리 동네에서 아이는 공사장 비계飛階 아래로 반복되는 빛 무늬를 발견하고 나와 공유했다(나 또한 독자들과 기쁘게 공유하건대 그 빛은 노란색, 빨간색 그리고 형광등 색과 알전구의 하얀색이었다). 그리고 누군가 써놓은 것이거나 우연의 산물인 알파벳 'O'를 수도 없이 발견했다. 눈동자를 즐겁게 반짝이며 입술을 오므려 조심스럽고 길게 발음하는 O는 우리 아이가 처음으로 읽은 알파벳이다. O는 간판과 벽에 있었다(물론 '정지STOP' 표시뿐만 아니라 차 번호판에도, 주차금지 시간을 안내해둔 표지판의 숫자 'O'에도 있다. 그리고 당연히 '주차금지NO PARKING'에도 O가 들어간다). 에어컨 실외기의 원형으로 파인 홈에서도 발견했다. 동그란 초인종에도 O가 있었다. 계란 모양으로 깨진 보도에도, 철문의 세공장식에도 있었다. 아이는 우리가 사는 건물을 다른 건물들과 구분하는 자신만의 비법을 알려주었다. 우리 건물 현관문 위에는 입을 떡 벌린 채 포효하는 사자 머리가 붙어 있다. 나는 수천 번이나 이 현관을 드나들면서도 알아채지 못한 사실이었다.

우리 아들에게 고착 증세가 있나? 강박관념이라도 있는 것일까? 아니면 전구, 알파벳 O, 사자 분야의 신동일까? 그렇지 않다. 우리 아들은 평범한 어린애일 뿐이다. 어린아이들의 지각 능력은 실로 놀랍다. 다만 그 아이들이 성장하면, 지혜롭고 친절할지는 몰라도 특별한 점이라고는 찾아볼 수 없는 어른들이 되기 때문에 우리가 그 사실을 놓치고 있을 뿐이다. 아기의 세계는 주의력 혼란에 대한 연구 사례가 될 만하다. 세계에 막 던져진 신생아는 실수로 감각 집중훈련 강좌에 등록한 셈이다. 어떤 측면에서는 아기가 감각에 압도되지 않도록 생물학적 제재가 가해진다. 눈을 뗄 수 없을 정도로 커다랗고 천진한 눈, 손바닥만 한 귀, 완벽하게 부드럽고 흠 없는 피부를 비롯한 유아의 감각기관들은 전부 온전히 기능하고 있지만 외부에서 받아들인 자극이 모두 뇌까지 도달하는 것은 아니다. 적어도 조직화되어 도달하지는 못한다. 예컨대 아기가 보는 것은 보통 어른이 보는 것보다 윤곽이 흐릿하고 휘황찬란하다. 아기들은 근시가 심한 데다 밝은 빛을 한 단계 낮춰줄 흐린 필터가 없기 때문이다. 게다가 아기들의 어린 눈은 세계를 별개의 사물들로 바라보지 못한다. 아기의 세계는 빛과 그림자, 밝음과 어둠뿐이다. 신생아에게는 요람도 엄마도 아빠도 없다. 바닥과 벽과 창문과 하늘도 구별하지 못한다. 아기들은 거의 대부분을 볼 수 있지만 아직 아무것도 이해하지 못한다.

눈을 통해 받아들인 정보는 뇌의 모든 부분에서 처리된다. 물론 시각 피질에서 처리돼 아직 미완성인 시각에 자극을 가할 가능성도 있지만, 운동 피질에서 처리돼 뜬금없이 발차기를 하게 할 수도 있다. 청각 피질에서 처리된다면 아기는 옆에 놓인 곰 인형을 보고 '쾅' 하는 소리를 듣게 된다. 타당한 근거를 통해 보건대, 이런 공감각synesthesia은 아기들에게는 정상적인 경험이다. 공감각은 문자 그대로 감각 여러 개가 함께 자극되는 것으로, 어른들에게는 드물며 거의 불가능한 지각 형태다. 공감각자들은 하나의 감각이 자극될 때 다른 감각이 덧씌워지는 경험을 한다. 예컨대 시각과 미각이 한꺼번에 자극을 받는 것이다. 물론 우리도 종종 두 가지 이상의 감각을 동시에 경험한다. 하수도에서 오수가 뿜어져 나오는데 그 옆에서 식사하기는 어렵고, 입술 움직임을 보면 말을 걸어오는 사람이 누구인지 알 수 있다.

그러나 어떤 사람들에게는 실용성이 떨어지는 데다 정도가 심한 감각의 연계 현상이 나타난다. 19세기 소련의 심리학자인 A. R. 루리야Luria는 저서 『모든 것을 기억하는 남자』에서 'S'라는 공감각자와의 조우에 대해 기록하고 있다(그 남자는 기억력도 극히 좋았는데 이 또한 우연이 아니었다). 단어 목록을 암기하는 과제를 주자 S는 단어를 머릿속에서 시각화하기 시작했다. 그런데 그 '시각'이란 게 단순하지 않았다. S는 목록의 단어를 읽는 중에 누가 재채기하거나 기침을 하면 그가 머릿속에 떠올리고 있던 그림 위로 증기가 훅 끼쳐오거나 물보라가 튀거나 그림 자체가 흐릿해졌다고 보고했다. S는 소리를 분홍색, 떫은맛, 피클 맛 등 색채와 맛으로 들었다. 여러 공감각자들이 숫자와 문자에도 고유의 감각이 덧씌워지는 경험을 한다. 숫자 3은 우울하고, 알파벳 h는 꾀죄죄한 신발 끈이고, 알파벳 a는 낡은 목재를 떠올리게 한다.

이렇게 소리를 맛보거나 문자를 냄새 맡는 것은 성인들 사이에서 (창의성에는 도움이 될지 모르겠으나) 비정상인 능력으로 여겨지지만, 뛰어나게 창의적인 아기들은 세계를 언제나 혼선된 상태로 경험한다. 21세기 초반 독일 심리학자인 하인츠 베르너Heinz Werner는 이처럼 지식도, 범주화도 존재하기 전에 세계를 경험하는 원초적인 방식을 '공통 감각sensorium commune'이라고 불렀다. 연구원들은 이런 지각기관의 흔적을 성인들에게서도 발견하는 데 성공했다. 성인들에게도 구불구불한 선은 행복하고, 하강하는 선은 슬프며, 날카로운 선은 화가 났다고 묘사하는 경향이 있었던 것이다. 진동 중인 종 내부에 들어가 있기라도 하듯 어떤 음조에서 촉감을 느끼는 것은 퇴화한 공통 감각을 얼핏 경험한 사례다.

그러나 우리는 그런 느낌을 대부분 무시해버린다. 우리는 선을 보고 그것이 행복하다거나 화가 났다거나 우울하다고 판단하지 않는다. 공감각에 대한 한 가설에서는 형태를 지각하는 뉴런과 맛을 경험하는 뉴런을 연결하는 시냅스가 세상에 태어나고서 몇 해 안에 단절돼버린다고 주장한다. 어쩌면 그 이유는 우리가 형태와 미각 사이의 연결고리에 집중하지 않았기 때문일지도 모른다. '삼각형이 덜 익은 사과처럼 시다'고 말하는 사람이 별로 없기 때문에 그런 경험을 하는 사람도 결국에는 자신의 감각을 무심코 넘겨버리게 되는 것이다. 그렇게 시냅스 연결이 싹둑 잘린다.

전기적으로 소통하는 특화 세포인 뉴런이 건더기처럼 떠 있는 수프가 바로 뇌라는 사실을 떠올리면, 공감각으로 세상을 지각한다는 가능성은 조금 더 그럴듯해 보인다. 세포들은 소통을 통해 그들 사이를 가로막은 수프 국물을 건너게 해줄 시냅스라는 연결고리를 만들어낸다. 발가락이 부딪쳐 아픈 감각에서부터 누군가의 이름을 기억해내려 애쓰는 것, 문장 하나를 입 밖으로 내는 것에 이르기까지 우리의 모든 경험은 특정한 시냅스를 통해 소통 하는 특정한 뉴런 활동의 결과다.•

그리고 이름을 떠올리려고 노력하는 것부터 지금 말하는 문장을 어떻게 끝맺을지 숙고하는 것까지 다양한 활동을 포괄하는 집중은 감각적 처리와 마찬가지로 시냅스 활동의 일종이다. 따라서 신생아의 뇌처럼 시냅스가 많이 형성되지 않은 뇌는 직접 집중할 수 있는 대상이 많지 않다. 이후 시냅스가 형성되기 시작하면서(전화벨 소리가 울리면 '짜잔!' 하고 시각 피질의 뉴런에 불이 들어오고, 자극된 운동 뉴런이 '얍!' 하고 발을 차올리게 하면서) 집중하는 법을 익히는 것이다. 이 단계에서는 아직 혼란스럽고 무작위적이며 비자발적이지만 그래도 집중이라 부르기에 손색이 없다. 태어난 지 갓 두 달이 된 아기는 당신의 눈을 쳐다보고 시야 안에서 움직이는 당신의 머리를 시선으로 따라간다. 그게 바로 혼란에서 차츰 벗어나는 시각적 집중의 모습이다. 19개월인 우리 아들은 이미 완전히는 아니더라도 대부분의 혼란에서 벗어났다. 기쁜 일이다.

✴

• 어떤 뉴런과 어떤 시냅스가 활동하는지는 또 하나의 확실치 않은 문제다. 뇌 활동이 어떻게 발가락이 아프거나 기억을 떠올리는 듯한 느낌으로 연결되는지 또한 아직 답할 수 없는 문제다.

'O'가 전염병처럼 만연한 동네에 살고 있다는 것에 겨우 익숙해질 무렵, 예기치 못한 삼각형의 역습이 시작됐다. 우리는 거리를 따라 서쪽으로 가고 있었다. 몇십 분이나 걸려 현관에서 겨우 45미터 정도 벗어났을 때였다. 나는 아직도 집 앞이라는 생각에 초조해져서 아이가 그 짧은 다리로 내 넓은 보폭을 아장아장 따라잡기를 기다리는 대신 그 애의 팔을 잡아당기며 재촉했다. 하지만 아이가 계속 몸을 뻗대는 통에 결국 그 애가 끌리는 곳으로 가게 놔둬야 했다. 나는 보도의 찻길 쪽에 서 있었고 아이는 내게서 대각선 방향으로 향했다. 나는 아이가 잡아당기는 쪽으로 시선을 돌렸다. 그곳에는…… 아무것도 없었다.

알파벳 O는 언어에 대한 틱tic적인 집착이 외부 세계에 잘못 나타난 경우다. 이와는 달리 우리 아들은 물리적 현실 세계에서 가장자리, 길 위의 선들, 나지막한 울타리에 이끌렸다. 블록 모퉁이에는 제2차 세계대전 이전 건물 특유의 규모와 진중함을 자랑하는 전형적인 맨해튼 식 아파트가 한 채 서 있다. 건물은 가파른 언덕길에 지어졌기 때문에 동쪽 끝이 서쪽 끝보다 훨씬 높아 보였다. 내가 수없이 방문하고 살아보기도 한 종류의 아파트였으므로 한눈에 구조를 파악할 수 있었지만, 나는 이미 아는 것 외에 이 건물만의 개성을 찾고 싶어서 건물 앞면을 꼼꼼히 살펴보았다. 그러나 헛수고였다. 건물을 보며 걷는 동안 아이는 온몸으로 뻗대며 내 손을 세게 잡아당겼다. 그만 멈추고 자기가 발견한 것을 봐달라는 투정이다. 아이는 난간 비슷한 것을 가리켰다. 이 건물은 전쟁 전에 지어진 것이라서 외벽을 둘러싼 바닥에 지하 1층 정도 되는 깊이의 홈이 파여 있다. 하지만 이제 그 홈은 적군을 궁지에 몰아넣기보다는 사람들이 내던지고 가는 쓰레기봉투를 저장해두는 용도로 쓰이는 모양이었다. 홈을 둘러싼 난간은 묵직한 난간동자로 고정돼 있고 어딘지 불길해 보였다. 확실히 조금 전까지의 나는 이 난간에 주목하지 않으려고 애썼다. 딱히 보기 좋은 부분은 아니었으니까.

그러나 아이는 난간에 주목했다. 그 애는 아름답지 않은 것에도 감탄하는 능력을 타고났다. 아니, 아름답고 아름답지 않은 것의 차이를 느끼지 못하는 능력을 타고났다고 해야 할까? 난간동자는 어린아이가 겨우 밟고 올라갈 수 있을 너비의 경사진 흉벽 위에 자리 잡고 있었다. 아들은 흉벽 위쪽으로 까치발을 들고 걸어가다가 아래로 깡충 뛰어내리기를 반복했다. 나는 그 모습을 보다가 문득 삼각형의 존재를 깨달았다. 아들이 걷는 길은 쭉 뻗은 보도와 교차하면서 그 사이로 길고 예리한 삼각형을 만들어냈던 것이다.

아이는 종종걸음으로 흉벽을 올랐고 내려올 때는 대담하게 보폭을 넓혔다.

“삼각형이 어때, 다정하니? 노란색이야?” 내가 물었다.

“초록색, 행복해.” 아이가 근엄하게 대답했다.

나는 조금도 행복해 보이지 않고 초록색도 아닌 삼각형들을 바라보며 고개를 끄덕였다. 내가 무슨 자격으로 아이 머릿속의 시냅스를 끊어놓는단 말인가?

사람은 정상적으로 발달하는 동안 집중할 수 있는 대상 전체에 집중하지 않는 법을 익힌다. 세상에는 색깔, 형태, 소리가 넘쳐나기 때문에 우리 몸의 기능을 제대로 쓰려면 그 일부를 무시해야 한다. 그렇다고 우리가 무시한 세부 요소들이 세상에서 사라지는 건 아니다. 아이들은 어른과는 다른 밀도로 세상을 지각한다. 우리가 대강 보고 넘기는 풍경들과 불필요한 것으로 일축해버린 소리들에 집중하고 우리 눈에 띄지 않는 것들을 똑똑히 보는 것이다.

어른들은 이 세상에 관한 보편적 인식을 공유하지만 태어난 순간부터 그랬던 건 아니다. 우리는 모두 세상에 나오자마자 감각적 혼돈 상태에 빠져들었다. 윌리엄 제임스가 "태초의 흘러넘치는 감각aboriginal sensible muchness"이라고 부른 상태로, 이때 소리와 빛, 색채와 질감은 전체적으로 구별되지 않은 하나의 덩어리로 지각된다. 이후 성장하면서 우리는 특정한 요소에만 주의를 쏟고 나머지는 무시하는 법을 차차 익혀간다. 그러다가 성인이 될 무렵에는 세상에 무엇이 존재하는지에 대한 합의점을 찾게 된다. 하지만 우리가 무시하는 것들에 초점을 한번 맞춰보자. 너무나 많은 것들이 무시당하고 있다! 아스팔트에 박힌 자갈 문양, 라디에이터에서 나오는 소리의 높이, 손가락 끝과 관자놀이에서 선명하게 느껴지는 심장박동 등. 아기는 아직 경험에 정신을 속박당하지 않았고 아무것도 기대하지 않기 때문에 열린 마음으로 새로운 경험을 할 수 있는 것이다.

단, 이것은 아기의 정신이 백지상태라는 뜻은 아니다. 사람은 막 자궁 밖으로 나온 위험천만한 순간에도 자궁 내에서 익숙해진 냄새를 맡고, 얼굴을 보고, 가슴 한복판에 톡 튀어나온 젖꼭지를 느낌으로써 어머니를 찾아내는 메커니즘을 타고났다. 그러나 아기는 아직 방 맞은편에 있는 사람이 종이를 구기는 소리와 앉아 있던 개가 일어나며 몸을 부르르 떠는 소리를 무시하는 법을 모른다. 또한 관심을 쏟고 집중할 대상을 따로 골라내야 한다는 걸 모르기 때문에 어른들이 어떤 것들에는 관심을 보낼 가치가 없다고 생각하는 까닭을 이해하지 못한다. 의자 아래쪽의 생김새, 텅 빈 벽, 액자 귀퉁이 같은 것들 말이다. 또 다른 예로 어른들은 서로의 무릎을 뚫어져라 쳐다보지 않는다. 무릎에 특별히 볼 게 뭐가 있겠는가? 하지만 아기들은 아직 그걸 알지 못하기 때문에 무릎에도 시선을 던진다(물론 아이들의 눈높이가 딱 무릎 높이라서 그런 것도 있다). 그뿐 아니라 아기의 뇌는 하나의 온전한 물체와 물체의 부분을 구분하는 능력 면에서 아직 초기 단계에 머물러 있다. 이는 물체의 가장자리와 경계선을 잘 파악하지 못한다는 뜻이다. 쳐다봐도 괜찮은 것과 쳐다보면 안 되는 것에 대해 누가 가르쳐준 적도 없다. 그래서 난간과 보도 사이에 만들어진 삼각형에 관심을 기울일 가치가 없다는 것을 알지 못한다.

아니, 어쩌면 가치가 없다는 생각이 틀렸을지도 모른다. 세잔은 모든 자연적 형태들이 본질적으로는 육면체, 원통, 원뿔 그리고 구형의 조합일 뿐이라고 주장했다. 우리 아들이 좋아하는 O는 원통이나 구형의 단면일 따름이고, 삼각형은 육면체의 귀퉁이를 잘라낸 모양에 지나지 않는다. 입체파 화가들은 이처럼 단순한 구조를 토대로 우리가 너무 익숙해서 주목하지 않는 모양들을 해체하고 재구성함으로써 큰 성과를 거뒀다. 유치원의 창시자인 프뢰벨이 디자인한 유아 교구는 모두 이런 기본적인 모양들을 변형한 것이다. 아기는 부드러운 공 하나만 봐도 좋아한다. 데굴데굴 굴러가지만 손에 잡히기 때문이다. 조금 더 큰 아이는 단단한 공을 보고 물체가 자신에게서 멀어 질 수 있으며 자신이 그 물체를 움직일 수 있다는 것을 알게 된다. 그와 반대로 육면체는 아무리 애써도 굴러가지 않지만 그 대신 밀거나 쌓아 올릴 수 있다. 여기에 원통형까지 등장하면 어떤 새로운 가능성들이 펼쳐질지 한번 상상해보라. 파란색 원통은 우리 아들에게 가짜 컵, 모자, 도망가는 생쥐, 납작해진 공 또는 너무 큰 구슬이 되어주었다.

우리 어른들은 세상에서 무엇을 봐야 하는지 계획하고 '주장'하는 데 있어 모두 공모자다. 예컨대 우리 아들은 내가 더 이상 보지 못하는 세상의 모양들을 아직 볼 수 있다. 그 반면 나는 건물을 보느라 난간이 만들어낸 삼각형을 놓쳤고, 생쥐를 보느라 생쥐의 몸을 구성하는 원통과 육면체를 보지 못했다. 세상을 보는 방법의 수가 무한하다는 주장을 하려는 것은 아니다. 우리가 보는 이미지에는 논리가 있지만, 아이들이 보는 세상은 아직 어른의 논리에 물들지 않았다는 점을 말하려 한다. 윌리엄 제임스는 신생아가 태어나자마자 시각적으로 맞닥뜨리게 되는 세상을 '웅성거리는 흐드러진 혼돈'이라고 표현했지만, 사실 웅성거리는 소리는 일종의 리듬을 만들어내며 흐드러짐의 패턴 또한 일정하다. 같은 예로 자연의 시각적 체계를 인공적인 컴퓨터 체계에서 재현하려는 신호처리 연구원들은 세계를 어떻게 표현할 것인지를 두고 문제에 직면한다. 자연적 이미지는 절대 무작위가 아니라는 점이 밝혀졌기 때문이다. 즉, 벽에 대고 페인트를 뿌린다고 해서 자연스러운 장면이 만들어지는 것은 아니라는 소리다. 자연적 이미지는 무작위가 아니므로 어느 정도까지 예측 가능하다. 다시 말해 시각적 공간에서 바로 앞에 있는 픽셀을 보고 다음 픽셀에 어떤 이미지가 올지 유추할 수 있다. 이렇듯 우리가 사는 세계는 고도로 조직화되고, 몹시 긴밀하며, 한 공간과 다음 공간 사이에 높은 상관관계가 있다. 그러므로 우리가 세계에 처음 시선을 던졌을 때 의미를 파악해야 하는 이미지들을 전적으로 시각적 백색 소음이라고 할 수는 없다. 우리가 삶에서 보게 될 모든 물체는 육면체, 구, 피라미드형이라는 단순하기 짝이 없는 기하학 구조로 이루어져 있으니 말이다.

✴

우리는 상당한 시간을 보낸 후에야 삼각형에서 헤어날 수 있었다. 아이가 삼각형을 따라 오르내리는 동안 나는 옆에서 따라 걸었다. 사람들이 우리를 피해 빙 둘러 걸어갈 때마다 양손으로 아이의 손을 바꿔 쥐며 미안하다는 뜻으로 웃어 보였다. 아이는 난간 사이로 올라가며 “위로! 위로! 위로!”라고 외쳤다. 산을 타거나, 소방차나 기차 같은 몹시 커다란 교통수단 위로 올라가거나, 엄마의 발끝에서 머리 꼭대기까지 기어오르는 상상을 하는 듯했다. 우리의 작은 놀이를 보고 여러 행인이 미소를 지었다. 나는 그들에게도 아이가 있으리라 확신했다.

마침내 아이는 알 수 없는 이유로 반복되는 놀이에 질려버렸고 우리는 다시 길을 떠났다.

딱 네 발짝 걸었을 때였다. 아이가 갑자기 흥분하며 그 자리에 멈춰 섰다. 나는 그 애가 풍경에서 무엇이든 새로운 요소를 찾는 데 열심이라는 사실을 잘 알고 있었으므로 같이 멈췄다. 우리 아들은 자기가 낮잠을 자는 동안 우편함에서 편지라도 한 통 가져오면 일어나자마자 편지를 보러 쪼르르 달려오고, 잠깐 다른 곳으로 시선을 돌렸을 때 손목시계를 차면 돌아보자마자 시계를 발견하고 눈을 빛낸다. 진공청소기를 돌린 후 카펫에 남아 있는 보풀 한 올, 소매에 묻은 티끌만 한 빵 부스러기처럼 작은 입자를 들고서는 마치 범죄 현장을 수사하는 형사만큼이나 엄숙한 표정을 지은 채 내게 달음질쳐온 적도 한두 번이 아니다. 요새 냄새로 암세포를 탐지하는 개가 화젯거리인데 나는 혹시 내 살갗 위로 뭐라도 심상찮은 것이 자라나면 우리 개보다는 아들이 먼저 알아챌 거라고 확신한다. 내 얼굴에 점이 생기면 바로 "엄마 점!"이라고 자랑스럽게 외치는 아이니까.

여기서도 아이는 내 손을 놓고 땅바닥을 가리켰다. 뭔가 새로운 걸 발견한 모양이었다.

"돌멩이!"

느릅나무 한 그루가 수백 개, 어쩌면 수천 개나 되는 자그마한 초록색 씨앗을 보도 위에 흩뿌렸다. 씨앗은 납작하고 동그란 꽃잎을 연두색으로 아주 여리게 물들여놓은 것 같은 생김새였다. "엄청 많아!" 아이가 흥분을 감추지 못하고 팔을 앞뒤로 휘저으며 외쳤다. 씨앗은 보도의 갈라진 틈을 연둣빛으로 물들이고, 보도 가장자리를 따라 기다랗게 한 줄로 늘어서서는 차도와의 12센터미터 높낮이 차를 극명하게 보여주었다. 나는 아들의 열띤 모습을 보고 돌멩이와 꽃잎을 닮은 이 씨앗들이 언제 보금자리인 나뭇가지를 떠났는지 알 수 있었다. 분명히 간밤에 일어난 사건일 테다. 우리 아들은 심각한 새것애호증neophilia, 즉 새로운 것을 사랑하는 병을 앓고 있었으므로 이전에 씨앗을 봤더라면 분명히 내게 알려주었을 것이다. 나는 현관문을 드나들 때마다 아이의 눈을 통해 보도와 차도가 달라지는 것을 보았다. 길가에 주차된 차를 하염없이 바라보면서도 따분함을 느끼지 않는 사람들만이 알아챌 수 있는 변화가 거리에서 그리고 공기 중에서 끊임없이 일어나고 있다.

유년 시절에는 모든 것이 새롭다. 그러나 나이가 들면 모든 것에 익숙해진다. 모두 이미 본 것들이기 때문이다. 우리는 일상생활에서 무엇과 마주치게 될지 이미 알고 있다. 그래서 무덤덤한 도시 거주자들은 보도에서 구경꾼을 모으는 사건이 일어나도 걸음을 늦추지 않는다. 어른들이 이런 성향에 예외를 보이는 경우는 휴가기간뿐이다. 휴가 중에는 두 가지가 달라진다. 이 시기에 우리는 새로운 장소에 가고 새로운 것을 보려고 애쓴다. 소위 휴양지라 불리는 곳들을 우리가 그토록 좋아하는 이유는 단지 '볼 수 있기' 때문이 아닐까? (휴양지도 어쨌든 누군가 사는 곳이다. 당신이 사는 곳으로 누군가 휴가를 올 수도 있지 않겠는가.)

하지만 어른들은 자신도 모르는 사이에 휴양지에 완전히 적응해 익숙함을 느끼기 시작한다. 처음엔 낯설었던 길이 익숙해지면서 일상의 틀이 생기는 것이다. 그러고 나면 우리는 다시 보는 것을 그만둔다. 그래도 휴가는 우리를 잠시나마 바꿔놓는다. 집에 돌아왔을 때 익숙한 환경을 신선한 시각으로 다시 볼 수 있는 작은 창 하나가 생긴다는 점이 그렇다. 뉴욕의 집을 떠나 다른 도시에 가면 거리가 왠지 다르게 느껴지는데, 그 이유는 집에 돌아와서야 깨달을 수 있다. 주된 교통수단이 자가용이고 인심 좋게도 보도에 넉넉한 공간을 할애할 수 있는 지역에서 운전하다 돌아오면, 뉴욕의 익숙했던 보도와 차도가 갑자기 지독히도 좁아 보인다. 그 반면 더 작고 조밀한 도시로 해외여행을 하고 돌아오면 뉴욕의 보도가 순식간에 넓고 편안해 보인다. 외국의 보도는 뉴욕과는 달리 아주 오래전에 만들어져서 다른 사람들이 지나갈 때마다 차도로 한 발짝 물러나야 할 정도로 좁기 때문이다. 또 전에는 흔하게 느껴졌던 거리 풍경이 갑자기 시선을 빼앗는 대상들로 가득 차 보이기도 한다. 나는 이 때문에 보도를 걷는 법을 순간적으로 잊어버려서 사람들에게 부딪치거나 발을 헛디딘 적이 있다. 심지어는 거리의 경사조차도 놀라움을 안겨준다. 미국 중서부의 차도는 연석 쪽으로 부드러운 경사를 이루도록 디자인돼 빗물이 도랑을 따라 원활히 배수되고 웅덩이가 생기지 않는다. 우리 뉴욕의 차도는 불친절하게 급경사가 져 있는데 말이다!

그러나 우리 동네의 특이성에 대한 새로운 인식은 동네를 한 바퀴 둘러보고 나면 금세 흔적도 없이 사라져버린다. 마치 시각 체계가 재부팅해 원래 모습으로 복원되는 것처럼 말이다. 동네는 다시 전처럼 지루한 곳이 된다. 이미 본 것들뿐이니까.

요컨대 유년 시절에 집중력이 활발히 작동하는 이유는 두 가지다. 아이들은 새로운 것을 좋아하고, 아직 어려서 실제로 '보지 못한' 게 많기 때문이다.

그 두 가지의 융합 사례 제1호가 막 모습을 드러냈다.

"트럭!"

우리는 주택가 골목을 벗어나 대로로 향하고 있었다. 브로드웨이 대로였다. 내게 대로는 파도처럼 몰려다니는 보행자들, 소음, 식료품점을 뜻했으나 우리 아들에게는 트럭을 뜻했다. 아이가 발견한 트럭은 내가 보기에도 정말 대단해서 감탄이 절로 나왔다. 아이 키보다도 높이 솟은 타이어 위로 밝은 푸른색 몸체가 위풍당당한 트럭은 도시에 어울리지 않는 규모였다. 식탁 위에 덤프트럭 모형을 여러 대 올려둔 사람으로서 자신 있게 단언컨대, 그 트럭은 정말 튼튼해 보였다.

아들은 입을 떡 벌린 채 트럭을 응시했다. 트럭을 가리키던 손가락은 이제 엄마의 관심을 끄는 임무를 마쳤는데도 좀체 아래로 내려오지 않았다. 아이가 트럭에 빠져든 것은 비교적 최근이지만 이런저런 교통수단에 관심이 끌린 지는 퍽 오래되었다. 몇 달 전에 아이가 처음으로 눈길을 던진 '새것'은 비행기였는데 하나하나가 말도 못 할 정도로 아이의 흥분을 자아냈다. 그 결과 나는 뉴욕 하늘에 비행기가 종종 나타난다는 사실을 깨달았다. 3~5분마다 비행기가 한 대씩 나타나 뉴욕을 둘러싼 허드슨 강을 따라 북쪽으로 날아가다가 근처의 라과디아 공항을 향해 하강했다. 비행기가 제 시간을 지켜 나타나는 것은 항공교통통제 측면에서도 중요하겠지만 내게도 깊은 만족감을 안겨주었다. 아이가 비행기를 발견할 때마다 즐거워했기 때문이다.

비행기에 빠져 있던 시기가 지나고서 아들은 교통수단에 대한 흥미를 점차 넓혀갔다. 헬리콥터도 근사하고 그냥 자동차도 괜찮았다. 오토바이는 그야말로 최고였다! 우리 아들에게 동네 골목에 주차된 오토바이를 발견하는 것보다 더 짜릿한 사건이라고는 굉음을 내며 질주하는 오토바이를 직접 목격하는 것밖에 없었다. 아이는 버스가 지나가는 걸 보면 한마디 던지지 않고는 못 배겼다. 그리고 이제 그 애의 관심사는 트럭이다. 아이가 어찌나 예민하고 민첩하게 트럭을 발견하는지, 누가 보면 뉴욕 시에서 트럭을 발견하는 훈련을 받은 것은 아닌지 오해할 정도였다. 아이는 '트럭'이라는 분류를 발견한 다음 곧 그 하위 분류를 고안해냈다. 트럭 하나하나를 특별하고 새롭고 근사하게 만들어주는 요소를 강조한 분류 체계였다. 아이는 자기가 아는 어휘를 활용해서 '큰' '작은' '덤프' '불' '쓰레기'라는 분류를 만들었다. 마지막 분류는 '재미있는'인데, 두루뭉술하지만 놀라울 만큼 적절한 분류라는 생각이 든다.

도시에서 희귀종인 덤프트럭들은 대개 너무 빨리 지나가버렸고 이번 트럭도 예외는 아니었다. 그래서 우리는 발치를 내려다보며 계속 걸었다. 나는 눈높이가 지면에서 겨우 75센티미터 위인 아이에게 유혹의 손짓을 보내는 거리 시설물들에 점차 주의를 기울였다. 나무줄기를 둘러싼 연약한 철제 울타리, 즉 나무 보호대는 냄새 나는 메시지를 남기는 개들뿐 아니라 지나가는 길에 울타리를 손으로 어루만질 수 있는 아이들에게도 관심의 대상이다. 버섯 모양 덮개를 쓴 소화전은 아이의 눈높이에서 마치 말 없는 파수꾼처럼 보인다. 불운하게도 쓰레기 수거일마다 길거리에 쌓이는 쓰레기봉투 또한 도시에 사는 아이들과 눈높이가 같다. 그것을 보고 아들은 내가 하고 싶었던 말을 먼저 자발적으로 내뱉었다

"우웩!"

거리의 시설물들과 보도의 장식품들은 제멋대로 여기저기 흩어져 건축 거장의 작품들과는 거리가 먼 시각적 불협화음을 자아낸다. 시간이 지나면 시설물은 수가 불어나기 시작한다. 한 조경건축가가 한탄했듯이 '쓰레기가 새끼를 치는 것이다. 처음에 신문 자판기 한 대가 서 있던 곳에는 세 대가 더 생겼고, 신호등과 표지판 옆에는 가로등이 성급히 따라 세워졌다. 이들은 원래 동네를 지키고 있던 나무 보호대, 소화전, 우체통, 자전거 거치대, 차가 진입하지 못하게 세워둔 말뚝, 화분과 친구가 된다. 시설들이 활발히 새끼를 쳐둔 우리 동네에는 심지어 벤치 몇 개와 이제 도시에서는 구시대의 유물이 되어버린 공중전화 부스까지 있다.•

하지만 아들이 산책에서 발견한 것은 위의 목록에 없다. 그 애는 건물 외벽에서 뻗어 나온 파이프로 다가가서 머리를 쓰다듬었다. 정확히 말하자면 머리 두 개를 쓰다듬었다. 머리 두 개를 삐죽 내민 히드라처럼 생긴 파이프는 찬란한 붉은색이고 끝이 뚜껑으로 막혀 있었다. 짧은 체인이 파이프의 배 쪽에서 달랑거렸다. 아들은 이 옥외 수도관에 새롭게 애정을 붙인 모양이었다.

물론 당신이나 나나 전에 수도관을 본 적이 있다. 그것들은

• 이 도시에는 공중전화 부스가 손가락으로 꼽을 정도만 남아 있는데 그중 하나가 길모퉁이에 있다는 것이 내가 이 동네로 이사할 충분한 이유가 되었다. 오늘날 공중전화 부스는 기껏해야 부모들이 아이들과 숨바꼭질 할 때나 쓰인다. 사람들이 귀에서 핸드폰을 도통 떼지 않고 통화 내용을 숨겨줄 부스 따위도 없는 현대의 도시에서, 그래도 이런 시대착오는 근사하다.

어디에나 있으므로 마음만 먹으면 얼마든지 볼 수 있다. 건물 옆면에 튀어나와 있기도 하고, 보도에서 줄기가 짧은 식물처럼 자라나 있기도 하다. 색깔 역시 빨강, 초록, 노랑 또는 근사하게 번쩍이는 황동색까지 다양하다. 하지만 나는 이때까지 단 한 번도 수도관에 제대로 눈길을 준 적이 없었다.

이제 나는 우리 동네에 수도관이 도합 다섯 개 있다는 걸 안다. 동네에는 고층 건물이 다섯 채 있는데, 뉴욕시는 법으로 6층이 넘는 건물이라면 수도관이 필수로 있어야 한다고 규제하고 있기 때문이다. 만에 하나 화재가 발생하면 이 수도관들이 소방관의 호스에 연결돼 예비용 고압 방수 역할을 한다. 우리가 쉽게 간과하는 이 옥외 배수관들은 건물 내부로 이어져 위급할 때 건물의 급수도 담당한다. 배수관들은 아파트 건물의 계단을 따라 수직으로 올라가 옥상의 물탱크로 통한다.

✶

우리는 수도관을 구성하는 부품들을 마음껏 쓰다듬고 감상한 다음에야 자리를 떴다. 아들은 뒤돌아 "안녕!" 하고 손을 흔들었다. 아이에게 있어서 수도관은 그 애를 내려다보는 발 두 개짜리 영장류와 다를 것 없는, 인격적으로 동등한 피조물이었다. 아이는 아직 타자를 한정적으로만 이해했지만 남과 헤어질 때 작별 인사를 하는 의식을 반복 학습하면서 서서히 남을 인정하는 법을 익혀가고 있다. 그 '남'에 수도관이 포함된다는 것은 아직 다른 문제로 생각되지 않는다. 지금도 아이는 기차 장난감을 보면 인사를 건네고 안부를 묻는다. 토끼 솜 인형의 심장에 청진기를 대볼 때면 "괜찮아. 안 아파"라고 말을 건넨다. 머리로 우리 침실 벽을 들이받았을 때는 벽에 뽀뽀해주고 반창고도 붙여주었다. 언젠가는 아이가 현실 세상의 사회구조를 배워야 하는 날이 올 것이다. '사회화'를 지령으로 삼은 유치원에 다니며 자신이 살고 있던 독립적인 위성에서 벗어나 다른 사람들을 헤아리는 방법을 배우고 사람을 수도관, 토끼 솜 인형, 벽, 기차와 구별하는 방법도 알아갈 것이다. 언젠가는 그 애가 사는 도시가 어떻게 지어졌고 지금은 누구의 통치를 받고 있는지, 이웃에는 어떤 사람들이 살고 다른 동네에는 또 어떤 사람들이 사는지 배울 것이다. 또 그 애에게서 무언가를 원하는 사람들, 그 애를 위해 무언가를 해주는 사람들, 그 애가 함께 경쟁하거나 협력할 사람들에 대해 알아갈 것이다. 언젠가는 다른 사람들의 시각을 인정하고 그들의 이력에 대해 자기만의 생각을 갖게 될 것이고, 다른 사람들을 움직이는 동기와 그들이 내리는 선택들, 그리고 그들의 기분을 이해하게 될 것이다. 마지막으로 다른 사람들도 자신과 마찬가지로 이런 것들을 하나하나 배워 가며 유년 시절을 보냈다는 사실을 알게 될 것이다. 이러한 과정을 거쳐 아이는 상냥하고, 바라건대 예의 바른 사람으로 성장하리라.

하지만 아직은 아니다.

아이는 조용하지만 명백하게 무례하다. 그 애는 빤히 쳐다보고 제멋대로 손가락질을 한다. 거리에서는 노골적으로 버릇없이 행동한다. 우리에게 다가오거나 옆에 앉거나 미소를 지어 보이는 사람들을 뚫어져라 쳐다보는 한편, 지나가는 행인들을 계속 보려고 발가락을 축으로 한 바퀴를 빙글 돌기도 한다. 나이 지긋한 노인들이나 몸이 불편한 사람들을 보면 아이는 곧장 '뭔가 이상하다'고 생각하고 더 빤히 바라본다. 최근 아이와 함께 길을 걷고 있을 때의 일이다. 길가에 주차된 자동차들의 다양한 색깔에 관해 얘기하던 중 그 애는 갑자기 우리 근처를 걸어가던 아무 죄 없는 사람들 세 명을 가리키며 "하얀색! 하얀색!" 하고 외쳤다(그들이 백인이긴 했다).

오늘은 다리를 심하게 절고 형편이 안돼 보이는데다 날씨에 비해 옷을 너무 두껍게 입은 남자 한 명이 상당한 존재감을 뽐내며 우리 앞으로 걸어가고 있었다. 그는 장황하게 손짓을 하면서 혼잣말로 커다랗게 소리쳤다. 온갖 곳으로 몸을 비틀거리며 돌아다니는 것이 퍽 위협적으로 보였다. 보도의 다른 사람들은 그를 보지 않고 무시했을 뿐더러, 갑자기 통화를 하거나 차도를 빠르게 건너가려 하는 등 다른 행동에 적극적으로 몰두하며 그가 시야에 들어올 가능성을 완전히 차단하려 애썼다. 나 역시 갑자기 행로를 바꾸고 싶은 충동을 겨우 억눌렀다.

그 대신 나는 아이를 내려다보았다. 아이는 입술을 안쪽으로 말아서 치아와 닿도록 꼭 물고 있었다. 남자가 우리 쪽으로 다가오자 그 애는 걸음을 늦추고 내 손을 쥔 자그마한 주먹에 힘을 주었다. 몸을 비틀거리며 위협적으로 다가온 남자는 우리 앞에 서서, 그가 새로운 청중으로 선택한 우리 아들을 똑바로 쳐다보며 말을 시작했다. 아이는 말없이 집중했다. 흡사 평론가의 자세였다. 그런데 잠시 후 남자에게 변화가 찾아왔다. 남자는 우리 아이에게 미소를 지었다. 아이 앞에서는 평소 어른들 사이에서 하던 것처럼 괴짜 노릇을 자처할 수 없었던 것이다. 그리하여 나는 길거리에서 미친 척을 하고 돌아 다니는 사람들을 대하는 새로운 방법을 알게 되었다.

일반적으로 어린아이는 산책 중 누군가와 마주칠 때마다 멈춰 서서 그 사람을 쳐다본다. 하지만 아들은 사람이 아닌 생물들에도 차별 없이 관심을 기울였다. 개를 볼 때마다 낄낄 웃으며 녀석에게 한마디를 던지고, 냄새를 맡을 수 있게 자기 손을 내줬다. 비둘기는 달려가서 쫓아버려야 마땅했으며 나무줄기에서 마법처럼 사라져버리는 다람쥐를 보면 즐거워했다. 동물이 아닌것도 차별대우하지 않았다. 사실 그 애는 사회구성원과 교류할 때 마치 무생물을 대하는 것처럼 행동했고, 반대로 수도관과 같은 무생물을 사회구성원처럼 대했다. 다리를 저는 남자의 뒷모습에 한동안 집중하고 있던 아이는 누군가 건물 뒷문에서 나오는 걸 보고 그쪽으로 관심을 기울였다. 건물 직원이었다. 멜빵바지를 입은 직원은 쓰레기봉투를 질질 끌고 가다가 대충 앞쪽으로 던져버렸다. 쓰레기봉투는 연석 옆에 엉망진창으로 착륙했다. 직원은 몸을 숙이더니 쓰레기봉투 위에 신발 한 짝을 올려놓고 건물 안으로 돌아갔다. 우리는 눈이 휘둥그레졌다. 특히 우리 아들은 깜짝 놀란 듯했다.

"신발!" 아이가 손가락으로 신발을 가리켰다. 우리 아이가 처음 배운 단어들은 대부분 가족, 동물, 음식과 관련된 것이고 신발은 조금 뒤에야 아이의 어휘에 포함되었다. 하지만 신발은 아이가 대화에서 반복해 사용하는 몇 안 되는 단어 중 하나였다.

나는 고개를 끄덕였다. "신발이네."

아이가 나를 쳐다보고는 무척 익숙한 표정을 지어 보였다. 우리가 종종 함께 읽는 리처드 스캐리Richard Scarry의 그림책에 나오는 속상한 돼지 같은 표정이다. 조금 더 자세히 설명하자면, 옷을 입은 동물들이 운전하던 자동차와 트럭들 사이에 추돌사고가 나서 토마토, 달걀, 머스터드 등이 지저분하게 길로 떨어진 가운데 몸이 거꾸로 뒤집힌 돼지 트럭 운전사가 짓고 있던 표정이다. 우리는 그 표정을 '슬픈 돼지 표정'이라 이름 붙이고 즐겨 흉내 내곤 했다. 아들은 발달 단계상 아직 말을 제대로 못했지만 비언어적인 방법으로 자신을 표현하는 데는 몹시 능숙했다. 어떤 대상을 논평하거나 감정을 전달하려 할 때면 얼굴의 모든 근육을 이용하는 게 아닌가 생각될 정도였다. 또한 몸짓을 할 때도 온몸을 구석구석까지 전부 이용했다. 손을 과장되게 흔들고 어깨를 으쓱하고 고개를 옆으로 까딱이는 몸짓들은 우스꽝스러운 동시에 극적이었다. 이 모든 비언어적 의사소통에는 전염성이 있는 모양인지, 나 또한 아이의 몸짓과 표정을 더욱 과장해서 따라 했다. 그러면 아이는 다시 나를 보고 흉내 내기를 반복했다.

언어는 사고를 가능하게 해주는 반면 개성 넘치는 표현법을 앗아가버린다. 언어가 아이의 연극성을 잠재울 날이 머지않았음을 나는 잘 알고 있다. 그래서 우리 가족은 함께 얼굴 표정과 몸짓으로 유동적인 어휘들을 창조해냈다. 그 어휘들은 새로운 상황에서도 언제든지 쓸 수 있었다. 예컨대 슬픈 돼지 표정은 속상하거나 쓸쓸할 때 지을 수 있지만 한편으로는 조금 우스운 데가 있다. 부모들이 어린 아기들의 옹알이에 의미를 부여하듯 나도 아이의 표정 하나하나에 의미를 부여했다. 아기가 "엄마"라고 말하면 어른들은 그 말이 "엄마가 보고 싶어" "엄마 어디 있어?" "지금 당장 엄마가 필요해!"처럼 더 완성된 생각을 표현한다고 해석한다. 의사를 전달하려 하지만 언어 사용에 익숙하지 못한 아이들을 위해 그들의 발화를 맥락에 맞춰 적절한 의미로 해석하는 것이다. 나는 아들이 슬프지만 웃긴 맥락에서 속상한 돼지 표정을 짓는 것을 봤으므로 그 표정에서 슬픔과 우스움을 읽어낸다.

하지만 잠시 생각해보자. 우리가 본 건 신발이다. 아들은 신발이 슬프다는 말을 하고 싶었던 걸까, 신발이 놓인 상황이 우울하다고 말하고 싶었던 걸까? 어떻게 보면 실로 슬픈 상황이기도 하다. 신발은 짝을 잃고 완전히 외톨이가 되어 내팽개쳐졌으니 말이다. 끈은 어디 갔는지 코빼기도 뵈지 않고 몸통은 납작 눌려 있기까지 했다. 과연 아이가 슬픈 돼지 표정을 지을 만했다.

나는 아이에게서 무생물에 생명을 부여하는 물활론物活論, 즉 애니미즘animism의 희미한 자취를 발견했다. 아이들은 꽃이 행복하다거나 부서진 의자가 아프다고 얘기하고, 수도관의 머리를 부드럽게 쓰다듬어주며, 쓰레기더미에 던져진 신발 한 짝의 슬픔에 주목한다. 심리학자들은 그들이 물활론적 오류를 범하고 있다고 말한다. 이 개념에 대한 관심을 처음 불러일으킨 것은 바로 장 피아제Jean Piaget가 시도했던 자녀들의 언어생활에 대한 연구다. 피아제는 아이들을 관찰하고 발화를 주목했을 뿐 아니라 외부 세계에 대해 그들이 무엇을 알고 있는지 예리한 질문을 던지고 대답을 기록했다. 피아제의 어린 딸 한 명은 이렇게 주장했다. "하늘은 풍선을 타고 위로 올라가서 구름이랑 모든 걸 다 만드는 사람이에요." 또 다른 딸은 "해가 슬퍼서 자러 가요."라고 설명했고, 밤에 호수에 떠 있는 배를 거둬들이는 것은 배들이 잠들었기 때문이라고 주장했다. 피아제는 이 연구에 완전히 빠져들었다. 그는 여러 해에 걸쳐 다양한 나이대의 아이들에게 세계에 관한 질문을 던진 결과 아이들의 사고가 몹시 물활론적이라는 사실을 알아냈다. 아이들이 보기에 달과 바람은 움직이기 때문에 명백히 살아 있다. 불도 살아 있다. 타닥타닥 소리를 내기 때문이다. 두 살배기 아이는 장난감 자동차를 창가로 들고 와서 눈 내리는 풍경을 보여주었다. 비슷한 나이의 또 다른 아이는 자동차가 스스로 어디로 가는지 알고 있다고 주장했다. 자동차도 자신이 같은 장소에 있지 않다는 사실을 느낄 거라는 게 그 근거다. 또 아이들 생각에 끈이 얽히고설켜 잘 풀리지 않는 이유는 끈이 그러고 싶어 해서다.

피아제는 이런 물활론이 아이들의 인지적 미성숙함과 생물에 대한 이해 부족을 보여준다고 생각했다. 그러나 최근 연구 결과 아이들이 아주 어릴 때부터 생물과 무생물을 구분할 줄 안다는 사실이 명확해졌다. 실제로 피아제 자신도 어린아이들이 초기 단계의 이해력을 보이는 것을 확인한 바 있다. 예를 들어 아이들은 해가 낮 동안 움직이는 걸 보고 살아 있다고 생각했지만, 나아가 해에게 촉각이 있다거나 꼬집으면 아파할 거라고 주장하지는 않았다.

그렇다면 아이들은 해와 배와 신발에 관해 도대체 무슨 생각을 하는 것일까? 내 생각에 물활론은 아이들이 아직 완전히 이해하지 못한 새로운 대상에 대해 완벽하게 합리적인 추론을 한 결과다. 아이들은 그 대상이 자신이 이미 아는 것이거나 그것과 똑같이 행동할 가능성이 있다고 추론해서 지금껏 배운 개념과 단어들을 확장해 새로운 대상에 적합한지 시험한다. 특히 갓 언어를 사용하기 시작한 아이들은 새로운 단어들을 적용해 보는 놀이를 한다. 어떤 면에서 정박 중인 배들이 잠들어 있다는 말에는 일리가 있다. 쓰레기봉투 위에 놓인 신발이 쓸쓸한 감정을 '느끼고' 있는지는 모르겠으나 우리 눈에 쓸쓸해 '보이는' 것은 맞으니까. 이렇듯 아이들의 언어에는 적절한 단어 사용에 강박을 느끼는 우리 어른들이 갖지 못한 유추의 풍부함이 남아 있다. 신발의 상태나 피어나는 꽃의 감정에 대한 이해를 단순한 오류로 치부하는 것은 편협한 사고를 방증할 따름이다.

아이의 도덕적 이해를 발달시키는 방법에 대해 학계에서 많은 이론이 제시됐지만 나는 아이들이 타고난 물활론적 경향 덕분에 어른들이 가르쳐 줄 수 없는 감수성을 갖는다고 느낀다. 아이들은 꽃을 주울 때 '친구를 만들어주려고' 몇 송이를 더 줍는다. 길거리의 돌멩이가 다른 풍경을 보게 해주려고 위치를 옮겨놓거나, 이사를 가서 힘들어하지 않도록 돌멩이를 주운 자리에 다시 가져다놓기도 한다. 이처럼 세상을 살아 있는 것으로 상상하면 자연히 연민이 생겨난다. 나 역시 한때 길거리에 버려진 의자들을 연민했으나 그때의 감수성은 점차 사그라지고 있다. 조금 더 어렸을 때의 나는 그 의자들을 입양하겠다고 우기다가 결국은 의자를 집에 들고 와서 망가진 시트 천과 부러진 다리를 고치고 새로 페인트칠을 한 다음 이미 우리 집에 서식하던 제법 많은 수의 의자들에게 소개해주곤 했다. 그러다 보니 우리 집에는 손님들이 앉아서 쉴 소파는 사라지고 짝이 맞지 않는 의자들만 넘쳐나서 추수감사절 파티에 스무 명쯤은 초대해도 거뜬할 정도가 되었다. 하지만 이제 나는 거리의 버려진 의자들을 그냥 스쳐 지나간다. 언젠가는 우리 아들이 나 대신 새로운 수집품을 데리고 올지도 모른다.

이제 사자가 문을 지키고 있는 우리 집이 가까워지고 있다. 우리는 아들의 걸음에 이끌려 길을 이리저리 헤집으며 돌아다녔고, 같은 길을 서쪽으로 걸었다가 반대 방향으로 되돌아왔다. 꽃잎처럼 생긴 느릅나무 씨앗과 길가에 주차해둔 '재밌는' 트럭 한 대를 지나쳤으나 그것들은 이미 신선함을 잃었다. 아들은 벌써 19개월하고도 3시간이나 되는 나이를 먹었기 때문에 아기들이나 좋아하는 그런 여흥은 콧대 높게 무시해버렸다. 아들은 대신 거꾸로 걸어보자고 졸랐다. 아들은 거꾸로, 옆으로, 구불구불 걸어가는 것을 똑바로 가는 것만큼이나, 어쩌면 그보다 더 좋아했다. 등 뒤로는 지는 해가 기다란 그림자를 드리웠다. 우리 발끝에도 그림자가 붙어서 우리의 몸짓 하나하나를 좇아 움직였다.

"이게 뭐야?" 아이가 보도에 나타난 그림자 도플갱어를 가리키며 물었다.

"오그던의 그림자야. 여기 엄마 그림자도 있네. 그림자야, 안녕!" 나는 손을 흔들었다. 나보다 거의 2미터는 커 보이는 그림자가 마주 손을 흔들어 주었다.

아들은 반쯤은 겁을 먹고 반쯤은 경이감에 사로잡힌 것 같았다. 그림자에게 말을 걸어보라고 격려해주었더니, 자기가 건넨 손 인사에 그림자가 대답해주는 것을 보고 기뻐했다. 연석 위에 버려둔 책장을 지나갈 때 아들의 그림자는 책장 안으로 뛰어 들어갔다. 하얗게 칠한 소나무 목재 책장 위로 또렷하고 짙은 그림자가 졌다. 책장 안에 들어간 그림자는 짤막하니 우리 아들의 키와 엇비슷해졌다. 그림자를 살펴보러 아이가 가까이 다가가니 키는 더욱 작아졌다. 뒷걸음질을 치자 그림자는 길게 늘어났다.

우리는 10분을 그렇게 보냈다. 그림자 쪽으로 달려갔다가 ("작아!") 다시 뒷걸음질을 치면서 ("커!"). 세상의 새로운 원리를 알아가는 아이의 천진난만한 웃음소리가 거리에 울려 퍼졌다.

책장 그림자를 떠나 집에 가는 동안 더 많은 그림자가 내 눈에 띄었다. 급수탑의 완벽한 실루엣이 길 아래쪽의 낮익은 고층 건물 위에 새겨져 있다. 그것을 보고 나는 급수탑의 친구인 수도관을 떠올렸다. 보도 위의 모든 물체에 그림자가 딸려 있다. 그림자를 보니 셀 수 없이 많은 물체를 겹겹이 쌓아 올린 우리 도시의 풍경이 얼마나 복잡한지 새삼 느낄 수 있었다.

우리 아파트 현관에 다다르자 아들은 낯익은 계단을 알아보고 올라갈 준비를 했다. 나는 이 작고 놀라운 소년이 자기에겐 너무 높은 계단 앞에 서서, 한 걸음을 오르기 위해 무릎이 턱에 닿도록 다리를 들어 올리는 것을 지켜보았다. 나는 아이의 손을 더 힘주어 쥐었다. 끝나지 않았으면 싶은 산책이었다.

두 번째
산책

지질학자 시드니 호렌슈타인과 함께

아주 오래된 낙서

"새로운 것을 발견하고 싶으면 어제 걸었던 길을 다시 걸어라."

— 존 버로스John Burroughs

현관 앞으로 층계가 우아하게 휘어진
예쁘장한 적갈색 사암 건물 한 채가
커다란 석조 건물과 붉고 흰 벽돌
건물들 사이에 들어서 있었다.
나는 하늘을 거의 올려다보지 않았다.
땅만 해도 볼 게 넘쳤기 때문이다.

길 한가운데에 멈춰 서서 발밑의 돌 조각을 살펴보는 남자를 밀치고 지나갔다면, 당신은 방금 시드니 호렌슈타인Sidney Horenstein을 놓친 것이다. 당신은 분명히 그를 그냥 지나쳐버린 것을 후회하게 되리라. 발밑에 깔린 청회색 사암에 관한 이 남자의 지식을 곧 당신도 알고 싶어질 테니 말이다. 지질학을 전공한 호렌슈타인은 본래 대학 강사로 일하면서 수업을 위해 직접 답사를 개발했는데 강의를 그만두고 나서도 이를 계속하고 있다. 지난 40년 동안 그는 뉴욕 시에 있는 미국자연사박물관에서 환경답사 프로그램을 진행해왔다. 지금도 그는 북부 맨해튼 지역에서 지표면으로 노출된 암석, 즉 노두를 탐사하는 소규모 도보답사를 열성적으로 이끌고 있다.

어느 쌀쌀한 가을날, 나는 박물관의 직원 출입문 앞에서 호렌슈타인을 만났다. 그는 웃는 낯으로 반겨주었다. 내가 기자용 마이크를 든 것을 보고 전날 급작스럽게 전화를 건 사람이라는 걸 알아차린 모양이었다. 나 역시 그를 쉽게 알아볼 수 있었다. 그는 신호가 채 두 번도 가기 전에 손수 내 전화를 받고 이튿날의 만남을 호쾌히 결정한 지질학자다워 보였다. 안경을 썼고 가벼운 재킷 아래로 옷을 여러 겹 걸친, 산책에 어울리는 차림새였다. 숱이 많은 잿빛 머리칼이 야구 모자 아래로 꼬불거리며 튀어나와 있었다. 호렌슈타인은 어린 시절 읽었던 책들과 내 상상 속에 존재하던, 단정치 못하고 수수하며 살짝 산만한 과학자의 전형이었다.

하지만 캐주얼한 모자와 편안한 태도에 속아서는 안 된다. 그는 이 도시의 4억 년이나 되는 과거에 대해 당신과는 비교 불가능한 지식을 갖고 있고, 지금부터 당신이 모르는 게 얼마나 많은지 깨우쳐줄 참이니까. 호렌슈타인은 그가 열정을 가진 분야를 내게 차근차근 소개해주었다. 나는 공식적으로 산책을 시작하기에 앞서, 건물을 나서며 아스팔트로 포장된 박물관 현관 바닥에 관해 즉흥적으로 이야기를 꺼냈다. 아스팔트는 '순수한' 바위나 암석 보다 덜 흥미를 끄는 주제일 거라고 생각했기 때문이다. 그러나 호렌슈타인은 모자챙 아래로 나를 보더니 씩 웃었다.

"사실 땅 위의 모든 것은 두 종류로 나눌 수 있습니다. 무기물이거나 바이오매스(식물이나 동물) 등의 유기 생물체예요. 우리가 볼 수 있는 것들은 전부 자연에서 나왔습니다. 아스팔트도 예외는 아니죠."

포장도로에 쓰인 아스팔트는 석유에서 얻은 점성 찌꺼기에 골재를 섞은 것이다. 즉 돌멩이, 모래 그리고 끈끈한 물질로 이루어져 있다는 말이다. 이 혼합물은 '순수'하며 심지어 재활용도 가능하다. 호렌슈타인의 눈에는 암석이 흰 모양도 지표면 아래 땅의 자연 지형을 반영하는 것으로 보이는 듯했다. 그는 도로에 깔린 돌의 모양이 자연현상을 시사한다는 사실을 지적했다. 육각형의 포석은 길고 곧게 뻗은 고대 로마 도로에서 사용하던 돌의 모양을 본뜬 것인데, 그 돌이란 용암이 냉각되고 수축하면서 신기하게도 자연적으로 형성된 육각형 현무암이었다. 우리는 도시의 지질학을 보기 위해 현관에서 한 치도 움직일 필요가 없었다. 지질학은 우리가 있는 곳 어디에나 있는 것이다.

그저 인공물을 뒤죽박죽 쌓아올린 것처럼 느껴지는 도시를 호렌슈타인 식으로 새롭게 바라보자 불현듯 깨달음이 왔다. 우리는 지질학이라는 말을 들으면 발밑에 있는 것들에 대해서만 생각한다. 하지만 호렌슈타인은 우리 발밑에 있는 것만 지질학이 아니라 우리를 둘러싼 모든 것이 지질학이라고 주장한다. 우리는 도시의 지질학 한가운데에 들어와 있다.

"제 눈앞에 보이는 건 이런 장면입니다." 박물관과 건물을 해자垓子처럼 둘러싼 풍경을 손으로 가리키며 호렌슈타인이 말했다. "건물은 거대한 암석 노두이고 그 앞에는 드문드문 나무가 자란 초원이 펼쳐져 있어요."

다시 말하자면 산과 스텝steppe 중위도 지방에 펼쳐져 있는 온대초원으로 구성된 인공 자연경관의 축소판이 한 블록마다 열 번씩 되풀이되고 있는 것이다. 물론 건물들은 암석으로 쌓아 올리거나 한때 살아 있던 나무를 베어 지은 것이다. 소위 인공물이라는 것도 자연적으로 발생한 재료들을 해체하고 조합해 사람의 목적에 맞게 다시 만들어낸 것에 지나지 않는다.

이런 시각으로 보면 도시가 덜 인공적으로 느껴진다. 암석은 싸늘하지만 자연에서 온 것이고 거의 살아 있다. 물을 흡수하고, 햇빛을 받으면 따뜻해지고, 비를 맞으면 허물을 벗는다. 우리처럼 암석도 시간의 영향에서 자유롭지 못해 세월이 지나면 바깥층이 부드럽게 마모되고 핏줄처럼 얽힌 결도 더욱 두드러진다. 도시를 자연 풍경이라고 생각하고 바라보면 전보다 덜 영원해 보인다. 육중한 덩치의 아파트 건물은 몹시 견고해 보이지만 실은 바람과 물, 시간의 집요하고 끈질긴 힘 아래 서서히 붕괴되고 있다. 이들은 끊임없이 건물을 갉아내고 자기 흔적을 새기며 모든 것을 마모시킨다. 흙먼지는 얼룩을 남기고, 빗물은 창턱에서 지면까지 염류가 흘러내린 흔적을 남긴다. 구리 장식품은 산화하며 맞닿아 있는 석재를 초록색으로 물들이고, 철은 붉은 흙빛으로 녹슨다. 풍화작용은 도시가 자연물이라는 최고의 증거다. 석재에는 이끼가 끼고, 담쟁이덩굴은 벽돌 벽을 타고 올라가다가 틈으로 파고든 끝에 마침내 벽을 흔적도 없이 부숴버린다. 목재는 습기를 머금어 색이 짙어지고 세월이 갈수록 가벼워지며 모퉁이가 점점 부드럽게 마모된다. 결국 이 도시는, 아니 모든 도시는 분해되어 다음 세대가 건물을 쌓아 올리는 데 쓸 재료가 될 것이다.

우리는 박물관 밖으로 나가는 길에 대리석 계단을 올라갔다. 수많은 사람이 발을 딛고 올라간 계단 면은 이곳저곳이 불규칙하게 움푹 들어갔고, 마찬가지로 수많은 사람이 밟고 내려간 끄트머리는 둥글게 닳아 있다. 이런 침식은 인간 행동이 돌에 새겨진 하나의 사례다. 계단을 밟고 지나간 사람들은 각각 발끝으로 대리석 분자 17개 가량을 앞으로 또는 옆으로 밀었다. 분자를 살짝 떠미는 행위가 수백만 번 되풀이된 결과 널빤지처럼 판판하던 대리석이 물결처럼 부드러운 곡면을 지니게 되었다. 계단 난간으로 다가가자 난간 위로 반짝이는 줄무늬가 새겨진 게 보였다. 대리석을 밟고 지나간 발자국의 주인공들이 놋쇠 난간에 손바닥 피지선에서 흘러나온 기름기를 묻혀놓은 탓에 반들반들 윤이 났다. 사람들이 암석에 미치는 영향에 대해 한참 생각에 빠져 있던 내게 호렌슈타인이 주제를 환기시켰다. 우리는 다시 암석이 사람들에게 미치는 영향을 논하기 시작했다.

확실히 호렌슈타인은 지질학자였다. 바로 옆에 있는데도 어떤 거리감이 느껴졌다. 우리는 분명히 함께 걷고 있지만, 호렌슈타인은 그가 '친구'라고 부르는 여러 암석의 정령들에게 남몰래 미소를 짓고 고갯짓을 보내는 듯했다. 우리는 그들에게 포위돼 있었다. 암석에 한번 관심을 기울이기 시작하면 이내 무척이나 다양한 종류의 암석들이 모든 곳에 존재한다는 사실을 깨닫게 된다. 암석은 건물에, 차도에, 보도에, 연석에, 가로수 주위에 있다. 울타리와 담 역할을 하고, 계단과 경사로와 벽의 돌출부와 지붕 장식에도 있다.

"모든 암석은 광물이나 입자 크기, 전체적인 모양새에서 나름의 개성이 있어요." 호렌슈타인이 말했다. "그래서 친구처럼 알아갈 수 있는 겁니다. 물론 다른 사람들과 함께 걸을 때는 암석에 덜 집중하죠. 예의 없는 행동이니까요. 하지만 혼자 걸을 때는 가는 곳마다 암석들이 저를 반겨주지요."

호렌슈타인의 친구인 암석들은 모두 고향에서 먼 길을 떠나왔다. 호렌슈타인은 장엄한 박물관 외부와 내부에 숨어 있던 예순 가지도 넘는 암석 이름을 숨 가쁘게 읊어댔다. 미주리주 출신의 붉은 화강암과 로드아일랜드 출신의 화강암이 나란히 있고 그 옆에는 사우전드아일랜즈에서 온 암석이 버티고 있었다. 박물관 건물 확장공사를 할 때 근처 채석장이 폐쇄돼 있었기 때문에 이처럼 다양한 출신지의 돌이 한곳에 모였다고 한다. 박물관 안에는 미 중서부의 한 소공동체에서 온 산호초와 거의 4억 살이나 먹은 독일 암석이 함께 놓여 있었다.

연석 옆에는 연령 미상의 철광석으로 만든 자동차 진입 방지용 말뚝과 그에 비하면 상대적으로 어린 은행나무 한 그루가 서 있다. 호렌슈타인과 나는 잠시 멈춰 서서 나무를 감상했다. 11월의 잿빛 아침을 배경으로 샛노란 나뭇잎과 주황빛 열매가 산뜻한 장관을 이뤘다. 나무는 가을빛으로 물들어 있었지만 그 때문에 더욱 강인하고 생동감 있어 보였다. 근처의 철광석이나 화강암과는 달리, 나무는 우리와 같은 시간대를 살아가며 변화를 겪고 있다. 지질학자의 눈으로 봤을 때 은행나무는 암석으로 가득한 도시에 가장 잘 어울리는 나무다. 2억 년 전 모습에서 거의 변하지 않아 '살아 있는 화석'으로 불리기 때문이다. 그러나 나를 비롯해 이 도시 길거리를 거닐어본 뉴욕 시민이라면 다른 이유로 은행나무가 익숙할 것이다. 은행 열매 냄새는 초기 원예학 서적 여러 권에서 순화해 표현했듯이 '불쾌하다.'•

호렌슈타인과 나는 길모퉁이에 멈춰 섰다. 발밑에 흡열성 암석이 깔려있다는 것을 발바닥에서부터 서서히 느낄 수 있었다. 하지만 호렌슈타인은 금세 사라질 추위에는 신경 쓰지 않는 것 같았다. 그는 길 건너 센트럴파크를 바라보며 과거를 들여다보고 있었다. 이윽고 그는 모든 것이, 심지어 아스팔트조차도

• 사실 불쾌하다는 말로는 그 냄새를 설명하기에 부족하다. 무해해 보이는 은행 열매는 가을이 오면 씨앗을 품고 땅으로 떨어져 행인들의 발밑에서 으깨진다. 수많은 사람이 멈춰서 악취의 행방을 찾다가 신발 밑창에 붙은 노란 열매를 확인하게 하는 원인은 으깨진 열매 껍질에 함유된 부티르산이다. 냄새의 주범은 은행나무 중에서도 암나무뿐이다. 수나무는 가을이 오면 사랑스러운 노란빛으로 물들어 단풍 구경을 나온 사람들에게 부채꼴 나뭇잎을 뿌려줄 뿐 다른 잘못은 없다.

어떤 면에서는 자연물이라고 할 수 있지만 "맨해튼 섬에는 진정으로 자연스러운 것이 하나도 없으며 모두 어떤 식으로든 변형돼 있다"고 말했다. 마치 내가 센트럴파크의 기원에 대해 질문할 것을 예상하고 미리 대답한듯했다. 뉴욕을 방문하는 사람들 대부분은 공원이 이 도시에서 유일한 자연물이라고 느끼지만, 호렌슈타인이 지적했듯 공원을 둘러싼 건물들과 마찬가지로 공원도 사람 손으로 지은 것이다. 다른 시각에서 보면 공원과 건물은 똑같은 자연물이라고 할 수도 있다. 어쨌든 둘 다 암석으로 만든 것이니까.

프레드릭 로 옴스테드Frederick Law Olmsted와 칼버트 보Calbert Vaux가 센트럴파크를 디자인하고 건축한 이야기는 간략한 버전으로 잘 알려졌다. 현재 맨해튼의 지리적 심장부에 있는 약 100만 평의 직사각형 공원은, 완공 당시 뉴욕 시민들의 주된 거주지보다 북쪽에 자리 잡고 있었다. 센트럴파크는 1858년에 시민들의 산책 및 휴양 목적으로 개원했다. 그 때문에 그 자리에서 운영하고 있던 양 목장과 돼지 목장, 동물기름 가공 공장은 철거되었고 공유지에서 영구적으로 천막을 치고 살던 수백 명의 불법 거주자들도 쫓겨났다. 센트럴파크는 자연스럽게 조성된 것처럼 보이지만 실은 완벽하게 사람 손으로 디자인되었다. 원래 기복이 심했던 지형을 거의 남겨두지 않고 사람 손으로 다듬어낸 조경 건축의 대표적 사례다.

호렌슈타인은 공원 옹벽에서 튀어나온 암석 하나를 고갯짓으로 가리키며 말했다. "음, 저기 자연스럽게 노출된 암석이 보이네요." 거대한 암석이었다. 땅에서 예리한 각도로 솟아나 있어 한때 위협적으로 보였겠지만 지금은 세월을 거쳐 부드럽게 닳아 있었다. 아이 두 명이 우리 반대편에서 암석을 기어오르며 놀고 있었는데, 파카를 입은 팔과 다리밖에 보이지 않았다. 호렌슈타인이 말했다. "공원을 조성하느라 언덕 몇 개를 들어내기 전에는 이 지역 전체에 저런 암석이 있었을 겁니다." 그리고 덧붙였다. "여기 있던 암석들의 행방도 알 수 있죠." 나는 공원을 둘러싼 낮은 돌벽을 보고 고개를 끄덕였다. 옴스테드와 보는 조경 디자인에 맞지 않는 구릉을 깎아내 평평하게 만든 다음 남은 암석으로 옹벽을 쌓아올렸다.

"그럼 이들은 사촌인가요?" 내가 물었다. 나는 호렌슈타인처럼 암석을 살아 있는 것으로 느끼기 시작한 참이고, 공원과 공원 옹벽의 관계는 그런 내게 닭고기 사료를 먹는 닭을 목격한 것과 비슷한 불쾌감을 안겨주었다.

"그렇죠."

이 암석은 바로 맨해튼 편이다. 다른 지질학자의 말을 빌리자면, 맨해튼은 '아주 심한 적색 내지는 적갈색 풍화를 거쳤으며 질감은 보통에서 조금 더 거친 정도의, 흑운모-백운모-사장석-석영-석류석-남정석-규선석 등을 함유한 편마암과 소량의 편암'으로 구성돼 있다.

이런! 여기서 잠시 멈추고 독자들의 혈압이 다시 낮아지기를 기다려야겠다. 지질학에 대해 이야기하다 보면 전문용어의 폭격으로 독자들의 넋을 쏙 빼놓을지도 모르는 위험을 무릅써야 한다. 나는 편암, 편마암, 천매암, 변성암, 퇴적암, 쇄설성 암반, 편리 등 지질학에서 사용하는 용어들이 말 그대로 현기증을 유발한다는 것을 잘 안다. 나 또한 '고생대'라는 단어를 듣자마자 하품을 시작하는 사람이니까. 수억 년을 단위로 하는 지질학의 시간대와 수천 개의 다음절 용어들이 결합하면 확실히 수면제 효과가 생겨난다.

물론 지질학 자체의 문제는 아니다. 내가 고생대라는 단어에 이런 반응을 보이는 건 어디까지나 지질학에 문외한이기 때문이니까. 어떤 분야에 대해 최소한의 사실만 알고 있어도 화제를 따라가기가 훨씬 쉬워진다. 그 최소한의 사실이 점차 발전해서 지식의 호수를 이루게 되면 우리는 전문가를 자처하며 그 사실을 지적으로 증명해 보일 수 있다. 전문성을 얻음과 동시에 우리가 보고 듣는 것에 변화가 생기고 주의를 기울이는 대상도 달라진다. 뇌 영상을 보면 집중하고 있을 때 전문가의 뇌와 일반인의 뇌가 어떤 모습인지 알 수 있는데 둘 사이에는 엄청난 차이가 있다. 무용 공연을 보는 무용가의 뇌는 보통 사람들의 뇌보다 훨씬 활발한 활동을 보인다. 일단 전문성이 생기고 나면 이윽고 더 큰 전문성으로의 길이 열리는 것이다.

이것이 호렌슈타인이 지질학에 대해 열띤 어조로 이야기하는 것을 들으며 내가 체스에 대해 생각하기 시작한 이유다. 인지심리학 분야에서는 전문성을 얻고 유지하고 적용하는 방법에 대한 연구가 활발히 진행되고 있다. 그런데 1970년대 이후에 압도적으로 많은 수의 연구에서 면밀히 분석된 집단이 있다. 바로 체스 그랜드마스터들이다. 이유는 간단하다. 뛰어난 체스 선수들은 놀라울 정도로 기억력이 좋고, 체스판은 부피가 작고 휴대가 편해 연구에 유리하기 때문이다. 체스 선수들의 기억력은 실로 대단하다. 전문 체스 선수에게 진행 중인 경기를 보여주면 초보자와는 전혀 다른 부분을 눈여겨본다. 체스 판에 집중하는 방식도 다르고, 체스 판에서 한눈에 파악하는 범위 자체도 다르다. 그들은 체스 말이 어디 놓여 있는지는 물론이고 각각의 말이 어디서 왔고 앞으로 어디로 움직일 수 있는지도 파악해낸다. 열 수 앞을 꿰뚫어 보고 체크메이트checkmate(체스 경기에서 완벽히 이긴 상황을 뜻하는 말)에 도달하거나 열 수 뒤를 추적해서 초반에 어떤 진영을 펼쳤는지 알아내기도 한다.

그랜드마스터의 체스 기억력은 정말이지 놀랍다. 정상적인 이동 경로를 통해 체스판 위에 놓인 말 5~7개를 하나의 청크chunk라고 부르는데, 보통 체스 선수는 5만에서 30만 개의 청크 순서를 기억하고 있다고 한다. 무의식적으로 파악하는 첫수의 조합만 해도 10만 가지는 된다. 이 방대한 기억 덕분에 선수들은 진행 중인 경기를 한번 쓱 보면 말 여러 개의 위치를 정확히 기억할 수 있다. 뛰어난 기억력은 청크가 아니라 임의로 배치한 말에도 통한다. 행마의 원리를 꿰뚫고 있는 사람에게 임의의 위치에 놓인 말은 놀랍고 특이한 요소로 눈에 띄기 때문이다. 그와 반대로 체스 초보자는 체스 판을 보고 단지 검은 말과 흰 말이 복잡하게 뒤얽혀 있다고 느낀다. 열심히 집중하면 체스 판의 일부나 나란히 놓여 있던 말 몇 개는 기억해낼 수 있을지 모르나 그 이상은 어렵다.

전문 체스 선수와 초보자의 차이는 그들이 보는 풍경이 의미를 띠는지 여부에서 비롯된다. 전문가의 눈에는 모든 말이 서로 연관돼 있다. 또한 그것들이 체스 판에 배치된 형태를 보면 자신이 참여했거나 관전했던 다른 경기에서 본 형태를 연상할 수 있다. 이런 경험을 반복한 끝에 체스 판이 몇 년 지기 친구의 얼굴만큼이나 친숙해지는 것이다.

알고 보면 얼굴이야말로 체스 판에 비유하기에 가장 적절한 대상이다. 신경과학자들은 오래전에 우리 뇌에 얼굴을 지각하고 인식하는 역할을 맡은 '방추상 얼굴 영역fusiform face area'이 있다는 사실을 밝혀냈다. 우리는 풍경에서 얼굴을 빠르게 구별하고, 군중 속에서 낯익은 얼굴을 찾아내고, 서로 다른 얼굴 여러 개를 스치듯 보여줘도 많은 부분을 기억할 수 있다. 실제로 태어난 순간부터 유아의 지각은 얼굴을 중심으로 이루어진다. 나와 함께 산책에 나선 아들 또한 자칫하면 불편하게 느낄 수 있을 만큼 빤히 사람들의 얼굴을 쳐다보았다. 그런데 최근 연구에서 체스 그랜드마스터들이 체스 판을 볼 때 방추상 얼굴 영역이 활성화된다는 사실이 밝혀졌다. 체스 말이 사람 얼굴처럼 생겼을 리는 없으니, 문제의 영역은 전문 분야의 시각적 자극을 처리할 때 활성화된다는 결론이 나온다. 우리는 모두 얼굴을 보고 인식하는 데 있어서 전문가들이다.• 다른 분야의 전문가들

• 우리 모두가 전문가는 아닐지도 모른다. 안면실인증prosopagnosia이라는 장애를 앓는 환자들은 얼굴을 전혀 인식하지 못하는데, 정도가 심한 경우에는 당황스럽게도 부모, 자식, 배우자의 얼굴조차 알아보지 못한다. 올리버 색스는 초기 수필집에서 이 증세가 얼마나 기이하고도 심각한 것인지 기술한 바 있다. 안면실인증 환자의 일화에서 제목을 따온 이 책 『아내를 모자로 착각한 남자』는 이후에 색스 특유의 접근법 자체를 대변했다. 나중에 일이 얄궂게 되어 색스 자신도 안면실인증을 앓고 있음을 밝혔다. 위 저서를 집필한 1980년대까지 그도 같은 증세가 있다는 사실을 전혀 알아차리지 못했다고 한다. 자신의 증세에 대해 색스가 어떻게 생각했는지는 이 각주에서 충분히 다루기 어려울 것 같다.

은 해당 분야의 이미지를 이렇게 친구나 가족의 얼굴처럼 처리하는 것이다.

나는 암석 친구들을 보는 호렌슈타인을 슬며시 쳐다보았다. 맹세컨대 순간적으로 그의 방추상 얼굴 영역이 친구들을 알아보고 활동을 개시하는 것을 느낄 수 있었다.

✶

다시 고생대 얘기로 돌아가자. 나는 독자들도 나처럼 지질학에는 문외한일 거라는 생각이 들어서 며칠 동안 사팔눈을 뜨고 대체 편암이 무엇인지에 대한 연구에 몰두했다. 이제 내 얘기를 한번 들어보시라. 그러면 당신 뇌에 변화가 생기기 시작할 테니.

편암은 변성암의 일종이다. 편암Schist이라는 단어는 '쪼개진다'는 뜻의 그리스어를 어원으로 하며, 변성암이란 글자 그대로 '형태가 변한다'는 뜻이다. 이 의미들에 편암의 뜻이 전부 담겨 있다 해도 과언은 아니다. 변성을 겪었다는 것은 편암에게 기념비적인 사건이다. 처음에 편암은 바다 밑바닥의 진흙이었다. 약 2억 년 전, 이름이 붙지 않았던 한 시기에 대륙들이 서로 충돌하고 땅이 찢겨나갔다. 그러는 동안 바다 밑바닥에 있던 진흙은 지핵 쪽으로 눌리며 높은 압력을 받았다가 가열되고 다시 눌리기를 아주 오랫동안 반복했다. 그 과정을 겪은 암석이 다시 지표면 위로 올라왔을 때에는 편암으로 새롭게 태어나 있었다. 편암은 광물들이 속으로 파고들며 생기는 줄무늬의 유무로 입자가 큰 변성암인 편마암과 구별된다.

편암이 탄생한 배경 설명은 이것으로 끝이다. 하지만 뉴욕 시민들에게 편암의 이야기는 아직도 현재진행형이다. 뉴욕의 기반암은 편암이고, 마천루의 기반도 편암에 박혀 있다. 고층 건물을 지으려면 건물 토대를 기반암에 밀어 넣어야 하는데 맨해튼 도심 지역과 미드타운은 지표면 바로 아래에 편암이 있는 반면 그 사이 지역은 편암이 땅속 깊숙이 묻혀 있어 마천루 건설이 어렵다.• 실제로 뉴욕의 스카이라인을 보면 높다란 마천루를 자랑하는 맨해튼과 미드타운의 중간 지대가 아래로 푹 꺼져 있는 것을 확인할 수 있다. 편암은 길과 건물을 건설해놓은 지표면 위, 쉽게 말해 땅 곳곳에 얼굴을 들이밀고 말없이 상당한 지분을 차지하고 있다. 센트럴파크에는 이처럼 고개를 빠끔히 내민 편암이 불규칙하게 박혀 있다. 옴스테드와 보는 자연스러운 맛을 더하기 위해 편암 몇 개는 그 자리에 놔두었고 나머지는 옮겨서 새롭게 조성된 풍경을 감상할 수 있는 언덕을 쌓아 올렸다.

오늘 이 도시의 편암은 오후 햇살을 받아 줄무늬에 박힌 운모를 장난스럽게 반짝이고 있다. 호렌슈타인과 나는 그것을 감탄 어린 눈으로 바라보았다. 나는 줄무늬가 새겨진 편암 표면을

• 가운데가 푹 꺼진 맨해튼 스카이라인에 대한 설명은 오래전부터 여러 지질학자들이 되풀이해왔고 작가 존 맥피도 관련 내용을 저술한 바 있다. 하지만 최근 세 명의 경제학자가 이 도시의 건축 패턴에 결정적 영향을 미친 것은 오히려 경제적 측면이 아니냐는 의문을 제기했다. 물론 그렇다 해도 놀랄 일은 아니다. 이들에 의하면 지역 간 기반암의 깊이 편차도 전에 알려졌던 것보다 덜하다고 한다. 이런 경우에 보통 그렇듯이 두 설명 모두 일리가 있을 것이다.

손으로 쓰다듬었다.

"빙하작용이라는 겁니다." 호렌슈타인이 말했다. 내 얼굴에 궁금증이 떠오른 모양인지 설명이 뒤따랐다. "빙하가 땅 위로 지나가면서 암석을 짓눌렀던 흔적이죠."

한때 뉴욕을 뒤덮고 있던 빙하는 이미 수천 년 전에 물러났지만 이렇게 자취를 남겨놓았다. 최후에는 불명예스럽게 녹아버렸지만, 빙하는 해안선의 모양과 해수면의 높이를 결정한 한편 편암 위에 자신들이 지나간 흔적을 남겨놓았다. 빙하는 천천히 지나가는 동안 큰 암석에 강한 힘을 가하고 작은 암석들은 그냥 밀고 지나가며 지표면을 긁어놓았다. 내가 방금 쓰다듬은 암석 표면의 줄무늬는 빙하가 긁고 지나간 결과다. 호렌슈타인은 편암의 줄무늬가 빙하가 움직인 방향을 보여준다고 지적했다. 줄무늬를 보면 남동쪽으로 전진해 갔거나 북서쪽으로 후퇴해 간 것을 알 수 있다는 말이다. 따라서 센트럴파크 안에서 길을 잃으면 이론상으로는 편암 줄무늬를 비스듬히 기울인 나침반 삼아 길을 찾을 수 있다. 줄무늬를 따라가면 남동쪽의 미드타운이 나올 테니까. 지표면 위로 튀어나온 이 표석漂石들은 오늘날 공원과 도시 전체에 현대 예술 작품처럼 흩뿌려져 있다.

다시 길거리로 접어든 우리는 무단횡단을 하다가 경적 소리에 된통 혼나기도 하고 버스에 거의 치일 뻔하기도 했다. 잠시 지질학의 세계를 등 뒤에 두고 떠나온 듯한 기분이 들었지만 곧 그것이 얼마나 큰 착각이었는지 깨달았다. 대로변에서 건물 몇 개를 지나치자 연립주택 앞에 무릎 높이의 옹벽이 서 있는 게 보였다. 보도와 주택의 쓰레기장을 분리하는 나지막하고 못생긴 하얀색 벽이었다. 놀랍게도 호렌슈타인은 거기서 발걸음을 멈췄다. 표면에 밝은 노란색 나뭇잎 몇 개가 달라붙어 있는 것을 제외하면 그 벽은 전혀 매력적이지 않고 심지어 불결해 보이기까지 했다. 그러나 호렌슈타인에게는 그 벽이 보석처럼 보인 모양이었다.

"석회암이군요. 인디애나 주에서 온 거예요. 여기 벌레 구멍이 있네요."

호렌슈타인은 벽 표면에 구불구불하게 나 있는 기다란 구멍을 손가락으로 짚었다. 과연 벌레가 끼여 있었다 해도 이상하지 않을 공간이었다. 하지만 벌레가 암석 안에 들어가다니, 그게 가능한 일일까?

그렇다. 정말로 한때 암석 안에 벌레가 끼어 있었다. "이 암석은 해저 퇴적물이라 예전에는 입자 사이가 헐거웠습니다. 그래서 바다 벌레들이 안을 지나다니며 흔적을 남길 수 있었죠." 부드러운 침전물이었던 시절의 암석을 고대 바다 벌레들이 파고들어 먹어치우며 구멍을 남기고 지나간 것이다. 호렌슈타인이 가리킨 벌레의 자취는 암석이 벌레의 소화기관에 들어갔다 나오면서 화학적 변화를 겪고 벌레가 그 자리를 떠난 후 화석화된 흔적이었다. 바로 옆 건물에서 호렌슈타인은 바다 벌레의 오래된 친구 몇몇을 찾아냈다. "여기 바다나리가 있군요! 이끼벌레도 보여요. 아니, 저기 부족류도 있는데요."

내게는 모두 낯선 생물들이었다. 얼룩진 벽면에서 고대 생물의 흔적을 찾으려 애쓰는 동안 호렌슈타인은 지금 우리가 무엇을 보고 있는지 설명해 주었다. 건축 재료로 흔히 쓰이는 석회암은 껍데기와 유해를 비롯한 고대 생물들의 흔적을 가득 담고 있다. 아니, 사실 석회암이 화석과 파편 그 자체라고 해도 과언이 아니다. 석회암은 편암과 마찬가지로 지질학적으로 아주 오래전에 해저(지금의 미국 중서부)에서 형성되었다. 해저에서는 바닷물이 움직일 때의 힘으로 달팽이와 가리비 등 작은 무척추 동물들의 껍데기가 산산이 부서진다. 바다나리는 웨하스처럼 층층이 쌓인 원반이 줄기를 이룬 작은 생물이었고, 이끼벌레는 산호와 꽤나 닮은 부채꼴의 정주성定住性 동물이었다. 가리비와 비슷하게 생긴 부족류는 석회암에 바닷가에서 주워온 여느 조개와 비슷한 흔적을 남겨놓았다.

바다나리의 원반은 한가운데 동그란 구멍이 뚫린 자그마한 동전처럼 생겼다. 고대 바다 속의 지하철 토큰이라고나 할까? 나는 갑자기 온갖 곳에서 바다 벌레들의 흔적을 발견하기 시작했다. 건물 벽면에 세로로 길게 난 벌레 자국은 마치 오래된 낙서 같았다. 그 모양을 한번 눈에 익히고 나니 길거리가 완전히 다른 모습으로 들어왔다. 도시의 암석은 그저 생기 없는 바윗덩어리가 아니라 바다의 무덤이었다. 나는 입을 뗄 수 없었다.

"옹벽에서 3억 년 된 벌레 자국을 보다니 놀랍군요."

나는 호렌슈타인이라면 논리적으로, 평범한 사실을 대하듯 설명해줄 거라고 기대하며 겨우 입을 열었다. 그러나 그는 대답하지 않았다. 대신 따라오라고 내게 손짓했다. 길을 걸어가는 내내 그는 잠시도 입을 다물지 않았다. 도시를 땅 위에 드러난 지질학으로 보기 시작하면 끝도 없이 많은 것들이 눈에 들어온다. 호렌슈타인은 보도와 차도, 벽과 지붕과 계단, 아트리움과

처마돌림띠와 장미창에서 이런저런 것들을 지적해냈다. 그것들은 모두 호렌슈타인이 잘 아는 암석들이다. 어떤 도시, 어떤 동네 여러 시대와 지역에 가로놓인 지질학의 역사를 담고 있다. 그러나 내게는 마치 미친 사관이 뒤죽박죽으로 기록한 역사를 보는 것 같았다. 미주리에서 온 붉은 화강암이 테네시 주 녹스빌에서 온 암석 옆에 앉아 있고, 프랑스에서 이민 온 석회암이 미국 중서부에서 온 돌과 다툼 한마디 없이 나란히 앉아 쉬고 있다. 이런 풍경 사이사이에 뉴욕 특유의 갈색 사암(2억 살이나 먹었다고 한다)도 대여섯 개 보인다. 발밑에는 석회암, 시멘트, 조약돌을 가열해 만든 콘크리트와 메인 주에서 채석한 화강암, 버몬트 주에서 온 청회색 사암이 있다.

우리는 청회색 사암 앞에서 걸음을 멈췄다. "버몬트 주 프록터에서 온 겁니다." 호렌슈타인은 돌의 출신지를 정확히 밝혀냈다. "아주 흥미로운 것이 하나 눈에 띄는군요. 보통 사람들은 대수롭지 않게 넘겨버리는 거지요. 여기, 깃털이 보이세요?"

나는 웃음을 터뜨렸다. 짓궂은 농담이 확실했다.

틀렸다. 농담이 아닌 모양이었다. "여기 보이죠? 밖으로 뻗어나가는 선들 말이에요. 석공이 돌을 내리쳐 깨뜨렸던 자립니다."

암석은 여러 번의 삶을 살기 때문에 우리에게 들려줄 이야기도 그만큼 많다. 우선 모든 암석에게는 조상이 있다. 예컨대 석회암의 조상은 바다생물들이라고 할 수 있을 것이다. 암석의 관점에서 지난 1억 년은 가장 평화로운 시기였지만 그동안에도 사건들은 계속 일어났다. 우선 암석은 땅에서 톤 단위로 채굴됐다. 이를 위해 만든 채석장은 저마다 특색이 있어서 암석 전문가들은 자연스럽게 암석을 캐낸 채석장에 대해서도 알게 된다. 암석에 남은 특징적인 흔적과 색채는 암석을 파내고, 작업 가능한 크기로 깨뜨리고, 처리하는 기술들의 차이에서 비롯된 것이다. 청회색 사암과 같이 거대한 암석을 사람이 다룰 수 있는 크기의 석판으로 깨뜨리는 방법 중 하나는 '마개'라 불리는 정과 '깃털'이라 불리는 쐐기를 이용하는 것이다. 쐐기를 정 옆에 붙인 채 일정한 간격으로 암석에 대고 두드리면 암석이 자연스럽게 반으로 쪼개진다. 그때 생긴 선들이 암석에 고스란히 남는다(호렌슈타인은 암석을 쪼개는 도구와 그 도구가 남긴 흔적을 똑같이 '깃털'이라고 불렀다). 정이 파고들어갔던 동그란 구멍까지 또렷이 남아 있는 경우도 종종 있다.

청회색 사암 건물과 이웃한 갈색 사암 건물은 1층 돌벽에 구멍이 송송 나 있다. 석공의 도구가 남긴 자국이었다. 망치와 끌은 암석을 깨뜨릴 때뿐 아니라 장식할 때도 사용된다. 원래 바로 옆에 붙어 있던 암석 두 덩이일지라도 어떤 석공의 손을 타느냐에 따라 전혀 다른 구멍 모양을 갖게 된다.

한 시간 후, 산책을 마치고 나니 주변을 둘러보는 게 겁이 날 지경이었다. 도시 풍경이 수직으로 돌출한 지질학적 풍경으로 보여서 현기증이 일었다. 나는 이제 동네 풍경을, 대로를 사이에 두고 단정하게 몸을 맞댄 균일한 건물들의 연속으로 치부하고 쉽게 눈길을 거둘 수 없다. 동네와 그 내용물들이 한바탕 뒤섞인 지질학적 시공간의 일부로 보이기 시작한 것이다. 웨스트 67번가에 서 있는 건물 하나만 보더라도 심각하게 시대착오적인 이력을 지니고 있다. 이탈리아산 대리석이 3억 3,000만

년 된 인디애나 주 석회암 옆에서 고고하게 자태를 뽐내고 그 아래에는 캣스킬스에서 채굴한 3억 6,500만 년 된 청회색 사암과 3억 8,000만 년 전에 만들어졌지만 2만 년 전에야 후퇴 하는 빙하에 긁혀 지표면에 고개를 내민 맨해튼 편암이 나란히 깔려 있다.

호렌슈타인은 특유의 자상한 미소를 지었다. "아시다시피 세상엔 재미있는 게 참 많아요." 나는 호렌슈타인과의 산책에서 암석을 보고 즐거움을 느끼는 능력을 선물 받았다. 암석과 암석으로 쌓아 올린 건물로 가득한 거리를 거니는 것이 이제 영겁의 시간을 누비는 여행처럼 느껴졌다. 실로 소중한 선물이다. 또한 산책을 하며 호렌슈타인의 전문성이 그를 어떻게 바꿔놓았는 지를 엿볼 수 있었다. 그는 자신의 전문성 때문에 거리를 걷는 동안 지질학을 무시하려야 무시할 수 없었다. 호렌슈타인뿐 아니라 우리도 머릿속에 체스 선수들의 체스 판 같은 전문분야를 갖고 있다. 눈 감고도 찾아갈 수 있는 장소들과 너무나 친숙한 이미지들이 있고, 남들을 보며 훌륭한 운동 기능이나 육상 선수다운 우아함 같은 것을 알아채기도 한다. 호렌슈타인의 뇌에는 그가 요령껏 자신의 체스판 위에 배치해둔 암석들이 가득한 것이다. 호렌슈타인은 나와 악수를 하고 돌아서 다시 박물관으로 향했다. 친구들이 그의 곁을 둘러싸고 있었다.

세 번째
산책

타이포그라퍼 폴 쇼와 함께

완벽한 글자가 주는 희열

"본다는 것은 보고 있는 것의 이름을 잊어버리는 것이다."

— 폴 발레리Paul Valéry

피자집과 세탁소는 아무런

개성 없이 쉽사리 기억에서

지워질 게 뻔한 간판을

내걸고 있었다

폴 쇼Paul Shaw가 몸을 한 번 가볍게 떨었다. 우리는 건축갤러리 문 앞에 서서 상점의 이름, 주소, 홈페이지, 영업시간을 안내하는 평범하고 유순한 간판을 마주 보고 있었다. 나는 글자를 읽었다. 하지만 쇼는 글자뿐 아니라 레터링도 읽었다. "헬베티카로군요. 이런 간판에서 평범하게 예상할 수 있는 거죠." 헬베티카는 건축가들이 즐겨 쓰는 글꼴이다. "그다음엔 아방가르드 고딕을 이탤릭으로 썼어요. 어휴." 그는 이맛살을 찌푸렸다. "그러고는 어도비 가라몬드를 또 이탤릭으로 썼고요. 자간이 영 별로네요……." 쇼는 골똘히 생각에 잠긴 듯 말꼬리를 끌었다.

쇼는 글자 디자인에 대해 너무 많이 아는 병을 앓고 있다. 이 병에 걸린 사람은 쇼처럼 뛰어난 타이포그라피 전문가가 되고 만다. 글자 전문가인 쇼는 맞춤글꼴과 로고는 물론 일반적으로 사용하는 글꼴 하나를 통째로 창조할 수 있으며, 글꼴을 연구하고 그에 대한 글을 쓴다. 또 오늘처럼 발로 뛰는 일도 있다. 이탈리아 전역을 여행하며 중세와 고대 사람들이 새겨놓은 글씨에서 현대 로마의 낙서들까지 꼼꼼히 둘러보는 소수정예 답사를 진행하는 것이다. 쇼는 또한 뉴욕의 파슨스디자인학교에서 20년 넘게 캘리그라피와 타이포그라피를 가르치는 한편, 헬베티카를 비롯해 뉴욕 지하철 시스템에서 사용하는 여러 글꼴을 추적해왔다. 쇼처럼 '글자애호증'에 걸린 환자들은 글자를 찾아다니고 온갖 곳에서 글자를 발견한다. 실로 도시에는 모든 곳에 글자가 있다.

우리가 사람으로서 안고 있는 문제점 하나는, 다른 많은 조건들이 그렇듯 사람이라는 조건에서 잠시라도 벗어날 수 없다는 것이다. 상대적으로 쉽게 움직이지 못하는 무력한 아기 시절을 지나 마음껏 움직이고 자율적으로 행동하는 어른으로 성장하면서 우리는 세상을 바라보는 시각을 배우고 점점 그에 얽매여간다. 우리가 사는 세계는 언어로 빚어졌고 언어로 기술되는 언어의 세계다.

생애 초기에 아기들이 내는 소리는 부모들에게 특별한 울림으로 다가온다. 신경질을 부리는 소리에서 부아가 나 내지르는 소리까지 다양한 울음소리가 있고, 또 만족감에 흘러나오는 부드러운 소리도 있다. 아기는 완고한 격변론자와 순한 새끼 고양이 사이를 변덕스럽게 오간다. 하지만 부모가 아기 곁에서 대화를 나누는 한 아기는 곧 다른 소리를 내기 시작할 것이다. 아기 입 밖으로 흘러나오는 흥얼대는 소리, 칭얼거리는 소리, 훌쩍이는 소리 등은 모두 아기 머리 위를 둥둥 떠다니는 언어를(또는 언어들을) 구성하는 소리들이다. 아기의 어린 두뇌는 윙윙대는 소리, 쿵쾅거리는 소리, 으르렁거리는 소리를 비롯한 세계의 모든 비언어적 소리들로부터 부모의 언어를 마법처럼 구별한다.

세상에 태어나고 첫 5년 동안 아이들은 깨어 있는 두 시간마다 단어 하나를 배운다고 한다. 대단하지 않은가? 이미 그 뛰어난 능력을 잃어버린 어른으로서 그저 부러울 따름이다. 우리 대부분은 오늘 아침 신문에서 처음 본 별난 단어를 기억해내려면 용을 써야 하는데 말이다. 그런데 나는 내 뇌가 아기의 뇌처럼 단어를 스펀지같이 흡수하기를 꿈꾸면서도 아이들의 발달에 두려움을 느낀다. 아이들은 매시간 언어 없이 그리고 언어에 담겨 있는 문화적 지식 없이 사고할 능력을 조금씩 잃어가고 있기 때문이다. 그렇다. 내가 아이들에게서 가장 부러운 것은 언어의 부재이다.

오해는 말아달라. 나는 내가 언어에 감사한다는 문장을 쓰게 해주는 언어에 감사한다. 또한 나는 단어들을 사랑하고 탐내고 수집한다. 우스꽝스러운 단어들, 정교하게 형성된 단어들, 그리고 평생 가도 쓸 일이 없겠지만 그저 알고 있다는 것만으로도 나를 기쁘게 하는 단어들 말이다. 우리 부부는 사전을 수백 권이나 갖고 있다. 그 사전들이 우리 삶에서 맡은 첫 번째 역할은 주인의 엄지손가락이 마침내 책장을 넘겨볼 때까지 불평 없이 기다리는 것이고, 두 번째 역할은 '대지의 배꼽omphalos' '사자생寫字生, amanuensis' '피클 같은picklesome'처럼 매력적이고 우아한 명품 단어들을 선사하는 것이다.

하지만 이들 가운데 일상에서 흔히 마주칠 만한 단어는 거의 없다. 우리는 매일 도시를 거닐거나 고속도로에서 운전하면서 이들과는 반대로 따분하고 지루한 단어들의 괴롭힘을 받는다. 깊은 밀림 한복판만 아니라면 어디에 있다 한들 마찬가지일 것이다. 언어에 취한 우리의 정신은 간판, 상점 외관, 광고판, 컴퓨터 화면 등이 퍼붓는 문자들을 읽지 않고는 못 배긴다. 이 글을 쓰는 지금 나는 한 번씩 타이핑을 멈추고 사무실 창밖을 내다보고 있는데 그때마다 내 눈동자는 나도 모르게 글자들을 재빨리 좇는다. 그리고 전혀 의도하지 않았는데도 글자들을 읽고 만다. 택시 옆면에는 'NYC 택시, 기본요금 $2.50'이라고 적혀 있다. 택시 지붕에는 '멍청해지세요Be Stupid'라는 광고 문구가 쓰여 있다. 택시가 지나가자 보도 위로 육중하게 버티고 선 비계에 "벽보 금지"라는 글자가 스텐실로 박힌 게 보인다. 이렇듯 단어들은 쳐다보지 않을 수 없다는 점에서 도시 환경이 내보이는 풍만한 가슴골과 같다.

더 나쁜 소식이 있다. 모든 도시는 사방팔방에 면이 있다. 그런데 인류 역사의 한 시점에서 누군가가 면이 문자와 기호를 적기 적합하다는 사실을 발견해버렸다. 고대 이집트의 노예 소유주들은 도망친 노예를 잡아 오면 포상금을 주겠다는 내용의 파피루스 포스터를 벽에 덕지덕지 붙였다. 그리스와 로마의 상인들은 나무 구두, 돌로 만든 수프 그릇 등의 상징물을 상점 문 위에 내걸었다. 기원후 76년의 평범한 하루가 잿더미 속에 박제돼 있는 폼페이 유적에는 벽마다 부동산 광고("돌아오는 7월 첫날부터 세놓음. 다층 상가 건물. 2층 방 상태 좋음……"), 검투사 경기 광고, 선거 후보에 대한 선전(또는 "바티아가 당선되길 바라는 건 잠꾸러기들 뿐입니다" 같은 비방) 그리고 평범한 낙서와 개인적 메시지들이 가득하다. "빅토리아, 건강하렴. 어디 있든 재채기가 술술 나오길"이라는 메시지는 빅토리아가 영원히 재채기를 멈춘 지 적어도 2천 년이 지난 지금까지 벽면에 남아 있다.

오늘날 공적 공간에서 문자가 전혀 없는 면을 마주치기란 매우 어렵다. 뉴욕의 상점들은 예전 같으면 상점 벽면이나 문에 붙여두었을 간판들을 행인의 시야 범위에 들어가는 차양, 배너, 플래카드로 확장시켰다. 언어의 공격을 피해 지하철로 숨어 들어간다 해도 쓰라린 절망만이 기다리고 있다. 지하철의 지지 기둥, 계단 앞 수직면과 난간에는 모두 광고가 덕지덕지 붙어 있다.

열띤 문구와 에어브러시로 착색한 사진들이 군중 사이를 헤치고 지나가는 당신에게 덧없이 소리를 질러댄다. 도시 공간에 독립된 광고판이 도입되기 전에는 창문이 없는 건물 벽에 페인트로 광고물을 칠했는데, 그 색 바랜 광고의 흔적이 더 현대적인 건물들 사이에 아직도 남아 있다(당시에 광고한 물건들은 할아버지 시대에 나오던 알약과 마차 등으로, 지금은 광고 자체와 같이 구식이 되었다). 이런 상황에서 아무런 글자도 적히지 않은 벽은 뉴욕 시 어디에 있든 그 존재만으로도 그라피티 아티스트를 출동시킬 수 있다. 물론 그가 벽에 써 넣는 낙서는 빅토리아의 순조로운 재채기를 기원하는 문구 와는 거리가 멀 것이다.

이런 이유들로 나는 폴 쇼를 만나러 도심으로 향하는 동안 글자를 보지 못할 거라는 걱정은 조금도 하지 않았다. 단, 언어가 아닌 다른 방식으로도 글자를 볼 수 있을지 궁금했다. 언어는 약속 장소로 향하며 동네를 걷고 버스를 타고 대로 사이의 자그마한 녹지 공간을 지나는 내내 나를 따라다녔다. 놀랍게도 모든 것에 글자가 쓰여 있었다.

남에게 보일 목적으로 그리거나 새기거나 잘라내거나 찢어내는 등의 방법으로 조합된 글자들을 '레터링'이라고 한다. 최근에는 폰트나 서체가 레터링의 동의어로 통용되고 있으나 글자 전문가들 앞에서 그런 말을 하면 그들이 불만의 표시로 눈을 데굴데굴 굴리거나 입술을 내미는 것을 볼 수 있을 것이다.•

• 폰트font란 타이핑할 때 사용하는 글자 세트를 말하고, 서체typeface란 폰트의 모양새를 말한다.

하지만 내 시야에 들어오는 것은 레터링이 아니라 글자들뿐이었다. 도로 표지판, 상업 표지판, 전단지, 공중전화 부스, 가로등, 건물 이름, 티셔츠와 배낭의 로고, 회사명, 계획서, 소유주와 제조사 이름을 붙이고 다니는 트럭들에 글자들이 있었다. 발밑으로는 맨홀 뚜껑(콘 에드Con Ed, NYC)과 누가 버리고 간 감자칩 봉지(레이스Lay's, 150칼로리) 그리고 해당 지역에 쥐약을 살포했음을 안내하는 생쥐만 한 깃발에 글자들이 있었다. 버스정류장에는 정류장 이름과 함께 버스 노선도가 붙어 있는데 정류장에 커다랗게 붙은 텔레비전 쇼 광고에 제압당해 글자가 눈에 띄지 않았고, 광고지 자체도 전단지("7월 1일부터 세놓습니다")에 일부 가려 있었다. 광고지가 붙은 플라스틱 벽면에는 누가 "문DOOR"이라고 낙서를 새겨놓았다. 오늘날에는 쓰레기통 옆면이나 운동화 밑굽조차도 우리에게 말을 걸어온다. 제 발로 걸어 다닌 지 얼마 되지 않은 우리 아들도 에어컨 실외기의 푹 꺼진 환풍용 홈이 알파벳 O의 연속처럼 생겼다는 것을 발견했다. 이것으로도 모자라 우리 주변에는 설명서, 표지판, 상표, 홍보물, 이름, 서술과 제안, 명령이 넘쳐나고 있다.

어쩌면 쇼가 글자를 '보지 않고' 걸을 수 있는지 시험해보는 편이 맞을지도 모른다. 하지만 내가 쇼와 산책을 떠난 목적은 글자를 더 많이 보기 위해서가 아니라 다르게 보기 위해서였다. 쇼는 글자를 사랑한다. 그는 글자를 찾아내고 만들어낼 뿐만 아니라, 마치 글자가 부끄럼을 많이 타서 밤에만 활동하는 희귀종 유대 동물이라도 되는 양 그들의 서식지를 조사하는 작업에 푹 빠져 있다. 쇼는 글자에 대한 열정을 타고났으며 아주 오랫동안 글자 디자이너 및 연구원으로서 일하면서 그 열정에 더욱 불이 붙었다. 내가 보기에 택시 지붕에 쓰인 '택시'라는 글자는 단지 택시를 뜻한다. 하지만 타이포그래피 전문가는 똑같은 글자에서 재난을 본다. 현재의 택시 기호가 처음 도입되었을 때 레터링에 관심 있는 사람들 사이에서는 한바탕 웅성거림이 휩쓸고 지나갔다. 우선 'NYC'와 '택시'가 다른 글꼴로 쓰였고 'NYC'는 자간이 너무 좁아서 글자를 읽기 어려울 지경이었으며 '택시'는 첫 이니셜 'T'만 보색원문자로 써서 'T'와 'AXI'가 분리돼 보였다. 게다가 예술성이라고는 눈을 씻고 봐도 없다. 이 글자 디자인은 잘못된 정치적 선택 또는 개인적 선택의 결과였다. 또한 시대에 뒤떨어진 감성, 기호에 부적합한 서체 사용, 실패한 가독성 연구의 산물이기도 했다. 쇼는 이 글자들에 얽힌 뒷이야기를 들려주었다.•

우리가 만난 것은 햇살 한 점 비추지 않는 2월의 흐린 날이었다. 나는 쇼를 보고 활짝 웃으며 손을 흔들었다. 내가 다가가는 동안 그는 어깨를 축 늘어뜨린 채 손을 주머니에 찔러 넣고 있었다. 쇼의 헤어스타일은 극적일 정도로 지저분했다. 눈을 마주쳐 내게 인사를 건네긴 했지만 그의 눈동자는 계속해서 벽, 화재 비상구, 길거리, 가로등, 공중전화 부스를 비롯한 주위의 표면 위를 헤맸다. 언제나처럼 글자를 찾는 것이었다. 그 반면

• 택시와 관련된 권력기관이 있는지는 모르겠지만 그들에게 타이포그라피 전문가들이 쏟아낸 불만이 도달한 것으로 보인다. 얼마 지나지 않아 택시 문에 새로운 로고가 등장했다. 새 로고는 자질구레한 글자 없이 단순히 대문자 'T' 한 글자가 전부였다. 보통 사람들은 이처럼 알파벳을 하나만 사용하면 디자인적 문제가 없을 거라고 생각하지만 쇼를 만나면 이야기가 달라진다.

에 쇼 자신은 언어적으로 온건했다. 다시 말해 그의 재킷과 가방에는 눈에 띄는 글자가 없었다.

우리는 같은 동네에 살고 있었기 때문에 집 부근부터 잘 모르는 거리까지 몇 블록을 걸어보기로 했다. 아직 가보지 않은 거리들이었지만 쇼에게 익숙한 요소들이 있으리라는 건 쉽게 예상할 수 있었다. 건축양식으로 도시를 알아볼 수 있듯이 널리 사용되는 글꼴 종류로도 도시를 알아볼 수 있다. 비슷비슷한 핸드폰 가게와 식당들이 내건, 컴퓨터 폰트로 찍어낸 새 간판들을 제외하면 건물에 남아 있는 레터링은 도시가 언제 건설되었고, 어떻게 진화하였으며, 진화 과정에서 파괴나 복원이 있었는지를 알 수 있는 단서가 된다. 뉴욕 시는 전체적으로 뒤죽박죽 섞인 모양새를 띠고 있지만 20세기 초반의 흔적만은 또렷이 남아 있다. 아르데코 내지는 아르모던 형식의 레터링이 주기적으로 나타나는 것을 보면 1920년대부터 1930년대까지 건설이 활발하게 이뤄졌다는 것을 알 수 있다. 거대하고 견고한 건물들이 이 시기에 여럿 지어졌고 대부분이 오늘날까지 살아남았다. 19세기 후반에 유행한 산세리프 고딕체도 도시 곳곳에서 얼굴을 내밀고 있는데, 건물 앞면에 양각으로 새긴 문자가 그 예다. 건축양식처럼 레터링에도 유행과 추세가 있다. 오늘날 현대적으로 보이는 글꼴은 곧 케케묵은 것이 될 테고 지금 대담해 보이는 글꼴도 머지않아 평범한 것으로 받아들여질 것이다.

산책을 시작한 블록은 글자로 빼곡했다. 나는 이런 것들을 순수하게 글자의 연속으로 보지 않고 하나의 단어로 보려 하는 습관이 있다. 다시 말해 나는 글자를 읽고 있었다. '영업시간'

'자동차 정비소' '조명 도매' '24시간 주차 금지' 그리고 볼 때마다 당황스러운 '핫도그와 피자' 간판까지. 우리는 '예술과 건축을 위한 전시장Storefront for Art & Architecture'이라는 이름의 갤러리 앞에 멈췄다. 불규칙적인 모양의 벽 패널에 경첩을 붙여 차양처럼 설치한 갤러리 건물 앞면은 동네에서 꽤 유명하다. 이 갤러리는 보행자 공간까지 자연스럽게 전시품을 설치해놓아서 행인들은 이 거리의 북쪽 보도를 따라 걷는 것만으로도 예술에 한껏 빠져드는 경험을 한다. 그러나 갤러리의 12미터가량 되는 앞면을 따라 넓은 폭으로 새겨진 갤러리 이름 레터링은 상대적으로 유명세가 덜하다. 그 앞에 서서 쇼는 레터링이 부자연스러울 정도로 폭이 넓으며 두 수평선 사이에 납작하게 눌려 있다는 것을 발견했다. 'A'와 'R'의 다리가 넓게 벌어져 있고 '&'는 쭈그러진 크루아상 같다. 그 순간 쇼는 깨달았다. 그것은 읽으라고 새긴 글씨가 아니었다. 정확히 말하자면 지금 선 곳에서 읽으라고 새겨놓은 글씨가 아니다. 뒷걸음질 쳐서 길모퉁이 쪽으로 다섯 발짝을 옮기니 어찌 된 영문인지 알 수 있었다. 보도를 걷는 행인들이 비스듬한 각도로 읽을 것을 예상한 디자인이었다. 확실히 갤러리를 향해 걸으면서 보면 늘이고 변형시킨 글자들이 모두 같은 크기로 보였다. 우리가 옮겨선 지점에서는 갤러리 이름을 완벽하게 읽을 수 있었다.

나는 사람들을 가까이 끌어당기는 갤러리만의 비법에 감탄하며 느릿느릿 걷다가 쇼에게 말을 걸었다. 하지만 그는 어느새 사라지고 없었다. 산책을 하는 동안 쇼는 계속해서 새로운 글자를 찾아 나서느라 내 곁을 떠나곤 했다. 2층의 상점 간판을 적당한 거리에서 보기 위해 연석으로 쏜살같이 달려갔고, 주차 공간보다 차가 더 많은 이 도시에서 흔히 볼 수 있는 못생긴 주차금지 표지판 사진을 찍느라 느닷없이 멈추곤 했다. 그는 주차 금지 표지판 사진을 수집한다고 했다.

"저는 모든 곳에 시선을 던집니다." 내가 간판 위에 있는 것, 지면에 있는 것, 의도적으로 만든 것, 어쩌다 보니 생긴 것 등 다양한 레터링의 종류 가운데 특별히 선호하는 것이 있는지 묻자 이런 대답이 돌아왔다. "도보 답사를 하다 보면 주변을 둘러보느라 오히려 길을 놓치기 일쑤죠." 이렇게 많은 표지판을 보면서도 길을 잃어버릴 수 있다는 것이다.

우리는 접이식 차고 문에 노란색 페인트로 쓴 '주차 금지' 문구를 지나쳤다. 문 위로는 '차고식 자동차 정비소PARK IN AUTO SERVICE'라고 쓴 간판의 붉은 글자가 눈에 띄었다. 건물 옆면에는 더 많은 글자가 있었다. 층마다 화재 비상구 옆에 소형 표지판을 붙여 놓아서 마치 글자들이 건물을 기어 올라가는 것처럼 보였다. 내 눈에 이런 광경은 아름다움과는 거리가 멀었다. 도시의 시각적 불협화음에 일조하는 언어 쓰레기처럼 보일 뿐이었다. 그러나 쇼는 그것들을 음미하고 더 꼼꼼히 훑어보기 위해 걸음을 멈췄다.

"40년대의 유물이에요." 쇼가 말했다. 나는 잠시 후에야 그가 어색한 자동차 정비소 간판에 대해 말하고 있다는 것을 알아차렸다. 나는 간판을 쳐다보았다. 자간이 부적절하고 들쑥날쑥한 글자는 마치 아이가 쓴 글씨처럼 경쾌한 맛이 있다. 내 눈에는 지저분해 보이지만 쇼에게는 그렇지 않은 모양이다. 도시에서 주위를 둘러보면 똑같이 컴퓨터로 찍어내 비닐을 입힌 간판이 대다수인데, 서로 구분하기 어려울 만큼 개성이 없다. 따분한 간판들에 포위당한 현대 도시에서 이 기묘한 간판은 더욱 흥미로운 색채를 띠었다. "이렇게 독특한 간판은 요즘 찾아보기 어렵죠. 나무판 같은 재료에서 글자판을 오려낸 것 같은데요." 쇼가 잠시 말을 멈췄다가 이었다. "아주 묘한 데가 있어요."

과연 간판은 볼수록 묘하게 느껴졌다. "'AUTO'의 U자가 좌우로 뒤집혀 있네요." 쇼의 말을 듣자 나도 이상한 점을 알아챌 수 있었다. U의 오른쪽 세로획이 왼쪽 세로획보다 두껍고 묵직했다. 나도 모르게 알파벳 U의 왼쪽 획이 두꺼운 게 일반적인 형태라는 사실을 인지하며 보고 있었던 것이다. 지금 나는 가라몬드 서체로 타이핑하고 있는데, 충동적으로 글자 크기를 키우고 굵은 글씨로 만들어 보니 왼쪽 수직선이 미세하게 더 두껍다. 캄브리아도, 타임스와 팔라티노도 그렇다. 쇼가 개발한 서체 가운데 하나인 스톡홀름도 마찬가지다. 이렇듯 글꼴들은 모두 우리가 무의식적으로는 알고 있으나 결코 인식하지 못하는 비대칭성을 띠고 있다.

"'SERVICE'의 V도 좌우가 뒤집혔어요." 쇼가 말을 계속했다. "R은 허리가 꽤 높이 있군요." 쇼는 글자에 점점 빠져들었다. 그의 입에서 진단이 거침없이 빠르게 쏟아져 나왔다. "E는 키가 크지 않고. 당연한 얘기지만 A도 크지 않군요. A가 보통 E보다는 작거든요. N의 오른쪽 아래에 세리프(장식 돌기)가 있는데 흔히 볼 수 있는 건 아니에요. 멋을 내려고 세리프를 넣었다고 할 수는 없겠군요. 이런 삼각형 세리프는 딱 N의 이 부분에서 찾아볼 수 있죠. 자, 재료는 나무판인 것 같지만 철판일 수도 있어요……. 가스 발염기 같은 걸 쓴 모양인데요, 장식 꼬리가 조금씩 달라 보이는 이유가 아마 그걸 겁니다. S는 두 조각으로 만들어서 이어 붙였군요. 곡선이 아주 훌륭해요."

이렇게 끔찍이도 따분하고 매력 없는 간판에서 흥밋거리를 찾아내는 쇼의 능력에 자연스레 겸허한 마음이 들었다. 그동안 나는 단지 이 간판 하나를 무시한 것이 아니었다. 지각 시스템에서 볼 가치가 없다고 판단한 이런 간판 전체를 무시하고 있었던 것이다. 지금도 이 간판이 매력적으로 느껴지지는 않지만 쇼의 시선이 간판만의 독특한 개성에 생명을 불어넣었다는 것만은 알 수 있었다. 그러자 따분한 비닐 간판들 사이에서 용감무쌍하게 개성을 뽐내며 서 있는 간판의 모습이 흡족하게 느껴졌다. 나는 자동차 정비소에게 칭찬을 건넸다. 참 잘했어요!

그렇다고 해서 쇼가 마냥 호평만 한 것은 아니다. 그는 걷다가 마주친 다양한 글자들에 대해 비판을 일삼았다. 그의 비판은 주로 "저건 끔찍하군요!"라는 표현을 다양하게 순화하거나 변형한 것이었지만 때로는 감정을 담은 한숨 소리를 동반하기도 했다. 그중에는 정말 마음이 아플 정도로 끔찍한 글자들도 있었다. 나는 끔찍한 레터링의 종류가 수없이 많다는 사실을 새로 알게 되었다. 간판의 서체가 컴퓨터로 늘려놓은 것처럼 왜곡된 사례도 있고, 서체가 부자연스럽게 짓눌려서 글자들이 불편해 보이기도 했다. 단어 마지막에 오는 글자를 별다른 이유 없이 크게 써놓은 경우도 있었고(임의성의 끔찍함) 건물에 어울리지 않는 서체를 사용한 경우도 있었다(부적합성의 끔찍함). 손이 아니라 기계로 오려냈다는 점에서 끔찍한 글자도 있었다. 한 단어 안에서 두 가지 서체를 사용한 것도 꽤나 끔찍한 일이었다. 지나가다 우리는 간판을 제작하고 판매하는 상점을 마주쳤는데, 거기 걸린 간판은 유독 끔찍하기 짝이 없었다.

쇼는 순간 풀이 죽어 보였지만 단 3초 만에 원기를 회복했다.

"저것 좀 봐요!"

나는 시키는 대로 쳐다봤다. 글자에 관심을 둔다고 해서 끔찍한 것만을 보게 되지는 않는 모양이다. 쇼는 "퍼시픽 수족관 & 애완동물PACIFIC AQUARIUM & PET"이라는 간판을 단 상점 앞에서 있었다. 전문가의 시선을 갖지 못한 나 같은 사람이라면 평범한 간판을 치부하고 지나쳤을 법한 것이었다. 기다란 노란색 플라스틱을 배경으로 도드라진 붉은 글자가 상점 안에 준비된 물고기들과 작은 새들의 목록을 읊고 있어 지루해 보인다는 것 말고는 딱히 알아낼 게 없었다. 조금 더 깊이 생각해보면 간판이 새것이 아니라는 것 정도는 알 수 있다. 스타일이 구식이고 전체적으로 많이 낡고 군데군데 손상이 가 있었다. 나는 금세 흥미를 잃었지만 쇼는 점점 더 활기를 띠었다.

"'Q'를 보세요!"

간판의 글자는 전부 대문자로 되어 있었다. 나는 쇼의 시선을 따라 'AQUARIUM'의 Q를 쳐다보았다. 과연 색다른 점이 있다. 새로운 시각에서 글자를 보는 데 서서히 적응해가고 있던 나는 이 Q가 평범한 Q와는 다르다는 것을 눈치챘다. 목젖을 드러내고 간판을 올려다보는 우리를 보고 대체 무슨 일인가 싶어 놀란 행인들이 따라서 하늘을 한번 쳐다보았다가 다시 우리에게 시선을 돌렸다. 쇼는 Q의 색다른 점을 한눈에 발견했지만 내게는 놀랄 만큼 오랜 시간이 필요했다. 하지만 마침내 나도 그것을 보았다. "저 Q는 꼬리가 안으로 들어가 있어요." 내가 들떠서 외쳤다. Q를 O와 구분해주는 꼬리가 바깥으로 향하는 대신 안쪽으로 들어가 있다. 함몰된 배꼽 모양이었다.

쇼는 만족스러운 듯 씩 웃었다. 그리고 미소에 대한 설명이 필요하다고 생각했는지 이야기를 시작했다. "평범한 과거의 간판처럼 보이지만 그렇지 않은 것들이 있습니다. 저 Q가 완벽한 사례죠." 쇼는 저렇게 생긴 Q를 처음 본다고 했다.

저 글자를 아름답다고 할 수 있을까? 나는 오에 대해 남들과 비슷한 정도로 호감을 느꼈지만 이 Q가 딱히 내게 감동을 안겨주지는 않았다. 하지만 Q의 괴짜 같은 모양새 덕분에 흔해빠진 간판에 갑자기 생기가 돌았다. 이 Q는 글자 아래 적힌 전화번호 영역을 침범하지 않으려고 꼬리를 안으로 넣어 디자인된 것 같다. 나는 Q와 Q로 인해 벌어질 수 있는 문제들에 대해 숙고하기 시작했다.

문제를 일으키는 것이 Q만은 아니다. 한 시간 넘게 걸으면서 우리는 수많은 문제와 마주쳤고 쇼는 기꺼이 그것들을 하나하나 짚어냈다.

공원관리국 간판에는 이런 문제가 있었다. "벽돌 위에 레터링하는 데에는 늘 문제가 따르죠……" 벽에서 떨어진 간판에도 문제가 있었다. "간판 깊이가 말썽이네요. 그림자 문제가 있어요……" 곡면 위의 레터링에는 이런 문제가 있었다. "곧은 세리프가 있는 문자들을 곡면에 얹는 건 무척 어려운 작업이에요.

자간을 충분히 주지 않으면 꼴사나워지기 쉽거든요." 우리가 본 글자는 자간이 좁았다.

'This'와 'That'에서처럼 대문자 T와 소문자 h사이에 만들어진 '끔찍한 여백'의 문제는 합자ligature로 일부 해결이 가능하다. 문자 조합 자체의 문제도 있었다. "settlement에서처럼 t가 연달아 나오는 건 언제나 골치 아프죠……." "그리고 R만 한 말썽꾸리기도 없습니다." R이 어째서 문제일까?

보면 볼수록 더 많은 문제들이 튀어나왔다. 어떤 간판을 보고 속이 뒤집히는 느낌을 받을 때마다 나는 당장 쇼를 향해 '저 간판의 문제가 뭘까요?'라는 의문을 담은 표정을 지어 보였다. 그러면 쇼는 즉각 간판의 증세를 진단해주었다. 나는 지금껏 재난 같은 레터링들을 알아보지 못하고 태평하게 지나쳐버렸음을 깨달았다. 이는 스쳐가는 낯선 사람들이 숨긴 정신적 약점을 굳이 파헤치려 하지 않는 것과 마찬가지다.

쇼는 글자의 예술성을 알아보고 끔찍한 글자나 우아한 글자를 봤을 때 화를 내거나 감동한다. 쇼의 지각 자체가 그의 심리 일부를 엿볼 수 있는 증거물이다. 우리는 모두 보고 있는 장면이나 물체에 대해 미적으로, 나아가 감정적으로 반응한다. 어떤 연구원들은 우리가 즐거움을 느낄 수 있는 시각적 자극에 선천적으로 목말라 한다고 주장하기도 한다. 그 목마름이 해소되면 뇌에서 자연적 마취제인 오피오이드가 분비된다. 그런데 우리에게 즐거움을 느끼게 하는 것은 정확히 무엇일까? 그것은 우리가 이미 갖고 있는 지식 또는 과거의 비슷한 경험들을 떠올리게 하는, 지각적 틀 안에 단단히 들어찬 정보들이다. 이런 면에서 글자 전문가인 쇼는 아름다운 글자를 보았을 때 자연스러운 고양감을 느끼는 것이다.

✴

우리가 걷던 날은 몹시 추워서 평소보다 손가락에 피가 잘 통하지 않았고 내 테이프녹음기의 배터리는 소리 없이 작동을 멈춰버렸다. 그러나 쇼는 걸을수록 오히려 더 큰 에너지를 발산하는 듯했다. 내가 보지 못하는 것들에 대해 설명을 늘어놓을 때마다 눈썹이 강조의 방점이라도 찍듯 꿈틀거렸고 눈꺼풀은 빠르고 열정적으로 깜박였다. 가끔 쇼는 글자들이 살아 있는 생물이라도 되는 양, 내가 아니라 그들에게 말을 거는 것처럼 보였다. 쇼가 글자를 묘사하면서 사용하는 어휘에는 확실히 인간적인 면이 있다.

예를 들어 S와 N 사이에 낀 O는 불편해 보였다. 어떤 글자는 경쾌해 보였다. 쇼는 글자들의 특징을 사람의 신체에 비유하는 것을 즐겼다. &는 임산부였고, R은 다리가 길었으며, S는 허리선이 높았다. 인터넷의 레터링과 타이포그래피 포럼에서도 글자들의 특징을 살아 있는 것처럼 기술하는 전문용어를 여럿 찾아볼 수 있다. S는 약간 우울해 보이고, 또 다른 S는 자아도취에 빠졌다. R은 무릎을 살짝 굽혀 절하는 자세를 취하고 있고, G는 한잔 걸친 모양이며, J는 자살 충동에 빠져 있다. 심지어 글자 디자인을 보고 "인간성이 부족하다"는 논평이 나오기도 한다. 이처럼 인간에 빗대어 글자를 표현하는 방법은 무궁무진하다. 나는 쇼와 함께 보도의 행인들을 스쳐 지나가면서 그들의 특징 가운데 우리 눈에 띈 글자들을 묘사하는 데 쓸 만한 것이 있는지 연구해보았다. 예를 들어 B의 가운데 뚫린 구멍 두 개가 작으면 사팔뜨기 같고, 상부가 너무 커다란 P는 코가 너무 큰 사람과 닮았다. f의 가로획을 너무 위쪽으로 밀어 올리면 목이 짧아 보인다.

산책 중에 눈에 띈 글자들은 대부분 가까이 가서 보지 않아도 쉽게 읽혔다. 하지만 도시 애호가들 사이에는 잘 보이지 않는 글자들을 찾아내는 게 하나의 놀이가 된 모양이다. 철거되고 페인트를 덧칠하고 다른 표지판을 덧붙이고 버려져서 거의 사라진 것이나 다름없는 '유령 표지판'을 찾는 것이 그 예다. 유령 표지판을 찾았을 때의 희열은 거스름돈으로 인디언 머리가 그려진 낡은 5센트 동전을 받았을 때의 즐거움과 엇비슷하다. 나는 과거의 유물인 보잘것없는 5센트 동전을 소중히 간직하고 거리에서 유령 표지판을 볼 때마다 고개를 끄덕이며 마음속에 기억해둔다. 또 새로운 건물을 올리느라 오래된 고층 건물을 철거할 때마다 인접한 건물들이 새롭게 드러내는, 창문 없고 널찍한 벽면을 샅샅이 훑어보며 혹시라도 겨울잠 자던 광고의 흔적이 남아있는지를 확인한다. 오래된 5센트 동전을 찾아내거나 건물 옆면에서 "골판지 상자 매매"라고 대문자로 커다랗게 써둔 광고물을 발견하면, 과거의 그림자가 어디에나 있는 듯한 기분에 휩싸인다. 눈을 크게 뜨고 있기만 하면 그것들을 발견할 수 있다.

우리는 걷다가 이중 유령 표지판을 맞닥뜨렸다. 벽에 적어도 두 개의 표지판 흔적이 겹쳐 있었다. 부동산과 광고 에이전시가 남겨놓은 전화 교환번호(커넬 6-1212번과 오처드 4-1209번)를 보니 1900년대 중반에 만들어진 것이다. 낭만적인 한편 끔찍이도 평범한 광고였다. 상상하기 어렵지만 오늘날 광고판 또한 훗날 '유령'으로서 사람들의 사랑을 받게 될지 모른다. 1970년대에 구입한 나의 삼색 폴리에스터 셔츠와 서민적인 1964년산 볼보 자동차가 이제 '고전'으로 간주되는 걸 보면 분명히 그런 날이 올 것이다. 단, 쇼에게 유령 표지판들은 향수를 불러일으키기보다는 정보를 제공하는 역할을 한다. 건축역사가가 건물의 창틀 양식이나 벽돌 종류를 보고 건축 연대를 짐작하는 것처럼, 쇼는 글자라는 증거만을 이용해 그만큼 많은 정보를 알아낼 수 있다.

실제로 산책을 시작하고 30분쯤 지났을 때 우리는 건축적으로 독특한 건물을 발견했다. 건물은 위엄 있지만 땅딸막하고 높이보다 너비가 더 넓으며 앞면은 석회암으로 돼 있었다(시드니 호렌슈타인과의 산책 덕분에 나는 그 석회암 속에 바다나리가 들어 있다는 것을 알았다). 건물 한가운데에는 아치형 진열창이 떡 하니 자리 잡고 있다. 자동차 전시장과 비슷한 모양이다. 쇼는 곧장 글자들을 평가했다.

"정말 근사하군요."

그리고 그는 글자들을 단서로 탐정 수사를 시작했다. 처음에 그의 눈길을 사로잡은 건 섬세하고 다채로운 스테인드글라스 간판이었는데, 플라스틱 덮개로 감싸둔 덕분에 놀랍게도 흠집 하나 없었다. 건물의 크기에 비해 너무 작은 간판이었다.

우리는 간판 내용은 거들떠도 보지 않았다. 그 대신에 쇼는 단박에 글자의 양식을 밝혀냈다. "완벽한 아르누보입니다. 곡선들을 좀 보세요. B, E, R, Y 그리고 모든 글자가 퍼즐 조각처럼 맞아떨어지는 게 보이시죠?"

확실히 글자 하나하나 개성이 뚜렷했다. A는 으스대고 있고, B는 배불뚝이다. R은 위풍당당하게 가슴을 내밀고 있고, O는 사과 모양이다. 조각조각 나뉜 금빛 글자 뒤로는 바닷물 같은 초록빛 유리가 덧대어 있다. 내가 이 도시에서 본 어떤 간판과도 닮지 않은 간판이었다.

19세기 말에 탄생한 아르누보는 뉴욕에서 찾아보기 어려운 양식이다. 그래서 쇼는 이 간판이 복제품이라고 생각했다. 그는 까치발을 들고 서서 간판을 꼼꼼히 살펴보다가 철판 위에서 'T-M'이라고 새겨 놓은 글자를 발견했다. 건물에서 한 발짝 물러서자 건물 앞면 꼭대기에 '트리마크 슈즈TREE-MARK SHOES'라고 새긴 석판이 보였다. 쇼는 단어 사이에 점이 새겨진 것을 지적했다. "고전 로마시대 양식을 모방한 겁니다." 그는 모든 단서를 종합해 이 건물이 20세기 초반에 지어졌고 20세기 후반에 보수되었다고 결론지었다.

하지만 건물 모서리에는 번지를 표시하는 숫자 '6'이 붙어 있었다. 쇼를 말없이 바라보자 그가 대답했다. "그건 철물점에서 갖다 붙였을 거예요." 20세기 후반에 보수하고, 21세기에 철물점에서 번지수 표시를 붙인 건물이라는 결론이다.

이처럼 우리가 보면서도 알아차리지 못하는 단순한 기호 몇 개에는 과거의 이야기가 담겨 있다. 나는 탐정 수사를 마무리 짓고자 과거의 신문과 도시 가이드를 조사해보았다. 딜런시 6-8번가에 지금 건물이 세워진 것은 1929년의 일이다. 건물은 처음에는 극장, 다음에는 신발 소매점(광고가 주장하는 바로는 '비정상적인 발을 위한 신발'을 팔았다)으로 이용되었다. 이 지역은 본래 주택가였는데 뉴욕 시의 탐정들이 연루된 유명한 강도 사건의 현장이기도 했다. 그후에는 완곡하게 '풍속점'이라고 부르는 매음굴이 들어섰다.

지금 이 건물은 록 클럽으로 쓰인다.•

10~20년 차이는 있을지언정 쇼의 추리는 건물의 일생에 대한 윤곽을 제대로 그려냈다. 물론 경찰이 연루된 범죄에 대해서는 아무것도 알 수 없었다. 하지만 우리는 기껏해야 글자 몇 개만 보고 이렇게 많은 정보를 알아 낸 것이다.

쇼와 세 시간을 걷고 나니, 내가 글귀를 보면 분석해 단어들로 읽는다는 사실이 잠시 다행스럽게 여겨졌다. 놀랍게도 글자를 피하기는커녕 찾아 헤맨 결과로 안도감을 느끼게 된 것이다. 그 이유는 쇼와 내가 글자의 세부 모양만을 살펴보았기 때문이다. 이런 시각으로 보면 숲 대신 나무만을, 단어 대신 단어를 구성하는 요소만을 보게 된다. 그래서 산책하는 동안 내 뇌에서 언어를 처리하는 부분은 휴식한 반면 형체를 알아보는 부분이 윙윙 돌아가고 있었다.

나는 아름다운 네온 간판 아래에서 쇼와 작별 인사를 나눈 다음, 우리가 산책을 시작한 지점으로 돌아갔다. 보이는 풍경은

• 이름은 '더 바워리 볼룸The Bowery Ballroom'이다.

그대로였다. 레터링에 관해 짧은 집중 훈련을 받았다고 해서 갑자기 거리의 간판에서 서체를 분간해내고, 차양 위에서 나를 내려다보는 레터링의 자간에 어떤 문제가 있는지 알아내는 능력이 생기는 것은 아니었다. 나는 약간 실망스러웠다.

나는 건축갤러리의 이름이 박힌 벽과 패널이 달린 벽을 한 번 쓱 훑어보았다. 겨울철이라 패널들은 전부 경첩을 접고 벽에 붙어 있었다. 사방이 조용했다. 그때 나는 무언가 발견했다. 글자였다. 패널들은 임의적인 형태가 아니라 커다랗고 세리프가 없고 서투른 글자 모양을 하고 있었다. 마치 거인이 무딘 커터칼로 잘라놓은 것 같았다. 내게도 쇼의 질병이 옮아 붙은 것이다. 내 눈에 글자들이 보였다.

오래전 대학생 시절에 나는 본체 케이스에 땅딸막한 모니터가 딸린 매킨토시 컴퓨터를 한 대 샀다. 그리고 그 컴퓨터로 테트리스를 했다. 테트리스를 아는가? 그렇다면 당신 뇌 안의 향수를 담당하는 분야에서 방금 '빵' 하고 공기방울이 하나 터졌을 것이다. 매킨토시를 살 때부터 깔려 있던 몇 안 되는 게임 가운데 하나인 테트리스는 중독성이 대단하다. 화면 위쪽에서 내려오는 단순한 모양의 블록 네 가지를 회전시키고 왼쪽이나 오른쪽으로 보내서, 엉뚱한 면을 아래로 착지시키는 대신 바닥의 빈 공간에 쏙 들어가게 하는 것이 이 게임의 목적이다. 테트리스를 해본 사람들은 이 게임을 너무 오래 하면 어떤 일이 생기는지 잘 알고 있다. 실제 세계의 사물들이 모두 테트리스 블록의 변형으로 보이는 것이다. 도서관 문을 열 때마다 책들은 회전시켜서 딱 맞는 자리에 꽂아넣어야 할 울퉁불퉁한 블록들처럼 보였다. 또한 복잡하게 얽힌 바닥 타일 무늬를 보면 'L'자 모양 블록을 맞춰넣었을 때처럼 만족감을 느꼈다. 정사각형의 장애인 화장실 표지판 위에 기다란 직사각형 화장실 표지판이 위치한 것을 보면 말 그대로 안절부절못했다.

이는 비디오게임광에게만 일어나는 일이 아니다. 모든 사람의 지각에서 실제로 이런 현상이 일어난다. 지금 당신이 하는 일은 바로 다음 순간 당신이 보게 될 것에 영향을 미친다. 나는 몇 시간 동안이나 컴퓨터게임 화면에 온 지각을 집중한 결과 테트리스 블록과 같은 모양의 물체들을 발견하는 능력이 높아졌다. 사흘간 7시간 동안 테트리스 게임을 한 피험자들에 대한 심리학 연구(심리학 연구는 정말이지 어떤 것이라도 연구 대상으로 삼을 수 있다)에서는 이 현상을 구체화해 '테트리스 효과'라는 이름을 붙였다. 연구원들은 피험자들을 연구실에서 재우고, 뇌파 상 잠들락 말락 하는 입면 상태에 접어들었을 때 피험자들을 깨웠다. 못된 연구원들에게 주먹질하지 않은 피험자들, 그중에서도 꿈을 꾸고 있었다고 보고한 이들은 하나같이 테트리스 블록이 바닥으로 떨어지는 꿈을 꾸고 있었다. 심지어 낮에 테트리스를 한 기억이 없는 기억상실증 환자들도 어떤 형체들이 바닥으로 떨어지는 꿈을 꿨다. 그들은 낮에 무엇을 했는지 기억하지 못했지만, 꿈은 기억하고 있었던 것이다.

쇼와 떠난 산책은 내게 '글자 효과'를 남겨주었다. 이제 나는 글자를 안 보려야 안 볼 수가 없었다. 갤러리 앞의 패널들까지 글자로 보이기 시작한 터다. 패널에서 발견한 글자들을 한번 연결해보니 P, Q, U 여러 개로 구성된 터무니없는 단어가 탄생

했다. 나는 다시 지하철역으로 향하며 길을 건너다가 발치를 내려다보았다. 내가 서 있는 보도 위에는 '보라Look'라고 적혀 있었다. 그래, 나는 볼 것이다. 하지만 달라진 시각으로 볼 것이다. 지금부터는 글자들이 나를 찾아올 테니 말이다.

네 번째
산책

일러스트레이터 마이라 칼만과 함께

시선, 조용한 눈맞춤의 의미

"세상은 명백한 사실들로 가득하건만
아무도 관찰할 생각을 하지 않는다네"
— 셜록 홈즈Sherlock Holmes

내가 들어가본 적 없는 교회가
여러 개의 문을 활짝 열어젖히고
마치 커다란 굴처럼 내부를
드러내 보이고 있었다.

"지루하거나 우울할 때면 길모퉁이에 서서 30분을 보내보라."

마이라 칼만Maira Kalman의 말이다. 다만 그녀는 30분을 보내고 나면 당신에게 어떤 일이 일어날지, 지루하고 우울한 상태가 어떻게 변화할지는 알려주지 않는다. 이제 나는 그녀 대신 대답할 자격이 있다. 어느 늦여름의 습하고 고요한 날, 나는 평범한 것들을 찬양하자는 뜻을 함께하는 동지이자 친구인 칼만과 함께 길모퉁이 몇 군데에 한참 동안 서 있었다. 사거리 두 개가 교차하는 지점에 있는 벤치에 35분이나 앉아 있기도 했다. 그러자 지루함이 티끌 하나 남기지 않고 사라졌고 우울함이 초 단위로 가시는 것을 느낄 수 있었다.

칼만은 일러스트레이터다. 그녀가 구아슈로 그린 환상적인 그림들은 널리 출판되었으며 사람들은 잡지나 신문에서 그녀의 그림을 오려 사무실 문과 벽에 붙인다. 칼만은 또한 좋은 의미에서, 경험과 이미지를 모으는 저장강박증 환자다. 저장강박증에 걸리면 보통 불필요한 품목을 비상식적인 수준으로 수집하지만 칼만은 수집품을 무형의 것으로 한정짓는다. 그녀는 딱히 아름답거나 세련된 것을 선호하지 않지만 그렇다고 해서 기괴하고 이상한 것에 끌리지도 않는다. 칼만은 우리 발치에 채이면서도 눈길 한번 받지 못하는 평범한 것들을 수집한다. 그녀의 그림 가운데 빨간 배경에 익살스럽게(가위가 익살스러울 수 있다면) 놓인 가위를 그린 것이 있다. 물론 그 가위는 특별한 가위다. 하지만 처음에는 별다를 것 없이 평범한 가위였다. 그게 바로 핵심이다. 칼만이 그린 가위, 케이크, 테이프 디스펜서, 병, 식판이 특별해진 것은 칼만이 그것들에 시선을 던지고 그 위치에 놓아서 다른 사람들도 그것들을 바라보게 했기 때문이다.

칼만이 길모퉁이를 조금도 따분하거나 우울하지 않게 생각하는 이유는 거기서 일상적인 일들이 동시다발적으로 일어나고 있기 때문이 아닐까? 그래서 나는 칼만에게 같이 산책하러 나가서 둘이 함께 걸으며 평범한 것들을 열심히 살펴보자고 제안했다. 우리는 모두 자신이 만들어낸 지각적 제약에 대해 훤히 알고 있지만 그럼에도 속수무책으로 지각의 함정에 빠지고 만다. 우리는 장면을 한번 훑어보고 요약하고 일반화한 끝에 세부 사항을 무시해버린다. 시각적으로 압도되면 원하는 대로 일상을 지속해나갈 수 없기 때문이다. 어떤 면에서 칼만은 아이일 때 쓰던 시각적 전략을 그대로 유지하고 있다고 할 수 있다. 그녀는 눈에 들어오는 모든 것의 이름과 기능을 알기 전에, 나아가 그것에 대해 생각조차 하기 전에 세상을 바라보던 방식을 기억하고 있다. 아기는 대상에 편견을 갖지 않고 평등하게 대한다. 아이들의 시각에서 플라스틱 장난감 트럭과 빈 상자는 트럭이 장난감으로, 빈 상자가 쓰레기로 분류되기 전까지 동등한 내재적 가치를 지닌다. 우리 아들은 어른들이 주의를 기울이는 음식점 전단지, 우편물, 광고지, 쓰레기와 마찬가지로 현관 계단 옆에 무수히 떨어져 있는 느릅나무 씨앗에 마음을 빼앗겼다. 아이와 예술가에게는 모든 것이 의미 있다. 그들이 보지 않고 지나치는 것은 거의 없다.

평범해 보이는 것이라도 충분히 오랫동안 관찰하면 특이하고 낯선 모습으로 변신한다. 아이들이 자기 이름을 소리 내어 여러 번 반복하고 나서 낯선 감각을 느끼는 것도 비슷한 이유에서다.• 칼만과의 산책은 내 이름을 백번 거듭해 발음하는 것과 유사한 효과가 있으리라는 예감이 들었다. 산책 애호가인 칼만은 기꺼이 나와 함께 낯익은 동네들을 걸어보는 데 동의했다. 우리는 사거리에서 만났다. 길모퉁이의 매력에 대해 열변을 토하는 사람과 산책을 시작하기에 안성맞춤인 지점이다.

우리의 주의력은 산책 시작부터 판이한 양상을 보였다. 나는 거리를 일직선으로 나아갔고 칼만은 어슬렁어슬렁 걸었다. 장식이 많은 대문 사이로 비집고 나온 포도나무가 칼만의 시선을 사로잡았다. 머리 위로는 그녀의 일러스트에서 반복적인 모티프로 사용되는 피라미드 모양이 그려진 비계 회사 간판이 눈길을 끌었다. 우리는 이미 낯익으면서도 동시에 낯선 지역에 한 발을 들여놓은 참이다. 나는 내가 개의 시각을 연구하는 데 영감을 준 사람을 떠올렸다. 동물의 감각 세계에 대해 상상했던 독일 생물학자 야콥 폰 윅스킬Jakob von Ueskül은 우리가 다른 동물은 물론 다른 '사람'의 시각을 상상하는 데 있어서도 성실하지 못하다고 관찰한 바 있다. "누구나 다른 움벨트Umwelt(시각)를 가졌다는 사실을 확인하는 가장 좋은 방법은 당신에게는 낯선 지역을 그곳에 익숙한 사람과 함께 탐험해보는 것이다. 당신에게는 길이 보이지 않겠지만 당신을 이끌어주는 사람은 헤매지 않고 길을 찾을 수 있다."

• 나도 여기서 시도해보겠다! 호로비츠호로비츠호로비츠호로비츠호로비츠호로비츠호로비츠호로비츠호로비츠 호로비츠호로비츠호로비츠호로비츠호로비츠호로비츠… 이렇게 반복하니 내 성은 마치 맥박처럼 고동치며 모음을 분쇄하는 기계처럼 느껴진다.

칼만에게 이끌려 나는 보도 위의 버려진 소파에 다다랐다. 칼만은 소파를 발견하고는 기뻐서 펄쩍 뛰다시피 했다. "오, 세상에. 행운 중의 행운이군요. 저것 좀 봐요. 길거리에 소파가 있다니. 믿기지 않아요."

뉴욕 시민들이 한 주에 두 번씩 집을 거꾸로 들고 흔들다시피 해서 나온 쓰레기들을 보도 위에 내버린다는 것을 잘 아는 나로서는 믿지 못할 광경은 아니었다. 칼만을 들뜨게 한 주인공은 아파트 건물 앞, 산처럼 쌓인 쓰레기 옆에 불명예스럽게 버려진 기다란 나무 소파 세트다. 20세기 초반에 뉴욕에서의 걷기에 대해 저술한 앨프리드 케이진Alfred Kazin은 야외에 쓰레기로 버려진 가구가 '벌거벗겨져 치욕스러운 모습'을 하고 있다고 표현한 바 있다. 나는 소파가 가여웠다. 소파가 있어야 할 곳은 솜을 채운 안락의자가 짝을 맞춰 놓여 있고 옆에는 사이드테이블이 놓인 실내이지, 비바람에 노출되고 지나가던 개에게 영역 표시를 당할 위험이 있는 길거리는 아니다. 하지만 칼만은 벌거벗은 채 대담히 연석 위에 버티고 있는 이 소파가 마음에 쏙 든 모양이었다. 그녀는 작은 디지털카메라를 꺼내 사진을 한 장 찍고는 노래하듯 덧붙였다. "여기 쿠션도 하나 있네요. 행운이 줄줄이 따르는군요." 소파 위에 얹힌 쿠션은 마치 지친 행인에게 잠시 쉬었다 가라고 손짓하는 듯 보였다. 언뜻 보아도 일생 동안 많은 사람의 쉴 곳이 되어주었을 법한 소파다. 모서리가 닳아빠지고 다리 하나가 휘었지만 타고난 우아함은 그대로 간직하고 있다. 선이 똑 떨어지고 장식은 과하지 않고 등받이에는 긍지가 있다. 그러나 지금은 함께 있어줄 사이드체어도, 종복으로 데리고 있을 커피테이블도 모두 잃고 한낱 쓰레기가 되고 말았다. 그렇게 생각하니 소파가 퍽 안쓰럽게 여겨졌다. 그래도 우리 시선을 받아 다시 원래의 우아함을 뽐내기 시작하는 것을 보고 나는 조금이나마 마음이 가벼워졌다.

우리는 칼만의 카메라에 소파를 담고 다시 걷기 시작했다. 쓰고 버린 의자와 소파 사진을 모으는 칼만의 앨범에 이제 한 장이 추가될 것이다. "일단 찾아보기 시작하면 어디에나 의자와 소파가 버려져 있어요." 칼만이 조언했다.

우리는 인파를 뚫고 길모퉁이를 떠났다. 가만히 서 있기를 멈추고 천천히 걸음을 내딛기 시작했을 때 산책의 진정한 마법이 시작되었다. 칼만과 함께 걸으니 평범한 동네 산책이 4차원으로의 여행으로 탈바꿈했다.

물론 나를 비롯해 이 도시를 걸어 다니는 사람들은 원래 4차원에 존재한다. 하지만 걸음 방향은 언제나 확고하게 3차원적이다. 앞으로, 뒤로, 보도를 따라 걷는 것뿐이니까. 아이와 함께 걸을 때를 제외하면 나는 항상 걷는다는 것을 A 지점에서 시작해 B 지점까지 직선으로 이동하는 행위라고 정의해왔다. 물론 그 길을 걷는 데 투자할 시간은 조절 가능하다. 나와 함께 산책한 사람들은 발밑이나 머리 위에 있는 무언가를 살펴보려고 걸음을 늦추는 경우가 많았다. 그와 반대로 가끔은 상점 셔터를 내리기 전에 진열장을 보려고 걸음을 재촉하거나 보행자-자동차 추돌 사고 통계에 한 건을 더하지 않기 위해 연미복 꼬리에 불이라도 붙은 듯 뛰어다니기도 했다.

하지만 칼만과 함께 걸을 때는 공간의 정의 자체가 바뀌었다. 칼만은 보도에서 떨어져 걸었다. 파란색 캔버스 운동화를 신은 그녀의 발이 공중으로 몇 센티미터 떠올라 움직였다는 뜻은 아니다(이 이미지가 칼만에게 그리고 플리츠스커트든 울새든 테두리 없이 그려내는 그녀의 카리스마 넘치는 그림들에 잘 어울린다는 생각이 들긴 하지만). 그녀가 나무를 기어 올라간 것도 아니다. 칼만은 단지 방향을 자유자재로 틀었을 뿐이다. 그녀는 걷던 길에서 벗어나 흥미가 당기는 건물 쪽으로 다가갔다. 우리는 두 시간 동안 다섯개 블록을 걸으면서 대여섯 번 길을 벗어났다. 지역 사회복귀 훈련소 문을 두드렸고, 이리저리 걷다 교회에 도착하기도 했다. 특별히 '후인 사회복지사'들이 운영한다고 광고하는 지하의 노인센터로 내려가보기도 했다. 작고 독특한 러시아 미술관과 불교사원은 보수공사 중만 아니었다면 현관 너머까지 들어가봤을 것이다. 우리는 결과적으로 A 지점에서 B 지점으로 움직이긴 했지만 도착점에 이르기 전에 C부터 Z까지 모든 알파벳을 탐사해야 했다.

그것으로 모자라 칼만은 우리 산책에 다른 사람들을 초대했다. 그녀는 집배원, 경찰관 여러 명, 이삿짐센터 일꾼 두 명에게 말을 걸었다. 칼만은 뚜렷한 이유 없이 행인 몇 명에게 1층 창문 너머로 보이는 흉물스러운 석고상의 주인공 이름을 물어보았다. 또 사회복귀 훈련소와 노인센터 직원들, 교회를 드나드는 사람들 그리고 길을 찾거나 근처를 둘러보느라 우리 근처에 멈춰선 사람들, 회사원 한 명과 이야기를 나누었다. 겨우 얼굴을 보고 대화를 나눌 수 있을 정도로 빼꼼 열린 창문 사이로 요리사 두 명과 대화를 나누기도 했다.

이렇듯 칼만이 대담하게 행동할수록 나는 불편해졌다. 그동안 나는 공인된 도시 거주자로서 거리를 걸을 때 오로지 자신에게만 집중하며 낯선 사람 수백만 명과 공생해왔다. 그러나 칼만으로 인해 나는 내키지 않게 투명 망토를 벗고 사회복지사 운운하는 간판이 우리를 반겨줄 거라고 믿어야 했다. 그녀가 다른 사람들에게 보여주는 솔직한 관심을 보고 나는 프라이버시에 관해 생각했다. 우리는 집에서 프라이버시라는 보호막을 장착하고 거리로 나오지만 사실 공적 공간에서 진정한 프라이버시를 누린다는 건 불가능하다. 그럼에도 나는 사교적인 칼만 덕에 이런저런 일을 겪기 전에는 바깥을 걷는것이 본질적으로 사회적인 활동이라는 사실을 알아차리지 못했다.

우리 주위에는 몸을 둘러싼 적절한 개인적 공간, 프라이버시가 지켜지는 영역이 있어야 한다. 사회적 공간인 보도 위를 걸을 때도 마찬가지다. 사실 개인적 공간은 동심원 여러 개로 이루어진 복수 공간의 총합이다. 스위스 동물학자인 하이니 헤디거Heini Hediger는 동물행동 연구를 기반으로 사람을 둘러싼 개인적 공간을 몇 개 범주로 나눌 수 있다고 주장했다. 애인과 같이 우리가 '피할 수 없이 얽힌' 관계의 사람들은 신체에서 가장 밀접한 영역까지, 거리상으로는 몸에서 45센티미터까지 접근할 수 있다. 그 정도 거리에서는 서로 냄새를 맡고 체온과 숨결을 느끼고 아주 낮게 중얼거리는 말도 들을 수 있다. 속삭임으로 대화를 나눌 수도 있다. 대부분의 사회적 상호작용은 45센티미터에서 1.2미터 거리의 '안전지대'에서 일어나는데 그 거리는 문화권에 따라 달라진다. 라틴아메리카에서는 안전지대가 몸에서 더 가깝고 북아메리카에서는 더 멀다. 친구들은 안전지대 안에서 마음껏 움직일 수 있는 한편 지인들은 그 끄트머리를 맴돈다. 형식적인 상호작용이나 잘 모르는 사람을 만날 때는 3.6미터 거리의 사회적 거리를 둔다. 그보다 더 먼 거리는 야외용의 큰 목소리를 내야 하는 공적 거리다. 이런 개인적 공간들은 인공적인 것이기 때문에 관계에 따라 그리고 상황과 물리적 환경에 따라 달라진다. 하지만 우리는 이 공간들의 실체를 몸으로 느낄 수 있다. 공간을 침범당하면 스트레스와 불안감을 느끼기 때문이다.

칼만이 사람들의 공간을 배려하지 않았다는 얘기는 아니다. 다만 그녀는 남들을 둘러싼 '개인적 공간' 안에 소통할 수 있는 '개인'이 숨어 있다는 사실을 알고 있었다. 물론 그 개인들도 소통을 원한다는 전제 하의 이야기지만 말이다. 상대를 판단하는 데 걸리는 시간은 3분의 1초도 되지 않는다. 우리는 눈 깜빡할 시간 동안 사람을 훑어보고 그가 믿을 만한지, 똑똑한지, 잘생겼는지를 판단한다. 산책을 하는 동안 칼만과 나를 훑고 지나간 시선들을 모두 더하면 우리는 도합 몇 초가 넘는 시간 동안 사람들의 평가를 받은 셈이다(그리고 우리는 위협적이지 않은 사람들로 판단된 듯하다).

그렇게 방향을 이리저리 틀고 사람들과 소통하며 돌아다닌 결과, 재미있는 사건이 여러 번 일어났다. 처음으로 보도를 벗어난 모험에서 우리는 사회복귀 훈련소로 들어갔다. 사회복귀 훈련소라고 간판을 내걸지는 않았지만 현관 진입로부터가 양옆의 금욕적인 주거 건물과는 달랐다. 현관에는 달랑 표지판 하나만 걸려 있었다. 이 건물이 어떤 곳이라고 명시적으로 알려주는 플래카드는 아니었다. 그저 "건물에 들어올 때 모자를 벗어주세요"라고 적혀 있었다.

칼만은 즉각 '정보원'을 찾아 두리번거렸다. 그리고 시설 현관의 창문 뒤에 제복을 입은 남자가 지쳐 보이는 표정으로 앉아 있는 것을 발견했다. 그에게 표지판의 유래와 의미에 관해 질문한 사람은 우리가 처음인게 분명하다. 남자는 우리를 아주 오랫동안 찬찬히 훑어보았다. 나는 눈길을 돌렸지만 칼만은 기쁘게 그의 시선을 받아냈다. 두 사람이 대화를 나누는 동안 나는 건물 로비를 둘러보았다. 이 건물은 우리 집 거실에서 직선으로 대략 20미터 거리에 있지만 들어가본 적은 없다. 대부분의 사람들은 집 주변 건물에 직접 들어가 본적이 거의 없을 것이다. 우리는 거리에서 바라보는 동네 풍경에 익숙해져 있지만 사실상 껍데기만을 보는 것이다.

칼만과 내가 들어선 건물은 겉보기에는 주택 같지만 로비 내부를 보니 상업용 건물이었다. 경비 초소에는 플렉시 유리가 끼워져 있고 한 무리의 방문객들이 엄숙한 표정으로 공업용 엘리베이터가 천천히 움직이는 것을 지켜보고 있었다. 로비는 사랑스럽지는 않지만 시선을 잡아끄는 데가 있었다. 우리는 건물 탐사를 그만두고 거리로 나왔다. 건물을 다시 쳐다보니 아까는 보지 못했던 것들이 시야에 들어왔다. 바깥의 가로수 주위에 보통 건물 앞보다 많은 사람들이 서 있고, 연석 옆에 담배꽁초가 수북한 걸 보아 건물에서 나온 뒤 담배를 피우고 간 사람도 많다는 것을 짐작할 수 있다. 나는 모자를 벗고 건물 안으로 들어갔을 사람들을 하나하나 상상해보았다. 아마 정수리께가 퍽 휑하게 느껴졌으리라.

✶

나는 자리를 뜨기 전에 건물을 다시금 바라보았다. 내부에 무엇이 있는지를 알고 나니 전의 낯익고 지루한 이미지 대신 새로운 건물이 보였다. 문은 꼭 닫혀 있고 창문을 통해 경비가 우리를 눈으로 좇는 것이 보였다. 이제 투명 망토는 효력을 다한 것이다. 아까 칼만이 경비의 주의를 끌기 위해 그의 두 눈을 쳐다보았는데, 이제 반대로 우리가 그의 주시의 대상이 되었다. 시선과 눈 맞춤은 단순하기 짝이 없는 행동이기에 그다지 중요해 보이지 않지만 사실 인간의 발달한 사회적 지능에서 핵심적 역할을 한다. 우리가 다른 사람들의 시각을 상상하고 공감하고 남의 의도를 추론하고 서로 소통할 수 있는 것은 모두 시선의 공유에서 비롯된다.

서로의 눈에 대한 관심은 진화 과정 중 일어난 색소의 변화에서 온 행운이다. 침팬지에서 인간으로 진화하는 단계 어딘가에서 원래 짙은 색을 띠고 있던 공막•이 색소를 잃고 흰자가 되었다. 그 덕분에 시선이 어디로 향하는지 분명하게 드러나는 것이다. 아무리 몸을 돌리고 비밀스럽게 훔쳐봐도 시선을 받는 사

• 각막을 제외한 안구의 대부분을 감싼 흰색의 질긴 섬유조직으로 눈의 형태를 유지하고 안구를 보호함. - 역주

람은 그것을 알아챈다(게다가 훔쳐보는 시선이 엉큼하다고도 생각할 것이다).

인류의 먼 조상들이 나무에서 내려와 평원 생활을 시작하면서 우리의 얼굴과 눈은 전체적인 모양에 큰 변화를 겪었다. 얼굴은 납작해졌다. 원숭이 얼굴은 다른 포유류와 비슷하게 콧잔등이 튀어나와 있지만 사람 얼굴은 유리판에 대고 누를 수도 있고 파이 반죽을 뒤집어쓸 수도 있을 정도로 납작하다. 사람 얼굴은 입이나 코가 아니라 눈을 중심으로 구성돼 있다. 광대뼈가 눈 바로 아래에 두드러지게 올라와 있고 이마와 눈썹은 눈 위쪽에서 액자 역할을 한다. 코는 얼굴이 어디로 향하는지를 보여준다. 인간은 대부분의 포유류와 달리 얼굴 근육이 몹시 발달했는데 눈 근처나 심지어 눈 자체의 근육도 예외는 아니다. 꼬리가 퇴화했을 때 잃어버린 표현력은 환한 웃음도 찌푸린 표정도 아닌, 의미심장하게 반쯤만 웃는 표정을 지을 수 있는 능력으로 보충되었다. 또한 진화의 과정에서 눈구멍이 가로로 길어져서 흰자가 더 많이 드러나게 되었다.

이런 진화를 겪은 첫 세대는 퍽 실망했을 법하다. 어디에 주의를 기울이는지 아무도 알지 못할 거라고 생각했는데 얼굴 표정으로 만천하에 드러나고 말았으니 말이다. 매직펜이 당신을 따라다니며 당신이 누군가에게 매력을 느낄 때마다 생식기에 동그라미를 치거나, 머릿속 생각들이 이마 위에 여과 없이 드러나는 것만큼이나 끔찍한 일이 아닌가.

그러나 조상들은 변화에 대처하는 법을 배워나갔고 이는 다른 사람의 얼굴과 눈 그리고 그 소유자에 대한 처리를 담당하는 소위 '사회적 두뇌' 발달의 전초가 되었다. 사회적 이해를 담당하는 뇌 영역이 하나로 정해져 있는 건 아니다. 피질과 피질 하부 여러 영역들의 네트워크가 함께 그 역할을 수행하는데, 특히 이마 바로 뒤에 있는 전전두엽의 책임이 막중하다. 우리가 마음의 창이라고 부르는 눈에서 본 것들이 눈과 인접한 공간에서 처리된다니, 제법 그럴듯하게 들린다. 하지만 눈을 통해 들어온 정보가 곧장 전전두엽으로 전달되는 것은 아니다. 막 들어온 날것의 정보는 우선 머리 가장 뒤쪽에 있는 후두부에서 처리된다.

시선은 뇌 앞쪽에서 뒤쪽으로 전달되었다가 피질을 한 바퀴 돌아 다시 앞쪽으로 온다. 그 과정에서 시선은 아주 많은 의미를 띠게 된다. 우선 시선은 주의를 기울이는 대상을 드러낸다. 그렇기 때문에 우리는 누군가 우리에게 시선을 보내면 신체적으로 반응한다. 교감신경계는 사자를 발견하면 달아나게 해주고 앉아서 저녁을 소화하고 있을 때면 몸을 진정해주는 역할을 하는데, 시선 또한 중요하게 다룬다. 기본적으로 교감신경계는 시선을 받으면 사자를 발견했을 때와 같은 반응을 보인다. 상대적으로 정도가 약할 뿐이다 (그 시선을 보낸 것이 사자가 아니라면 말이다). 몸 안에 아드레날린이 돌기 시작하고 심장은 쿵쾅대고 호흡은 약간 가빠지고 땀이 나기 시작한다. 이런 흥분을 어떻게 느끼는지는 시선의 의미를 어떻게 해석하느냐에 달렸고, 시선의 의미는 맥락에 달렸다. 애인의 시선이라면 새삼 자신이 그를 얼마나 사랑하는지 실감할 테고, 지하철 건너편의 수상한 사내의 시선이라면 어서 이 자리를 벗어나야겠다고 생각할 것이다. 두려움과 성적 끌림의 구별은 머릿속에서 만들어지는 것이다. 몸은 두 감정에 똑같이 반응한다.

어쨌든 시선은 눈에 띈다. 우리는 태어난 순간부터 시선을 알아차린다. 처음 세상에 던져진 신생아들은 거의 아무 행동도 못하지만 한 가지는 선택할 수 있다. 아기들은 다른 곳을 쳐다보는 얼굴보다 자신을 쳐다보는 얼굴을 보려 한다. 이후에 타인과의 시선 교환은 친밀감과 이해를 전달하는 방법으로 사용된다. 실제로 아기를 웃게 하는 가장 쉬운 방법은 단지 그들에게 시선을 보내는 것이다.•

이처럼 우리는 갓 태어났을 때부터 사랑하는 이들에게 시선을 보내고, 나아가 우리가 시선을 보낸 이들을 사랑하는 경향을 보인다. 역으로 우리에게 시선을 보내는 이들을 사랑하기도 한다. 연구원들은 통제된 환경에 놓인 피험자들이 자신을 바라보지 않는 낯선 사람보다 자신을 바라보는 낯선 사람에게 호감을 더 느낀다는 것을 밝혀냈다. 우리는 관중석에 앉아 있을 때 무대 위의 사람과 눈이 마주치면 기뻐한다. 그리고 그들이 연사로서 혹은 공연자로서 더 훌륭하다고 평가할 뿐 아니라 더 강하고 능력 있고 매력 있고 믿음직스럽다고 생각한다.

단, 빤히 쳐다보는 시선은 예외다. 흘긋 보는 것일지라도 시선이 머무르는 시간이 길어지면 나쁜 결과를 낳는다. 낯선 이의 시선은 환영받지 못한다. 유화 속 인물의 시선조차도 당혹감을

• 사실 아기들이 당신을 보고 웃는 것은 아니다. 계란형에 눈이 달린 형태를 보면 아기들은 그게 무엇이든 만족스러운 소리를 내며 기쁨의 웃음을 짓는다.

불러일으킬 수 있다. 르네상스 시대 초상화가 살아 움직이는 것처럼 보이는 이유 중 하나는 그 시선이 보는 사람을 따라오는 것처럼 느껴지기 때문이다. 그 시선에서 벗어나려고 소심하게 노력해보아도 시선은 계속해서 반쯤은 유혹하듯, 반쯤은 노려보듯 당신을 따라온다. 이는 오히려 그림의 이목구비가 고정되어 있기 때문인데, 한 각도에서 초상화의 주인공과 눈이 마주치면 어디로 가든 시선이 따라오게 마련이다.

건물 경비원과 얽힌 시선에서 어떻게 빠져나갔느냐고? 나는 그의 시야에서 걸어나갔다. 그러나 겨우 한 블록을 지나자마자 칼만의 눈에 노인센터가 포착되었다. 방문해보지 않을 수 없었다. 나는 몇 년째 이 건물 옆을 걸어 다녔지만 매번 센터를 흘긋 보고 지나쳐버렸다. 하지만 오늘은 낮은 계단 몇 개를 내려감으로써 바야흐로 새로운 역사를 썼다. 우리는 나무 쐐기로 지탱하기에는 너무 묵직해 보이는 암회색 문을 통해 안으로 들어갔다. 문이 열려 있고 간판이 달린 것을 보니 공적 공간임이 확실하지만 그다지 환영하는 분위기는 아니었다. 우리는 대화를 나누거나 쑥덕거리지 않고 교회를 방문한 것처럼 조용히 안을 둘러보았다. 안에서는 빙고 게임이 한창이었다. O47번과 N4번이 불리자 게임을 하던 사람들 몇몇이 신나서 손에 들고 있던 빙고 판에 도장을 찍었다. 벽에는 주의 사항과 지시 사항을 쓴 벽보가 붙어 있었다. 스텐실 기법으로 찍은 수제 안내판에는 점심값이 1달러라고 적혀 있었는데, 서부 맨해튼치고 저렴한 가격이다. 양파를 써는 남자의 칼 소리는 박자가 경쾌해 마치 탁구 경기 소리처럼 들렸다. 그것을 깨닫자마자 칼만의 얼굴이 밝아졌다. 내 뇌 안에도 탁구와 양파 썰기 사이의 연결고리가 생겨났다. 한동안 양파를 써는 남자를 바라보던 우리 손에 직원 한 명이 행사 안내 달력을 쥐여주었다. 졸지에 최소 열다섯 살은 더 먹은 노인 대접을 받은 것이다. 우리는 말없이 서로를 향해 고개를 한 번 끄덕이고 다시 거리로 나갔다.

우리는 사거리, 즉 '길모퉁이'로 다가가다가 보행 금지를 뜻하는 붉은 신호가 불길하게 깜박이는 것을 보고 속도를 높이는 대신 걸음을 늦췄다. 횡단보도 앞에 멈춰 서니 매일같이 길모퉁이를 지키고 있던 자질구레한 것들이 눈에 들어왔다. 나는 소위 '중요한 일'을 기다리는 동안 얼마나 많은 사건들이 일어나고 있는지, 다시 말해 우리가 얼마나 많은 것을 놓치고 있는지를 우리 아들에게서 배웠다. 그 애는 지하철을 기다리는 동안 불평 한 마디 늘어놓지 않는다. 지하철이 날카로운 소리를 내며 오가고, 발밑으로는 불빛이 번쩍이고 진동이 느껴지고, 사람들이 파도처럼 오가는 플랫폼에 서 있는 것 자체가 아이에게는 충분히 짜릿한 경험이기 때문이다. 칼만은 일렬로 늘어선 신문 가판대 하나하나를 벼룩시장에 나온 물품처럼 천천히 살펴보며 걸었다. 호를 그리며 날아온 구겨진 종이봉투 하나가 목적지에 닿지 못하고 가로등 옆에 떨어졌다. 우리는 즐거운 기분으로 보행자 신호등 보는 방법을 설명하는 안내 표지판을 쳐다보았다. '보행'과 '보행 금지'라고 친절히 쓰여 있는 신호등에 굳이 설명을 더해야 할까?

보행 신호가 들어왔고 우리는 의무감에 사로잡혀 안내 표지판의 지시를 따랐다. 그때 칼만이 앞쪽에 교회 하나가 있는 것을 발견했다. 칼만과 한 동안 걷다 보니 다음 수순으로 교회 안에 들어가리란 걸 예상할 수 있었다. 이 교회는 문이 항상 열려 있었다. 내부는 그늘이 져 여름 태양 아래에서 몹시 매력적으로 보였고, 가끔 할렐루야를 외치는 찬송가가 흘러나오기도 했다. 물론 내가 그 안에 들어가보는 것은 오늘이 처음이다. 우리는 교회에 들어가서 중앙 통로를 거닐었다. 종파나 인품, 목에 걸고 있는 카메라의 수와 상관없이 누구든 교회를 방문할 수 있는 듯했다. 교회 안에서도 바깥 길이 보였지만 갑자기 거리감이 느껴졌다. 교회 안에서 우리는 뉴욕 시에 어울리지 않게 느린 발걸음으로 걸었다. 마치 우리가 사는 도시를 처음 방문한 것처럼 관광객이 걷는 속도로 여유롭게 걸었다. 도로 표지판은 외국어로 쓰여 있는 듯했고 지도에서 교회들의 위치를 확인해야 할 것 같았다. 끝까지 걸어갔다가 돌아나오니 다시 출구였다. 칼만은 오목한 벽감에 나무 표지판 하나가 걸려있는 것을 발견했다. '헌금함POOR BOX'이라고 쓰여 있지만 표지판 아래에는 헌금함이 없어 더는 유효하지 않았다. 그러나 오히려 그런 연유로 더욱 적합한 표지판이기도 했다. 원래 있어야 할 벽감에서 떨어져나가다니, 과연 불쌍한 상자가 아닌가! 칼만은 사진을 한 장 찍었다.

다시 거리로 나오자 칼만이 교회에 얽힌 경험들이 떠올랐다며 이야기를 시작했다. 텔아비브에서 태어난 뉴욕 시민 칼만이 교회에 다녔다니 확실히 그녀에겐 4차원적인 데가 있다. 의외로 그녀는 5번가에 있는 세인트 토마스 교회의 예배 음악을 좋아한다고 고백했다. 그녀는 비신자들도 신자석에 앉을 수 있게 하는 교회의 관대함에 놀랐다고 했다. "교회에서는 뭐든 해도 돼요. 물론 원하는 걸 다 할 수는 없겠지만 마음대로 드나들어도 괜찮아요. 아무거나 해도 되는 반면 의무랄 건 하나도 없지요."

나는 이제 칼만의 시선으로 세상을 보고 있다. 그녀는 공간을 모서리 안에 갇혀 있는 닫힌 공간이 아니라 무한하게 탐험할 수 있는 열린 공간으로 보았다. 보통 교회는 종교적 공간처럼 보이게 마련이지만 칼만에게는 음악과 사람들, 의무의 자유성을 뜻했다. 또 노인센터는 이름부터가 노인만을 위한 공간이기에 노인도 사회복지사도 아닌 우리 두 사람을 배제하는 것처럼 보이지만 칼만은 단지 문이 열려 있기에 그 안으로 들어갔다. 평소에 우회전하는 곳에서 좌회전해보라. 들어가본 적 없는 정원 문을 열어보라. 행인들을 당신이 말 걸어주기를 바라는 사람으로 생각해보라.

칼만의 움직임과 행동은 무심코 도시 공간들에 대한 소유권을 주장하고 있었다. 도시는 공적이거나 사적인 공간, 마음대로 들어갈 수 있는 공간과 초대 받아야만 들어갈 수 있는 공간으로 구성돼 있다. 후자의 경우, 문을 열어둠으로써 일반 대중을 초대할 수 있다(물론 주인은 당신을 위아래로 훑어보고 돌려보낼 권리가 있다). 가끔은 그 경계선이 모호하나 대부분의 도시 거주자들은 이런 경계를 본능적으로 염두에 두고 사적 공간을 침범하지 않는다.

도시의 보도는 사적 공간과 공적 공간의 대혼란이 일어나는 장소이다. 보도는 보통 시에 속해 있기 때문에 공적 공간이며, 따라서 보도 위에 자기 말뚝 하나를 박고 싶은 사람은 시에 비용을 지불하고 허가를 받아야 한다. 개인 소유의 레스토랑은 시의 허가를 받아야 보도 일부를 점거하고 야외 좌석을 내놓을 수 있다. 신문 가판대와 길거리 음식 가판대를 비롯한 노점상들도 전부 비용을 지불하고 보도에 서 있을 허가를 받은 것이다. 보도 위를 걸어 다니며 어떤 안건에 대해 큰 목소리로 떠들고 싶거나, 예술을 전시하고 싶거나, 본인이 예술 그 자체가 되고 싶다면 누구나 허가를 받아야 한다. 한편 보도는 인접 건물 소유주의 책임 하에 관리되는 공간이기도 하다. 건물 소유주들은 건물 앞의 보도를 보수하고 청소하고 삽으로 정리하는 등 전체적인 관리를 할 의무가 있다. 그럼에도 보도는 그들 소유가 아니다.

반대로 도시의 건물들은 보통 세입자가 임대해 쓰는 지주 또는 기업 소유의 사적 공간이다. 기업 소유 건물인 경우 기업이 개개의 방은 물론 벽 인테리어까지 전부 소유하고 있다. 뉴욕에는 '공개 공지privately owned public spice'라고 불리는 공간도 있는데, 개발자들은 이런 공간을 만들고 유지함으로써 더 높은 건물을 지을 허가를 따낸다.

칼만이 이 모든 공간을 편안하게 돌아다닌다는 사실은 내게 충격을 안겨주었다. 그녀가 정부 소유물인 거리의 우편함을 열어보고 안에 든 편지를 꺼냈다 해도 놀라지 않았을 것이다. 칼만은 실제로 담을 넘은 것은 아니다. 하지만 갈 수 있는 곳과 가면 안 되는 곳에 대한 사회적, 문화적 지식에 얽매이지 않는 그녀는 마치 초능력자처럼 느껴졌다.

칼만이 길거리에서 나보다 더 많은 가능성을 보는 것은 그녀의 뇌가 특별하기 때문일까? 간단히 대답하자면, 그렇다. 신경과학자들은 그런 역할을 수행하는 요소가 무엇인지 이제야 겨우 윤곽을 잡아가는 참이다. 뇌의 차이는 간단하지 않을 뿐더러, 골상학자의 차트를 기준으로 외관만 보고 구별할 수 있는 정석적인 '창의적 뇌'란 존재하지 않는다. 그러나 한 연구팀이 유독 창의적인 사람들의 뇌가 가진 유사성을 발견하는 데 성공했다. 바로 뇌의 시상 안에 있는 도파민 수용체의 일종이 남들보다 적다는 것이다. 그런 사람들은 일상적 사물에 관해 최대한 많은 사용법을 상상케 하는 확산적 사고divergent thinking 실험에서도 좋은 성과를 냈다. 수용체 수가 적으면 오히려 뇌의 여러 부분으로 정보가 흘러들어가서 새롭고 흥미로운 해결책을 만들어 내는 것이다. "'상자 밖'에서 생각하는 것은 상자 자체가 허술한 경우에 더 수월해지는 듯하다." 연구원의 논평이다

보통 도시 보행자의 눈에는 길을 가다 마주치는 사물들과 사람들이 평범한 시설이나 방해물로 보이겠지만 우리에게는 상호작용의 가능성으로 느껴졌다. 이처럼 새로운 가능성을 염두에 두고 우리는 가로등에 다가갔다. 가로등에 다가가면서 이렇게 기대를 품은 적은 처음이었다. 지금껏 가로등을 수없이 지나쳤고, 가로등에 부딪치고 욕을 퍼붓기도 했고, 우리 개가 가로등 발치의 소변 냄새를 맡느라 귀중한 몇 분을 허비하는 것을 본 적도 있다. 당신도 거주하는 도시에서 가로등을 본 적이 있을 것이다. 내가 사는 뉴욕은 가로등이 한 블록에도 두세 개나 있으니 못 봤을 리가 없다. 그런데 당신은 정말 가로등을 본

게 맞을까? 당신은 한 치의 망설임도 없이 "당연히 봤어요!"라고 대답할 것이다. 분명히 거짓말은 아니다. 하지만 가로등을 본 게 정말이라면 당신은 아래의 사실들을 전부 알고 있을 것이다. 가장 일반적인 가로등은 원기둥 또는 팔각기둥(사각기둥이 아니다)에서 가지가 뻗어나간 형태이거나 알파벳J를 거꾸로 엎어놓은 것처럼 생겼다. 가로등 기둥의 길이는 9.1미터로, 전구 알이 달린 코브라 모양 가지 길이의 세 배가 넘는다. 전구는 하얀색과 노란색 나트륨 두 종류가 있는데(우리는 노란 빛 아래에서 마음이 더 안정된다), 이는 가로등이 주로 쓰이는 두 가지 전력량 가운데 하나를 택한 결과다. 가로등 기둥 받침도 종류가 다양하지만 어떤 것도 개 오줌을 피할 수는 없다. 자, 어떤가? 이미 가로등을 보았고 가로등에 대해서라면 뭐든 알고 있는 당신에게는 따분한 이야기 아닌가?

우리 앞의 가로등 기둥은 종이로 장식돼 있었다. 누군가 눈높이에 묵직한 포장용 테이프로 반쪽짜리 하트 모양 전단지 몇 개를 붙여놓았다. 칼만은 클라리넷 레슨 광고를 보고 걸음을 멈췄다. 전단지 아랫단을 문어 다리처럼 자르고 끝을 접어놓아서 클라리넷에 관심 있는 행인들이 쉽게 뜯어갈 수 있었다. 칼만이 종잇조각 하나를 뜯었다. 그녀는 강의를 맡은 미대 수업의 한 프로젝트를 위해 작년부터 클라리넷을 배우기 시작했다고 한다. 모두가 새로운 악기를 배우고 혼자 산책하면서 머릿속에 떠오르는 것을 기록해야 하는 프로젝트다. 칼만은 즐거운 듯 손에 쥔 자그마한 종잇조각을 쳐다보며 말했다. "그다음엔 기록한 것을 전부 모아서 학생들이 배운 악기들을 전부 사용한 음악의 가사를 써요.” 원래는 길거리에서 연주하려고 했는데 날씨 때문에 번번이 실패했다며 그녀는 한숨을 쉬었다. “거리의 음악이자 걷기 위한 음악인데 정작 거리에서 연주를 못해봤지 뭐예요.”

우리는 전단지의 다른 부분은 건드리지 않고 놔뒀다. 일렬로 늘어선 종잇조각이 산들바람에 나부꼈다. 나도 클라리넷을 배워볼까 하는 생각이 잠시 들었다. 누군가 1층 창문을 열어놓고 피아노를 엉망으로 치는 소리가 들려오기에, 우리는 그 음악에 맞춰 거리를 걸었다. 거리가 반주 역할을 해주었다.

다섯 번째
산책

곤충 박사 찰리 아이즈먼과 함께

섬세하고 유혹적인 벌레들

"의미심장한 이야기를 하나 해드리겠소. 길을 가다가 땅에 떨어진 보석을 보고 허리를 굽혀 줍는 건 그 보석을 보았기 때문이오. 그러나, 보석을 보지 못했다면 무심코 지나쳐 돌아보지도 않을 것이오."

— 셰익스피어Shakespeare의 『자에는 자로』 중에서

털이 부숭부숭하고 머리에 무시무시한
초록색 뿔 네 개를 왕관처럼 얹은
애벌레 한 마리가 게으르게 몸을
꿈틀대며 전진해 가고 있었다.
그러나 녀석은 아무래도 방향을
잘못 잡은 것 같았다.

둥글게 말린 나뭇잎 바닥에서 기생 곰팡이 때문에 마비된 검정파리를 발견하거나 나뭇잎에서 남생이잎벌레가 부드러운 공 모양으로 파먹은 구멍을 발견했을 때 설레지 않는 사람이라면 찰리 아이즈먼Charley Eiseman과의 산책이 달갑지 않을지도 모른다. 하지만 유년 시절에 못생긴 애벌레가 무지갯빛 나비로 변태하는 것을 보고 놀란 적이 있거나 부지런히 토마토를 갉아먹는 민달팽이 또는 달팽이의 끈질김에 감탄해본 적이 있는 사람이라면, 이번 산책으로 우리 발밑, 머리 위 그리고 놀랍게도 몸 위에 살고 있지만 곧잘 무시되는 생물들에 대해 눈을 뜨게 될 것이다.

요컨대 벌레에 대해 생각해볼 시간이다.

당장 눈앞에 보이지 않아도 벌레는 존재한다. 땅바닥이 고요하고 공기 중이 깨끗해 보여도 어디에나 있다. 그것도 수백만 마리가 넘는다. 벌레가 남겨 놓은흔적은 더 많다. 식물의 나뭇잎과 나무껍질, 특징적인 알주머니와 고치, 벗어버린 껍데기, 벌레가 쌓아 올린 구조물들에 흔적이 남아 있다. 벽돌과 흙과 진흙, 심지어는 당신의 피부 위에도 있다. 물론 벌레가 어디에나 있기 때문에 흥미로운 것은 아니다. 사실 우리 문화에서는 감성적으로나 이성적으로나 흔한 것보다 희귀한 것에 더 큰 가치를 부여한다. 한 세기 전에 과도한 수렵으로 멸종당한 여행비둘기를 애도하지만 거리마다 보이는 비둘기에 대해서는 비난을 퍼부으며, 토끼와 쥐를 애완동물로 키우지만 애완용이 아닌 토끼와 쥐는 눈에 띄는 족족 죽여버리는 것만 봐도 알 수 있다. 곤충 중에도 정부에서 '멸종위기'라는 딱지를 붙인 희귀종이 수백 가지나 된다. 메뚜기의 일종인 수퍼브 그래스호퍼superb grasshoper, 초파릿과 11종, 각종 바구미, 개미, 딱정벌레, 깔따구 등이 그 예다. 이에 비하면 벌레(곤충과 거미류를 포함한 절지동물문이라고 표현하는 것이 옳겠지만)들은 발에 채일 정도로 흔하지만 우리 사람들은 벌레에 대해 너무나 무심하다. 물론 저녁식사 중에 식탁 위로 바퀴벌레가 지나가거나 수컷 모기가 피를 빠는 암컷을 보호하려고 우리 귓가에서 위윙거릴 때는 예외겠지만 말이다.

곤충들의 대변인을 자처하는 사람이 한 명 있다. 동물학자답게 말쑥하게 다듬은 턱수염에 침착한 태도의 청년 찰리 아이즈먼이다. 섭씨 16도의 날씨에 플란넬 셔츠 하나만 걸치고 진지한 표정을 짓고 있는 그는 도시인들 사이에서 쉽게 눈에 띄어 초면임에도 금방 알아볼 수 있었다. 아이즈먼은 뉴잉글랜드 출신 사람들이 으레 그렇듯 겸손하고 발소리가 조용한 사내다. 그는 나를 환한 미소로 맞아주었지만 한편으로는 내가 어떤 종류의 곤충인지 알아내려는 것처럼 보이기도 했다.

현장 동물학자인 아이즈먼은 살아 있는 모든 것에 예리한 관심을 기울인다. 곤충 관찰 수업을 진행하고 도롱뇽을 연구하느라 야외에서 시간을 보내던 어느 날, '수수께끼의 작은 물체들'이 눈에 들어왔다. 바로 곤충과 다른 무척추동물들이 남겨놓은 흔적들이었다. 아이즈먼은 이 흔적들에 대해 설명해줄 현장 전문가가 한 명도 없다는 것을 알고 직접 발 벗고 조사에 나섰다. 그는 친구 노아 차니Noah Charney와 함께 북아메리카의 모든 주요 생태형ecotype에서 무척추동물의 증거(표식이라고 부른다)

를 찾아 기록하기 위해 40일간 2만 4,000 킬로미터의 대장정을 떠났다. 그 연구 결과는 『곤충과 다른 무척추동물의 흔적과 표식: 북아메리카 서식 종에 대한 지침서Tracks and Sign of Insects and Other Invertebrates: A Guide to North American Species』라는 경이로운 저작에 담겨 있다. 재미와 깊이라는 두 마리 토끼를 다 잡은 이 지침서는 곤충들이 머물고 간 자리에 남겨두는 다양한 자취로 우리를 안내한다.

9월에 접어든 어느 오후, 매사추세츠 주 스프링필드의 주차장에서 아이즈먼을 만났다. 나는 매사추세츠가 재정비를 겪지 못한 공업 도시라 산책에 적합하지 않다고 생각했다. 하지만 우리가 만난 곳은 도시 풍경과는 거리가 먼, 아이즈먼의 동네 근처였다. 나는 그의 저서에서 심도 있게 다룬 공간인 주차장에서 만나자고 부탁했다. 아이즈먼은 책 서문에서 여행 중에 테네시 주에 사는 노아 차니의 어머니를 방문한 일화를 소개하고 있다. 노아의 어머니가 두 사람을 배웅하고 5시간 후 집 밖으로 나왔을 때, 두 사람은 그때까지도 사탕단풍나무 잎사귀를 뒤집어보고 통나무를 헤집어보느라 차고 앞을 떠날 줄 모르고 있었다. 그들은 '진짜 자연'이 기다리는 야생으로의 출발을 얼마간 미뤄야 할 정도로 많은 곤충 표식을 발견했던 것이다.

나는 우리가 주차장 밖으로 나가지 않으면 좋겠다고 내심 바랐다. 차고 앞에도 생태계가 존재하는데 주차장은 어떻겠는가? 아마 우주가 통째로 펼쳐져 있을 것이다. 과연 걸음을 떼고 10초도 지나지 않아 아이즈먼은 호랑거미가 쳐놓은 아름다운 거미줄 몇 개를 발견했고 그다음에는 주차장 가장자리의 산울타리에서 깔때기거미의 거미줄을 여러 개 포착했다. 우리가 본 호랑거미의 학명은 알 수 없었으나(아이즈먼은 "거미 학자는 알 거예요"라고 말했지만 우리 둘 다 아는 거미 학자가 없었기 때문에 소용없었다) 학명을 정확히 아는 것은 우리 산책에서 조금도 중요하지 않았다. 즐거움은 발견하는 행위 자체에 있었다.

갈때기거미가 쳐놓은 거미줄은 산책하는 동안 우리 앞에 반복적으로 모습을 드러냈다. 거미줄 하나를 보고 나니 각인이라도 된 것처럼 다른 거미줄들이 눈에 들어왔다. 깔때기거미 특유의 빽빽한 하얀색 거미줄은 앞마당 산울타리 위 그리고 벽돌담 모퉁이 같은 곳에서 되풀이해 나타난다. 자세히 보면 깔때기거미의 어원이 된 깔때기가 보일 것이다. 운이 좋으면 부드러운 깔때기 안에 숨은 거미가 지나가는 곤충이 그물에 걸려들어 제 입에 들어오기를 기다리는 모습도 볼 수 있다.

곤충을 자세히 관찰한다는 것은 탄생에서 폭력적인 살해, 죽음으로 이어지는 순환 주기의 비디오를 빨리 감기로 보는 것과 같다. 인도주의적인 곤충은 거의 없고 초식성 곤충도 잎사귀, 싹, 잔디, 줄기를 먹어 치우며 상당한 피해를 입힌다. 그러나 아이즈먼과 내가 찾고 있던 것은 곤충 그 자체보다는 그들이 남기고 간 흔적이었다. 우리는 곤충들이 범죄 현장에 남기고 간 단서를 추적하는 과학수사관이 된 기분이었다. 곤충들은 식습관이 지저분하다. 녀석들은 새로 도착한 장소에 있는 걸 죄다 먹어치운다. 자기 알주머니를 먹는 예의 바른 유충을 제외하면 먹고 난 자리를 치우는 법도 없다. 곤충들은 허물을 벗어 던지고 다치는 대로 배설하고 노략질을 하고 나서 자리를 뜬다. 급히 벗은 옷가지와 깨진 병, 쓰레기만 남아 있는 것이 파티가 끝나고 난 뒤의 난장판과 다를 게 없다. 아주 교양 없는 녀석들이다.

거미줄을 좀 더 보고 싶었지만 아이즈먼은 이미 발걸음을 옮기고 있었다. 사실 우리의 산책로는 직선과는 거리가 아주 멀었다. 아이즈먼은 내 곁에 있다가, 갑자기 가로수로 향했다가, 소화전 또는 가로등 같은 시설물로 다가가서 표면에 벌레가 있는지 살펴보고는 했다. 결국 주차장을 벗어나기는 했지만 그 후 2시간 30분 동안 우리가 걸은 거리는 1킬로미터가 겨우 넘는 정도였다. 계산해보면 시간당 0.4킬로미터로, 우리가 목격한 생물들 대부분, 심지어 유충들에게도 따라잡힐 수 있을 경이로운 속도였다. 이게 아이즈먼의 보통 걸음걸이다. 그는 건강한 청년이지만 8킬로미터를 하이킹하는 데 10시간이 걸린다. 통나무가 나타나면 그 밑을 들춰보고 뱀을 보면 쫓아가기 때문이다. 아이즈먼은 버몬트 주 벌링턴에 살 때 1천 평방미터가량 되는 작은 공터에서 헤아릴 수 없이 오랜 시간을 보냈다. 그의 저서에 수록된 사진 가운데 수십 장이 그 공터에서 찍은 것이다.

우리는 도시의 가장 평범한 동네에서 시간을 보내며 그가 책에서 언급한 곤충 표식을 거의 모두 발견했다. 집거미가 벽돌담 위에 남겨놓은 알주머니를 보았다. 파리가 벗어놓은 껍데기를 지칭하는 '탈각'의 사례로는 가로등을 맴돌던 하루살이의 허물을 보았고, 곰팡이에 점령당한 소름끼치는 검정파리들에게서 기생의 살아 있는 예를 보았다. 우리가 '흙'이라고 부르는 것의 상당 부분을 구성하는 지렁이 배설물과 흰 동그라미에 검은 반점이 흩뿌려진 깡충거미 배설물도 보았다. 거미줄은 아이즈면의 표현대로 '모든 표면을 덮고 있다'고 해도 과언이 아니었다. 거미들의 임시 거처인 은신처도 눈에 띄었다. 잎굴leaf mine도 있었는데, 유충 시기부터 성충이 될 때까지 참나무 나뭇잎을 동그란 모양으로 갉아먹는 곤충이 만들어놓은 것이었다. 벌레혹도 보였다. 약간 기형인 포도 덩굴 잎을 들여다보니 셀 수 없이 많은 주황색 진딧물이 분비돼 있었다. 흙 둔덕 한가운데에 난 구멍에서는 보도의 갈라진 틈에서 볼 수 있는 자그마한 갈색 개미들이 줄줄이 기어나왔다. 우리는 심지어 척추동물 위에 남은 표식까지 확인했다. 모기가 내 종아리를 물고 가서 종아리가 심하게 부어오른 것이다.

발견물의 목록을 줄줄 읊었지만 사실 우리 산책은 전조가 영 좋지 않았다. 출발하자마자 기분 좋게 거미줄을 발견한 뒤로는 끔찍이 지루한 블록을 마냥 걸었다. 생기 없는 콘크리트 길 양옆에는 수분이 부족해 말라가는 플라타너스와 단풍버즘나무가 어지럽게 늘어서 있었다. 움직이는 것이라고는 단 하나도 없었다. 오후는 숨죽인 듯 고요했다. 거리에 서 있는 것은 우리뿐이고, 따분하니 빈둥대는 다람쥐 한 마리 눈에 띄지 않았다. 그러나 아이즈먼은 곧장 나무로 다가가더니 나뭇잎을 뒤집어보았다.

"이게 단번에 눈에 들어오더라고요." 그는 당황한 표정으로 따라온 나를 보고 말했다. 무엇이 눈에 들어왔다는 것인지 도통 알 수가 없었다. 아이즈먼은 머리 위의 나뭇잎 하나를 비틀었다. 나뭇잎은 어렴풋이 병든 느낌이 있었지만 그게 다였다. 그러다가 눈이 서서히 적응하기 시작했다. 여름날 오후 바깥에 나갔다가 시원하고 어두운 방 안으로 들어왔을 때처럼, 문득 시야가 달라졌다. 나뭇잎을 투시해보자 그제야 아이즈먼의 말을 이해할 수 있었다. 초록빛의 나뭇잎 조직에 검고 누런 반점이 흩뿌려져 있었다. “버즘나무방패벌레 특유의 식사 흔적입니다.” 아이즈먼이 설명했다. “이들은 구멍을 만들지 않아요. 초록색 즙을 빨아내 그 자리를 노랗게 변색시킬 뿐이죠.” 버즘나무방패벌레가 산다는 나뭇잎 아랫면을 가까이서 살펴보니 벌레 배설물로 얼룩져 있었다. 검은 반점의 정체가 그것이다. 배설물과 구분하기 어려운 유충 무리도 보였다. “아주 아름다운 벌레예요.” 내가 볼 수 있도록 나뭇있을 잡아당겨주다가 그만 아이즈먼의 옷 위로 유충과 갓 성충이 된 벌레들이 우르르 쏟아졌다. 그 성충들을 얼핏 봤더라면, 그리고 아이즈먼의 말을 무턱대고 불신하지 않았다면, 과연 아름답다는 수식어를 붙일 만했다. 투명한 날개와 튀어나온 어두운 시맥이 십자형으로 교차하고 있었다.

아이즈먼이 방패벌레에 대한 이야기보따리를 풀어놓는 동안 나는 이 자그마한 벌레에 대해 고찰했다. 방패벌레는 단 한 가지 나무에만 붙어사는 전문가로, 그 종류는 버즘나무방패벌레, 자작나무방패벌레, 참나무방패벌레 등이 있다. 먹이를 씹어 먹을 턱이 없는 곤충들을 일컫는 노린재목에 속하며, 영어로는 사랑스럽게도 ‘진정한 벌레true bug’라는 이름으로 불린다. 방패벌레는 턱 대신 부리 같은 주둥이가 있으며 여러모로 창의성을 발휘해 알 밖으로 나간다. 참나무방패벌레의 경우, 자그마한 알 속에서 성장해 부화할 준비가 되면 알 뚜껑을 위로 열고 나온다.

나는 다시 걸어가면서 아이즈먼의 몸 위에 벌레들이 흩뿌려져 있다는 것을 알려주었다. 그는 형식적으로 머리를 한 번 털더니 미소 지었다. "괜찮습니다." 남은 산책 내내 방패벌레 몇 마리가 아이즈먼의 가슴팍에서 행복하게 돌아다녔다.

보도로 향하는 길에 발견한 모든 식물 종에 곤충의 흔적이 남아 있을 가능성이 있었다. 가로수 주변의 흙더미에는 보통 몇 가지 식물이 자라고 있는 데다 나무에서 떨어진 낙엽, 나뭇가지, 씨앗, 꼬투리, 나무열매 등이 흩어져 있으므로 벌레, 거미 그리고 그 포식자들이 수천 마리 넘게 있어도 이상하지 않을 터였다. 나는 곧 아이즈먼과 함께 '무척추동물 표식 수색자'의 가장 중요한 조사 전략을 수행하기 시작했다. 바로 무엇이든 뒤집어보는 것이다. 아이즈먼은 거의 모든 것에 그 방법으로 접근했다. 그의 표현을 옮기자면 '곤충이 당신에게 뛰어오르지 않을 때는' 이렇게 찾아내야 한다는 것이다. 아이즈먼은 어떤 때는 나무를 보자마자 나뭇잎부터 뒤집어보았다. "특정한 나무에만 사는 곤충을 찾는다면 우선 나뭇잎부터 봐야 해요." 그가 말했다. 과연 우리가 지나친 거의 모든 나무에 벌레 흔적이 있었다. 잎사귀는 구멍투성이였다. 초보 수목 재배가가 잎사귀로 나무 종류를 알아보듯, 잎사귀에 난 구멍을 보면 어떤 벌레의 짓인지 알아낼 수 있다. 가로수와 그 아래 자라는 식물들, 길가와 보도 틈에서 자라난 잡초들이 어지럽게 뒤섞여 있는 가운데 우리는 열 가지가 넘는 잎사귀 구멍을 발견했다. 남생이잎벌레와 나무좀이 낸 구멍, 여치나 메뚜기가 남겼을 법한 커다랗고 너덜너덜한 구멍 그리고 쉼표와 세미콜론을 닮은 구멍을 보았다.

자작나무 잎사귀에 펀치로 뚫은 것처럼 깔끔한 구멍을 낸 범인은 어울리게도 가위벌이라는 이름을 갖고 있다. 가위벌은 나무에 벌집을 만들지 않는 대신, 알을 까놓을 원통형 방을 짓는 데 잎사귀가 필요하다고 한다.

손상되지는 않았지만 유달리 번들거리는 나뭇잎도 있었다. 눈에 띄게 윤이 나는 줄무늬는 밤새 민달팽이가 나뭇잎 위를 돌아다니며 점액을 칠해둔 결과물이었다. 잎사귀 겉면의 반짝이는 층은 진딧물의 투명한 분비물인 '꿀'일 가능성이 큰데, 이 끈적끈적한 꿀은 곧 다른 벌레와 새를 끌어들일 터였다. 사실 잎사귀의 구멍과 점액은 표식의 세계에서 시작일 뿐이다. 무심하게 바람결에 나부끼는 잎사귀 단 하나에도 수십 가지나 되는 표식이 남아 있을 수 있다.

"여기 뭔가 있어요." 아이즈먼은 산책 중 여러 번 이 말을 내뱉었다. 거리의 온갖 곳에 '뭔가' 있었다. 이번에 아이즈먼이 찾아낸 것은 잎사귀 위에 갈색으로 휘갈겨 쓴 듯한 자국이었다. "파리 유충이 잎을 갉아먹은 흔적입니다." 그는 이 문장을 마침표로 끝맺었다. 내가 마침표가 아니라 말줄임표 뒤로 다른 말이 이어지기를 기다리고 있다는 것을 느꼈는지, 아이즈먼은 흔적이 시작되는 부분을 가리키며 부연 설명을 했다. "파리가 저 잎사귀 안에 알을 낳았어요. 유충은 표피층 사이에 살면서 잎사귀를 먹어 치우고, 커갈수록 점점 더 큰 흔적을 남깁니다." 놀라운 이야기다. 우리 눈앞의 잎사귀를 한 줄 벗겨놓은 범인은 그 잎사귀에서 태어나고 자란 어린 파리였다. 흔적이 점차 넓어지는 것을 보니 녀석은 꽤 빠르게 성장한 모양이었다.

이처럼 잎사귀 위에 잎굴을 만드는 것은 주로 나방, 딱정벌레, 파리들의 유충이다. 녀석들은 잎사귀 하나에서 유충으로서의 삶을 전부 보내고 성충이 되는 사이 나뭇잎 위를 전진하며 조직을 아작아작 먹어 치우고 선명한 흔적을 남긴다. 곤충들의 잎굴은 종마다 대체로 위치가 정해져있다. 암컷이 나뭇잎 가장자리나 아랫면 등 정해진 곳에만 알을 까기 때문이다. 따라서 곤충에 대해 어느 정도 지식이 있는 사람이라면 잎굴의 시작 지점을 보고 거기 서식하는 유충이 어떤 종인지 밝혀낼 수 있다. 잎굴의 생김새도 종에 따라 판이하다. 어떤 종은 잎사귀를 캔버스 삼아 구불구불한 흔적으로 심오한 그림을 그려낸다. 잎맥을 따라 만들어진 잎굴도 있고, 길이라기보다는 초록색 잎을 다른 색으로 잠식해가는 얼룩에 가까운 잎굴도 있다. 우리가 본 잎굴 중에는 구불구불한 것도, 조깅 트랙처럼 잎사귀 가장자리를 따라 둥글게 난 것도 있었다.

그런데 곤충 흔적과 표식의 세계에서 사람들에게 가장 큰 기쁨을 안겨주는 것은 잎굴이 아니라 벌레혹gall이다. "사람들의 시선을 가장 강렬하게 잡아끄는 것은 벌레혹이에요." 아이즈먼은 진지한 얼굴로 말했지만 처음에는 믿기 어려운 얘기였다. 벌레혹이란 식물이 자라고 있을 때 조직 안으로 숨어든 생물로 인해 만들어진 일종의 종양이다. 그 결과 식물에 생긴 작은 혹, 주름 또는 주머니는 깔따구, 잎벌, 나방, 진딧물, 말벌(그리고 엄밀히 말하자면 곤충이라 분류할 수 없는) 진드기 등이 그 안에 낳아놓은 유충의 서식지 겸 식량 역할을 한다. 내 눈에 벌레혹은 암처럼 보였다. 실제로 벌레혹이 붙은 나뭇잎은 눈에 띄게 충해를 입었거나 표피 상태가 말이 아니었다.

“식물들은 어떻게 이런 걸 견뎌내는 거죠?” 내가 놀라서 물었다. “상당히 치명적으로 보이는데요.”

“낙엽수는 그래도 좀 나아요. 매년 나뭇잎을 떨어뜨릴 수 있으니까요. 그런데 벌레혹은 사실 피해를 하나의 지점으로 몰아준다는 점에서 나무와 벌레가 찾은 공생의 합의점이라 할 수 있어요. 곤충들은 여기서 집과 식량을 얻을 수 있지요.”

“나무는 얻는 게 없잖아요?”

“나무는 피해를 줄일 수 있죠.”

벌레혹 대부분은 숙주인 나무에게 심각한 피해를 끼치지 않는다. 그림처럼 아름다운 데다 이름마저 사랑스러운 벌레혹도 있다. 붉은 솜털에 뒤덮인 ‘고슴도치’ 벌레혹, 대담한 분홍색에 뾰족한 가시가 있는 ‘성게’ 벌레혹, 부드럽게 반점이 뿌려진 솜방울을 꽃잎처럼 활짝 드러낸 ‘털뭉치 뿌리기’ 벌레혹 등은 일부러 찾아 나설 가치가 있다.

알고 보면 이 매력적인 벌레혹들 안에는 참나무에 사는 말벌의 작은 유충들이 들어 있다. 참나무가 있는 도시에서는 길거리에서도 벌레혹을 볼 수 있다. 나는 뉴욕 시로 돌아와 기차에서 내리기도 전에 참나무를 한 그루 발견했는데, 잎사귀에 초록색 콩알 모양 벌레혹이 붙어 있었다.

나는 말벌들의 미학에 경탄하기 시작했다. 그들이 만드는 벌레혹은 건축학적으로 아름답다. 말벌들이 사람에게도 영감을 주는지는 모르겠지만 나무에게는 일종의 영감을 준다는 설이 있다. 아이즈먼은 사람들이 탐욕스럽게 재배하는 복숭아와

자두 같은 다육질 열매가 벌레혹에서 기원했다는 이론이 있다고 설명해주었다. 그것이 사실이라면 과일은 벌레혹이 진화적으로 확장된 결과라고 할 수 있다. 식물의 꽃 위에 말벌이 알을 낳으면서 식물 유전체가 변형돼 점점 더 크고 영양소가 많은 벌레혹을 갖게 된 것이다.

벌레혹 역시 잎굴처럼 아주 개성적인 표식이다. 벌레들은 잎사귀의 가운데잎줄, 가장자리, 아랫면 등 특정한 장소를 골라 벌레혹을 만든다. 대부분은 잎사귀 위를 선택하지만 나뭇가지, 줄기, 심지어 꽃에 벌레혹을 만드는 경우도 있다. 벌레혹을 열어보면 그 안에 촘촘히 자리 잡고 잠들어 있는 유충을 통해 범인이 어떤 곤충인지 알 수 있을 것이다. 물론 혹의 모양과 위치를 보고 종을 추론하는 것도 가능하다.

놀랍게도 어떤 표식이나 구멍, 분비물도 찾아볼 수 없는 잎사귀도 다른 것의 표식이라 할 수 있다. 바로 그 나무가 이곳 출신이 아니라는 증거이다. 영양분을 찾을 수 있는 곳이라면 사람 얼굴이든 집 안이든 상관없이 뚫고 들어가는 무차별주의자 벌레들도 있으나 벌레들 대부분은 특정 식물에 전적으로 의존한다. 그들은 하나의 식물에서 태어나 그 식물을 식량 삼아 성장하고, 그 위에서 짝짓기하고, 죽는다. 한 종류의 식물, 심지어는 단 하나의 식물이 벌레에게는 온 우주를 의미하는 것이다. 북아메리카 토종 식물은 저마다 그 식물을 집으로 삼아 함께 살아가는 북아메리카 토종 벌레들과 짝지어져 있다. 그러나 흔히 침입종이라고 불리는 토종이 아닌 식물들은 외부에서 도입된 것이라 아직 그 나무에 특화해 적응한 토종 벌레가 한 종도 없는 경우가 많다. 따라서 침입종은 방어적 화학물질을 내뿜거나 방어 전략을 세우는 데 자원을 낭비할 필요 없이 모든 에너지를 성장과 재생산에 투입할 수 있다. 그것이 침입종들이 수월하게 '침입'해나가는 이유다. 토종 식물들은 벌레와 싸우면서 개체수를 유지하는 것만으로도 벅찬 반면 침입종은 빠르게 퍼져나갈 수 있다.

그러므로 나무 위에 곤충이 얼마나 살고 있는지를 확인해보면 그 나무가 토종인지 외래종인지에 대해 꽤 설득력 있는 추리가 가능하다. 사랑스러운 노르웨이단풍나무 옆을 지나다가 손바닥을 활짝 펼친 것처럼 생긴 잎사귀에 구멍이 하나도 뚫려 있지 않은 것을 보고 나는 나무 이름에 들어간 '노르웨이'가 단순히 수사적 단어가 아니라는 것을 퍼뜩 깨달았다. 뉴욕시 전역에서 흔히 보이는 이 나무는 외래종이었다. 뉴욕의 공원관리국 로고에는 단풍나무 또는 플라타너스로 추정되는 잎사귀의 실루엣이 들어가 있는데 그 역시도 외래종이다. 우리가 걸어가며 지나친 나무들은 근사했고 나뭇잎 하나하나는 맞춤인쇄해 드라이클리닝 한 다음 빳빳이 다려놓은 것처럼 깔끔했다. 그 나무들에는 벌레 표식이 거의 없었다.

✶

산책을 하다 보니 아이즈먼에게 곧 도시에서 곤충 표식을 찾는 답사를 진행해달라는 섭외가 들어갈지도 모르겠다는 생각이 들었다. 일반적인 도시에는 바퀴벌레나 베드버그를 제외하고는 벌레가 얼마 없다고 생각하기 쉽다. 그러나 아이즈먼과의 산책으로 나는 그 생각이 틀렸음을 알게 되었다. 돌멩이를 뒤집고 신발코로 통나무를 흔들자 근처에 쌓여 있던 낙엽 아래에서 윤이 나는 짙은 색 벌레들이 빠르게 움직이는 게 보였다. 아이즈먼은 도시는 자연이 집약된 공간일 뿐 부자연스러운 공간이 아니라고 주장했다. 그는 대륙 횡단 여행을 하면서 고속도로 휴게소야말로 벌레의 흔적을 찾을 수 있는 노다지와 같다는 사실을 알게 되었다. "약간의 자연만이 존재하는 그런 공간에는 생명이 응축돼 있어요." 아이즈먼과 차니는 잠시 화장실에 들르려고 차를 세운 텍사스의 한 주차장에서 텍사스가위개미를 발견했다. 하지만 휴게소를 떠나서 향한 국립공원은, 아이즈먼의 말에 따르면 "볼 게 거의 없었다." 국립 공원은 곤충의 밀도가 낮았던 것이다. 어쩌면 두 사람이 휴게소에서처럼 보이는 틈마다 찔러보는 대신 무언가 덜컥 나타나기를 기다리면서 하릴없이 돌아다녔기 때문에 곤충 표식이 쉽게 눈에 띄지 않았을 수도 있다.

휴게소에서 곤충의 표식을 발견할 가능성이 있다면 분명히 도시에도 가능성이 있을 것이다. 아이즈먼은 곤충 표식을 찾는 데 도움이 되는 도시적 요소를 몇 가지로 정리했는데, 그 첫째는 도시가 결코 잠들지 않는다는 점이다. 인디애나 주의 워배시시가 처음 전깃불로 밤을 밝힌 날, 구경꾼들은 말 그대로 기절초풍했다. 지역 신문은 전등에 불이 들어온 순간 "사람들이 경악에 차서 그 자리에 돌처럼 굳었다"고 보도했다. "사람들은 땅위에 무릎을 꿇었다. 눈앞에 펼쳐진 광경에 신음이 절로 흘러나왔다. 놀라서 말문조차 열지 못하는 사람이 대다수였다." 우리는 이제 밤마다 조명을 켜는 것에 익숙해졌지만 많은 곤충들은 아직도 조명의 매력에 사로잡히고 만다. 언제나 불을 밝히고 있는 도시는 백열전구와 여러 종류의 형광등에서 찾을 수 있는 단파장 자외선에 특화된 곤충의 겹눈에 특히 유혹적이다. 오늘날 도시 가로등으로 흔히 사용되는 조명은 에너지 효율이 높고 자외선을 적게 방출하는 고압 나트륨램프지만 이 역시도 사이렌의 노랫소리처럼 날벌레들을 끌어들이고 있다. 곤충들은 자외선 파장을 이용해 잠재적 짝을 탐색하고, 짝을 선택하고, 주위를 둘러보고, 먹잇감을 사냥하고, 심지어는 이주를 한다. 그러므로 온갖 방향에서 자외선이 내리비추는 도시에서 곤충들이 극도로 흥분하는 것도 당연하다. 자외선을 찾아다니는 곤충들 가운데는 나방은 물론이고 딱정벌레, 잠자리, 풀잠자리의 먹이인 진딧물, 날도래, 각다귀, 꽃등에, 모시밑들이, 잠자리, 실잠자리, 파리, 심지어는 나비를 비롯한 다양한 날벌레들과 말벌이 있다. 이 가운데 3분의 1은 들떠서 날아다니다가 전등에 몸이 닿는 순간 그 자리에서 소멸하고 만다. 벌레들은 뜨거운 전등으로 날아들고, 지쳐 나가떨어질 때까지 전등 주위를 맴돌면서 야단법석을 피우다 새나 박쥐, 다른 곤충과 같은 포식자의 눈에 띄어 잡아먹힌다.

곤충을 찾는 데 길잡이가 되는 도시의 요소는 이뿐만이 아니다. 만약 도시 근처에 수로가 있다면 그 안에 온갖 종류의 하루살이와 강도래가 살고있다고 생각해도 좋다. 녀석들은 가로등 위에 알을 까고, 우리가 산책 중에 보았듯이 허물을 벗어둔다. 희고 기다란 실 같은 허물은 마이라 칼만이 뜯어간 클라리넷 수업 전단지처럼 바람에 나부낀다. 담, 그중에서도 벽돌담은 고치나 둥지를 지을 만한 아늑한 구석 공간을 제공한다. 우리가 다가간 첫 번째 벽돌담에는 깡충거미와 너석의 은신처가 숨겨져 있었다. 은신처란 거미의 휴양용 별장이 아니라 알은 낳지 않고 몸만 숨긴 곳을 뜻한다. 담에는 일반 집거미의 알주머니도 있고, 담에 난 작은 구멍 속에는 벌집과 말벌집도 있었다. 아주 운이 좋으면 나뭇잎 안에 꽃가루와 꿀, 알이 빼곡히 들어찬 가위벌집도 볼 수 있을 것이다. 잔디나 진흙으로 막아둔 구멍 속에서 말벌이 숨겨 둔 마비된 귀뚜라미를 찾을 수 있을지도 모른다.

도시에는 버려진 공간들이 수없이 많다. 아이즈먼의 눈에 '유망한' 공간으로 보이는 곳들이다. 먼지만 가득할 뿐 아무도 지나다니지 않는 고가도로는 곤충의 흔적이 가득 남아 있는 기반토양이며 낡은 대형 쓰레기통은 고치와 거미줄의 보고다. "한번은 우리 집 구석에서 페인트를 먹어치우는 메뚜기를 봤지 뭐예요." 아이즈먼이 덧붙였다. 우리는 쓰레기통 여기저기를 들여다보았다. 당연한 얘기지만, 아이즈먼은 쓰레기통에 눈을 바짝 들이대는 데 있어 나보다 훨씬 거리낌이 없다. 그는 쓰레기통 위에 걸터앉아 있다가 근처 나무 위에서 박자에 맞춰 소리를 내는 딱따구리 한 마리를 발견하기도 했다.

보도에서는 갈라진 틈 사이를 돌아다니는 개미들을 발견할 수 있다. 최근에 뉴욕 시의 긴 대로 한가운데에 사는 개미들을 조사한 대학원생 하나는 그곳에서 털개미, 마디개미, 호전적이며 포장도로를 좋아하는 주름개미, 토착종이 아닌 중국바늘개미 등을 발견했다. 그 연구에서 뉴욕 센트럴파크 동쪽인 어퍼이스트사이드보다 서쪽인 어퍼웨스트사이드에 더 다양한 종의 개미들이 산다는 것 또한 밝혀졌는데, 아마도 환경적 조건이 뛰어나기 때문이리라. 그 동네에는 쓰레기통이 아주 많으니까.

나무에서 떨어져나온 가지들도 곤충의 표식을 담고 있다. 누구나 동네를 지나가다 땅 위에 떨어진 가지를 본 적이 있을 것이다. 아이즈먼이 쓴 책의 챕터 제목이기도 한 '깔끔하게 잘려나간 나뭇가지'는 나무껍질을 고리 형으로 갉아먹거나 가지를 자르거나 구멍을 뚫는 딱정벌레가 있다는 증거다. 물론 벌레혹 때문에 나뭇가지가 약해져서 부러져버렸을 가능성도 있다. 하지만 일부러 가지를 약화시키는 딱정벌레가 무수히 많다. 나무껍질을 갉아 먹는 딱정벌레는 나뭇가지 끝 부분에 알을 낳아놓고는 줄기 쪽으로 움직여가며 가지 둘레에 작은 길을 만든다. 바람이 불어오면 나뭇가지는 뚝 부러져버리고, 가지 위에서 자라던 유충은 노화되거나 점점 죽어가는 조직을 먹고 살아간다. 다른 종류의 딱정벌레 유충은 충분히 성장하면 직접 나무를 갉아먹기 시작해서 나무껍질 표면까지 뚫고 나오며 특유의 표식을 만든다. 따라서 떨어져나온 가지의 끝 부분을 살펴보면 히코리나무에 나선형으로 흔적을 남기는 딱정벌레 짓인지, 아니면 말벌이 가지 둘레로 솜씨 좋게 굴을 판 결과인지 알 수 있다.

그날 최고의 발견은 공터 한쪽 구석 팽나무에서 껍질 아래 숨은 맛있는 딱정벌레를 노리고 부리를 찍으며 위아래로 분주히 쏘다니던 딱따구리가 아니었다. 개오동나무 잎사귀 한가운데서 머리를 몸 밑에 파묻고 방어적으로 복부를 접고 있던 사랑스러운 무당벌레 번데기도 아니었다.

최고의 발견은 가장 의외의 생물이 나무 위에 남겨놓은 흔적이었다. 자작나무 잎 위에서 민달팽이 점액을 발견한 것이다. "우리 사이에 민달팽이가 있어요." 아이즈먼이 말했다. 나는 민달팽이가 나무 위를 거처로 삼고 싶어 하리라고는 꿈에도 생각지 못했다. 하지만 아이즈먼의 설명에 따르면 어떤 민달팽이는 나무껍질의 이끼 막을 먹고, 나무껍질에 이를 박고 갉아대며 톱니모양의 입술 자국을 남긴다. 그 결과 생긴 흔적이 자작나무나 하얀색 프로판가스 탱크, 날씨에 변색되고 지저분한 얼룩에 뒤덮인 고물 자동차와 같이 밝은색 배경 위로 선명히 드러나는 것이다.

"S자로 왔다 갔다 한 흔적이 깃털 모양으로 남아 있군요." 그때 아이즈먼이 갑자기 외쳤다. "아, 저기 있네요!" 우람한 나무줄기 위에 물결 무늬 스파이크가 붙은 신발 밑창이 지나간 것 같은 자국이 나 있었다. 양치식물의 길게 갈라진 잎을 연속해서 찍어놓은 것 같기도 했다. 바로 민달팽이의 이빨 자국이었다.

아이즈먼은 전적으로 만족한 표정을 지었다. "이런 흔적을 남기는 범인이 민달팽이일 거라고 전부터 의심해왔지요. 하지만 어떻게 흔적을 남기는지는 알 수 없었어요. 민달팽이에게 이빨이 있다고는 미처 생각지 못했으니까요." 민달팽이가 이빨 자국을 내는 현장을 덮치고서야 아이즈먼은 범인을 확신했다. 엄밀히 말해 민달팽이에게 이빨이 있는 것은 아니다. 민달팽이는 이빨 대신 연체동물에게만 있는 예리한 이빨 같은 혀, 즉 치설이 있다. 민달팽이들은 치설을 이용해서 물체를 물어뜯고, 몸을 대고 미끄러져가는 표면을 갈아낸다.

민달팽이 표식은 예쁘고 섬세했다. 젤리처럼 끈적거리고 느릿느릿한 생물이 만들어낸 것이라고 생각하니 대비 효과로 더욱 아름답게 느껴졌다. 우리는 나무에 문신처럼 남은 민달팽이의 경로에 감탄의 눈길을 던졌다. 나는 가방을 뒤져 카메라를 꺼내서 사진을 한 장 찍었다. 아이즈먼과 다른 민달팽이 애호가들의 앨범을 제외하면 몇 장 없을 민달팽이 표식 사진이었다.

새로 깐 넓은 보도 틈에는 아직 개미 한 마리 얼씬대지 않았다. 걸으면서 나는 아이즈먼의 뇌에 대해 생각하기 시작했다. 우리가 평범한 나뭇잎, 나뭇가지, 담을 쳐다보는 곳에서 수수께끼 물체들을 발견해낼 수 있는 아이즈먼의 능력은 어디서 온 것일까? 내가 멍하니 바라보던 나무가 그의 시야에 들어가면 갑자기 방패벌레가 뛰어나오는 요새가 되는 이유는 무엇일까?

아이즈먼이 보는 방법과 내가 보는 방법의 차이는 20세기 초반에 노벨상 수상자인 동물행동학자 니코 틴베르헌Niko Tinbergen의 동생이자 저명한 탐조가였던 뤼으크 틴베르헌Luuk Tinbergen이 널리 퍼뜨린 개념을 통해 설명할 수 있다. 틴베르헌은 새들이 주변에서 갓 알을 까고 나온 곤충들을 닥치는 대로 잡아먹지 않는다는 사실을 발견했다. 새들은 한 종류의 벌레, 예컨대 딱정벌레 중에서도 특정한 종만을 먹잇감으로 선호했다. 철이 지나며 어린 딱정벌레 개체수가 늘어나자 새들은 근처의 다른 어린 곤충들은 안중에도 없이 딱정벌레만 잡아먹었다. 틴베르헌은 새들이 일단 좋아하는 먹이를 발견하고 나면 다른 것은 전부 무시하고 그 먹이만을 찾기 시작한다고 주장했다. 그는 이 현상에 탐색 이미지search image라는 이름을 붙였다. 새가 자기 주변을 탐색할 때 딱정벌레의 특징적인 모양, 크기, 색깔을 이미지로 떠올리고 있다는 것이다.

탐색 이미지라는 개념은 오늘날 동물 분야에서 널리 연구되고 있다. 탐색 이미지는 피식자들이 최선을 다해 몸을 숨겨도 포식자들이 솜씨 좋게 먹잇감을 발견하는 이유를 설명해준다. 실험실에서 보호색을 띤 나방을 찾도록 훈련받은 큰어치는 처음에는 반점이 흩뿌려진 나무껍질 표면에 달라붙어 그 색깔 속에 너무나 감쪽같이 녹아든 나방을 찾는 것을 어려워한다. 그러나 몇 번의 시도를 거친 후에는 아무리 감쪽같이 숨어 있는 나방이라도 신기할 정도로 능숙하게 찾아낸다. 개, 스컹크, 거미는 후각적 탐색 이미지를 이용하는 것으로 알려졌다. 먹잇감의 모양보다 냄새에 민감하기 때문이다. 그들은 온갖 냄새가 섞여 있는 환경에서도 마른 개밥이나 특별히 맛이 좋은 모기 같은 먹잇감을 특징적인 냄새로 찾아낼 수 있다.

탐색 이미지는 먹잇감을 찾거나 먹잇감 신세를 면하는 데에만 유용한 게 아니다. 우리가 자동차 열쇠를 찾고, 군중 속에서 친구를 알아보고, 나아가 전에 본 적이 없는 반복적 현상을 발견하는 것 또한 탐색 이미지를 활용한 결과다. 신경과학자 올리버 색스는 자신의 경험을 통해 사람이 탐색 이미지를 활용하는 근사한 사례를 찾아냈다. 투렛증후군이 아직 널리 알려지지 않았을 때, 색스는 특유의 틱 증상을 보이는 첫 번째 환자를 발견했다. 그 후의 일이다. "다음날 나는 뉴욕 거리에서 틱 증상이 있는 사람을 세 명이나 보았고 그다음 날에도 두 명 보았다. 내가 잘못 본 게 아니라면 투렛증후군이 생각보다 수천 배는 흔한 병이리라는 생각이 스쳤다. 전에는 왜 이걸 알아채지 못했을까?" 이 현상은 색스에게 투렛증후군에 대한 탐색 이미지가 생겼다는 것으로 설명할 수 있다.

세상의 온갖 요소들 중에서 찾아내야 하는 것, 봐야 하는 것, 반대로 무시해야 하는 것이 무엇인지를 선택하는 메커니즘은 누구에게나 필요하다. 우리는 머릿속에 탐색 이미지가 있기 때문에 기차가 도착하고 그랜드센트럴 터미널로 쏟아져나온 수많은 여행객 가운데서 친구를 알아보는 놀라운 작업을 해낼 수 있다. 탐색 이미지란 혼돈 속에서 의미를 찾을 수 있게 하는 기대expectation의 시각적 형태인 것이다. 다만 20년 전 고교 시절에 마지막으로 본 친구를 찾고 있다면 당신의 탐색 이미지와 현재 친구의 모습이 퍽 다를 테니 찾기 어려울 수 있다. 독일 생물학자인 야콥 폰 윅스퀼은 점심식사 중 식탁 위에서 물병을 찾아 헤맨 자신의 경험에 대해 기록한 바 있다. 윅스퀼은 물병이 평소 위치에 있을 거라고 확신했지만 눈앞에 있는 물병을 단번에 찾지 못했다. 물병이 그가 예상했던 토기 소재가 아니라 유리 소재로 바뀌어 있었기 때문이다. 토기 물병의 탐색 이미지가 실제로 지각한 유리 물병의 이미지를 지워버린 것이나 다름없다. 야콥 폰 윅스퀼은 이것이 동물들이 무해한 물체에 두려움을 느끼는 메커니즘이라고 주장했다. 윅스퀼은 이를 설명하기 위해 본인 사례를 들고 있다. 해변에서 수영하는 사람들 위를 날고 있던 갈까마귀가 팔에 수영복을 들고 가던 죄 없는 윅스킬을 실수로 공격한 것이다. 갈까마귀는 갈까마귀를 물고 가는 고양이에 대한 탐색 이미지를 갖고 있었고, 젖어서 축 늘어진 수영복이 그와 비슷한 모양새를 하고 있었다. 갈까마귀는 더 생각할 것 없이 동족을 죽인 고양잇과 맹수를 공격했다. 짐작하건대 우리의 독일인 생물학자는 부리에 몇 번 쪼였을 뿐 별다른 피해는 입지 않은 모양이다.

아이즈먼은 곤충 표식에 대한 탐색 이미지를 갖고 있다. 그의 머릿속에는 울퉁불퉁한 벌레혹이 각인돼 있고 뇌에는 벌레 발자국이 새겨져 있다. 눈도 마찬가지다. 시각적 탐색visual search을 연구하는 신경과학자들은 탐색 이미지를 찾아내는 작업에 예상대로 시각 피질의 V4 영역과 전두엽에 있는 전두안운동 영역, 뇌줄기의 몇몇 영역들, 안구운동에 관련된 영역들 외에도 안구 자체의 망막절세포가 활용된다는 것을 밝혀냈다. 우리의 시각계에는 불균질 처리inhomogeneous processing라는 복잡하고 달갑지 않은 이름을 가진 과정이 존재하기 때문에 아무리 노력해도 한 번에 모든 것을 볼 수 없다. 우리가 제일 잘 볼 수 있는 영역은 광수용체 세포가 가장 풍부해 시야가 또렷한 망막중심와 부분, 즉 안구 정중앙의 바로 앞이다. 주변 시야는 어떠한가? 그만큼 또렷하지 못하다. 우리의 눈은 애초에 양옆을 보도록 만들어진 것이 아니다. 그래서 우리가 양옆으로 잘 돌아가는 머리를 갖게 된 것이다(우리 머리 뒤에 무엇이 있는지는 진화적으로 크게 고려 받지 못한 듯하다). 눈꺼풀이 열려 있으면 우리는 자동으로 주변 환경을 훑어보고 시선을 전후로 빠르게 움직이는 단속운동saccade을 해 중심 시야를 50도 정도 전방에 고정한다. 또한 시선을 던져 풍경 전체를 훑어보고 다시 한 번 시선을 던져 코앞에 있는 물체를 계속 바라본다. 이런 단속운동은 안구가 마취된 상태가 아니라면 계속해서 일어난다. 멈춰서는 안 되고 멈출 수도 없는 운동이다. 만약 시선을 앞뒤로 움직이지 않고 한 점만을 쳐다보고 있으면 시선을 받고 있던 물체가 어느 순간 사라지는 것처럼 보일 것이다. 지속적인 자극을 받은 감각수용체가 무뎌져서 더는 흥분하지 않기 때문이다. 이처럼 우리는 계속되는 감각적 자극에 적응한다. 방안의 지독한 악취에도 둔해지고 한증탕 공기의 열기에도 익숙해진다(그러나 당신 다음으로 방 안에 들어온 사람들의 얼굴 표정이 말해주듯 냄새가 사라진 것은 아니고 온도도 여전히 높다). 입을 떡 벌린 사자를 마주치고 공포에 질려 그 자리에 얼어붙은 사람이 사자의 이미지가 시야에서 지워져버리는 비극을 면할 수 있는 것도 단속운동 덕분이다.

단속운동과 탐색은 우리가 눈을 뜨고 있는 모든 순간에 일어나는 평범한 행동들이다. 그러나 탐색 이미지를 가진 것은 오직 전문가들뿐이다. 물론 전문가라고 해서 자신이 어떻게 탐색 이미지를 활용해 눈앞에 펼쳐진 수수께끼를 해결하는지 속속들이 아는 건 아니다. 방사선 전문의, 위성영상 분석 전문가, 어부들과 대화를 나눠보니 자신들이 전문가라 자부하면서도 정작 숨어 있는 종양을 찾아내고, 조감도에서 목표물을 탐지하고, 수면으로 올라오는 정어리 떼를 감지하는 정확한 방법을 설명하진 못했다. 나 자신도 벌레혹 탐색 전문가에 한 발짝 다가갔다고 느끼면서도 벌레혹을 탐색하는 정확한 방법은 알지 못했다.

어느덧 산책을 마칠 무렵이 되었지만 이대로 아이즈먼을

보내기가 아쉬웠다. 그래서 나는 걸음을 늦추고 길가의 잎이 축 늘어진 덩굴식물에 남아있는 곤충 표식에 대한 대화를 이끌었다. 포도 잎에 구불구불한 잎굴을 내는 나방은 두 종류가 있다고 알려졌는데 그중 한 놈의 짓이다. 덩굴을 따라가보니 달콤한 보랏빛 포도알이 나왔다. 우리는 포도알을 한 움큼 집어 꿀꺽 삼켰다. 그때 우울한 생각 하나가 떠올랐다.

"대부분의 사람들은 저처럼 무척추동물 추적 전문가와 산책하는 행운을 누리지 못하겠군요." 나는 염려스러운 목소리로 말했다. 아이즈먼은 잠시 생각에 잠기더니, 그의 곤충 추적 선생님 가운데 한 명인 수전 모스Susan Morse의 말을 들려주었다. "어디를 봐야 할지 아는 게 추적의 절반이고 그곳을 보는 게 나머지 반입니다."

다양한 동물들의 생활방식 가운데 가장 피상적인 요소밖에 알지 못한다 해도 일단 그 요소를 찾아보기 시작하면 어디에서나 발견할 수 있다. 예컨대 수달을 찾고 싶으면 넓은 물에 면한 반도를 찾아가보라. 수달들은 반도에 냄새 표식을 남기고 근처에서 어슬렁대고 있을 것이다. 쥐를 찾고 싶으면 레스토랑 뒷골목에 가보라. 쓰레기봉투가 넘쳐나고, 부엌 바닥의 매트를 털어서 나온 부스러기가 가득하고, 웨이터가 쉬는 시간에 급히 점심을 먹는 골목에는 쥐가 있을 것이다. 쓰레기통 근처에서는 갈매기를, 돌벽에서는 거기에 구멍을 뚫어 집으로 삼은 너구리를 쉽게 발견할 수 있다. 스프링필드를 걷던 우리가 나뭇잎 아래에서 숙주가 된 파리를 발견한 것도 같은 이치였다.

'어디를 봐야 하는지' 생각할 때에는 아주 미미한 지식도 큰 도움이 된다. “모든 종류의 포유류에게는 저마다 딱 맞아떨어지는 특질이나 세부특질이 있는 환경이 있습니다. 동물들은 거기서 표지행동marking behavior을 하곤 하죠.” 아이즈먼이 설명했다. “곤충들도 똑같아요. 단지 크기가 작아졌을 뿐입니다. 곤충들은 미소환경에 서식하니까요.”

당신이 알아야 할 것은 단 하나, 서식지뿐이다. 찾고 있는 생물의 서식지가 골목인지 담인지 잎사귀인지를 알아내고 거기서 눈을 크게 뜨고 있으면 그 생물이나 생물이 남긴 흔적을 찾을 수 있다. 아이즈먼은 대륙 횡단 여행 중에 팔메토남생이잎벌레가 남긴 표식을 발견한 이야기를 들려주었다. “저는 책에서 팔메토남생이잎벌레가 만든 아름다운 조형물 사진을 본 적이 있습니다. 팔메토 잎사귀에서만 사는 유충이 만든 것이죠. 녀석은 기다란 갈색 배설물 조각을 이용해 조각난 빨대를 비틀어놓은 듯한 모양의 구조물을 만들어냅니다. 크기가 어느 정도일지는 몰랐어요. 저는 동생과 함께 조지아주에서 길을 따라 걷고 있었습니다. 그 조형물을 일부러 찾고 있었던 건 아니에요. 그런데 그게 시야 구석에 들어온 거죠. 겨우 이만했어요.” 아이즈먼은 엄지와 검지로 손톱끼리 맞닿을 정도의 작은 틈을 만들었다. “게다가 제게서 거의 2.5미터나 떨어져 있었죠. 물리적으로 그렇게 작은 물체를 그 정도 거리에서 발견한다는 건 불가능합니다. 하지만 제 눈에는 또렷이 보였죠.”

산책 후에 나는 약간이나마 거미와 비슷한 감수성을 얻게 되었다. 구석을 찾아들어가 주의를 날아다니는 벌레들을 잡으러 거미줄을 치는 습성을 갖게 된 것이다. 이제 내게는 탐색 이미지가 있어서 나무껍질이나 나뭇잎에서 불거져나온 길 모양을 보면 거기 굴을 파놓은 곤충의 정체를 알아낼 수 있다. 고백하건대 이 능력은 때때로 달갑지 않다. 아이즈먼과의 첫 만남 이후 나는 나뭇잎 아래에 딱딱하게 굳어 있는 숙주 파리들을 열 마리도 넘게 발견했다. 이런 이미지는 알아보지 못하는 편이 더 기쁠 것이다. 하지만 한번 새로운 시각을 얻고 나면 굳이 눈에 불을 켜고 찾아보지 않아도 이미지가 뚜렷이 다가온다. 모든 것이 다른 어떤 것의 표식으로 보이기 시작한다.

"한 곳에 더 오래 멈춰 서 있을수록……" 내가 시작한 말을,

"……더 많은 게 보이기 시작했죠?" 나를 벌레의 세계로 안내해준 아이즈먼이 끝맺었다.

여섯 번째
산책

야생동물 연구가 존 해디디언과 함께

그 녀석의 은밀한 도시 살이

"당신이 얼마나 먼 곳을 여행하는지는 중요하지 않다.
보통 멀리 여행할수록 결과는 나쁠 뿐이다.
당신이 얼마나 많은 것을 알아차리는지가 중요하다."
— 헨리 데이비드 소로Henry David Thoreau

길바닥에서 소스를 묻힌
스파게티 한 덩이가 햇살 모양으로
엎질러져 비둘기 한 떼의
이목을 끌고 있었다.

12월 21일, 동짓날이었다. 이 도시에서 보행자로 살아가는 방식에 조금 변화가 생겼다. 여름내 여유롭게 걷던 사람들은 겨울이 오자 빠르고 단호한 발걸음을 내디뎠다. 바깥은 추웠다. 귀를 녹이고 추위를 쫓을 요량으로 어깨를 움츠려보지만 헛수고였다. 나는 적당한 속도의 걸음으로 나뭇가지, 창틀, 울타리 등을 둘러보며 다람쥐를 찾고 있었다. 12월 21일은 동부회색다람쥐의 짝짓기 철이 시작되는 첫날이기 때문이다. 잘하면 다람쥐 특유의 정신없는 구애 행위를 볼 수 있을지도 모른다. 다람쥐들은 수컷 여럿이 암컷 한 마리를 놓고 나무줄기에서 뛰어내리거나 나뭇가지를 따라 쪼르르 달려가거나 깊은 틈을 뛰어넘어 내달리며 구애 행위를 펼친다. 유럽산 소형차와 관광객으로 가득한 광장 장면이 없다는 것을 제외하면 영화 속 추격전과 다를 바 없다. 다람쥐들은 이 기념비적인 날에 밖으로 나와서 몇 달 만에 도토리 줍기와 도토리 먹기가 아닌 다른 행동에 몰두할 것이다.

내 앞에는 나를 만나러 워싱턴 D.C.에서 비행기를 타고 날아온 남자가 서 있었다. 그는 휴메인 소사이어티Humane Society(미국에서 가장 큰 동물 보호단체)의 야생동물 분과에서 선임 과학자로 일하고 있다. 걷다가 비둘기나 다람쥐를 마주치는 게 일상인 사람들도 도시에서 '야생동물'을 찾는다는 말에는 어폐가 있다고 생각할 것이다. 하지만 미국에서 가장 인구밀도가 높은 뉴욕 시는 다른 도시 환경과 마찬가지로 여러 동물들의 서식지다. 도시가 세워지기 전 이 땅을 호령했던 곰, 늑대, 쿠거 등은 이제 없을지 모른다. 하지만 다람쥐, 너구리, 박쥐, 사슴, 여우,

코요테, 주머니쥐 그리고 수십 종의 새들은 아직 이곳에 살고 있다. 존 해디디언John Hadidian과 나는 야생동물들이 진짜로 아직 여기 살고 있는지, 나아가 바로 우리 동네에도 살고 있는지를 알아보기로 했다.

대부분의 동물행동 연구원들과 마찬가지로, 과학자로서 해디디언의 경력은 상대적으로 이국적인 동물을 연구하며 시작되었다. 동물원에서만 볼 수 있는 구대륙원숭이(아시아와 아프리카의 원숭이)의 일종인 검정짧은꼬리원숭이가 첫 연구 대상이었다. 그런데 해디디언이 일자리를 알아보고 있을 때 마침 국립공원관리청에서 폭주하는 너구리 개체수와 그로 말미암아 퍼져나간 광견병을 진정시킬 사람을 찾고 있었다. 그 결과 해디디언은 별안간 가장 흔하고 전혀 이국적이지 않은 동물을 연구하는, 동물연구 업계의 희귀종이 되었다. 그는 25년도 더 전에 도시의 너구리를 추적하며 관찰하기 시작했고 영장류에는 두 번 다시 손대지 않았다.

그러나 다행히도 해디디언은 '나'라는 영장류와 도시의 한 동네를 걸어보는 데 동의했다. 해디디언은 다른 동물행동 연구원들처럼 오랫동안 동물의 습성과 기벽을 관찰하고 공부하고 토론했기 때문에 동물에 관한 소소한 지식을 잔뜩 알고 있다. 그는 검정짧은꼬리원숭이를 연구하면서 수컷들이 암컷들보다 하품을 훨씬 많이 한다는 것과 천둥이 치면 녀석들은 거의 항상 하품을 한다는 사실을 밝혀냈다. 이렇게 보석 같은 지식은 원숭이를 아주 오랫동안 보면서 하품을 일일이 세어본 사람만이 얻을 수 있는 것이다.

해디디언은 택시를 타고 약속 장소에 도착했다. 그는 다부진 몸집에 자상한 미소를 띠고, 직업적으로 야외에서 몇 시간씩이나 서 있는 사람답게 스웨터를 두세 겹 겹쳐 입었다. 산책을 시작하고 채 1분도 지나지 않아 그는 다람쥐에 대한 소소한 이야깃거리를 꺼내놓았다.

"여기 다람쥐 둥지가 있다는 것 말고도 한 가지 말씀드리고 싶은 게 있어요." 해디디언이 은행나무의 헐벗은 나뭇가지를 고갯짓으로 가리키며 말했다. 빽빽하게 들어찬 마른 잎사귀 때문에 하늘을 배경으로 선 나무의 실루엣이 흐릿하게 보였다. 나는 그가 던진 미끼를 물었다.

"저게 다람쥐 둥지라는 걸 어떻게 알죠?"

"지어놓은 모양을 보면 알 수 있어요. 지저분하잖아요. 나무에 자리잡은 위치를 봐도 알 수 있고요. 보통 다람쥐집drey이라고 부르는 나뭇잎으로 지은 둥지인데, 가운데가 움푹 들어간 일반적인 둥지와는 다르게 생겼죠……."

이렇게 해디디언은 다람쥐의 박물학에 대한 일장연설을 시작했다. 그리하여 나는 우리가 만난 날이 1년에 두 번뿐인 나무다람쥐arboreal squirrel 짝짓기 철의 첫날이라는 것을 알게 되었다.

그게 마침 오늘이라니! 나는 정확한 날짜를 짚어낼 수 있다는 데 놀랐다. 도시에 사는 사람들은 현관문을 나서면 야외 어딘가에서 동물을 보게 될 거라고 어렴풋이 예상한다. 하지만 그 동물들이 무엇을 언제 할지 적어놓은 자신들만의 달력을 기준으로 생활하고 있다고는 전혀 생각지 못할 것이다. 그러나 우리가 철 따라 에어컨을 떼어내 지하실에 넣어두거나 북부의 추위에 소름이 돋은 피부를 녹이려고 플로리다 해변으로 무리지어 이동하듯이, 우리 주변의 동물들도 시기에 따른 습관이 있다.

짝짓기 철이라는 말을 들으니 다람쥐를 볼 수 있으리라는 기대가 한층 높아졌다. 하지만 가까이 가보니 바람이 다람쥐 둥지 사이로 지나가며 휘파람 소리를 내고 있었다. 둥지는 버려진 듯했다. 어쩌면 지난 짝짓기 철에 태어난, 아직 털이 나지 않은 새끼 다람쥐 몇 마리를 두세 달 동안 품었던 둥지였는지도 모른다. 해디디언도 마침내 걸음을 옮기며 둥지를 보느라 잠시 멈췄던 이야기를 계속했다.

"제가 하려던 말은, 도시에서 가장 기본적인 구별은 낮과 밤의 차이입니다."

도시에 사는 야생동물들에게 이는 명백한 사실이다. 우리는 도시가 낮이나 밤이나 같은 공간이라고 생각하지만 그렇지 않다. 밤은 물론 더 어둡고 서늘하고 조용하다. 그뿐 아니라 밤에는 동물들이 바글거린다. 도시에는 비둘기와 참새, 다람쥐가 넘쳐나는 것처럼 보이지만 낮에 본 동물들은 밤에 같은 거리를 걸으며 볼 수 있는 동물들에 비하면 아무것도 아니다.

이유는 간단하다. "사람들의 행동은 예측하기 쉬워요." 해디디언이 말을 이었다. "도심으로 나왔다가 집으로 돌아가며 규칙적인 교통 흐름을 만들어내죠. 새벽 한 시 반이나 두 시 반쯤에는 모든 것이 아주 고요해집니다." 밤이면 우리는 거리에서 빠져나와 은신처로 숨어 들어가서 침대 위에서 아늑하게 잠든다. 바로 그때 동물들은 도시에서의 하루를 시작하는 것이다.

✶

동물들로서는 합리적인 선택이다. 사람들 바로 옆에서 살아가려면 사람들의 소란스러운 존재감에 적응해야 한다. 일례로 사람들은 제법 시끄럽다. 도시 지역에서 환경소음은 보통 50~70데시벨이며 가끔은 귀가 물리적으로 고통을 느끼고 손상되는 100데시벨까지 치솟기도 한다. 뉴욕, 워싱턴 D.C, 샌디에이고 등 사람들 주변에 자리를 잡은 북아메리카의 맹금류 쿠퍼 새매는 자신들이 내는 소리 가운데 적어도 일부는 묻히지 않고 전해질 수 있도록 소리를 더 자주 내는 전략을 택했다. 네덜란드에서 흔한 박새와 미국의 멧종다리는 둘 다 도시에서 더 높은 주파수로 노래한다. 사람들이 내는 소리가 상대적으로 저주파수 대역에 속하기 때문이다. 도시에 사는 미국어치는 알을 더 일찍 낳아서 예상치 못하게 새끼를 잃어도 회복할 시간을 벌어두고 사촌 격인 시골 새들보다 먹이를 더 효율적으로 찾아낸다.

번개 같은 속도로 변화를 택한 종들도 있다. 가장 유명한 사례는 영국에서 도시 산업화가 이루어지던 때로 거슬러 올라간다. 공장들이 검은 매연을 뿜어내 온갖 곳에 인공적으로 또는 자연적으로 만들어진 검댕이 한꺼 풀이 씌워지던 시기다. 비스톤 베스튤라리아Biston bestularia라는 학명의 작은 회색가지나방은 원래 나무껍질과 같은 보호색을 띠고 있었는데 개체 구성에 급속도로 변화가 일어났다. 후추처럼 검은 반점이 흩뿌려진 보호색 대신 원래 희귀했던 검은 변종이 갑자기 개체수의 대다수를 차지하게 된 것이다. 검댕을 뒤집어쓴 나무 위에서는 검은 변종의 보호색이 더 유리했기 때문이다. 새들은 도무지 검은색 나방을 찾아내지 못했고 회색가지나방은 번성하기 시작했다.

동물들이 사람들 주위에 사는 데는 분명한 이유가 있다. 사람들은 풍부한 식량 자원을 제공하는 데다 작고 은밀한 거처로 삼을 공간을 만들어준다. 한편으로 사람들은 육식성이며 파괴적이기 때문에 동물들에게 방해가 된다. 우리는 일상적으로 동물을 잡아먹고 차로 치어 죽이고, 쓰레기통에서 식사하거나 정원 흙으로 목욕하는 녀석들을 방해한다. 이 때문에 몇몇 동물들은 사람들을 피해 땅거미가 질 때 행동을 개시하는 것으로 생활양식을 바꾸었다. 시골에서는 대낮에도 잘만 돌아다니다가 도시에 와서 완전한 야행성이 된 종도 많다.

밤에 가장 먼저 모습을 드러내는 동물은 너구리다. 너구리는 교외에 서식한다고 생각하기 쉽지만, 공원이 있고 기후가 온화한 도시라면 근처에 이 고양이만 한 크기의 포유류들이 수백 마리 살고 있을 가능성이 있다. 너구리는 도시에 적응한 동물의 고전적 사례다. 녀석들은 아무 데나 살고, 까다롭지 않아 뭐든지 먹을 수 있는 잡식성이다. 도시 너구리는 일주일에 두 번씩 길거리에 무방비하게 버려지는 쓰레기봉투에서 각종 먹거리를 편리하게 제공받는다. 개나 쥐는 쓰레기봉투를 열어서 내용물을 뒤지지만 너구리는 봉투에 작은 구멍을 뚫어 앞발을 넣고 안을 더듬다가 찾던 게 걸려들면 구멍을 통해 꺼낸다. 해디디언은 그가 관찰한 너구리들이 생양파를 제외한 거의 모든 것을 먹었다고 말했다.

너구리는 또한 무섭도록 똑똑하다. “저는 녀석들을 북아메리카 영장류라고 불러요.” 해디디언이 말했다. 과연, 프로키온 로토르Procyon lotor라는 학명을 지닌 아메리카너구리의 행동을 자세히 살펴보면 기이할 정도로 낯익다.• 녀석들은 등을 곧추 세운 채 똑바로 앉을 수 있고, 음식을 잡는 데 사용하는 앞발에는 발가락이 다섯 개 달려 사람 손과 비슷하게 생긴 데다 그 기능마저도 비슷하다. 너구리가 무언가를 ‘손가락’으로 능숙하게 만지거나 붙잡거나 살펴보거나 주물럭거리는 모습은 흔히 볼 수 있으며, 녀석들의 반사신경은 사람보다 나아서 공중에 날아다니는 파리를 낚아챌 수도 있을 정도다. 너구리에게 루빅스 큐브를 주면 차근차근 큐브를 돌리긴 하되 맞추지는 못할 것이다. 사람들과 똑같지 않은가?

어린아이들처럼 너구리도 노는 것을 좋아한다. 너구리들은 자기 꼬리와, 그리고 다른 너구리들과 장난을 친다. 옥수수 속대를 말아서 앞발에 쥐고 주먹으로 바닥을 북 치듯 내리치며 놀기도 한다. 코끝에 지푸라기를 묶으려고 애쓰다 관찰자에게 포착된 녀석도 있다. 눈 주변에 안경 모양으로 난 검은 털 마스크는 너구리들에게도 인격 비슷한 것이 있다는 느낌을 준다. 아주 은밀히 걸음을 내디뎌 잠든 너구리에게 다가갈 수 있다면, 녀석이 두 가지 중 하나의 자세로 잠들어 있는 것을 볼 수 있을 것이다. 등을 바닥에 납작 대고 누워서 앞발로 눈을 가린 자세

• Lotor는 라틴어로 ‘씻는 이’라는 뜻인데, 먹기 전에 식량을 물에 담그는 습성에서 비롯한 것이다.

이거나, 배를 깔고 마치 공중제비 시작 동작에서 굳어버린 것처럼 머리를 앞발 사이에 파묻고 있는 자세다. 나는 간밤에 남편과 아들이 놀라울 정도로 너구리와 비슷한 자세로 잠들어 있는 것을 보았다.

문화적으로 우리는 너구리에 대해 확실한 애증을 품고 있다. 누군가는 복면강도처럼 생긴 너구리를 "범죄자들!"이라고 부르며 필요 이상으로 비난한다. 그러나 너구리를 연구하는 사람들은 녀석들이 단지 악당 근성이 있고 호기심이 많은 욕심꾸러기라고 말한다. 우리는 너구리를 야생동물로 분류해야 할지, 도시의 유해 동물로 분류해야 할지 아직 갈피를 잡지 못하고 있다. 어떻게 보면 너구리는 귀엽고 털이 근사하고 고양이와 비슷한 면이 있지만 다르게 보면 전염병을 옮기는 골칫덩이일 뿐이다. 한 세기 전만 해도 너구리들은 아메리카 대륙에서 상당히 사랑받는 동물이었다. 장난기 많고 학구적이며 학습 능력이 뛰어난 동물로 알려져 애완동물로도 인기가 높았다. 캘빈 쿨리지 대통령은 추수감사절에 식사용으로 받은 너구리를 즉시 애완동물로 삼겠다고 결정하고 레베카라는 이름을 붙여주었다. 레베카는 대통령이 오랜 산책을 나설 때 따라나섰고 지방 유세를 위한 기차 여행에도 함께했다. 백악관 잔디 위에서 벌어지는 연중행사인 '부활절 달걀 굴리기'에 참가한 아이들 한가운데에서 영부인이 가슴팍에 레베카를 꼭 안은 채 사진에 찍혀 당시 신문에 실리기도 했다. 오늘날이라면 대통령이 시궁쥐에게 손을 건네는 것과 맞먹을 정도로 상상하기 어려운 모습이다.

해디디언은 수십 년 동안 무선 송신기를 달아 너구리들의 사회생활을 추적했다. 나는 그 결과 가장 놀라운 것이 무엇이었는지 물었다. "문화적으로 너구리는 사자와 약간 닮은 데가 있어요." 그가 대답했다. 보통 너구리는 단독생활을 한다는 것이 상식이지만 도시에 사는 너구리는 집단생활을 한다. 도시생활의 스트레스 때문에 무리지어 다니게 된 것이다. 녀석들은 하수도, 지하실, 속이 빈 돌벽, 나무 구멍 등 다양한 곳에 보금자리를 꾸린다. 해디디언이 추적했던 너구리 한 마리는 가을마다 평소의 행동 범위를 크게 벗어나 아름다운 감나무 근처에 보금자리를 만들기도 했다. 감나무는 야생동물들에게 거부할 수 없이 강렬한 매력을 발산한다. "우리가 보통 떠올릴 수 있는 모든 동물이 감나무에 이끌린다고 보면 됩니다." 해디디언이 말했다. 동물들은 감나무 열매의 냄새를 맡으며, 냄새가 퍼지는 범위 바깥에서도 이 맛있는 열매가 어디쯤 있는지 기억하고 그쪽으로 이주해간다.

해디디언이 돌연 연석 옆에 멈춰 서서 하수구를 내려다보았다. 내키지 않았지만 나도 그의 시선을 따랐다.

"저길 좀 봐요. 안에 뭔가 살고 있어요."

야생동물을 쫓아낼 목적으로 만든 것은 아니지만, 동물 입장에서 도시의 하수 체계는 불길한 공간으로 보일 것이다. 그러나 길마다 설치된 하수구와 배관으로 사실상 모든 건물을 연결한 하수 체계는 알고 보면 무수한 너구리, 쥐, 주머니쥐의 집이 되어준다. 해디디언이 추적한 너구리 가운데 여럿은 이 나라에서 가장 강한 권력을 쥔 사람들의 배설물을 흘려보내는 워싱턴 D.C.의 하수구에 보금자리를 마련했다.

"우리가 뒤쫓은 너구리 가운데 한 쌍은 하수구에서 새끼를 낳아 기르기도 했어요." 해디디언이 말했다.

"그렇다면 하수구에서 대체…… 어디를 통해서 밖으로 나오죠?"

"어디서든 나올 수 있어요." 해디디언은 동네 잡화점 앞 계단과 보도 사이의 작은 틈을 가리켰다. 이런저런 쓰레기가 틈을 막고 있어서 너구리 새끼를 키우기에는 매우 부적합한 환경으로 보였다.

"너구리는 다 자라도 저 정도 공간이면 충분해요."

나는 계단 아래로 너구리 꼬리가 사라지는 장면을 상상하려 애썼다. 하지만 너구리가 저렇게 버려진 공간 안으로 들어가려 한다는 건, 나아가 실제로 들어간다는 건 상상하기 어려웠다. 바로 이것이 도시 동물들이 쉽사리 꼬리를 밟히지 않는 이유이다. 너구리는 실제로 사람들을 피하려 하는 데다, 사람들의 상상력은 애완동물을 제외하고는 도시 동물들을 제대로 설명하지 못하고 있다. 도시의 야생동물들이 지나다니는 통로에 대해 생각할 때면 우리는 규모 감각을 잃는다. 어렸을 때 울타리를 기어오르거나 엉덩이를 씰룩이며 문 밑을 지나가려다 실패했던 기억이 남아 있기 때문에, 도시 동물들을 막으려고 준비한 담이나 가시철조망을 두른 울타리가 사실은 동물들에게 걸림돌이 되지 못한다는 사실이 놀랍기만 한 것이다.

너구리 말고도 거의 모든 도시 동물들이 인상적일 정도로 작은 치수의 구멍을 오갈 수 있다. 너구리는 두개골이 넓고 짧으므로 다 자란 후에도 몸을 납작하게 하면 10센티미터의 홈을 통과할 수 있다. 다람쥐는 25센트짜리 동전 크기의 구멍에, 쥐는 10센트짜리 동전 크기의 구멍에 들어갈 수 있다. 다음에 거리를 걸을 때는 주위를 한번 둘러보라. 구멍이 몇 개 보이는가? 계단과 건물 사이에 틈이 있는가? 보도와 연석 사이에도 틈이 보이지 않는가? 당신이 그곳을 떠난 후에 동물이 그리로 들어갈 것이다.

너구리는 넓은 지역에 분포해 있을 뿐 아니라 도시 동물치고 수명이 길다. 해디디언이 최초로 연구한 너구리는 13년 동안이나 무선 수신기를 달고 있었다. 이는 도시에서 한 아이가 태어나서 앉고 일어서고 걷는 법을 배우고, 간단하고 복잡한 단어들을 발음하는 법을 배우고, 말하고 듣고 대답하고, 문자 메시지를 보내고, 대수를 공부하고, 피아노를 칠 수 있게 되는 기간이다. 같은 기간 동안 아이의 집에서 겨우 한 블록 떨어진 거리에서는 너구리 한 마리가 아무도 모르게 비슷한 삶을 살아가고 있었을지 모른다(대수 공부는 제외하고 말이다).

주변을 둘러보니 너구리는 보이지 않았지만 열두 시간쯤 후에 너구리가 지나갈 법한 공간들은 눈에 들어오기 시작했다. 그때 화강암 담 위, 나와 비슷한 눈높이에 매력적인 황동 사자상이 하나 서 있는 게 보였다. 문득 황동으로 빚은 잘생긴 너구리 머리가 현관 노커에 새겨지는 법이란 좀처럼 없다는 생각이 떠올랐다. 하지만 아까 말했듯 너구리도 사자와 닮은 면이 있고, 그게 아니라도 카리스마 하나만큼은 훌륭하다. 너구리 편에서 얘기하자면 사람들을 잡아먹지 않는다는 사실도 장점으로 들 수 있겠다. 만약 이 도시에 널리 보금자리를 꾸린 동물이 너구리가 아니라 사자라면 우리가 지금 너구리를 대하듯 사자를 대할 수 있을지 의문이다.

✶

다람쥐가 지나가며 남기고 간 흔적과 너구리 서식지를 제외하면 몇 블록을 걷는 동안 우리 앞에 나타난 동물은 풍성한 검은색 파카에 스노부츠를 신은 영장류가 다였다. 도시의 야생동물을 제대로 보려면 밤에 나오는 편이 나았을지 묻자 이런 대답이 돌아왔다.

"글쎄요, 지금까지 집참새 소리도 몇 번 듣고, 찌르레기도 한 마리 보고, 커다란 비둘기 떼도 봤는걸요……."

아니, 그랬단 말인가? 나는 전혀 눈치 채지못하고 있었다. "더 말씀해주세요!" 나는 민망해서 미소를 지었다. 동물을 보려고 애쓰고 있었는데도 전부 놓쳐버리고 만 것이다. 집참새, 찌르레기, 비둘기는 모두 도시에서 쉽게 볼 수 있는 새들이다. 찌르레기는 아름다운 무지갯빛 깃털이나 수컷의 부리 끝에 살짝 내비치는 밝은 파란색 때문이 아니라 생태계에 재앙을 불러온 존재로서 유명세를 얻었다. "찌르레기를 미국으로 데려온 건 유진 쉬플린Eugene Schieffelin이라는 사람입니다. 그에게는 셰익스피어의 저작에서 언급된 새를 모두 북아메리카 대륙으로 데려오겠다는 야망이 있었거든요." 해디디언이 설명했다. 찌르레기는 『헨리 4세』에 등장한다. "아니, 나는 찌르레기에게 '모티머'라는 단어만을 소리 내 말하도록 가르칠 것이다." 핫스퍼의 대

사는 찌르레기가 말을 흉내 내는 능력이 있다는 사실을 셰익스피어가 알았다는 증거다. 실로 똑똑한 새가 아닐 수 없다. 하지만 녀석들은 불행히도 너무 똑똑한 나머지 새로 놓인 환경을 아수라장으로 만들어버렸다. 해디디언에 따르면, 찌르레기가 번식하기 전에는 미국 동부에 사는 약 3,400종의 새 대부분이 현재 맨해튼이 건설된 평원을 지나갔다고 한다.

내가 어쩌다 이 새들을 보지 못했을까? '보는' 방법에 문제가 있었기 때문이다. 우리는 모두 무엇을 보게 될지 기대하고 있다. 그런데 그 기대로 인해 시야는 어느 정도 제한된다. 어떤 의미에서 기대는 집중의 잃어버린 사촌과 같다. 둘 다 '외부 세계'에 대해 처리해야 하는 분량을 줄이는 역할을 한다. 둘 중 더 카리스마가 있고 더 많은 관심을 받는 개념은 집중이지만 기대 또한 우리가 무엇을 볼지 결정하는 데 있어 중요한 역할을 한다. 우리는 집중과 기대의 결합을 이용해 세상의 감각적 혼돈을 쉽게 이해되는 단위로 분류하고, 비로소 사람으로서 기능할 수 있다.• 우리는 기대가 인지적 경험이라고 생각하지만 실제로 기대는 세포 하나 수준에서, 심지어는 감각기관 자체에서 일어난다. 시각을 중심으로 한번 살펴보자. 망막세포를 두드리는 시점에 자극은 아직 정체가 모호하며 여러 가지로 해석될 가능성이 있는데, 그 가운데 무엇이 정답인지 우리 눈은 알지 못한다. 손바닥 위에 올려놓은 장난감 자동차는 건물 창밖으로 멀리 보

• 예컨대 내게 다가오고 있는 것이 미친 듯 날카로운 괴성, 번쩍이는 불빛, 나를 잡아먹거나 싸움을 걸어올 생물이 아니라 역사 안으로 들어오는 지하철이라는 사실을 알 수 있다는 것이다.

이는 진짜 자동차와 다를 게 없어 보인다. 하지만 우리는 절대 그 둘을 착각하지 않는다. 내가 이 차를 손으로 잡고 있느냐, 아니면 창밖을 내다보고 있느냐와 같은 맥락을 활용해서 그 모호한 모양을 보고 '미니어처'인지 '진짜'인지 결론을 내린다. 그게 바로 기대의 역할이다.

집중과 기대는 우리가 코앞에 두고도 무언가를 놓치게 만드는 주범이기도 하다. 이를 부주의 맹시inattentional blindnes 현상이라고 한다. 방 안의 안락의자가 뒤집혀 있고 접시만 한 발자국이 나 있고 바닥에 대변이 쌓여 있는데도 코끼리를 보지 못하는 것이 부주의 맹시의 사례다. 심리학자들은 피험자들에게 특별 제작한 짧은 영상을 보여주는 실험으로 사람들이 시각적 장면에서 하나에 집중하느라 다른 명백한 요소를 놓치는 경향이 있다는 사실을 영리하게 밝혀냈다. 이 영상에서는 흰색과 검은색 옷을 입은 사람들이 두 팀으로 나뉘어 농구공을 패스하고 있다. 피험자들의 임무는 팀별로 패스 숫자를 세는 것이다. 여기서 기대가 발생한다. 피험자들은 '농구공 패스를 보게 될 거야!'라고 기대하고, 기대한 것을 볼 준비를 한다. 영상이 끝난 후 피험자들은 패스가 일어난 횟수를 말해야 한다.• 물론 연구원들에게 정말로 중요한 질문은 그게 아니다. 진짜 질문은 이것이다. 농구공에 주의를 기울이던 피험자가 다른 것을 보았는가? 혹시 이상한 것은 없었는가? 정말로 아무 것도 보지 못했단 말인가?

• 내가 심리학 수업에서 이 영상을 보여줬을 때 학생들은 패스 횟수를 옳게 셌다고 자신했지만 대부분 틀렸다. 이것까지 기대 탓으로 돌릴 수는 없다.

아무것도 보지 못한 사람이 피험자의 반 가까이 되었다. 이 실험에서 '방 안의 코끼리'는 고릴라였다. 고릴라 옷을 입은 사람이 가슴을 쿵쿵 내리치며 선수들 사이를 춤추듯 걸어다니다가 화면 밖으로 어슬렁어슬렁 사라진 것이다. 그러나 우리는 농구를 하는 사람들에게 집중하느라 털이 부숭부숭하며 상당히 눈에 띄는 고릴라를 보지 못한다.

기대는 우리가 고릴라 뿐 아니라 많은 것을 일상적으로 놓치게 하는 원인이다. 주위에서 일어나는 일들을 보지 못하게 '막아주고 있다'는 표현이 더 적합할지도 모르겠다. 눈은 보이는 모든 것을 처리하는 대신 더 경제적인 선택을 한다. 시야에서 변하지 않는 부분의 정보를 얻는 데 시간을 낭비하지 않는 것이다. 컴퓨터 모니터나 손에 든 책을 볼 때 눈은 모니터나 책장 위의 모든 세부 요소를 세밀히 처리하지 않는다. 물론 무언가 변하면 시선은 그리로 달음질쳐가고 뉴런이 흥분하기 시작한다. 하지만 변하는 게 없으면 뉴런은 잠자코 있을 따름이다. 이런 식으로 기대는 감각기관의 활동을 막고 있는데, 이는 보통 상황에서 문제가 되기는커녕 오히려 유용하다. 빤한 것들에 대한 지각을 제한함으로써 집중해서 봐야 할 것들을 더 빠르고 확실하게 볼 수 있기 때문이다. 같은 이유에서 마부들은 마차를 끄는 말의 시야를 물리적으로 제한하기 위해 눈가리개를 씌운다. 이미 오래전에 말에게 "옆을 지나가는 귀여운 암망아지는 신경 쓰지 말고 바로 앞에 있는 것에만 집중해주렴" 하고 상냥하게 부탁하는 것이 얼마나 비효율적인지 깨달았기 때문이다. 기억력이 고도로 비상해서 파이의 소수점 아래 숫자를 수천 개

암기할 수 있는 사람들은 머릿속에 떠오른 숫자 행렬이 다른 감각 정보로 인해 흐트러지지 않도록 고글이나 헤드폰을 쓰기도 한다.

눈가리개와 고글은 세상에서 볼 수 있는 것과 보게 될 것을 물리적으로 제한하는 방법이지만 실은 두뇌 내부에도 비슷한 메커니즘이 있다. 무엇을 찾고 있는지 생각하거나 무엇을 보게 될지 예상함으로써 뇌는 그것을 더 잘 볼 수 있다. 생물학적으로 뉴런은 처리 과정에서 기대에 부합하는 물체들을 발견하는 작업에 최적화돼 있다. 이는 단순히 물체에만 국한되는 얘기는 아니다. 찾는 얼굴을 머릿속으로 떠올리면 얼굴 지각을 처리하는 특수 뇌 세포들의 움직임이 활발해지면서 그 얼굴을 더 빨리 찾고 선명하게 인식한다. 내가 보지 못하는 곤충의 흔적들을 찰리 아이즈먼이 찾을 수 있었던 이유인 탐색 이미지와 이런 능력이 결합되면 우리는 외부 세계를 변형시킬 수 있다. 기대는 마법처럼 세계를 우리가 찾고 있는 것과 우리가 찾고 있지 않은 것으로 양분한다.

기대 현상은 '단서표적 감지cued-target detection task'라는 이름의 간단한 테스트를 통해 밝혀졌다. 이 테스트는 전쟁 비디오게임의 아주 지루한 버전으로, 플레이어는 번쩍이는 빛이나 삼각형 같은 간단한 표적이 화면에 나타나면 버튼을 눌러야 한다. 라운드마다 표적이 어디에 있을지에 대해 서로 다른 단서가 나타난다. 표적이 나타날 곳에 나타나는 정직한 단서가 있는 한편 표적과 정반대 위치에서 나타나는 거짓 단서도 있다.

당연한 일이지만 정직한 단서는 거짓 단서보다 반응 속도를 25밀리세컨드 정도 줄여준다.• 하지만 단서의 종류를 막론하고 사람들은 단서가 있을 때 표적을 더 빨리 찾아냈다. 표적이 등장할 거라고 기대하기 때문이다. 뉴런을 집합시켜 더 빠르게 신호를 보내도록 하는 다양한 신경전달물질들이 이런 현상을 만들어낸다.

다시 동물 이야기로 돌아와서, 우리는 도시에서 동물을 볼 수 있으리라 '기대'하지 않기 때문에 동물을 보지 못한다. 단지 기대하는 것만으로 무언가를 빨리 알아차릴 수 있다면, 세상에 우리를 위한 '단서'가 숨어 있다고 생각함으로써 시야를 바꿀 수 있을 것이다. 나는 도시의 야생동물을 염두에 두고 이 이론을 곧장 시험해보았다. 마침 왼쪽에 낙서로 뒤덮인 담이 하나 있었다. 담 안쪽의 학교 운동장에는 인조 잔디가 깔려 있고 그 위에서 정강이 보호대를 한 어린아이들이 껑충껑충 뛰어다니며 축구를 하는 중이었다. 벽은 언뜻 보기엔 자세히 살펴볼 가치가 없는 것 같았지만 동물의 흔적에 대해 신경을 곤두세우고 있던 나는 무언가 있다는 걸 직감했다. 작고 들쑥날쑥한 철망이 벽돌 사이에 끼어 있거나 벽돌 위를 덮고 있었다. 벽돌끼리 만나는 지점의 자그마한 틈을 철망이 겨우 가리고 있었다. 해디디언은 내 시선이 머문 곳을 보더니 나름대로 평가를 내렸다.

"안으로 들어가지 못하게 막아둔 거군요."

잠시 후 해디디언은 자신에게 답하듯 말을 이었다. "그래요.

• 이 테스트를 한 원숭이들에게서도 같은 결과가 나타났다. 원숭이들은 매번 사람들보다 더 빠른 반응을 보였다.

설치류 방지 철망인 것 같아요. 썩 좋은 건 아니네요. 저쪽은 철망을 쑤셔넣다시피 했고요."

눈앞에 있는 것은 쥐가 아니라 과거에 쥐가 있었다는 증거다. 근처에 쥐가 너무 많이 다녀서 임시방편으로 보호막을 만들어놓은 게 분명하다. 칭찬하기는 어려운 솜씨였다. 우리는 멈춰서서 철망을 살펴보았다. 철망은 거미줄처럼 담 곳곳을 덮고 있다. 우리가 발견한 철망의 바로 밑에도, 오른쪽으로 1미터 거리에도 철망이 있다. 철망이 막으려는 쥐의 흔적은 없지만 담에서 튀어나온 돌기가 오히려 쥐의 주의를 끌 것 같았다. 지나가던 쥐는 멈춰 서서 생각할 것이다. '담 속에 이렇게 근사한 보금자리가 있다니, 어떻게 들어가면 좋을까? ……아! 저기 철망으로 된 훌륭한 문이 있군!'

겨우 두 블록 전에 나는 보도 위의 쓰레기통을 보고 해디디언이 한숨을 내쉬는 것을 목격했다. 주민들이 쓰는 것이라 깔끔한 편이라는 점을 제외하면 특별할 것 없는 쓰레기통이었다. 입을 크게 벌린 쓰레기통 위로 뚜껑이 살짝 열려 있었다. 해디디언은 이를 '안전하지 못한' 쓰레기통이라고 불렀다. 그날 밤 동네 너구리들이 이 쓰레기통을 방문할 것이 분명했다.

더 주의 깊게 살펴보니 담장을 덮은 철망 사이로 최근에 씹어놓은 듯한 종잇조각이 보였다. 생쥐의 짓이다. 녀석들은 이빨이 계속 자라기 때문에 입에 물 수 있는 모든 것을 갉고 씹어서 곤죽으로 만들어버린다.

우리는 도시에서 야생동물이나 그 흔적을 찾아내는 방법 하나를 발견한 참이다. 바로 녀석들을 막거나 쫓아버리기 위해 설치한 덫과 울타리를 비롯한 자재들에 주목하는 것이다. 해디디언과 나는 다시 길을 걸어가다가 바스락거리는 소리가 나서 위를 올려다보았다. 깃대에 묶어놓은 비닐 쪼가리가 바람결에 경련하듯 빙빙 돌고 있었다. 근처 창틀과 창문 아래 튀어나온 선반에는 동물들이 어슬렁거리는 것(동물 전문가들이 '배회한다'고 표현하는 것)을 막으려고 적대적으로 보이는 대못을 박아두었다. 그러나 동물들을 내쫓으려고 달아놓은 비닐 쪼가리는 오히려 동물들에게 매력적으로 느껴지는 것 같다. 실제로 우리가 보는 동안 컬럼비아 리비아Columbia livia라는 학명의 비둘기 세 마리가 근처에 편안하게 내려앉았다. 사실 비둘기를 쫓아낼 장치를 해둔 장소에서 비둘기가 발견되는 것은 드문 일이 아니다. 화재 비상구에서는 플라스틱으로 만든 부엉이 모형이 조용히 바깥을 내다보고 있었다. 이론적으로 비둘기는 잠재적 포식자인 부엉이 근처에 얼씬도 하지 않을 것이나, 녀석들은 조용하고 냄새도 나지 않고 도무지 털끝 하나 움직이지 않는 부엉이를 겁낼 필요가 없다는 것을 금세 알아차린다. 게다가 부엉이의 존재는 근처에 안정적으로 앉아 있을 자리가 있고 주변에 사는 사람들이 남긴 빵 부스러기를 먹을 수도 있다는 증거이기도 하다. 해디디언의 말대로 "허수아비 부엉이는 비둘기에게 앉아 있을 곳을 제공해준다."

이와 유사하게, 상자에 쥐약을 담고 생쥐만 한 크기의 구멍을 하나 뚫은 폐쇄식 쥐덫을 설치하는 것 역시 도시동물 행동 연구의 일부이다. 주택 관리인이나 주민들은 과거에 쥐를 봤던 위치에 쥐덫을 설치할 것이다. 따라서 쥐의 위치를 종합하면 신기하게도 도시 쥐가 돌아다니는 길을 표시한 지도가 완성된다. 나는 한 블록을 걷다가 아파트 건물 뒤편이 다음 도로까지 막힘없이 뚫려 있는 것을 발견했다. 골목 없는 도시 뉴욕에서는 드문 광경이다. 해디디언에게 일러주니 간단한 설명이 돌아왔다. "통로군요. 훌륭한 동물 통로예요." 동물들이 사람과 차가 오가는 보도나 차도를 피해 지나다닐 수 있는 잠재적 길이라는 뜻이다. 골목 대용으로 쓰이는 이 공간과 벽을 맞댄 건물들의 벽돌담을 따라 바닥에 쥐덫 상자가 줄줄이 놓여 있었다. 우리 눈앞에 펼쳐진 것은 쥐들의 초고속도로라 할 수 있었다.

쥐덫 상자를 통해 쥐들이 돌아다니는 길 외에도 그들의 체질을 알 수 있다. 상자들을 모두 건물 담에 바짝 붙여둔 까닭은 쥐들이 '주촉성'이기 때문이다. 이 복잡한 단어는 담을 따라 어딘가에 닿은 채 움직이는 것을 좋아하는 동물의 성질을 뜻한다. 주촉성 동물들은 우리가 만들어둔 공간들의 가장자리를 따라 돌아다닌다. 녀석들은 몸을 어딘가에 대고 이동할 때 가장 편안함을 느낀다. 잘 보면 녀석들이 움직이면서 담에 몸을 비벼서 생긴 체유 얼룩이 눈에 들어올 것이다. 쥐와 바퀴벌레는 주촉성이다. 곤충 애벌레들이 길게 줄지어 각각 앞서 가는 애벌레 꽁무니에 닿은 채로(또는 그 위로 기어오르며) 움직이는 것 또한 같은 현상이 조금 다르게 발현된 사례다.

이 사실은 쥐의 박물학에 관해 시사하는 바가 있다. 주촉성 동물들은 벽을 이용해서 자기 위치를 확인하고 탐험해나간다. 그들은 보통 감각기관이 예리한 데다 벽에 가까이 있기 때문에 잠재적 위험에 대비해 훑어봐야 하는 지역의 범위가 제한된다.

또한 녀석들은 벽을 이용해서 특유의 능력을 발휘한다. 예를 들어 쥐는 코털 또는 수염으로 실질적으로는 진동에 가까운 저주파 소리를 듣는 것이 특기다. 보잘것없는 수염을 씰룩거리는 것이 쥐에게는 무엇이, 어느 정도의 거리와 높이에서, 얼마나 빠른 속도로 움직이는지 파악하는 최고 수단인 것이다. 사람 손가락보다도 섬세한 수염은 쥐가 그 순간 숨어드는 구멍의 크기를 측정할 수도 있다. 이 수염이 잘리면 쥐는 완전히 불구가 된다. 실제로 연구원들은 실험용 쥐의 수염을 자르면 쥐들이 미로를 통과해가는 방법을 익히는 데 더 오랜 시간이 걸리는 것은 물론, 물속에 넣었을 때 익사할 가능성이 커진다는 사실을 밝혀냈다.

우리 사람들은 거리를 걸을 때 남들 앞에서 뭔가에 닿지 '않으려고' 노력한다. 하지만 쥐들의 수염은 접촉을 갈구하고 이를 통해 세계에 대한 정보를 얻으려 한다. 그러니 만약 수염 달린 동물들을 찾고 있다면 닿을 수 있는 공간의 면적이 넓은 곳부터 찾아봐야 할 것이다. 파고들 수 있는 곳, 너무 작은 구멍, 나뭇잎이 가득 쌓인 곳, 이빨로 물어뜯은 흔적이 남은 통로들, 배수관과 도랑과 연석들 말이다.

그때 우리는 쥐 한 마리를 발견했다. 라투스 노르베지쿠스Rattus norvegi-cus라는 학명의 시궁쥐 한 마리가 연석 끄트머리에서 고개를 들고 있었다. 쥐는 상체를 일으키고 놀랄 정도로 커다란 몸을 뒷다리로 지탱한 채 생각에 잠겨 있었다. 우리를 한 발 앞서 알아본 모양이었다. 녀석은 코끝을 공중으로 치켜세우고 우리를 조사했다. 기다랗고 늘씬한 꼬리가 구불구불한 모양으로 땅에 안정감 있게 놓여 있었다.

나는 그 자리에 못 박힌 듯 멈췄다. 녀석이 다가오지 않았으면 했지만, 그렇다고 달아나버리기를 바란 것도 아니다. 쥐들은 사람 가까이 살지만 우리가 그들을 얼마나 싫어하는지 알고 있고, 그래서 우리와 실제로 접촉하는 것을 가급적이면 피하려 한다. 녀석은 머리를 까딱거렸다. 경련하는 듯한 모습은 어떻게 보면 광적이라고 할 수 있었다. 비둘기들도 머리를 까딱거리지만 그들의 움직임은 군인처럼 엄격하게 발걸음에 맞춘 것이다. 쥐와 비둘기가 머리를 까딱이는 까닭은 더 잘 보기 위해서다. 머리를 한 번 까딱일 때마다 눈앞 풍경을 다른 시점으로 볼 수 있고 그 정보를 이용해서 시야의 깊이를 추정하는 것이다. 가만히 있을 때 쥐의 시야는 사람에 비해 훨씬 흐릿하다. 그러나 서식환경에 걸맞게 밤에는 사람보다 시야가 훨씬 뛰어나다. 녀석은 머리를 까딱이면서 내가 얼마나 멀리 떨어져 있는지 계산하며 달아나야 할 시점을 판단하고 있었다.

아무런 소리도 들리지 않았지만, 혹시 녀석이 내가 듣지 못하는 소리로 찍찍대는 것은 아닌지 의문이 들었다. 쥐들 사이의 의사소통은 기본적으로 사람이 들을 수 있는 범위 밖의 초음파를 통해 이루어진다. 새끼 쥐가 엄마를 찾는 울음소리가 있고, 고통이나 사회적 패배 혹은 기이하게도 사정과 관련되는 '긴 울음소리'가 있다. 놀이를 할 때나 실험실에서 인간 연구원들이 귀를 간지럽힐 때 내는 높은 '찍찍' 소리는 웃음으로 해석된다. 의도치 않게 이빨을 딱딱 맞부딪치는 소리는 스트레스를 받는다는 표시다. 쥐들은 확실히 사람들의 소리를 들을 수 있다. 서로 다른 언어들을 구별할 수 있는 쥐도 있다. 아파트 관리인과 거주민들이 서로 다른 언어를 사용하는 경우, 그 아파트 지하실에 사는 쥐들은 말소리를 듣고 보금자리에 위협을 가할 사람과 자신들을 무시하고 지나갈 사람을 판가름한다.

녀석이 곧 긴장을 풀고 앉아서 앞발로 얼굴과 귀를 문지르기 시작한걸 보니, 나를 경계할 필요가 없는 사람으로 판단한 모양이었다. 쥐들은 깨어 있는 시간의 절반가량을 몸단장하는 데 보낸다. 털에 사향을 입히고 기생충을 퇴치하는 것이다. 몸단장은 머리에서 시작해 몸 아래쪽으로 진행하기 때문에 몸의 어느 부분을 청소하고 있는지 보면 혼자만의 샤워가 어느 정도 이루어졌는지를 알 수 있다. 그러나 나와 맞닥뜨린 쥐는 몸단장을 더 하지 못했다. 길가에서 딸랑딸랑 소리를 내며 돌진해오는 자전거에 놀라 주차돼 있던 차 아래로 숨어버린 것이다. 녀석은 그 자리를 떠나 우리 눈에 보이지 않는 서식지로 돌아갔다.

뼛속까지 동물행동 연구가인 해디디언은 쥐에 대해서도 공명정대한 접근법을 택했다.

"엄밀하게 박물학적인 시각에서 보자면 쥐는 가장 많은 오해를 받는 동물 가운데 하나입니다."

"오해하고 말고 할 게 있나요?"

"행동 범위가 얼마나 큰지, 사회성은 어느 정도인지, 집단 구조는 어떻게 되는지……. 우리는 쥐의 행동을 제대로 파악하지 못하고 있어요."

해디디언이 덧붙였다. "현대의 쥐 방제는 중세 시대와 크게 달라진 게 없습니다." 이는 우리가 쥐를 이해하지 못하고 쥐보다 한발 앞서 생각하지 못했기 때문일 것이다. "쥐를 잡아 죽이면 금세 전과 같은 개체수로 복귀하거나 심지어는 개체수가 조금 더 늘어나는 결과를 낳습니다."

우리가 쥐에 대해 확실히 아는 것 하나는 쥐가 도시에 있는 이유가 사람 때문이라는 사실이다. 쥐들이 온갖 곳에 있다는 점에서 우리 인간들의 특성 하나를 짐작할 수 있다. 바로 더럽다는 것이다. 만약 인간이 더 청결한 동물이었더라면 쥐도 너구리도 그 주변에 머물지 않았을 것이다. 이들은 '기회주의적 잡식동물'로 구할 수 있는 모든 것을 먹어치운다. 그러니 쓰레기봉투 속과 집안 곳곳에 잡식동물의 만찬을 준비해주는 인간이라는 종을 발견한 게 두 동물에게는 얼마나 큰 행운인지 모른다. 쥐는 먹을 수 있는 것은 전부 먹어치우고, 납 배관을 부식시킨다. 작은 척추동물다운 식사에 만족하는 한 편 견과류와 과일로 오후의 간식도 즐긴다. 현재 쥐는 달고 단백질이 많으며 칼로리가 높은 음식들에 특히 관심을 보이나 결국엔 사람처럼 매운 음식도 먹게 될 것이다. 처음에는 매운 음식을 피하는 지혜를 발휘하겠지만 말이다.

쥐 입장에서는 퍽 편리하게도, 우리는 대놓고 먹이를 주기도 한다. 동물 먹이를 준비하는 시민들은 물론 다람쥐가 그 먹이를 받아먹을 거라 생각할 것이다. 동네마다 동물들, 특히 새와 다람쥐에게 빵, 견과류, 씨앗 등을 정기적으로 제공해줄 의무를 느끼는 사람들이 꼭 몇 명씩 있다. 그들은 벤치에 앉아 있을 때 근처에 음식을 뿌려놓기도 하고 『헨젤과 그레텔』에서처럼 걸어가면서 길바닥에 한 줌씩 떨어뜨려놓기도 한다. 하지만 다람쥐와 사람들이 자러간 한밤중에 나타나 인간의 흔적을 궁

극적으로 수확해가는 것은 쥐다.

쥐들은 온갖 것을 먹고 사람들은 먹이를 제공하기 때문에 쥐는 사람이 사는 곳이라면 어디서든 산다. 이 책을 읽고 있는 당신이 지금 도시에 있다면 지금 앉아 있는 곳에서 0.5킬로미터 안에 쥐가 살고 있다고 장담할 수 있다. 그것도 그냥 지나가고 있거나 잠깐 들른 쥐가 아니라 그 자리에 제대로 정착해 사는 쥐일 것이다. 볼티모어의 쥐를 연구한 결과, 쥐들은 대부분 활동을 도시의 한 블록이나 골목으로 한정했다. 새로운 세대가 태어나 가족의 둥지를 떠나면 쥐들은 11개 블록 넓이의 지역에 혈연관계로 이어진 쥐들의 '마을'을 형성하게 된다. 사람들은 쥐들의 생활을 훌륭하게 지지해주는 기반 시설들을 만들어 놓았다. 격자로 방향을 감지하는 쥐들에게 격자형으로 펼 쳐진 도시는 안성맞춤이다. 쥐들은 서로 다른 냄새들을 기준으로 활동 범위 전체를 지도로 그릴 수 있다. 그 지도는 세제를 문질러둔 지역, 개를 끌고 가는 사람들이 만들어둔 길, 건물 옆에서 사람들이 담배를 피우는 지역 등으로 구성되었을 것이다.

남은 산책 동안 내 주변 시야에는 쥐덫 상자가 되풀이해 나타났다. 나는 지금껏 쥐 상자에 쥐가 잡혀 있는 것을 단 한 번도 본 적이 없는데, 이번에도 마찬가지였다. 쥐들은 새로운 것을 경계한다. 바로 이 새것혐오증 덕분에 쥐들은 자신들을 잡아 죽이려는 다양하고 수많은 시도를 피해 살아남은 것이다. 쥐들은 커다란 검정색 상자에서 수상한 냄새를 맡는다. 녀석들은 새로운 음식을 보면 곧장 꿀꺽 삼키는 게 아니라 우선 조심스레 맛만 보기 때문에 독을 먹고 죽지 않는다. 바로 그날 늦은 밤에 나는 쥐 한 마리가 쥐덫 상자로 달려가서 냄새를 킁킁 맡더니 정확히 그 상자를 피해 달려가는 것을 목격했다. 쥐는 다른 쥐의 입 냄새를 맡아보고 특정한 음식을 기피하는 경향이 있다. 내가 본 쥐는 쥐덫 상자를 마주치기 전에 요령 없는 쥐와 맞닥뜨렸던 모양이다.

✶

우리는 동물들이 모두 숨어버린 거리를 단둘이 걸었다. 도시의 동물들은 지하를 선호하는 경향이 있지만 도시 지형은 지면 위로도 편리하다. 해디디언에게 우리가 지금 걷고 있는 뉴욕이 그가 전에 도시의 야생동물들을 관찰했던 워싱턴 D.C.나 볼티모어와 어떤 면에서 다른지를 묻자 거침없는 대답이 돌아왔다.

"음, 뉴욕은 건물들이 훨씬 높아요. 워싱턴은 역사적으로 의미 있는 건물들이 위축되는 것을 막으려고 건물을 최고 12층까지만 올릴 수 있게 했거든요. 거기에 비하면 뉴욕 건물들은 '기능을 더한 절벽'이라고 할 수 있죠"

우리는 누가 먼저랄 것 없이 하늘을 올려다보았다. 암스테르담 대로 위로 붉은 벽돌 건물이 절벽처럼 우뚝 솟아 있고, 해디디언의 주장을 뒷받침하듯 비둘기 한 무리가 급강하하고 있었다. 비둘기들은 시 외곽으로 향하는 대형 트레일러트럭 운전석에 내려앉을 듯 가까이 왔다가 다시 위쪽으로 솟구쳐 올라 대형을 가다듬고는 길모퉁이를 돌아 시야에서 사라졌다.

생물학자들은 비둘기를 비롯한 새들이 저렇게 떼 지어 급강하하는 정확한 이유를 알지 못한다. 모이를 찾고 있거나, 현실의 포식자 또는 상상 속의 포식자로부터 도망치고 있거나, 단지 날개를 쫙 펼치는 운동을 하는 건지도 모른다. 그 중 무엇이 사실인지는 알 수 없지만 새들의 '단체 급강하'는 도시에서 볼 수 있는 장엄한 자연경관 가운데 하나다. 게다가 이 경관은 매일, 매시간 도시의 모든 구역에서 일어난다. 월세가 비싼 지역과 월세가 싼 지역을 가리지 않고 공터와 마천루 사이에서 반복된다. 이 글을 쓰는 지금도 내 주변 시야에서 새들의 움직임을 느낄 수 있다. 하얀 하늘을 배경으로 비둘기 한 떼가 우아하게 남쪽으로 호를 그리며 돌아서 콜롬비아대학 도서관의 기다란 대형 유리창 위로 툭 튀어나온 선반에 앉으려 하고 있다.

새 떼의 이런 행동을 학계에서는 흔히 '회전과 선회'라고 부르지만 아마추어가 보기에도 이 표현은 새들의 하강에 내재된 역학과는 거리가 멀다. 수천 마리의 유럽산 찌르레기는 잠시도 멈추지 않고 변화하는 무정형의 얼룩처럼 고동치고, 형태는 만들어지는 순간에 사라져 새롭게 재구성된다. 공중 3~9미터 높이에서 비둘기 수십 마리가 보이지 않는 레일을 따라 롤러코스터처럼 떨어져 내리는가 싶더니 우리 눈에는 보이지 않는 휘어진 언덕 위의 고속도로를 따라 서서히 나아간다.

생물학자들과 창발적 행동emergent behavior, 즉 특정 구성원의 제어를 받지 않는 집단행동에 관심이 있는 사람들은 이렇게 새들이 떼 지어 급강하 하는 행동의 몇 가지 특징을 밝혀냈다. 딱 맞아떨어지는 비행 패턴은 예외 없는 법칙 몇 가지를 따르고 있다. 새 한 마리가 무리 전체를 날아오르게 할 수도 있으나 비행 중에는 지도자랄 것이 없다. 단체 급강하는 언제라도 시작될 수 있지만, 새들은 저녁이면 보금자리에 들기 때문에 해 질 녘이나 해가 지기 직전에 가장 흔하게 보인다. 새들은 적어도 날개를 펼친 폭만큼 간격을 두고 무리 가운데보다는 변두리에서 더 높은 밀도로 모여 있다. 무리는 몇 겹으로 층을 쌓는 대신 널리 퍼져나가 직경보다 깊이가 더 얕다. 비행할 때 새들은 동일한 직경 경로를 취한다. 무리가 왼쪽으로 향하는 것은 새들이 각각 왼쪽으로 방향을 들었기 때문이 아니다. 앞쪽에 있는 새들이 아주 약간 경로를 틀어 무리 오른쪽으로 이동한 격이 되면 왼쪽에 있는 새들이 가장 선두에서 날게 되는 것이다. 비둘기들의 활공은 지평선과 예각을 유지하는데, 그럼으로써 특히 바람이 불 때 더 안정적으로 비행할 수 있다. 그러니 바람이 강하게 부는 도시의 마천루들 사이에서 능숙하게 비행하는 것도 놀랄 일은 아니다.

새들이 날아올라 정점에 올랐다가 선회하는 것을 바라보고 있자니 기분이 좋아졌다. 그러다 문득 이 행동의 기능을 정확히 짚어내기 어려운 이유가 실은 기능이랄 게 없기 때문이 아닐까 하는 생각이 스쳤다. 모든 포유류와 대부분의 척추동물들에게서 전형적인 기능이 없는 행동을 찾을 수 있다. 놀이 말이다. 저 새들은 단지 즐거움을 위해 날아오르는 것이 아닐까? 굳이 어디론가 향하지 않고 공통의 휴식을 즐기고 있는 것은 아닐까?

새들의 유희를 지켜보고 있으면 그들이 움직이는 길이 눈에 들어온다. 새의 시각에서 도시가 어떻게 보일지 한번 상상해보라. 협곡과 절벽의 연속처럼 보이지 않을까? '기능을 더한 절벽'이라는 개념에 흥미를 느낀 나는 해디디언에게 더 이야기해 달라고 졸랐다.

"이런 구조물이 있는 도시에서는 필연적으로 절벽생태학에 대해 논하게 됩니다." 해디디언이 근처의 건물 몇 개를 가리키며 말했다. "어느 건물에나 '윈드 섀도', 다시 말해 바람이 닿지 않는 작은 공간들이 만들어질 수 있어요. 바람은 대부분의 구조물이나 표면을 휩쓸고 가지만 구석구석까지 완전히 훑을 수는 없으니까요." 그 결과, 적대적이고 생명이 없는 공간처럼 보이는 도시 건물들은 벽 한편에 생태계 하나를 부양할 수 있다.

자연 절벽들도 나름의 미소환경과 미소기후를 갖고 있으며 수많은 특수 동식물을 부양한다. 우리가 교과서에서 배운 '절벽'은 윗면이 판판하고 끄트머리는 돌출돼 있는, 키가 크고 가파른 암석의 표면이다. 이는 수직면이 있고 지붕 끝에 처마가 눈썹처럼 달린 전형적인 아파트 건물의 구조와 거의 일치한다. 자연 절벽들에는 생명을 꽃피울 만한 장소가 천만 군데쯤 있다. 표면에는 이끼가 서식하고, 돌 틈에는 자그마한 식물들이 뿌리내리며, 곳곳에 튀어나온 수평 돌기 위에는 먼지와 먼지에서 자라는 생물들이 모여 그것을 먹이로 삼는 무척추동물과 척추동물을 막론한 동물들을 유혹한다. 건물도 이와 비슷하다. 기회주의적인 여러 특수 식물들이 건물 벽의 구멍, 암석 사이의 틈이나 부서진 암석, 벽돌과 대리석 또는 암석과 쇠가 교차하는 부분에서 살아간다. 건물이라는 절벽의 윗면에는 맹금류가 돌기 위에서 한숨 돌리고 있거나 구석에서 둥지를 틀고 있을지도 모른다.

어쩌면 에어컨 기기 아래에 둥지가 있을지도 모른다. 매는 도시 하늘에서 쉽게 볼 수 있는 생물이다. 독수리도 마찬가지다. 녀석들은 성당의 종탑, 교탑, 그리고 잘 알려진 바와 같이 5번가 아파트 건물 벽의 화려한 석조 선반 등에 둥지를 튼다. 실제로 인조 절벽이라 할 수 있는 건물과 거기 사는 동식물의 생태학은 자연 절벽과 놀랄 정도의 유사성을 보여준다. 절벽에 사는 동물들을 하나하나 읊어보자. 쥐, 각종 다람쥐, 앞에서 언급한 맹금류, 너구리, 호저…… 잠깐, 어디서 들어본 동물들 같지 않은가? 가장 최근에 도시에 자리 잡은 동물인 코요테는 원래 절벽 지역에서 식량을 찾고 번식한다. 절벽에 사는 흑곰, 스라소니, 산양 등은 아직 도시에서 보이지 않지만 언젠가는 도시에 나타날지도 모른다.

실제로 몇몇 생태학자들은 '도시 절벽 가설'이라는 것을 제안하기도 했다. 우리에게 몹시 익숙한 도시의 쥐, 박쥐, 비둘기, 식물들이 고대에 절벽에 살던 쥐, 박쥐, 비둘기, 식물들로부터 진화했다는 가설이다. 호모 에렉투스 이후의 인류 화석이 절벽 밑단의 동굴들에서 발견된 바 있는데, 우리 조상들이 절벽의 동굴과 돌집에서 나무, 철, 암석으로 지은 집으로 이주해가면서 동물들도 따라 이주했을 가능성이 있다. 이 가설의 주창자인 더그 라슨Doug Larson은 사람들이 여전히 '고대에 거주하던 절벽, 동굴, 경사면을 콘크리트와 유리로 다시 만든 구조물'에 살고 있다고 말한다. 절벽이라는 의외의 거주지에 살던 종들은 절벽만의 특이한 환경에 적응해야 했다. 그 과정에서 적응력이 높아졌는데, 이는 동물들이 인간을 따라 이주해서 유연하게 인간의 음식을 먹고 인간이 지은 구조물에 자리를 잡기 시작했을 때 진가를 드러냈다.

도시 절벽 가설을 뒷받침하는 증거는 다양하다. 예를 들어 비둘기는 절벽이나 건물의 돌출부에 올라앉는 데 적응한 동물이다. 모이를 먹는 비둘기 떼 사이로 잘못해서 한 발짝 디뎌본 경험이 있다면 잘 알겠지만, 비둘기의 이륙은 폭발적이다. 비둘기는 날개 근육이 몹시 강인하기 때문에 헬리콥터처럼 거의 수직으로 이륙해 공중에 올라갈 수 있다. 또한 수만 년에서 수십만 년 전으로 거슬러 올라가면 동굴 거주민들에게서 설치류의 흔적을 찾을 수 있다. 심지어 베드버그조차도 아프리카와 아시아의 동굴과 암석 노두에 살던 벌레가 진화한 결과일 가능성이 있다. 성가시기 짝이 없는 베드버그는 그곳에 살던 비둘기와 박쥐에게서 영양분을 얻었을 것이다. 독일바퀴는 모든 도시에 살고 있다고 봐도 과언이 아닐 정도인데, 일부는 아직도 아프리카의 암석 경사면 발치에서 절벽에서 떨어진 파편들을 먹고 산다. 나아가 우리가 절벽과 비슷한 곳에서 거주하는 생물들을 번식시키기 위해 일부러 건물을 지금과 같은 방식으로 짓고 있다는 주장마저도 가능하다. 우리가 짓는 건물들은 부분공간subspace이 많다는 점에서 절벽의 돌출부와 균열의 복사판이나 다름없다. 테라스에서 식물과 나무를 키우는 행위 또한 절벽의 살짝 튀어나온 부분에서 쑥쑥 자라던 식물들을 기억하기 때문이다. 우리는 현관문이 지면에서 조금 높은 곳에 안쪽으로 들어가 있는 것을 선호한다. 이는 절벽동굴의 입구와 똑같은 모양이다. 이처럼 우리를 둘러싼 도시의 절벽에는 우리가 자연에서 찾으려 하는 생물적 다양성이 존재한다.

산책로의 마지막 길모퉁이를 돌았을 때 어슬렁거리던 비둘기 한 떼가 지나가던 자전거에 놀라 일제히 날아올랐다. 그때까지 나는 우리의 도시 야생동물 답사에 아주 이상한 점이 있다는 것을 깨닫지 못하고 있었다. 우리는 실제 야생동물보다는 그들의 흔적을 더 많이 보았다. 나아가 우리가 본 동물들은 모두 희한할 정도로 조용하거나 아무 소리도 내지 않았다. 날아가는 새들이 내는 소리는 도시의 소음에 죄다 사라져버렸다. 그러나 이번에는 날아오르는 비둘기 떼의 퍼덕이는 날개가 공기와, 그리고 몸통이 부딪쳐 내는 마찰음이 귀에 들렸다. 그전에 비둘기 떼는 우리로부터 채 6미터도 되지 않는 거리에 있으면서도 마치 무성영화 속 배우들처럼 완벽한 침묵을 지키고 있었다. 비둘기들의 천성이 본디 조용한 것은 아니다. 수컷들은 구애할 때 가슴을 부풀리고 꼬리 날개를 활짝 펼쳐서 짝짓기에 적합한 상대로 보이려고 애쓰고, 커다랗고 다정하게 '구구' 소리를 낸다. 먹을 때는 부리를 땅에 망치처럼 찍어가며 음식을 사방으로 지저분하게 흩뿌려놓는다. 기다란 발톱은 걸을 때마다 땅 위를 긁는 소리를 낸다. 하지만 도시의 비둘기는 발걸음을 사뿐사뿐 디뎠다. '구구' 소리는 텔레파시로 보내기라도 하는지 도통 들을 수가 없고, 부리를 땅에 찍을 때에도 소리를 죽이고 있었다. 이 무성영화에는 다른 배우들도 자발적으로 출연하고 있다. 그들을 보려면 주위를 한 바퀴 돌아보는 것으로 충분하다. 머리 위에서는 우뚝 솟은 참나무의 말라비틀어진 나뭇잎들이 소리 없이 바스락대고 있고, 오른쪽에서는 중량감 없어 보이는 다람쥐들이 돌담에서 나무줄기로 깡충 뛰어올랐다. 그들은 모두 소리를 내고 그 소리가 들릴 정도로 우리와 가까이 있다. 단지 우리가 그 소리에 신경 쓰지 않았을 뿐이다.

무성영화에서처럼, 우리가 본 장면은 소리 없이 시간 속에 멈춰 있다. 움직임은 시작도 끝도 또렷하지 않다. 나는 길 건너편에서 개 한 마리가 소리 없이 느긋하게 앞으로 걸어가는 장면을 보았다. 무한을 훔쳐보는 것 같은 기분이었다.

해디디언에게 다음으로 대도시에 보금자리를 꾸릴 동물이 무엇일지 예측할 수 있느냐는 질문을 던져보았다. 그는 미소를 지을 뿐 잠시 말이 없다가 경계하는 것처럼 천천히 말을 시작했다. 하지만 곧 그의 입에서 속사포처럼 문장들이 쏟아져나왔다.

"진짜 문제는 어떤 동물들이 도시에 진정으로 적응해서 도시 환경이 제공하는 기회를 누리려 할 것인가 하는 거죠. 도시 환경은 정말 많은 기회를 제공하거든요. 음식, 거처 같은 것들이요…… 열섬 효과에 대해선 들어본 적 있으시죠?" 처음 듣는 용어였다.• 해디디언은 아랑곳하지 않고 말을 이었다. "열섬 효과 때문에 동물들은 보통 그 종이 발견되는 지역보다 높은 위도에서도 살 수 있어요." 온화한 기후에서만 사는 흉내지빠귀를 미국 북동부에서 볼 수 있는 까닭이 이것이다. 우리가 알다시피 비버와 캐나다거위는 인간에게 너무 적응해서 문제로 여겨질 정도다.

• 후에 알게 된 바에 따르면, 인구 100만 명의 도시는 평균 기온이 교외보다 섭씨 3도 높다고 한다. 저녁이면 12도까지 차이가 나는 경우도 있다.

"질문에 대한 대답은 도시에 따라 다를 것 같습니다. 스무 해 전에는 하벨리나javelina가 애리조나 주 투손을 식민지로 삼을 거라고 상상도 못했으니까요."

"그게 뭔가요?"

"페커리돼지라고 하면 아실까요? 멧돼지의 일종이에요."

"투손에 그런 게 산다고요?"

"네."

"정말로요?"

"그럼요."

"길거리에서 볼 수 있나요?"

"낮에 나돌아 다니진 않지만 녀석들은 길거리에 삽니다. 집 뒤뜰에 나타나기도 해요. 물을 마시러 오는 거죠."

사막에서 마실 물을 찾던 멧돼지들은 20년 전부터 인구 50만 도시 투손에서 살기 시작했다. 독일의 몇몇 도시에서는 야생 멧돼지를 길거리에서 쉽게 볼 수 있다고 한다. 고백하건대 뉴욕에 야생 멧돼지가 나타나면 나는 깜짝 놀랄 것이다.

"멧돼지가 아니라 코요테가 나타나도 충분히 놀랄 것 같은데요?" 해디디언의 말에 나는 지난 몇 해 동안 뉴욕의 공원에 코요테 몇 마리가 나타난 것에 대해 사람들이 지나치게 경제하는 반응을 보였다는 사실이 떠올랐다. 시카고 시민들 역시 자신들의 도시에 코요테 무리가 자리 잡고 번성하며 살고 있다는 소식을 들으면 꽤나 놀랄 것이다. 야행성인 코요테는 오전 9시에서 오후 5시까지의 근무 시간을 지키며 살아가는 사람들의 눈을 피해 성장하고 짝짓기하고 새끼를 낳고 죽는다. "상당히 놀라운 사실이죠. 코요테들은 우체국 옆 관목 덤불 같은 곳에 숨어 살아요." 해디디언은 보도 뒤의 좁은 공간에 빽빽이 들어찬 관목 덤불을 가리켰다. "바로 이런 곳에 보금자리를 꾸려놓았을 수도 있지요. 하루 종일 사람들이 이 보도를 지나가지만 아무도 여기를 쳐다보지 않으니까요."

해디디언은 다시 걷기 시작했지만 나는 그 자리에 멈춰 서서 자세히 살펴보았다. 코요테는 없었다. 적어도 겉보기에는 그랬다.

콜로라도 주의 작은 언덕들 사이에서 보낸 어린 시절, 집 근처에 개과 동물들이 얼쩡거리는 것은 별로 놀라운 일이 아니었다. 하지만 다시 생각해보니 내가 아주 어렸을 때 우리 동네에는 엘크가 없었다. 200킬로그램이 넘게 나가는 엘크는 오늘날 콜로라도 불더 시에서 너무 흔해져서 '엘크에 유의하라'는 도로 표지판까지 등장했을 정도다. 영국 브리스톨 시에는 길고양이 대신 길여우가 돌아다닌다. 하지만 해디디언이 도시의 야생동물을 연구하기 시작했던 25년 전에는 도시에서 사슴조차도 찾아볼 수 없었다.

내 질문에 대한 답은 결국 듣지 못했다. 사실 다음으로 어떤 동물이 도시에서 살게 될지 예측하는 것은 별 의미가 없을지 모른다. 그저 새로운 동물이 등장하길 기다리며 지켜보는 게 우리가 할 수 있는 전부일 것이다. 만약 동물들의 이주를 재촉하고 싶다면 해디디언이 들려준 너구리 이야기에 단서가 있다. 도시에 감나무 한 그루를 심어놓고 어떤 동물들이 나타날지 한 번 지켜보시라.

일곱 번째
산책

도시사회학자 프레드 켄트와 함께

느릿느릿 춤추며 걷기

"우리는 언제나 우리가 보는 것들을 말해야 한다.
하지만 가장 어려우면서도 중요한 일은,
우리가 보는 것들을 제대로 봐야 한다는 것이다."
— 르 코르뷔지에Le Corbusier

다른 행인이 지나갈 수 있도록
길을 비켜주느라 나는 건물 벽에 움푹 파인
조그만 공간에 몸을 구겨 넣다시피 했다.
어쩌면 앉아서 쉬다 가라고 만들어둔
공간이었을지도 모르지만 대못이 주르르
박혀 있는 탓에 거기 앉지는 않았다.

나는 프레드 켄트Fred Kent와의 약속에 늦었다. 구글 지도는 그의 사무실이 24번가와 브로드웨이 대로 사이에 있다고 안내했지만 그리로 가보니 지도가 틀렸다는 것을 알 수 있었다(나는 그제야 뉴욕에서 브로드웨이와 교차하는 거리를 찾아내려면 난해한 연산을 거쳐야 한다는 사실을 기억해내고 자책했다. 모든 것을 감시하고 있지만 결코 뒷일은 책임지지 않는 구글 지도가 이런 문제까지 신경 써 주리라 생각한 내 불찰이었다).

최근까지 뉴욕 시 거리주소의 알고리즘은 인쇄 시대의 유물인 전화번호부 앞면에 지역 응급실과 FBI 사무실 전화번호, 하임리히 응급처치법• 설명서 등과 나란히 인쇄돼 있었다. 임의의 숫자를 공간상의 한 위치로 번역해 내는 주소 알고리즘 또한 응급 상황에서 필요한 것이니 퍽 적절한 배치가 아닐 수 없다. 브로드웨이 주소의 경우에는 건물 번지수에서 마지막 숫자를 빼고 2로 나눠 얻은 숫자에서 원래 주소에 따라 29, 25, 31 중 하나를 빼면 된다. 이 연산을 마치면 어김없이 뿌듯함이 밀려오면서 내 머릿속에 목적지가 있는 사거리의 이미지가 떠올랐다. 골목길에서 짝수 번지가 북쪽에 있다는 사실을 아는 것이 짝수와 홀수 번지를 여럿 거쳐 살아본 맨해튼의 장기 거주민이라는 증거가 되듯이, 모든 거리주소의 연산을 알고 있다는 것은 진정한 맨해튼 사람이라는 증거였다.

오늘날, 비닐에 싸인 전화번호부는 전화기 옆보다는 건물 옆 쓰레기 분리수거장에서 더 쉽게 찾아볼 수 있다. 이제 사람

• 약물이나 음식 등이 목에 걸려 질식 상태에 빠졌을 때 실시하는 응급처치법 - 역주

들은 건물의 위치 조감도를 보기 위해 무표정하게 구글 지도를 검색한다. 하지만 구글 지도는 나를 배신했다. 나는 오늘 만나기로 한 켄트가 회장을 맡고 있는 PPSProject for Public Spaces(공공공간을 위한 프로젝트) 사무실에서 도심 반대 방향으로 1.6킬로미터나 떨어져 있었던 것이다.

사과 메일을 보내고 전화를 했지만 아무도 받지 않았다. 나는 허둥지둥 뛰어서 택시를 잡아타고 도심에 있는 진짜 목적지로 향했다. 내가 들이닥쳤을 때 사무실 안은 멀리서 컴퓨터 자판을 치는 소리를 제외하면 고요했다. 나는 프레드 켄트가 방 건너편의 누군가와 다정하게 대화하는 것을 발견했다. 사과의 말을 건네자 그는 아무것도 아니라는 듯 손짓했다. "시간은 중요한 게 아니에요." 그는 차분하게 나를 맞아주었다.

프레드 켄트에게 중요한 것은 시간이 아니라 공간이다. 도시 공간이 어떻게 사용되고 방치되는지, 무엇이 그 공간을 유용하거나 불편하게 만드는지 같은 문제가 그의 관심사다. 35년 전, 켄트는 도시인 행동 관찰의 명수였던 도시사회학자 윌리엄 홀리 화이트William Holly Whyte와 함께 일하고 나서 PPS를 설립했다. 1970년대에 화이트는 젊은 자원봉사자 한 무리와 함께 도시, 특히 뉴욕 시의 디자인이 도시 거주자들에게 안성맞춤인지 아니면 실패작인지를 확인하는 작업을 시작했다. 그들은 건물과 가로등 위에 당시에는 흔치 않던 감시 카메라를 설치하고 관찰 일지를 끼운 클립보드를 들고 거리로 나가서 '관찰했다.'•

• 대조적으로 오늘날 맨해튼에는 사람들의 행동을 끊임없이 관찰하고 있는 감시

연구원들은 사람들이 어디 앉는지, 서로 옆으로 비켜 지나가야 할 때에는 어떻게 합의점을 찾는지를 관찰했다. 또한 거리에서 어슬렁거리는 사람들과 이성에게 눈짓을 보내는 사람들은 어떤 이들인지 알아보았다. 연구원들은 버스 정류장에서 줄 서는 행위의 역학을 카메라로 잡아냈고 렉싱턴 대로에 놓인 쓰레기통의 하루를 녹화하기도 했다. 그 쓰레기통이 어떤 하루를 보냈는지 퍽 궁금하긴 했으나 오늘 내가 켄트와 만난 이유는 따로 있다. 나는 그와 함께 걸으며 그의 시선을 통해 행인이라는 배우들이 연기하는 거리의 연극을 감상해보고 싶었다.

PPS를 40년 동안이나 이끌어왔음에도 켄트의 태도는 회장님보다는 일반인에 더 가깝다. 키가 껑충하니 커서 평균 키의 사람은 애를 써야 눈을 마주칠 수 있을 정도지만 항상 입꼬리에 머금은 미소가 사람을 편안하게 해준다. 우리가 만난 날 그의 옷매무새는 유쾌하게 헝클어져 있었는데, 이는 그가 셔츠에 주름이 제대로 잡혀 있는지보다 더 중요한 일들에 집중하고 있다는 방증이다. 관광객처럼 보이지 않으려고 최선을 다하는 대부분의 뉴욕 시민들과 달리 켄트는 문밖을 나서자마자 카메라를 꺼내서 찍을 만한 것이 있는지 살펴보기 시작했다.

그리고 곧 무언가를 발견했다. 우리는 반 블록도 걷지 않아

카메라가 수천 대 있다. 도심의 어떤 지역은 에이커 당 카메라 대수가 내 고향에서 가장 가까운 도시인 덴버의 에이커 당 '거주민' 수와 맞먹는다. 하지만 감시 카메라에 기록된 영상을 누가 보고 있는지는 답하기 어렵다. 감시 카메라로 인한 프라이버시 침해 문제에 대해 불평하는 사람들이 많지만, 나는 이번 프로젝트를 진행하며 했던 산책 전부가 카메라 관리인, 경찰 그리고 가게 주인들의 감시 카메라 테이프에 찍혀 있을 거라고 생각하니 즐겁기도 하다.

거리에 세워진 커다란 푸드 카트를 빙 돌아가야 했는데, 켄트가 그 앞에 우뚝 멈춰 섰다. 푸드 카트가 못마땅해서가 아니라 마음에 들어서였다. 푸드 카트는 보도의 부속품과 같은 것이지만 이 카트 자체에도 여러 부속품이 있다. 돌출부와 메뉴판이 있고 카트 너비를 확장하는 컨테이너들이 잔뜩 달려 있다. 켄트는 사진을 한 장 찍었다.

"이건 그냥 푸드 카트가 아니에요. 카트 계의 캐딜락이로군요." 켄트가 감탄하며 말하고는 덧붙였다. "노점상은 도시에 많은 것을 더해줍니다. 행인들의 발걸음을 늦춰주는 역할을 하니까요."

하지만 노점상이란 보통은 짭짤한 프레첼이 당길 때를 제외하면 그저 민폐가 아니던가? 내가 반론을 펼치기 전에 켄트는 이미 두 번째 발견물로 넘어가 있었다. "저 쇼윈도는 좋지 않군요." 그의 시선을 따라가보니 길가에서 안쪽으로 움푹 들어간 곳에 마네킹을 전시해둔 변변찮은 쇼윈도가 있었다. "너무 안쪽으로 들어가 있어요. 좀 더 앞으로 튀어나와야 사람들이 그 앞에서 잠깐이라도 둘러보다 갈 텐데요."

어느덧 우리는 내가 가장 싫어하는 구역, 그리니치빌리지를 통과하는 브로드웨이 대로에 당도했다. 나는 이 길을 걸을 때마다 도시에서 산책하는 것이 내 취미가 맞는지 갸웃거리게 된다. 이 길에는 항상 방금 산 물건이 담긴 쇼핑백을 꼭 쥐고 가게와 주변을 바삐 둘러보느라 자기가 어디로 가고 있는지도 모른 채 느릿느릿 걸어 다니는 행인들이 넘실댄다. 이런 행인들의 눈길을 사로잡는 상점들도 사방팔방에 자리 잡고 있다. 하지만 내 눈에는 이 모든 게 그저 시각적으로 지저분한 광경일 따름이었다. 나도 모르게 켄트를 보고 미간을 찡그렸는지, 그는 미소를 지으며 옷가게 입구 앞에서 어슬렁대는 사람들을 향해 손짓했다

“보이세요? 입구 바로 앞에 그리고 행인들이 지나다니는 길목에 사람들이 서 있어요. 그래서 보행 속도가 더 느려지는 겁니다.”

나는 건물 벽에 기대 핸드폰을 확인하는 사람들을 보았다. 그들은 바쁠 것 하나 없다는 듯 여유로운 자세로 서 있었다. 그렇게 서 있는 사람들의 수는 보도를 침범할 정도로 많아서 행인들과 가게에 들어가려는 사람들은 그들을 빙 둘러 걸어야 했다. 그때 나는 켄트가 어떤 시선으로 이를 보고 있는지 알아챘다.

“속도를 늦추는 걸 긍정적으로 보시는군요.” 내가 추리해보았다.

켄트는 망설임 없이 대답했다. “네, 물론이죠. 속도를 늦추는 게 ‘사회적’이고 무언가를 이해하는 방식이니까요. 그것이야말로 도시의 본질입니다.”

브로드웨이에 빽빽이 들어선 상점들이 그의 눈에는 이상적으로 보이는 모양이었다. 확실히 화이트의 철학에 따르면 행인들의 발걸음을 늦추고 어슬렁거리게 하는 것이야말로 좋은 도시 경험이다. 나는 바쁜 아침이면 천천히 걷는 사람들과 일없이 어슬렁거리는 사람들을 내 앞길을 가로막는 장애물로 보곤 했지만, 켄트는 똑같은 사람들을 도시적 풍경의 필수 요소로 보고 있다.

나는 프레드 켄트와 함께 브로드웨이에 서 있다가 돌연 한 가지 사건에 대해 다양한 시각이 존재한다는 진실을 깨달았다.

우리는 행인들을 단지 인내할 대상이나 도시 풍경을 풍요롭게 만드는 요소가 아니라, 보도에서 뜻밖의 댄스 공연을 펼치는 인상적인 협연자로도 볼 수 있다. 켄트와 내가 길모퉁이에 서 있는 사이, 많은 사람들이 우리를 둘러싸고 멈춰 섰다. 우리처럼 길을 건너려고 기다리는 사람들이었다. 자동차들이 꾸준히 느릿느릿 지나갔다. 신호등에 초록불이 들어오자 우리 반대쪽에서 많은 사람들이 동시에 차도로 쏟아져나왔다. 켄트가 담배를 피워 물었다. "보행군platoon이로군요!"

보행군이란 보행자의 움직임을 분석하는 연구원들이 쓰는 용어로 독립적인 보행자들 한 다발을 묶은 단위이다. 미드타운 5번가는 보행군 제조기의 원형과도 같다. 대로를 따라 걷다 보면 마주치는 신호등들은 보통 걸음걸이의 행인이 제때 초록불과 마주치도록 설계되지 않았다. 사람 걸음걸이가 아니라 자동차 속도에 맞춘 신호등이기 때문이다. 1초당 2미터에 미치지 못하는 보통 걸음걸이를 고려하면 행인들은 거의 모든 횡단보도에서 신호등에 걸린다고 볼 수 있다.• 신호가 바뀌면 두 그룹

• 편안함을 유지하며 빠르게 걸을 수 있는 속도는 초당 약 2미터가 최대인데, 한 시간이면 7.2킬로미터를 갈 수 있다. 이는 뉴욕의 경우 시간당 90개 블록 정도를 걸을 수 있는 몹시 빠른 속도다. 보통 사람들은 초당 1.5미터의 속도로 걷는다. 물론 나이가 아주 많거나 적은 사람들이 아닌, 평균적인 건강한 성인을 기준으로 한 것이다. 내가 아들과 함께 걸을 때는 1분에 1.5미터를 전진하는 것도 쉽지 않다. 최근까지 횡단보도는 행인들이 1초에 1.2미터를 걸을 수 있다고 가정하고 보행신호 시간을 정해두었다. 보수적인 계산이지만 이조차도 나이가 많거나 몸이 불편한 보행자들을 완전히 배제시킨 것이기 때문에 빨간불로 바뀔 때까지 횡단보도 절반을 건너기도 어려운 사람들이 있다. 가장 최근에 보행신호를 개정했을 때 보행신호 시간은 2초 더 늘어났다.

의 거대한 보행군이 서로를 향해 걸어오고 '예상 가능한 마찰'이 일어난다.

이런 현상이 일어난 것은 시에서 보행자들의 움직임을 연구하거나 계획하지 않았기 때문이 아니다. 실제로 나는 조금 전에 우리가 보도에서 볼 수 있는 현상들을 상세히 기술한 책을 읽으며 행복한 오후를 보낸 참이었다. 그 매력적인 책은 바로 현대 문명 생활의 모든 요소를 분석하고 평가하고 설계하는 역할을 맡은 민영 자문위원회인 도로교통연구위원회에서 펴낸 〈도로용량편람〉이다. 여기에는 도로에서 일어나는 일들뿐 아니라 보행자를 비롯해 도로에 영향을 미칠 수 있는 주체들의 활동도 기술돼 있는데, 이에 따르면 보도교통에는 '자유로운 보행'에서 '군중 속에서 억압받는 보행'까지 총 6단계가 있다. A 단계에서 보행자는 움직임이 자유롭고 아무런 방해도 받지 않는다. 보도 전체 혹은 적어도 12제곱미터 안에 아무도 없다. 편람은 이 상태에서 보행자가 '기본적으로 원하는 대로 움직일 수 있다'고 설명한다. B 단계에서는 처음으로 방해물이 등장한다. 시야에 다른 사람들이 들어오고, 보도의 한쪽 편을 택해서 걸어야 할지도 모른다. 하지만 여기까지는 원하는 대로 걷는 속도를 조절할 수 있다. 다음으로 C 단계에서는 여러 제약이 등장한다. 평소처럼 걷고 있긴 하지만 보행자는 더 이상 혼자가 아니다. 다른 보행자들이 당신을 향해 걸어온다면 불특정한 '작은 마찰'이 일어날 수도 있는 상황이다. D 단계에서는 보도가 붐비기 시작한다. 다른 행인들 가운데 일부는 집단을 이루고 있어서 원하는 속도로 걷거나 사람들을 쉽게 지나쳐 갈 수 없다.

이 시점에서 보행자가 확보한 공간은 쥐꼬리만 한 1.4제곱미터 밖에 되지 않는다. 이는 현재와 같이 고안된 보행로에서 '견딜 수 있는' 교통 흐름의 마지막 단계이다. E 단계에서는 마침내 혼잡이 일어난다. "사람 한번 많네!"라는 말로 설명할 수밖에 없는 수준이다. 모두의 움직임이 느려진다. 어쩌면 발을 질질 끌며 느리게 걸어야 할지도 모른다. 이 정도 규모의 행인 집단을 수직으로 돌파해보겠다는 생각은 일찌감치 버리는 게 좋다. 마지막 F 단계에서는 옴짝달싹하기도 어렵다. 1초에 30센티미터면 많이 움직인 수준이고, 발을 질질 끌고 걸을 수 있다면 감사히 여겨야 할 상황이다. 본질적으로는 주변 사람들과의 잦은 접촉이 불가피한 긴 줄에 서 있는 것과 같다. 전문가들은 이를 '고도혼잡 밀도'라고 부른다.•

다시 브로드웨이 이야기로 돌아오자. 횡단보도에서 남쪽으로 걸어가던 보행군은 북쪽으로 걸어가던 보행군 사이사이로 부드럽게 스쳐 지나갔다. 교통용량편람에서 제시한 가능성과 달리 40명이나 되는 사람들이 시끄러운 소리 한번 내지 않고 밀치거나 부딪치는 일도 없이 지나간 것이다.

"사람들은 서로 부딪치지 않아요." 켄트가 인파 사이로 내게 소리쳤다. 이 말은 우리가 다른 사람들과 부딪치지 않았다는 사실을 보고하는 것이기도 하지만, 도시사회학자들이 보행

• 한국 도로용량편람에서는 A에서 F 단계를 다음과 같이 정의한다. A: 보행속도를 자유롭게 선택 가능, B: 정상적인 속도로 보행 가능, C: 타 보행자 추월 시 약간의 마찰 있음, D: 마찰 없이 타 보행자 추월 불가능, E: 보행자 대부분이 평소 보행 속도로 걸을 수 없음, F: 모든 보행자의 속도가 극도로 제한됨. - 역주

자들의 행동을 염탐해 알아낸 사실을 귀띔해주는 것이기도 했다. 확실히 도시사회학자들로서는 놀라운 발견이었다. 보행자들은 빠르고 유연하게 움직였는데, 이는 대체로 무의식중에 일어나는 행동이라는 점에서 더욱 인상적이다. 우리는 모두 다 같이 하나의 댄스 공연에 참여하고 있다. 자기도 모르게 함께 지그jig(빠르고 경쾌한 춤)를 추고 있는 것이다.

교통량이 많은 도시에서 걸어다닐 때면 우리는 큰 연못에 사는 작은 물고기라도 된 양 섬세하게 주변 사람들에게 행동을 맞춘다. 사실 물고기는 사람들의 행동을 이해하는 데 있어 좋은 표본이다. 물고기가 '교통량'을 조절하는 방법을 연구한 결과 물고기 수백 또는 수천 마리가 함께 헤엄칠 때 혼잡을 피하기 위해 몇 가지 간단한 규칙을 따른다는 사실이 드러났다. 이런 규칙들은 존 해디디언과 내가 함께 관찰한 새 떼의 놀랄 만한 동시성synchrony을 설명해준다. 메뚜기와 군대개미 무리의 움직임, 검은꼬리누, 고래, 거북이의 대규모 이주 또한 같은 규칙으로 설명할 수 있다. 물고기 떼와 짐승 떼는 신기할 정도로 예리하게 방향을 돌리고, 새 떼는 우아하게 내려앉았다가 하늘로 솟구쳐 선회한다. 이들은 모두 힘들이지 않고 장애물을 피해 간다. 군대개미는 식량을 찾으러 수백만 마리가 함께 숲길을 행군하지만 도시의 주간 고속도로에서 오후 5시 10분마다 나타나는, 한 걸음도 떼기 어려운 극심한 혼잡은 일어나지 않는다. 동물들이 신경 면에서 극도로 단순한 생물이라는 점을 감안하면 이런 집단행동은 매우 놀라운 것이다. 예를 들어 곤충들은 뇌라고 할 만한 것이 없다. 새들은 그보다 훨씬 큰 뇌를 갖고 있지만 뇌 크기는 집단행동에 중요한 요소가 아닌 듯하다. 동물들은 뇌 대신 세 가지 간단한 규칙에 의존한다. 그 규칙은 아래와 같다.

첫째로, 불편하지 않은 수준에서 남들과 가까운 거리를 유지하되 서로 부딪치는 것은 피하라. '불편하지 않을 정도로 가까운 거리', 즉 동물의 개인적 공간은 종에 따라 다르다. 그러나 이 규칙을 따르려면 주변 동물들의 행동에 집중하고 반응해야 한다는 점에서 모든 종이 동일하게 움직인다고 볼 수 있다. 그것이야말로 '집단지성swarm intelligence'의 핵심이다. 모든 개체가 다른 모든 개체에 대해 민감하게 움직여야 한다.

둘째로, 앞에 누가 있든 그를 따르라. 앞에 있는 개체가 어디로 가는지 꼭 알아야 할 필요는 없다. 그 개체도 바로 앞의 개체를 따르고 있을 따름이니까. 이렇게 거슬러 올라가다 보면 무리의 가장 우두머리에까지 이르게 된다. 그러나 우두머리 개체가 지도자나 왕은 아니다. 새 때와 물고기 떼에서 우두머리의 역할은 계속해서 우두머리를 바꾸는 것뿐이다. 한 우두머리가 집단이 움직일 방향을 결정하는 것은 찰나에 지나지 않는다.

마지막으로, 옆에 있는 개체와 나란히 가라. 주변을 둘러싼 개체들에 집중하고 그들에 맞춰 속도를 높이거나 낮춰야 한다. 동물들이 속도 계산을 해낸다는 것은 얼핏 불가능해 보이지만, 사실 당신도 별다른 노력 없이 보도에서 옆 사람과 나란히 걸으면서 자연스럽게 같은 속도를 유지하고 있다.

'회피' '정렬' 그리고 함께 있으면서도 거리를 유지하는 '결집'과 같은 법칙들은 모든 동물의 집단행동을 설명하기에 충분하다. 인공지능 과학자들은 사고 기능이 없는 '보이드boid(비행하는 새들을 모방한 인공 생명체)'가 위의 세 가지 규칙을 지킬 때 어떻게 행동하는지를 보여주는 애니메이션을 만들었다. 과연 보이드의 행동은 동시에 땅에 내려앉는 참새들이나 무리 지어 이동하는 개미들의 행동과 비슷했다.

이제 커다란 뇌를 가지고 바삐 움직이는 인간 보행자들을 살펴보자. 보도를 걷는 사람들도 똑같은 법칙을 따른다. 우리는 다른 동물들처럼 같이 다니면서도 서로 부딪치지 않으려고 노력한다. 사람에게는 다른 이들을 따라가는 경향이 있기에 자연스럽게 보행로가 생기고 결국 사람들이 많이 다니는 길이 만들어진다. 우리는 물고기처럼 앞사람한테 바짝 붙어 후류slipstream를 타고 움직이지는 않지만 앞사람 어깨너머를 볼 수 있는 거리에서 '맴도는' 편을 선호한다. 이런 경향으로 말미암아 보도 위에는 같은 방향으로 가는 행인들이 끊임없이 폭이 바뀌는 수로를 형성한다.

이 시점에서 켄트와 나는 하나의 문제에 직면했다. '다른' 무리의 존재가 바로 그것이다. 길을 걷다 보면 언제나 다른 방향에서 오는 사람들이 있기 마련인데 동물의 무리에서는 보통 문제가 되지 않지만 인간에게는 문제가 된다. 도시 보행자들은 특별한 기술로 이 문제를 해결한다.

"교외에서 온 사람들이 지하철을 타는 방식을 지켜보면 무척 흥미롭습니다" 켄트가 즐거운 듯 말을 시작했다. "지하철이 SUV라도 되는 것처럼 올라타거든요" 그들은 '토종' 도시 보행자들 사이에서 즉각 눈에 띈다. 도시에 방문한 사람들은 다른 사람들을 밀치고 다니는데 이는 오히려 교통 흐름을 악화시킬 뿐이다. 게다가 그들은 길이나 입구를 막고 서 있기 일쑤다. "이 도시가 어떤지 잘 아는 우리 같은 사람들은……." 켄트는 우리에게로 다가오는 사람을 피해 살짝 움직였다. 몸짓으로 대답을 대신한 것이다.

켄트는 '내딛고 미끄러지기step and side' 기술을 보여주고 있었다. 보도에 사람이 가득해서 금방이라도 누군가와 충돌할 것 같을 때면 우리는 이렇게 투스텝의 보행자 댄스를 선보인다. 발걸음을 내딛으면서 몸을 아주 살짝 옆으로 틀어서 코가 아니라 어깨를 선두로 나아가는 방법이다. 이 기술을 쓰면 시작할 땐 앞으로 걷고 있지만 끝날 땐 옆으로 걷고 있다. 우리는 상체를 틀고 배를 집어넣어 다른 사람들과 아주 부드럽게 스치는 것 이상의 접촉을 피하려 한다. 불가피하게 누군가를 스치고 지나가야 한다면 손을 몸에 바짝 붙이고 얼굴은 상대의 반대편으로 돌린다.

연구원들은 실로 엄청난 시간 동안 서로 옆을 지나가는 사람들을 관찰하고 나서야 이 평범한 기술을 식별해냈다. 좀 더 과감한 연구원들 몇몇은 직접 걸어봄으로써 연구에 착수하기도 했다. 맨해튼 미드타운 5번가와 6번가 사이, 언제나 사람으로 붐비는 42번가로 나가서 자연스럽게 길을 걸으며 의도적으로 다른 사람을 피해 '내딛고 미끄러지기' 기법을 이용하지 않는 실험을 해본 것이다. 당연히 충돌이 일어났고 부딪친 사람들은 연구원들이 충돌을 피하려는 책임을 다하지 않음으로써 보도 규칙을 위반했다고 느꼈다. 이 연구의 일부가 이루어진 1970년대에는 보통 가벼운 욕설이나 "뭐 하는 겁니까? 앞이 안 보여요?"와 같은 분노의 반응이 돌아왔다. 이렇듯 우리는 서로 부딪치지 않기 위한 규칙이 정확히 뭔지 모르고 있으면서도 누군가 그 규칙을 위반하면 단숨에 알아볼 수 있다.

그 밖에도 도시의 보행자들은 주변 사람들에 맞춰 몇 가지 사소한 사항들을 조정한다. 다른 보행자와 길이 엇갈리면 한 사람은 0.2초나 될까 말까 한 아주 짧은 시간 동안 걸음을 늦춰서 둘 다 경로를 바꾸지 않고 나아갈 수 있도록 한다. 뒤에서 걷던 사람이 빠르게 다가오면 우리는 왼쪽이나 오른쪽으로 살짝 움직여서 지나갈 공간을 만들어준다. 켄트와 내가 거리에서 봤듯이 편의를 도모하는 이런 행동들은 눈에 띌 정도로 뚜렷이 나타나기도 한다. 예를 들어 좁은 보도 위에서 손을 잡고 나란히 걷던 연인 한 쌍이 우리 쪽으로 다가온 일이 있었다. 나는 그들과 온몸으로 부딪칠 각오를 하고 몸을 웅크린 채 앞으로 나아갔다. 그 순간 누가 시키지도 않았는데 남자가 춤추듯 여자를 자기 몸 앞으로 빙글 돌려세우더니, 두 사람은 한 줄로 우리 옆을 지나갔다. 그 뒤에서 혼자 걸어가던 남자는 우리를 피하기 위해 가로수 쪽으로 가볍게 피해 걸으며 흙 위에 발자국을 남겼다.

보도 한복판에서는 발걸음을 멈춘 사람조차 배려를 받는다. 화이트는 감시 카메라 영상을 통해 관광객뿐 아니라 도시 거주자들 역시 보행자들이 이리저리 걸어다니는 보도 한가운데에 갑자기 멈춰 서서 대화를 나눈다는 것을 알아냈다. 오랜만에 만난 친구에게 인사를 건네는 사람들, 길고 긴 작별 인사를 나누는 사람들 또는 심각하거나 깜짝 놀랄 만한 말을 들은 사람들은 걸음을 늦추다가 아예 멈춰버리는데, 그 결과 다른 행인들의 길을 제대로 막게 된다. 기이하게도 불편을 겪는 다른 보행자들은 튀어나온 산호초 양옆으로 갈라져 지나가는 물고기 떼처럼 원만하게 그들을 돌아서 간다. 어쩌면 카메라가 너무 멀리 있어서 지나가는 사람들이 내뱉은 욕설은 포착하지 못했는지 모른다. 그럼에도 목적지를 향해 나아가는 도시 보행자들은 멈춰 서있는 사람들을 다른 장애물과 같이 취급해서 우회할 뿐이다. 가로등이 길을 막고 있다고 가로등을 꾸짖지는 않을 것 아닌가.

우리가 길을 걸을 때 다 같이 발을 내딛으며 옆으로 미끄러지는 기술을 사용하고 지그 춤을 추는 이유는 주기적으로 앞을, 그리고 서로를 보고 있기 때문이다. 우리는 끊임없이, 꾸준히 주변을 둘러보면서 주위에서 걷는 사람들을 염두에 두고 원활하게 움직일 방법을 계산하고 있다. 우리는 주기적으로 고개를 앞뒤 양옆으로 돌리며 우리 뒤나 옆에 누가 있는지 슬그머니 엿본다. 얼굴을 앞으로 하고 있을 때는 앞에 펼쳐진 장면을 살펴보면서 눈이 단속운동을 한다. 우리는 발치에서 시작해서 보도블록 네 개 앞까지를 반경으로 하는 기다란 타원 안에서 우리 쪽으로 오는 사람들의 방향과 속도를 빠르게 지각한다. 또한 서로의 얼굴을 보면서 상대가 자신의 타원을 보고 어떻게 반응하는지, 혹시 우리 뒤에 놀라거나 경계해야 할 것이 있지 않은지 알 수 있다. 요컨대 다른 사람들이 시선을 보내는 각도와 그들이 머리를 돌리는 방향에 '정보'가 있는 것이다. 사람들은 대부분 그저 가는 방향을 바라보며 코앞만 인식하지만 목적지가 시야에 들어오면 실제로 그쪽으로 몸을 틀기 시작한다. 거리 앞쪽 건물의 현관을 기웃거리는 사람은 그리로 곧장 걸어갈 가능성이 크다. 우리 모두는 길모퉁이를 돌기 전에 앞질러서 고개를 움직인다. 어서 모퉁이를 돌아버리고 싶어 안달이 난 것처럼 머리는 몸보다 8도 먼저, 많게는 일곱 걸음이나 빨리 반응한다. 보행자의 머리를 보면 다음 발자국을 어디로 내디딜지 예측할 수 있다. 누가 가르쳐주지 않았는데도 우리 자신도 모르게 이 사실을 알고 있다.

'보는 것'은 거리 위의 댄스를 성공적으로 협연하는 데 있어 매우 중요하다. 이는 상대적으로 최근에 나타난 신종 보행자들에게도 해당된다. 핸드폰으로 통화하는 사람들 말이다. 그들의 대화 습관은 물 흐르듯 지나가는 무리의 역학을 바꿔놓았다. 이제 예전처럼 모든 물고기가 본능적으로 주변 개체들의 위치를 알고 있는 것은 아니다. 핸드폰으로 통화하는 사람들은 물고기보다도 두뇌를 덜 사용하며 온통 통화에만 주의를 쏟고 있다. 누군가 너무 가까이 걷고 있어도 감지하지 못하고, 발 앞에 펼쳐진 타원을 살펴보고 다른 사람들을 피해 미끄러지듯 걷는 기술도 쓰지 못한다. 그들은 붐비는 보도에서 원활하게 걸어가게 하는 규칙들을 따르지 않는다. 줄을 맞춰 걷는 대신 줄에서 일탈하고, 남들을 피하는 대신 부딪쳐버리고, 사람들 뒤로 돌아가거나 사이로 피해 가는 대신 그 자리에서 머뭇거린다. 우측보행이라는 사회적 관습을 잊어버리고 보도의 선을 마구 넘나들기도 한다. 문자를 보내는 사람들은 그보다 더 심하다. 그들은 문자를 보내는 엄지손가락에 집중하느라 고개를 푹 숙이고 있으므로 길을 돌기 전에 머리를 틀지 않는다. 나는 핸드폰으로 통화하며 걷는 사람의 경로를 통화 내용과 맞춰 재구성하면 어떨지 상상해보았다. 직설적인 질문과 대답을 주고받을 때에는 곧장 앞으로 걸어가고, 얘기가 곁길로 새거나 주제가 바뀌면 길에서 벗어나 우왕좌왕하며 걷는 게 아닐까?

✶

다음 길모퉁이에 이르러 우리는 속해 있던 보행군에서 벗어났다. 나는 켄트를 흘긋 보았다. 그는 머리를 돌려 도로 서쪽의 다른 길모퉁이를 보고 있었다. 그것을 제안으로 받아들인 나는 경로를 조금 틀었고, 우리는 말 한마디 나누지 않고도 같이 길을 건넜다.

여기서 한 가지 주목할 만한 점이 있다. 우리는 길을 건넜지만 길모퉁이에서 건넌 것은 아니다. 우리가 방금 자발적으로 한 행동은 모든 뉴욕 시민이 외국 도시에서 뉴요커라는 티를 내는 방법이기도 하다. 길 한가운데에서 무단횡단을 하는 것 말이다. 길을 건너면서 나는 우리 쪽으로 길을 틀어온 트럭 운전석을 쳐다봤다. 운전수는 그에 응해 우리를 치는 대신 속도를 늦춰 트럭을 세웠다.

방금 차도에서 전통적으로 찾아볼 수 있는 사건 두 가지가 동시에 일어났다. 하나는 역사적인 것, 하나는 심리적인 것이다. 역사적으로 우리는 원하는 곳이라면 어디든 걸어다니는 자랑스러운 도시적 전통을 이어나갔다. '무단횡단'이라는 단어는 한 세기 전에 도시에서 안전하게 걷는 방법을 아직 숙지하지 못한 서투른 보행자의 행동을 설명하는 데 처음 쓰였다(무단횡단을 뜻하는 영어 'jaywalking'의 'jay'는 멍청한 사람을 뜻한다). 잘못된 보행자에게 사용하던 가벼운 비난의 표현이었던 것이다. 1924년의 〈뉴욕타임스〉 기사에서는 당시 차도와 보도의 혼란을 일으킨 대상들로 "굽은 길에서 갑자기 방향을 바꿔 아무런 예고 없이 튀어나오는 사람들" "목적지로 달려갔다가 다시 반대로 달려가는 사람들" "게걸음으로 흐름을 거슬러 가는 사람들" "미식축구의 레프트 엔드처럼 인간 방패 노릇을 하는 사람들과 막무가내로 부딪쳐 오는 사람들" "터버터벅 걷는 사람들" "질주해 가면서 방향을 급 바꾸는 사람들" 등을 잡으며 비난했다. 그 반면에 무단횡단을 하는 사람들은 도로를 질주하는 새로운 발명품, 즉 자동차가 진정한 위험이라고 생각해 '무단 운전자jaw diver'라는 표현을 제안하기도 했으나 널리 사용되지는 않았다.

현재 나는 신호위반이라는 것을 알면서도 기꺼이 무단횡단을 한다. 아무 생각 없이 교통신호를 따르는 것보다 교통신호를 위반하며 길을 건널 때 더 주변에 집중하기 때문이라고 자신을 합리화하면서 말이다. 주의를 공유한다는 것. 그게 바로 무단횡단의 심리적인 면이다. 켄트도 내 말에 동의했다. "운전자와 눈을 맞추며 판단을 내리기 때문에 이편이 더 안전합니다."

사실 하루 종일 거리를 걸으면서 누군가와 눈을 마주친 것은 무단횡단을 할 때가 유일했다. 도시에서 눈 맞춤은 아주 신중하게 행해야 한다. 나는 이 교훈을 내 아들이 우리에게로 절뚝거리며 다가오는 가난한 사람을 뚫어져라 바라보는 것을 보며 배웠다. 여름날 D 단계 수준으로 붐비는 보도를 걷고 있을 때, 눈 맞춤은 찰나에 일어나며 서로가 걸어가는 경로를 파악하는 데에만 사용된다. 여기서 그치지 않고 다른 사람의 눈을 계속해서 쳐다본다면 이는 의미가 큰 행위가 된다. 행인들 사이에서 눈을 마주치는 의도는 '당신이 싫다'는 도발적인 의미 또는 '당신을 원한다'는 외설적인 의미일 수 있다. 하지만 운전자와 보행자 사이에서처럼 단순히 길을 알려주기 위한 눈 맞춤도 있다. 당신은 다른 사람과 시선을 맞춤으로써 그가 당신을 피해 가도록 행동을 제어할 수 있다. 내가 같이 산책했던 심리학자 한 명은 아무것도 모르는 버스 승객들과 유사 마인드컨트롤 게임을 한 이야기를 들려주었다. 그녀는 눈을 맞춤으로써 사람들을 버스 좌석에 '앉히려고' 했다. "사람들은 시선을 받는 게 싫어서 계속 걸어가요." 그녀가 보고 있는 것을 알면 승객들은 걸음을 멈추지 않았다. 그러다가 그녀가 시선을 돌리면 그때 자리에 앉았다. 낯선 사람과 눈을 마주치면 안 된다는 규칙 때문일까. 눈 맞춤은 늘 강력한 힘을 지닌다. 그와 반대로 눈을 꼭 맞춰야 하는 상황에서는 시선을 일부러 왼쪽으로 틂으로써 다시 눈을 맞출 수 있는 자리까지 상대를 '움직일' 수 있다. 나는 내 수업을 듣는 학부생들에게 교수님들과 이 실험을 해보라고 일러주었다. 교수의 오른쪽에 시선을 고정하고 있으면 그는 무의식적으로 점점 더 그쪽으로 움직일 것이다. 자기도 모르게 다시 학생들과 시선을 맞출 수 있는 위치까지 이동하는 것이다.

몇몇 연구에서는 자동차로 가득한 도시에서 보행 안전성을 높이기 위해 설치한 표지판, 신호등, 횡단보도, 높이 올라온 연석 등이 오히려 보행을 더 위험하게 만든다고 주장한다. 네덜란드의 교통 디자이너 한스 몬데르만Hans Monderman은 위와 같은 안전시설물이 하나도 없는 '벌거벗은 거리na-ked street'라는 개념을 창안했다. 보행자끼리, 운전자끼리, 그리고 보행자와 운전자가 서로 쳐다보고 눈을 맞춤으로써 경로를 합의해나갈 수 있다는 것이다. 이런 도시 계획을 실제로 활용한 도시가 몇 군데 있다. 네덜란드 도시 드라흐텐의 한 사거리는 교통의 요지라 하루에 수만의 자동차, 자전거, 보행자가 지나가지만 교통 흐름이 조금 느릴지언정 아무 문제없이 원만하다.

길 맞은편에 도착했을 때 내 시선은 종종 그렇듯이 다른 사람들의 얼굴에서 떠나 발밑으로 향했다. 나는 켄트에게 발밑에 있는 것들에 대해 얼마나 중요하게 생각하느냐고 물었다.

"디자이너들은 발밑이 아주 중요하다고 생각하죠." 그가 얼버무리듯 말했다. 나도 발밑을 중요하게 여기는 지질학자를 하나 알고 있었다.

"켄트 씨 관점에서는……."

"별로 중요하지 않아요. 중요한 건 따로 있지요." 켄트가 담을 가리키며 말했다. 도시 곳곳에 지점을 둔 은행의 길고 획일적인 담이었다. 켄트는 표정이 굳어 있었다.

"사람들은 은행을 다른 곳보다 더 급하게 지나갑니다. 은행에서는 할게 없거든요. 그래서 옛날에 작은 마을에서는 은행 2층에 무도회장을 만들었어요. 무도회장을 드나들다 보면 은행이라는 장소에도 친숙해져서 자연히 즐거움을 연상하게 될 거라는 생각이었죠. 하지만 이제 은행은 화장실을 쓸 일이 있을 때만 들르는 곳이 됐어요."

내가 마지막으로 은행에서 즐거움을 연상한 것이 언제였는지 곰곰 생각해보았다. 조지 거슈인의 음악이 피아노로 연주되는 무도회장이 딸려 있다면, 동네에 우후죽순으로 생겨나는 은행들에 대한 인상이 확실히 개선될 거라는 생각이 들었다.

켄트와 나는 빠르게 은행을 지나갔다. 우리가 걷고 있는 긴 대로는 과거에 공업 지구와 예술가들의 주거 지역이었지만 지금은 핸드백, 디자이너 의류, 첨단 제품을 파는 상점들로 가득한 상업 지구가 되었다. 나는 아래로 시선을 떨구었다. 발밑에서 무언가 빛나고 있었다. 보도에 아래쪽에서 빛을 받는 작은 유리 반구들이 박혀 있었다. 켄트의 설명에 따르면 반구들은 이 거리가 공업 지구이던 시대의 유물이라고 했다. 건물 지하에서 일하는 노동자들에게는 보도에 박힌 작은 반구를 통해 들어오는 태양빛이 유일한 자연광 이었다는 것이다. 그러나 백열전구의 시대가 도래하면서 역할이 역전되어 지하의 인공광이 땅 위를 비추기 시작했다.

이제 이런 반구가 박힌 보도는 20세기 초반에 찍어낸 1센트 동전만큼이나 드물다.• 그런데 반구가 우리 눈에 띈 이유는 우리가 땅을 내려다보고 있었기 때문이다. 재미있는 일 아닌가? 주변에 있는 것을 바라보려고 산책을 나왔으니 발밑에 있는 것

• 1980년대까지 1센트 동전은 구리 95퍼센트와 기타 금속 5퍼센트로 만들어졌다. 1센트 동전이 100퍼센트 구리로 만들어진 건 19세기 이전이다. 오늘날 주조되는 1센트 동전을 구성하는 것은 구리보다 싼 아연이 대부분이지만 그럼에도 이 글을 쓰는 현재 1센트 동전 하나를 주조하는 데 드는 비용은 2.41센트다.

은 눈치 채지 못했어야 마땅하다. 하지만 모든 나이대의 보행자들이 한 발짝 앞의 땅을 내려다보는 데 꽤 오랜 시간을 쓴다고 한다. 최근의 한 연구에서 그 시간이 얼마나 되는지 정확한 결과가 나왔다. 연구원들은 보행자들에게 안구운동 추적 장치를 붙이고 딱히 볼거리가 없는 평지 보도를 걷게 했다. 보행자들은 걷는 시간의 거의 3분의 1 동안 바로 앞이나 멀리 떨어진 길바닥에 시선을 고정하고 있었다. 이는 주위 사물들을 둘러보는 데 쓴 시간과 거의 동일하다.

이 연구가 정확하다면 우리는 보도에 대해서 아주 많은 지식을 갖고 있어야 마땅하다. 하지만 걸어가는 사람 중 아무나 붙잡고 보도에 대해 얼마나 알고 있는지 물으면 "보도는 그냥 보도죠, 뭐. 회색 콘크리트를 부어서 평평하게 만들고 바둑판 모양으로 나뉘어 있잖아요. 그 정도밖엔 모르겠는데요"라는 대답이 돌아올 것이다. 이렇듯 보도는 시시하고 몰역사적인 공간으로 보이지만 그것은 우리가 보도를 지각하는 데 너무 익숙하기 때문이다. 때때로 우리는 가장 많이 보는 것을 가장 적게 보기도 한다.

보도가 '걸어가는 길'이라는 관념은 이제 너무나 견고해져서 보도에 대해 다른 상상력을 발휘하기 어렵다. 하지만 보도의 역할은 이것이 전부가 아니다. 보도는 공격 공간이기도 하다. 보행자들 사이에는 항상 거지, 잡상인, 호객꾼, 어슬렁거리는 사람들이 있지 않은가. 원래 보도는 빈둥거리며 모여서 수다를 떠는 사람들 옆에 신문배달원 아이가 서 있고, 그 곁을 계란 장수가 지나쳐 가며, 그 뒤로 말이 따라 걷는 식으로 용도가 혼재

돼 있었다. 그런데 자동차가 도로를 잠식하기 시작하면서 변화가 일어났다. 공적 공간에 구획이 나뉜 것이다. 이제 차도는 차를 위한 공간이고 보도는 사람들을 위한 공간이 되었다. 그러면서 '도로부street department'가 설립되어 보도를 점검하고 그 용도를 제한하기 시작했다.

보도는 4,000년이라는 까마득히 오랜 세월 전에 만들어졌지만 그 인기는 흥망성쇠를 겪었다. 보도가 가장 최근에 흥한 것은 19세기의 일이다. 1822년에 직선거리 267미터였던 파리의 보도는 1847년에 259킬로미터로 크게 확장되었다. 같은 시기에 보도 옆을 따라 기둥 모양이나 달걀 모양 돌을 놓는 것으로 차도와 보도를 의도적으로 분리하기 시작했다. 이런 표지물은 연석이나 배수로 같은 새로운 공간을 창조해냈으나 신생 공간에 불미스러운 한량들이 모여든다고 악명이 높아 정치적 지탄을 받았으며 개들이 소변을 즐겨 보는 곳이기도 했다(밤늦게면 직립보행하는 동물들도 이곳에 소변을 본다). 지난 세기까지도 보도에는 여전히 나무나 자갈이 깔려 있었고 보도에 대해 비용을 지불하고 관리할 책임은 인접한 건물 주인들에게 있었다. 하지만 건물이나 현관 위치에 대한 규제는 거의 없었기 때문에 건물 앞에 있는 보도에서 옆 건물까지 이르는 길이 너무 들쑥날쑥해서 계단이 필요한 경우도 종종 생겼다.

오늘날 보도는 대부분 건조되는 사이 정사각형이나 직사각형으로 금을 그어놓은 콘크리트로 이루어져 있다. 콘크리트 아래에는 방수막과 압축모래가 깔려 있으며, 콘크리트 외에도 석관, 조약돌, 벽돌, 아스팔트 덩어리 등으로 보도를 깔 수 있다.

그렇지만 콘크리트가 저렴하고 빛을 잘 반사해서 태양열로 뜨거워지지도 않는 데다 벽돌처럼 자리를 잘못 잡아 헐거워지거나 돌처럼 미끄러워지는 일 없이 견고해서 많이 쓰인다. 단, 콘크리트가 지구 중심부까지 박혀 있는 것은 아니므로 보도 위에서 있는 것은 우리 상상만큼 안전한 일이 아니다. 도시의 보도 아래에는 건물에서 이어진 지하실이나 아예 텅 빈 공간이 많기 때문이다. 이런 공간 위에서 콘크리트는 수십 년을 버틴다. 그동안 구석에 들러붙은 껌과 누군가 엎질러놓은 소다는 도시 먼지를 먹어 차츰 색이 어두워진다.

정오에 가까워지는 시간, 보도에는 켄트의 얼굴에 미소가 떠오르게끔 행동하는 사람들로 가득했다. 어슬렁거리고 수다를 떨고 사교를 나누는 사람들 말이다. 전반적으로 생동감이 돌았다. 나는 보도의 반을 차지하는 노점 카트를 빙 둘러 걸어갔다. 초기의 보도 관련 법령은 바로 이런 것을 규제했다. 20세기에 접어들 무렵, 뉴욕 시에는 죽은 생선을 담은 배럴, 상품 더미, 꽃 화분, 그리고 불법 거주자들과 할 일 없이 어슬렁거리는 사람들을 쫓아내서 보도 소통을 원활하게 하는 일을 담당하는 '방해물 전담 부서'가 따로 있었다. 켄트는 이 부서가 결국 해체된 것을 만족스럽게 생각할 것이다. 소위 '방해물'이라는 것들은 어떤 면에서 유용하기도 하다. 나는 우리가 지금 걷고 있는 곳에서 그리 멀지 않은 한 강의홀에서 프린스턴 대학의 동물 집단 행동 전문가 이아인 코진Iain Couzin교수의 강의를 들은 적이 있다. 나는 그에게 강당에 있던 사람들이 출구를 통해 원활하게 밖으로 나갈 수 있고, 붐비는 보도에서도 혼잡을 최소화할 수 있는 이유에 대해 질문했다. 그러자 코진은 유체역학을 빌어 사람의 움직임을 유체와 기체의 움직임으로 설명했다

“우리 직관에는 어긋나지만 방해물이 생기면 실제로 흐름이 더 원활해 집니다.” 그가 말했다. 출구에 봉을 하나 세워놓으면, 또는 길 한가운데에서 약간 치우친 곳에 무엇이든 눈에 보이는 장애물을 가져다놓으면 흐름이 더 원활해진다. 이 역설은 ‘상자 채우기 문제packing problem’와 관련이 있다. “비좁은 곳에 들어가야 하는 경우, 한가운데에서 조금 벗어난 곳에 장애물을 놓으면 사람들이 그걸 피해 다녀야 하기 때문에 대칭이 깨지죠. 그러면 공간을 통한 흐름이 교대로 일어나기 때문에 효율성이 아주 높아집니다.”

통로가 좁으면 자연스레 군중(또는 유체나 기체)은 번갈아 오간다. 자기조직화가 일어나기 때문이다. 내가 산책을 통해 눈을 뜬 것처럼 그들도 새로운 것에 눈길을 보내게 된다. 장애물은 이런 식으로 움직임을 멈춰 버리는 게 아니라 오히려 돕는다.

켄트가 갑자기 걸음을 멈췄다. 우리는 미로처럼 꼬불꼬불한 길을 통해 생각보다 빨리 그의 사무실 앞으로 돌아온 참이다. 가끔씩 발걸음을 늦췄던걸 감안하면 우리는 꽤 빨리 걸었다. 사무실에 들어가니 다채로운 색깔의 의자가 드문드문 놓여 있어 몹시 개방적인 느낌이었다. 감탄하는 나를 보고 켄트는 화이트의 말을 능글맞게 인용했다. “그저 괜찮은 의자일 뿐인걸요.” 화이트는 사람들이 직접 통제할 수 있는 ‘사소한 무언가’가 있는지 여부는 그들의 도시 경험에 달렸다고 생각했다. 그 예로 앉을 수 있고 원하는 대로 조절도 가능한 의자 같은 것이 있다. 실

제로 공적 공간에서 의자에 앉아 있는 사람들을 촬영한 비디오를 보면 사람들은 앉기 전에 의자를 조금 조절하곤 했다.• 화이트는 이를 보고 사람들이 아주 시끄럽고 공적인 공간에서도 괜찮은 의자 하나만 있으면 편안하게 느낀다는 사실을 깨달았다.

그 말을 하며 켄트는 자리에 앉아 내게 작별 인사를 건넸다. 나는 천천히 밖으로 걸어나갔다. 이제 완전히 달라 보이는, 사람들로 북적거리는 사교적인 거리로.

• 맨해튼 미드타운에 위치한 한 블록 길이의 브라이언트 공원에는 1,000개가 넘는 가벼운 의자가 놓여 있다. 켄트가 이끄는 PPS는 90년대 초반에 이 공원을 개축하는 데 기여했다. 브라이언트 공원은 공적 공간으로서 대성공을 거두었다.

여덟 번째 산책

의사 베넷 로버 & 물리치료사 에번 존슨과 함께

몹시 효율적인 걸음걸이

"삶이 외부 세계를 여행하는
하나의 움직임이 아니면 무엇이겠는가?
어쩌면 동물만의 특권인 이동 능력이야말로
지식의 열쇠일지도 모른다."

— 조지 산타야나George Santayana

나이가 지긋한 신사 한 분이
두 차선을 한 번에 건너지 못하고
중앙선 위에 서 있었다.
다시 길을 건너기 시작한 신사의 발걸음은
불안하기 짝이 없어서 나는 그의 진로를
방해할까봐 멀리 돌아갔다.

명탐정 셜록 홈즈라는 인물을 구상하기 전에, 아서 코난 도일Arthur Conan Doyle경은 의학 공부를 하고 있었다. 도일 경의 팬이라면 그의 저작에서 의학에 관한 언급을 여럿 발견할 수 있을 것이다. 그런데 사실 도일 경이 남긴 의학에 대한 가장 큰 암시는 모자 쓴 탐정 홈즈 그 자체다. 홈즈의 모델은 도일 경이 다니던 의대 교수 가운데 하나인 조세프 벨Joseph Bell 박사인데 그는 희귀한 능력의 소유자였다. 진찰할 때 혈액 검사를 하거나 엑스레이를 찍기는커녕 손 한 번 대지 않고 눈앞의 환자를 그저 주의 깊게 쳐다보는 것만으로 정확한 진단을 해냈던 것이다. 확실히 피부 외형, 입 냄새, 자세와 발걸음은 전부 의학 용어로 '징후'라고 부르는, 병의 증상이다. 환자는 이런 요소에서 이상을 발견하고 의사를 찾아가는 것이다. 그래서 박사는 학생들에게 "질병이나 부상의 특징을 가장 친한 친구의 이목구비, 걸음걸이, 습관만큼이나 잘 알아야 한다"고 강조했다. 군중 속에서도 친구를 즉각적으로 알아볼 수 있는 것처럼 질병 역시 무엇에 주목해야 하는지만 알고 있으면 쉽게 알아볼 수 있다는 것이 그의 주장이다.

도일은 벨 박사가 한 남자를 흘끗 훑어보고 직업을 알아내는 것에 깊은 감명을 받았다. 박사는 남자의 절뚝거리는 걸음걸이와 무릎 안쪽이 해진 바지를 보고 가죽을 무두질할 때 쓰는 부드럽고 무거운 무릎돌을 끼운 흔적임을 알아내서 그의 직업을 맞췄다. 셜록 홈즈는 바로 이 '사소함의 천재', 학습이 아니라 관찰의 천재에게서 유산을 물려받았다. 나는 시설 좋은 병원에서 일하는 오늘날 의사들에게도 이런 관습이 남아 있을지 궁금했다. 사실 내가 환자로 방문했던 병원은 어느 곳이든 내 가슴 속의 심장보다 내 침대 옆의 심박수 측정기에 더 세심한 관심을 기울이고 있었다. 기구를 이용하는 대신 환자들이 스스로 드러내는 사소한 사항들을 관찰함으로써 증상을 해석하는 의사가 아직도 있을까? 도일 경에 의하면 벨 박사는 '무한히 사소한' 세부 사항이 특히 중요하다고 강조했다. 모두에게 있지만 아무도 신경 쓰지 않는, 눈에 보이는 흔적들 말이다. 그래서 나는 나만의 셜록 홈즈를 찾아 나서기로 했다.

내가 찾아낸 사람은 베넷 로버Bennett Lorber 박사다. 우리는 내가 대학 시절을 보낸 도시이며 그가 현재 살고있는 필라델피아에서 함께 산책하기로 했다. 로버는 템플 대학교 의과대학 교수이며 미국에서 가장 오래된 의학 기관인 필라델피아의학회의 회장직 당선자였다. 우리는 벽에 어두운색 패널이 붙어 있는 의학회 건물 로비를 약속 장소로 정했다. 의학회 건물에는 병력 표본들의 놀라운 저장소인 뮈터박물관이 있다. 나는 로버를 기다리면서 뮈터 박물관의 진열장을 훑어보았다. 진열장에는 최근 박물관에 도착한 아인슈타인의 뇌 조각이 들어 있었다.

로버 박사는 개업의이기도 하다. 내가 그와 함께 걸으며 부탁한 것은 그때그때 지나가는 사람들에 대해 진단을 내려달라는 것이다. 사람들은 단순히 외출을 하는 것만으로 의도치 않게 몸과 걸음걸이와 어깨가 굽은 각도, 위아래 턱의 모양을 통해 생애 이력을 드러낸다.

로버를 기다리면서 나는 약간의 두려움을 느끼지 않을 수 없었다. 내게 특징적인 틱 장애가 있는 것은 아닐까? 볼을 붉

힘으로써 어떤 비밀을 폭로하게 되는 건 아닐까? 동공이나 치아, 악수할 때 손을 잡는 방법에서 나 자신도 모르는 무언가를 드러내지는 않을까? 셜록 홈즈가 한심하게도 명백한 사실들을 놓쳤다고 조수 왓슨을 부드럽게 꾸짖는 장면이 절로 떠올랐다. "옷소매가 얼마나 중요한 사실을 내보이고 있는지. 엄지손톱이 얼마나 풍부한 것들을 암시하고 있는지, 신발 끈에 얼마나 심각한 문제들이 드러나 있는지, 자네는 결코 깨닫지 못하는 것 같군." 나는 옷소매를 팽팽히 잡아당겨서 단정하게 정리하고는 신발을 내려다보았다. 휴, 다행히 끈이 없는 신발이었다. 다음으로 엄지손톱을 보니 이랑이 가 있는 게 눈에 띄었다. 양쪽 엄지손톱 모두 케라틴이 움푹 들어가 작은 구멍이 파여 있었다. 나는 미간을 찡그렸다. 이게 무슨 뜻일까? 철분 부족? 간 질환? 곧 쓰러질 거라는 경고? 나는 엄지손가락으로 아이폰의 구글 창에 '손톱 이상'을 검색했다. 검색 결과가 수천 개 떴다. 처음으로 눈에 들어온 것은 이런 문장이다. '손톱 표면상의 문제는 손톱 기부의 조모 파열로 인한 것이며, 손톱 깊은 곳의 문제는 손톱 말단의 조모 파열로 인한 것이다.' 응? 조모 파열? 잘 모르는 단어가 두 개나 들어간 의학 자료는 내게 근심을 안겨주었다.

그 순간 로비의 프런트데스크에 날씬하고 정장을 입은 남자가 나타나서 나는 그리로 시선을 돌렸다. 로버가 분명했다. 훌륭한 추리(남자는 로비에 있던 사람 중 옷을 가장 잘 차려입고 정확히 우리가 만나기로 한 시각에 나타났다)에 으쓱해져서 나는 울퉁불퉁한 엄지손톱 따위는 금세 잊고 그에게로 다가갔다.

로버 박사는 상냥한 미소로 나를 맞아주었지만 기진맥진한 기색이었다. 내게로 돌아서 악수를 하면서 그는 숨을 깊이 내뱉었다(내 악수법에 대해 논평하지는 않았다). 로버는 그의 전공 분야인 미생물학과 개인적인 관심 분야인 예술을 통합한 강의를 하고 온 참이다. 우리는 산책을 시작하기 전에 로비에 놓여 있는 짙은 색 의자에 앉아 잠시 휴식을 취했다. 사실 로버 박사의 전공은 혐기성 감염을 진단하고 연구하는 것이지만, 내가 그를 만나러 온 까닭은 그가 부수적으로 신체검진에 관심을 두고 있기 때문이다. 다른 교수들처럼 로버는 임상 기술을 배우는 학생들을 지도하는 역할을 하며 병력 청취와 신체 검진을 어떻게 하는지 학생들 앞에서 시범을 보인다. 이는 그에게 무척 즐거운 일일 것이다. 학생들이 예과 과정에서 몇 년 동안이나 주입식 암기 공부를 하느라 놓치고 있던 것을 보완하고, 다시 눈앞에 앉아 있는 환자를 제대로 보게 할 기회이니 말이다.

로버 박사는 금속공이자 제도사를 겸했던 아버지에게서 영향을 받았다고 한다. 아버지는 자녀들에게 시각적 예리함을 물려주었다. "어딘가에 갔다가 돌아오면 아버지는 저희에게 그곳의 도면을 그려보라고 시키셨어요. 피아노는 어디 있었는지, 창문은 어디 있었는지 물으셨죠. 아버지는 무엇이 어디에 있었는지 전부 알고 계셨어요. 그런 일을 몇 번 겪고 나서 저희는 시각에 주의를 기울이게 되었죠."

몇 년 후 성인이 된 로버 박사는 어렸을 때 받은 시각 수업을 토대로 그가 맡은 의대생들을 위해 간단한 시험을 고안했다. 로버는 학생들 한 조를 입원실로 데리고 가서 환자를 소개하고 방 안을 한 번 훑어보게 한 후에 말한다. "모두 뒤돌아서 벽을 보세요.”

“그러고 나서 학생 한 명에게 질문을 합니다. ‘존슨 부인에 관해 아는 것 하나를 말해주세요. 하나면 됩니다. 아무거나요.’ 그러면 보통 학생들은 ‘링거를 꽂고 있어요’라고 대답하죠. 그게 제일 많이 나오는 대답이에요. 그러면 저는 다시 말합니다. ‘맞아요. 그런데 링거가 어디 있죠? 팔에 꽂고 있나요? 오른쪽 팔인가요, 왼쪽 팔인가요? 아니면 목에 꽂고 있나요?’ 대부분이 질문에 대답하지 못합니다. 그러고 나면 다음 학생에게 처음의 질문을 다시 던져요. 그럼 꼭 이런 대답이 돌아오더라고요. ‘저도 링거를 꽂고 있다고 말하려고 했는데요.’”

로버 박사는 이윽고 그가 관찰한 사실들을 줄줄 읊기 시작한다. 환자는 침대 옆 탁자에 성경을 한 권, 무릎에도 한 권 올려두고 있었다. 벽에는 사진이 몇 장 걸려 있었고 의자가 하나 놓여 있었으며 ‘사랑하는 할머니께’로 시작하는 편지 몇 장이 있었다. 이런 사실을 통해 보건대 환자가 독실한 종교인이며 사랑스러운 손자들이 여럿 있다는 것을 알 수 있다. 학생들은 로버 박사의 말을 듣고 나서야 비로소 링거액에 가려져 있던 환자의 모습을 상기해낸다. 그 학생들은 다음번에 입원실에 들어가면 환자와 그 주변을 주의 깊게 살펴볼 것이다. 관심을 갖지 않았다면 놓쳐버렸을 것들을 비로소 보게 된 것이다.

로버 박사가 한숨 돌리게 하려고 자리에 앉은 것이지만 휴식은 오래가지 않았다. 엉겁결에 로버를 따라 일어서니 그가 건물 안 출입제한구역에 쳐둔 벨벳 밧줄 뒤를 구경시켜주었다. 널찍한 강의실과 고대의 의학 서적들, 예술품 및 의학 용품 사이에는 일종의 예술적 현실의 다양한 사례들이 있었다. 토마스 에이킨스Thomas Eakins•가 그린 안과 의사 윌리엄 톰슨William Thomson 박사의 유화 초상화 앞에는 초상화 속 주인공이 든 검안경이 놓여 있다. 장엄한 계단을 올라가보니, 수많은 열띤 학생들 앞에서 해부를 하고 있는 19세기 말 외과 의사의 거대한 사진 앞에 대리석 석판으로 되어 거미줄 모양 배수구가 나 있는 해부 책상이 놓여 있었다.

우리는 의학 연구에 바쳐진 박물관인 이 건물 바깥에서 우리만의 의학 연구를 진행하려는 참이다. 직접 체화된 예술이 되어보고자 한 것이다. 즉, 우리는 갑상선을 촉진하거나 비장을 타진하는 대신 우리를 향해 걸어오는 사람들이 보여주는 몸을 연구할 작정이다. 공간 안에서 움직이지만 몸에서 제대로 기능하지 못하는 부분들을 드러낸다. 뻣뻣한 걸음걸이, 비대칭으로 흔드는 팔, 소리를 들을 때 몸을 심하게 기울이는 경향, 애처로운 태도와 표정 등.

건물에서 10미터도 걸어 나오지 않았을 때, 우리는 남자 두 명이 다가오는 것을 목격했다. 연구가 시작된 것이다. 나는 주변을 재빨리 살펴보았다. 이미 12월에 접어든 계절임을 감안하면 퍽 따뜻한 날씨였다. 비가 내리는 날이고, 필라델피아는 이미 촉촉이 젖어 편안한 색채를 띠고 있었다. 노란 은행잎이 석판으로 만들어진 계단과 보도의 정사각형 블록을 단장해주었

• 견고한 해부학적 지식을 바탕으로 인체를 정확하게 묘사한 미국의 대표적인 사실주의 화가 - 역주

다. 로버와 우리는 다가오는 남자들을 슬며시 엿보았다. 나는 뭐든 발견해내려고 애썼다. 어떤 문제가 있을까? 코트? 잘 입고 있다. 비옷? 없다. 하지만 지금은 비가 내리고 있지 않다. 음, 수족이 멀쩡히 붙어 있는가? 그런 것 같다.

내가 내릴 수 있는 진단은 여기까지가 한계였다. 다시 말해 아무것도 알아낼 수 없었다. 하지만 로버는 달랐다. "저 신사 분은 전고관절 대치술이 필요하군요."

로버가 한 말은 그게 다였지만 그 말을 듣자마자 나는 오른쪽에서 걷는 남자가 절뚝거리는 것을 알아챘다. 시각이 예리하게 깨어나자 한 걸음 걸을 때마다 절뚝거림이 더 심해지는 것처럼 보였다. 남자는 심하게 절뚝거렸다! 나는 그걸 보고도 점퍼에 충전재가 빵빵하게 들어가 있다는 것밖에 몰랐다.

걸음걸이는 모든 허물을 드러내준다는 점에서 포커 플레이어들의 텔tell•과 같다. 걷는다는 것은 일종의 '조절된 넘어짐'이다. 우리는 다리를 반경으로 하는 원의 중심 쪽으로 가속해가고, 그동안 관골은 우리 몸의 원 위에 호를 그린다.•• 호모 사피엔스 종의 구성원들은 다양한 신체 형태를 갖고 있지만 그들의 걸음걸이가 정상적인지 알아내는 건 이목구비를 알아보는 것만큼이나 간단하다. 연구원들은 '여러 부분으로 구성된 하지 한 쌍과 체질량 전체 사이의 상호작용', 즉 두 다리와 그것의 주인 사이에서 일어나는 상호작용의 순서와 지속 시간, 단계를 수량

• 들고 있는 패에 따라 바뀌는 플레이어들의 표정, 몸짓, 버릇 등 -역주

•• 속보로 걷는 사람들은 좀 더 완만한 호를 그리며, 넘어지는 방향보다는 앞으로 나아가는 방향으로 가속한다.

화했다.

설명하자면 다음과 같다. 당신은 두 다리로 서 있다. (우선 그 점을 축하하고 넘어가야겠다. 두 발 보행은 동물들 사이에서 몹시 드물며, 우리가 평생 미조정하며 살아야 하는 신체에 수많은 기관 문제와 균형 문제를 일으킨다. 아기들은 태어나서 1년이 완전히 지나야 남의 도움 없이 직립할 수 있는데, 이는 인류가 수백만 년에 걸쳐 이룩한 성과의 축소판과 다름없다. 14개월이 되면 아기들은 한 시간에 대략 2,000발짝을 걸을 수 있다. 그리고 한 시간에 15번 정도 '꽈당!' 하고 넘어진다.) 당신 또한 걷기를 시작하기 위해 코를 앞으로 내밀고 몸을 앞으로 휘청거린다. 당신은 공중으로 향하고 있다. 한 발을 들어 올려 움직이기 시작하면서 체중이 다른 다리에 실리고, 당신은 이미 앞뒤 양옆으로 균형을 잃었다. 체중에서 벗어난 다리의 종아리를 들어 올리면 엉덩이가 따라 올라간다. 이때 받은 후방으로 회전한다. 만약 복근이 제 역할을 하지 않으면 근육의 힘이 더 강한 허리나 엉덩이에서 긴장감이 느껴 질 것이다. 들어 올린 발의 발가락은 바닥을 향하고 있지만 뭉툭한 발꿈치를 땅으로 보내려면 발등보다 높이 솟아올라야 한다. 반대편 발은 발가락으로 몸무게를 받아내며 움직임에서 전해지는 압박감을 느끼고, 이후 움직이기 위한 준비 태세로 발가락 끝에 힘을 주고 오므리기 시작한다. 발꿈치가 땅에 가닿고 발의 나머지 부분도 발꿈치를 따라 땅에 닿으면 무릎은 충격을 흡수하기 위해 구부러진다. 발 바깥쪽에서 안쪽으로 몸이 기울어지고 무릎은 발의 중심선 위에서 균형을 잡는다. 이제 당신은 한 발짝을 내디딘, 정형외과 의사들이 '입각기stance'라고 부르는 자세를 취하고 있다.

사실 이때는 두 발이 다 땅에 닿아 있다. 사람은 말처럼 두 다리를 땅에서 떼고 걸을 수 없기 때문이다. 그건 걷는 게 아니라 '뛰는' 것이다. 걸을 때는 한 발을 공중에 뗀 시간보다 두 발이 땅에 닿아 있는 시간이 더 길다. 그러니 목적지까지 걸어서 가면 일찍 도착할 수 없는 게 당연하다. 반쯤은 멈춰 있는 것이나 마찬가지니까.• 한 발을 디디면 다른 발도 보조를 맞추기 위해 따라온다. 이론적으로는 두 번째 발이 첫 번째 발과 정확히 같은 행동을 수행할 것이다. 그러나 정확히 같은 행동이란 거의 일어나지 않는다. 이것이 걸음걸이 분석을 통해 외부적으로 나타난 내부의 장애를 관찰할 수 있는 근거가 된다. 걸음걸이는 여러 특징적인 방식으로 잘못될 수 있다. 비대칭적인 걸음걸이는 신체 한쪽에만 생긴 수많은 문제를 폭로한다. 한 걸음이 아니라 한 발짝만 처음부터 끝까지 보아도 증세를 확인할 수 있다. 어기적어기적 걷는 것처럼 보이는 사람은 근육성 질환이 있을지 모른다. 골반 근육을 고정시키지 못해 걸을 때마다 골반 전체를 기울이며 걷는 것이다. 다리를 씰룩거리며 들썩이듯 걷는 과잉운동성 걸음걸이는 뇌의 기저핵에 문제가 있다는 뜻일 수 있다. 경련을 동반하는 빠른 걸음걸이는 파킨슨병 증상일 가능성이 있다. 걸음을 내디딜 때 발가락이 땅에 끌리거나 그것을 방지하려고 무릎을 지나치게 높이 든다면 비골신경에 손상이 있

• 터무니없이 오랜 시간 동안 사람들의 걸음걸이를 지켜본 연구원들에 의하면 우리가 걷는 시간 중 멈춰 있는 시간이 반 이상이다. 걷는 시간의 62퍼센트가 두 발을 땅에 디딘 스탠스 자세이고, 한 발을 들어 올리고 있는 시간은 38퍼센트뿐이다.

을지도 모른다.

비골신경에 대한 것은 내가 스스로 알아낸 것이다. 원통하게도, 이번 프로젝트를 위해 일련의 산책을 하던 사이 나는 등을 다쳤다. 아이가 걸을 수 있는 범위 밖으로 외출할 때면 사용하던 배낭형 아기띠에 아이를 올려 넣는 순간 나는 뭔가 비틀리는 느낌을 받았다. 며칠 뒤, 나는 '비틀리는' 느낌이 실제로 일어난 일을 정확히 묘사하는 단어라는 사실을 알게 되었다. 척추뼈 두 개(등 통증이 있거나 알파벳과 숫자로 된 용어를 알아가는 것을 좋아하는 독자를 위해 알려드리자면 뼈 이름은 L5와 S1이었다) 사이의 추간판이 탈출한 것이다. 좌골신경이 압박된 탓에 고통이 왼쪽 다리를 통해 경련처럼 전해졌다. 한 주 동안 다양한 스테로이드제를 투여하고 진통제까지 놓은 끝에 고통은 완화되었다. 하지만 한 번 압착된 신경은 회복되는 데 몇 주, 몇 달, 심지어 몇 년이 걸릴 터였다. 그 기간 동안 자극을 받지 못해 무감각해진 왼발과 좌측 둔근을 비롯한 여러 근육의 신경은 사실상 쓸모가 없을 것이다. 나는 한참이나 발을 쳐다보며 발가락을 오므리려 했다. 발가락에는 아무런 문제도 없어 보였고 손으로 밀면 밀렸지만 만지면 싸늘했다. 내 근육들은 베개를 뒤집어쓰고 안대를 하고 귀마개까지 낀 채 깊이 잠들어 있었다.

내 걸음은 서투르고 느려졌다. 발가락을 들어올리고 발과 발에 무게를 실은 몸을 앞으로 밀어내는 역할을 하는 근육들이 작동하지 않고 있었다. 다리를 들어올리는 데 책임이 있는 근육도 마찬가지였다. 그래서 나는 등 근육을 이용해서 다리를 일단 앞으로 던지다시피 하고 그것을 축으로 몸을 당겼다.

내 걸음걸이를 물리치료사들은 '장애가 있는 걸음걸이'라고 부른다. 나는 걸음걸이에 이상이 생기고 나서야 다른 사람들의 걸음걸이 장애에 대해서도 알게 되었다. 결국 나는 신경 압착을 풀기 위해 등 수술을 받아야 했다. 6주 후 어느 날, 나는 맨발로 반바지를 입고 물리치료사 사무실의 긴 복도를 걸어갔다. 복도 끝에는 에번 존슨Evan Johnson이 서 있었다. 그는 낮은 의자에 완벽한 자세로 앉아서 내 걸음걸이를 관찰했다. 물리치료사들 사이에 전통적으로 널리 사용되고 있는 '걸음걸이 검사'는 간단하지만 신체의 이상을 신기할 정도로 잘 드러낸다. 그 절차는 산뜻할 정도로 절제돼 있다. 환자는 단지 걷다가 뒤를 돌아 다시 걸어가면 된다.

내 담당 신경외과 의사는 고집스러운 추간판을 한 조각 잘라내느라 내 척추의 내부 구조를 들여다보고 등을 다시 꿰맨 다음에 이런 진단을 내렸다. "다리를 사용하는 기능은 완벽하게 회복될 수도, 아닐 수도 있어요. 아직 모르겠군요." 이럴 수가! 신경외과 의사조차 모른단 말인가? 믿을 수 없이 우울한 소식이었다.

신경뿌리 부상의 경우 회복 예후를 절대 단정 지을 수 없다는 사실을 나는 그럭저럭 받아들였다. 그러나 존슨은 내가 걸어갔다가 오는 것을 보더니 의자에서 일어섰다. "다시 뛸 수 있게 될 겁니다." 존슨이 말했다. "시간은 좀 걸리겠지만요." 그가 덧붙였다.

그의 말이 맞았다. 집중 재활치료는 성공적이었다. 6개월 후에 존슨은 나와 함께 사무실에서 바깥으로 산책하러 나가면서 내가 눈에 띄게 절뚝거리지 않는다는 점을 언급조차 하지 않았다. 다시 걸을 수 있게 됨으로써 나는 나의 가장 소중한 특성을 되찾았다. 다시 '보통' 사람이 된 것이다.

존슨은 키가 크고 환하게 미소 지을 수 있는 남자다. 하지만 이런 특징들로는 알 수 없는 사실이 하나 있는데, 바로 그가 한때 전문 무용수였다는 것이다. 다른 무용수를 들어올리다가 부상을 얻은 그는 자신을 치료할 방법을 찾다가 결과적으로는 물리치료 분야에서 박사 학위를 얻게 되었다. 지금 그는 콜롬비아 대학 의료센터의 신경 분과인 척추외과에서 물리치료과장을 맡고 있다. 존슨은 주말을 앞둔 금요일에 나와 만나 산책을 했다. 도시는 그곳에서 벗어나려 하는 시민들로 가득했다. 비가 막 공기를 씻어낸 참이고 보행자들은 코트를 벗고 셔츠 바람으로 한껏 즐거워하고 있었다.

우리는 왼쪽을 보았다. 사람들이 걸어가고 있었다. 오른쪽을 보았다. 마찬가지로 사람들이 걸어가고 있었다. 그들은 모두 자기도 모르게 걸음걸이 검사를 받고 있었다. 나는 존슨에게 모든 걸음걸이가 평범한 걸음걸이 또는 절뚝거리는 걸음걸이의 두 가지로 분류되는 것 같다고 솔직하게 고백했다. 잘 걸어 다니는 사람들이 있는 한편, 몸이 약하거나 나이가 너무 어리거나 많아서 절뚝거리며 걷는 사람들이 있다. 하지만 걸음걸이에 대해 그 이상 알아낼 수 있을 것 같진 않았다.

존슨은 다음 90분 동안 내 생각을 바꾸어놓았다. 세 걸음을 떼자마자 그는 첫 번째 연구 대상을 발견했다.

"……저기 걷고 있는 여자가 아주 무거운 가방을 든 게 보이죠?" 여자는 오른쪽 어깨에 가방을 메고 있었다. "하이힐을 신은 발을 내딛고 추진력을 얻기 위해 팔을 왼쪽으로 흔드는 내내 몸이 왼쪽으로 기울어 있어요. 오른쪽 어깨 높이가 보이나요? 어깨 근육을 편하게 목 아래로 내려뜨리는 대신 상부 승모근에 힘을 줘 몸 오른편 전체를 위로 끌어올리고 있어요. 오른쪽 사각근이 경직됐을 가능성이 있습니다."

하이힐 부츠와 짧은 원피스를 입은 그 여자는 도시의 평범하기 그지없는 행인처럼 보였다. 그러나 자세히 보니 가방을 들고 있느라 오른쪽 몸이 불편한 자세로 굳어 있고 왼팔은 발가락에 대고 지휘라도 하는 것처럼 과도하게 앞뒤로 흔들렸다. "죽기 살기로 고생하며 걷고 있는 거예요. 잠재적 환자죠." 존슨이 덧붙였다.

물리치료사의 눈에는 모두가 잠재적 환자로 보이는 것일까? 여자가 우리에게서 멀어지고 나서 나는 존슨에게 거리에서 가장 흔히 보이는 장애가 무엇이냐고 물었다.

"자주 보이는 것 중 하나는 습관적으로 구부정한 자세입니다. 척추를 심하게 휜 채 머리를 앞으로 숙인 자세인데 나이든 사람들에게서 특히 자주 보입니다. 그중 많은 사람들이 결국 척추협착증을 얻게 되요. 앞으로 몸을 구부리면 등의 조직과 신경에 공간이 생겨서 더 편해지거든요."

2초 후에 방금 그가 설명한 사례가 눈앞에 나타났다. "저기, 저 사람 좀 보세요."

숱이 적은 흰 머리에 양복을 입은, 큰 키에 거구인 남자가 우리 쪽 보도에서 차도를 향해 걸어가고 있었다. 그의 목은 머리를 떠받치기보다는 앞쪽으로 밀고 있는 듯했으며 등은 존슨이 말한 것처럼 굽었다. 양복 앞면이 뒷면보다 더 아래로 내려갔다. 나는 저 사람은 옷을 맞추기가 아주 어렵겠다고 말했다.

"그럴 겁니다! 몸 때문에 그렇죠. 손바닥이 몸 뒤쪽으로 돌아간 게 보이 세요? 어깨가 안으로 휘어서 저렇게 된 거예요. 몸을 앞으로 숙이면 등이 둥글게 구부러지고 머리와 어깨가 앞으로 나오거든요. 그러면서 양복 앞면도 앞으로 처지는 거죠. 쉽게 말하면 중력에 굴복한 겁니다. 인대에 의지하는 게 근육에는 부담이 덜 가거든요. 하지만 시간이 흐르면서 인대는 닳고 심지어 뼈도 변형돼요. 골다공증이 있고 뼈가 부드럽다면 척추 뼈는 다른 뼈를 지탱하느라 서로 안쪽으로 파고들기 시작합니다."

그렇게 되면 척추 뼈는 앞면이 더 작고 뒷면이 더 큰 모양으로 변형된다. 이제 우리는 그저 길을 건너는 남자가 아니라 서로 파고들기 시작한 그의 척추 뼈를 보고 있었다. 1분 후 또다시 진행 중인 장애가 의상으로 강조된 사례가 나타났다.

"바지를 보세요." 존슨이 체격 좋은 남자 하나를 가리키며 말했다. 나는 시키는 대로 그를 관찰했다. 파란색 바지는 너무 길어서 신발 위로 주름이 잡혀 있었다.

존슨은 그가 관찰한 것을 침착하게 설명해주었다. "바짓부리랑 신발이 어떻게 됐는지 한번 보세요. 바짓부리는 다리 안쪽보다 바깥쪽이 더 많이 접혀 있고, 신발도 안쪽보다 바깥쪽이 더 많이 닳아 있지요? 걸음걸이를 지켜보면 무릎이 굽은 게 보일 겁니다. 양 무릎이 스치고 발이 나갈 때 말이에요. 무릎이 굽으면 다리 바깥쪽이 쉽게 짧아지고 안쪽이 길어져요. 그래서 골반의 움직임이 달라지고 신발이 불균일하게 닳는 거죠."

예리한 걸음걸이 관찰자는 바짓부리와 닳은 신발에서 이상한 낌새를 포착하고 걸음걸이의 구조적 문제를 추론해낼 수 있다. 발바닥의 오목한 부분이 땅으로 내려앉았거나 엉덩이가 골반에서 조금 앞쪽으로 비틀려 있는 등의 문제 말이다. 이 작은 해부학적 변형은 시간이 흐르면서 수백만 번의 걸음을 디딘 끝에 후천적 기형으로 발전한다.

이 사실을 알고 나자 처음에 '평범해' 보였던 걸음걸이들은 이제 더 특별해 보였다. 존슨과 나는 한동안 보도 가장자리에 자리를 잡고 서 있었다. 근처의 지하철역에서 보도로 쏟아져나온 수많은 행인들이 짧은 신호등을 놓치지 않으려 급히 걷고 있었다. 존슨은 이 사거리가 클리닉 환자들과의 대화 소재로 빈번히 등장한다고 알려주었다. 길이 유독 긴 반면 신호는 유독 짧았기 때문이다. 환자들은 대부분 급히 걷거나 달리지 않고서는 이 길을 한 번에 건너지 못한다. 그런 압박 상황에서 걸음걸이의 이상은 더욱 두드러진다.

길모퉁이와 보도를 지켜보고 있던 존슨이 빠르게 논평을 쏟아냈다. "저 여자는 무릎에 과신전이 일어나고 있어요. 비활성 조직인 인대와 가골을 이용해 충격을 흡수하고 있네요. 무릎이 안쪽으로 돌아가는 게 보이죠? 무릎 부상과 엉덩이 부상을 입을 후보자로군요." 존슨이 덧붙였다. "달리기는 하지 않는 편이 좋겠어요."

다른 사람에 대해서는 이렇게 관찰했다. "저 여자 분은 뒤뚱뒤뚱 걷고 있네요." 존슨이 지적한 사람은 머리숱이 적고 지나치게 긴 재킷을 입은, 패잔병 같은 분위기의 노인이었다. "오른발로 땅을 디딜 때마다 몸이 오른쪽으로 기울고 왼쪽 엉덩이가 아래로 처집니다. 트렌델렌버그 징후인데요. 중둔근과 엉덩이 옆 근육이 약해진 거예요."

다음 인물이 등장했다. "저 남자는 아주 말랐군요." 검은 모자를 쓴, 약해 보이는 노인이었다. "오른쪽 다리가 무릎에서 바깥쪽으로 휘었어요. 오른쪽 다리 안쪽에 체중이 크게 실리고, 무릎을 굽히는 대신 빳빳이 세운 채로 착지하고 있군요. 무릎 관절이 꽤 아플 겁니다. 근육 표현이 부족해서 다리를 충분히 통제하지 못해요. 이렇게 되면 발꿈치가 무릎 선보다 훨씬 안쪽 땅에 거칠게 내려앉게 됩니다. 그래서 몸이 앞뒤로 흔들리죠."

존슨은 소위 '무질서한' 걸음걸이를 여럿 발견해냈지만 동시에 어떤 사람들을 보고는 감탄을 보내기도 했다. 그 덕분에 나는 성공적으로 걸어 다니는 방법이 아주 다양하다는 사실을 알게 되었다. 모든 특이한 걸음걸이가 병적인 것도 아니다. 하시디즘(대단히 엄격한 유대교의 한 형태) 교인 한 명이 너무 큰 신발을 신고 철썩철썩 소리를 내며 우리 앞을 지나가는 것을 보고 존슨은 최근에 만난 환자 한 명을 떠올렸다. "그 환자는 동방정교회 교인이었는데 걸음걸이 때문에 등 통증이 더 심해졌어요. 척추 추간판이 찢어진 환자는 몸을 앞으로 기울일 때 더 통증을 느끼거든요. 그래서 우리는 자세교정에 시간을 많이 투자했어요. 더 꼿꼿이 선 자세를 연습하려고요. 하지만 환자가 거부했어요. 겸손한 사람의 자세가 아니라고 설명하더군요."

걸음걸이로 종교를 알 수 있다는 것은 새로운 발견이었다.

놀랍게도 종교뿐 아니라 직업도 알 수 있다. 우리는 사다리 가로대 하나를 왼쪽 어깨에 받치고 균형을 잡은 채 걸어가는 중년 남자를 보았다. "걸음걸이를 보아하니 사다리를 자주 저렇게 지고 다닌 것 같군요."

사다리를 어깨에 지고 걸어가는 사람은 당연히 직업상 사다리를 사용하는 사람일 가능성이 높다. 우리는 그가 일하면서 사다리를 얼마나 오래 사용했는지를 대강이나마 짐작할 수 있었다. 다루기 불편한 물체를 한쪽 어깨에 올리고도 걸음걸이는 안정적이었다. 우리가 슬며시 다가가 사다리를 빼 버린다 해도 조금도 달라지지 않을 것 같았다. 만약 사다리를 지고 걷는 걸음걸이에 문제가 있었다면 그는 이미 오래전에 부상을 입고 퇴직했을 것이다. 이와 비슷하게, 책 상자 다섯 개를 등에 지고 속도는 조금 느리지만 평범한 걸음걸이로 오갈 수 있는 사람은 그 일의 전문가임이 분명하니 일을 맡겨도 좋다. 그는 효율적이고 압박이 덜한 걸음걸이를 찾아냈으므로 당신의 사전 더미를 옮기는 정도로 부상을 입지 않을 것이다.

존슨은 완벽한 걸음걸이를 '효율적'이라는 단어로 정의했다. 개들의 걸음걸이(주로 속보)를 평가하는 도그 쇼 심사위원들도 효율적이라는 단어를 사용한다. 사실 견종별 걸음걸이 심사 기준은 존슨의 정의를 살짝 변형한 버전에 지나지 않는다. 말라뮤트는 '지치지 않고 몹시 효율적인 걸음걸이', 로트와일러는 '균형 잡힌 조화를 보이며 강인하고 어디에도 방해받지 않는 확신에 찬 걸음걸이'를 기준으로 평가한다. 걸음걸이에 대한 묘사가 더욱 서정적인 경우도 있다. 저먼 셰퍼드는 '기름을 잘 친

기계처럼 꾸준한 움직임', 아이리시 워터 스패니얼은 '진실하고 정확하며 얼버무리지 않는 걸음걸이', 로디지안 리즈백은 무려 '힘과 우아함 사이의 완벽한 균형'을 보여야 한다. 행인들 가운데는 잠재적 환자들이 더 많았지만 존슨은 균형 잡히고 정확한, 그야말로 완벽한 걸음걸이를 한 사람들도 제법 많이 지적했다. 오르막길에서 옷차림이 전혀 다른 남자 두 명이 길을 내려가던 우리와 마주쳤다. 한 남자는 훌륭한 체격에 헐렁한 면 점프수트를 입은 채 한 손에는 스포츠음료를 들고 있었다. 희끗희끗한 드레드락 헤어 위로는 모자를 썼다. 다른 남자는 날씬하고 머리가 짧으며 밝은 분홍색 셔츠와 광택 있는 회색 정장을 입고 있었다.

첫 번째 남자는 느슨한 걸음걸이로 일정하게 걸었다. 무릎은 구부러져 걸음마다 가해지는 충격을 편안히 흡수하고, 골반은 잘 회전했으며, 팔도 부드럽게 흔들렸다. 회색 정장을 입은 남자는 완벽하게 가지런한 걸음걸이를 보였다. 귀가 어깨 바로 위에 있고 어깨는 엉덩이선 위에 있었다.

존슨은 두 걸음걸이 모두 이상적이라고 평했다. 비대칭이 적고, 부드럽고 느슨했으며, 앞으로 나아가는 것 외에 다른 부분에 에너지를 낭비하지 않았다. 진화적 관점에서는 효율성이 핵심이다. 인간은 속도가 빠른 종이 아니므로 우리 조상들은 잠재적 포식자에게 쉽게 따라잡혔을 것이다. 이런 경우 끈기를 가지고, 즉 포기하지 않고 계속 달려가는 사람이 목숨을 구한다. 다시 말해 걸음걸이가 효율적인 사람들만이 살아남은 것이다.

회색 정장을 입은 남자가 차도를 대각선으로 무단횡단했다.

바람결에 정장의 라펠이 나부꼈다. 점프수트를 입은 남자는 걷다가 비계 아래로 쏙 들어갔다. 절대 포식자에게 잡힐 리 없는 사람들이었다.

✶

다시 로버와의 얘기로 돌아가자. 로버와 나는 필라델피아를 걷고 있었다. 우리는 왼쪽으로 꺾어 체스트넛 가로 접어들었다. 한두 방울씩 떨어지던 빗방울은 점차 잦아들었다. 오랜만에 돌아온 필라델피아는 놀라울 정도로 낯익은 동시에 낯설게 느껴졌다. 도시의 풍경들, 상점들, 시민들은 내가 지금 사는 뉴욕과 다를 게 없어 보이지만 그것들을 배경으로 차이점이 돋을새김처럼 눈에 띄게 드러났다. 우선 뉴욕보다 조금 더 오래된 도시라 보도 폭이 좁다. 건물들은 전체적으로 낮아서 키가 175센티미터인 나는 거인이 된 기분이었다. 도시의 지평선도 더 멀리 펼쳐져 있다. 어떤 거리에서는 옆 거리나 동네가 보였는데, 동굴 속처럼 시야가 제한된 뉴욕과는 상당히 다른 모습이다. 기다란 블록 사이사이에 골목이 나 있어 건물 뒤편을 훔쳐볼 수 있다. 골목 하나를 들여다보니 존 해디디언이 말한 도시 야생동물들의 초고속도로가 펼쳐져 있었다.

거리에는 내가 '필라델피아 얼굴'이라고 생각하는 인상의 사람들이 지나다녔다. 필라델피아에서 86년을 산 우리 할머니를 떠올리게 하는 얼굴들이다. 할머니는 이미 돌아가셨지만 나는 체스트넛 가의 어두한 레스토랑에서 할머니를 만나 클램 차

우더 수프를 먹었던 기억이 아직도 생생하다. 그때 우리는 벨벳 쿠션이 놓인 조용한 부스 좌석에 앉아 있었고, 할머니는 소다크래커를 수프 접시 위로 부스러뜨렸다. 지금 나는 필라델피아의 거리에서 할머니와 눈 모양이 닮고 그녀처럼 부드러운 피부에 자신감 넘치는 걸음걸이의 사람들을 볼 수 있다. 할머니가 즐겨 착용하던 팔찌가 짤랑거리는 소리가 환청처럼 들릴 정도였다. 나는 역시 필라델피아 사람인 로버에게 필라델피아인 특유의 생김새에 대해 알고 있느냐고 물었다. 그는 금시초문이라는 표정을 지었다. 아마도 내가 할머니에 대한 향수에 젖어 멋대로 상상한 것이었나 보다.

빗방울이 굵어졌다. 우리는 걸음을 재촉하며 어디에서 비를 피하면 좋을지 얘기를 나누기 시작했다.

"저 여자분 말인데요." 로버가 바로 전에 내뱉은 문장에서 조금도 달라지지 않은 어조로 불쑥 말했다. "유전질환이 있을지도 모르겠어요."

"뭐라고요?" 반사적으로 대답하면서도 내 머릿속은 아직도 비 생각으로 가득했고, 눈은 비를 가릴 만한 곳을 열심히 찾고 있었다.

"XY 염색체에 문제가 있겠군요. 귀가 낮게 붙어 있고 키가 작은 데다 얼굴 아래 피부가 물갈퀴처럼 늘어난 익상경이 나타나는 걸 보니 염색체 이상이 분명해요."

순간 누군가 옆을 지나간 것 같기도 했다. 뒤를 돌아보자 여자 뒷모습이 보였다. 여자는 점점 멀어지다가 우리가 나온 골목을 돌아 사라졌다. 내가 알아챈 것은 여자의 체구가 떡 벌어졌고 머리칼은 갈색이라는 사실뿐이다. 하지만 똑같이 짧은 시간 동안 로버는 그녀의 23번 염색체에 유전적 기형이 있다는 것을 눈치챘다.

놀라운 일이다. 이론적으로야 유전자가 얼굴, 몸, 팔에 확연히 드러난다는 것을 어렴풋이 알고 있었다. 가령 내 눈의 파란색은 내 행동의 결과가 아니라 정자가 난자를 만난 순간 이미 운명 지어졌다는 사실 말이다. 그러나 로버는 이 정도 수준을 넘어서 더 넓은 범위를 진단할 수 있다는 것을 보여주었다. 즉, 신체의 기형뿐만 아니라 행동까지 진단해낸 것이다. 로버는 여자의 얼굴에서 그녀에게 가능한 행동까지 보고 있었다.

로버는 행인들을 보고 즉석에서 자신 있게 진단을 내렸지만, 한편으로는 신중한 태도를 보였다. 환자를 처음 만날 때 사용 가능한 기법 하나를 여기서는 쓸 수 없었기 때문이다. 병력과 직업, 가정생활, 일상 습관 등 '병에 기여하지 않는' 것들은 간과되기 쉽지만 사실 병세를 파악하는 데 매우 유용하다. 모든 증상에는 뒷이야기가 필요하니까.

로버는 환자와 악수하는 것을 좋아한다. 그로써 무엇을 알아낼 수 있는지는 말해주지 않았지만, 짐작하건대 그는 악수를 나누며 개인 대 개인으로, 그리고 의사 대 환자로 대화를 시작하는 것이 아닐까. 나는 이 산책을 마치고 나면 그와 굳게 악수를 해보겠노라 다짐했다.

이후로도 우리 곁을 지나가는 사람은 많았지만 그들의 신체를 직접 경험하기에는 거리가 너무 멀었다. 이는 일면 긍정적으로 보인다. 사람에게 가까이 가면 냄새를 맡게 되는데, 낯선 사람의 냄새는 불쾌하게 느껴질 수 있기 때문이다. 체취를 감추기 위해 뿌린 많은 양의 향수 냄새는 오히려 더 큰 혐오감을 안겨주기도 한다. 그러나 이렇게 남과 거리를 유지함으로써 우리는 많은 정보를 놓치고 있다. 로버는 유년 시절 일요일이면 먹던 팬케이크나 레오니 이모가 만들어준 마들렌 쿠키를 떠올리는 것처럼 향수에 젖어 이야기를 하나 들려주었다. 그에 따르면, 과거에 의사들은 눈을 감고 감염이 의심되는 피부 세포의 냄새를 맡곤 했다. 오늘날에는 보기 힘든 관습이지만, 로버는 항상 담당 환자의 감염된 세포조직을 흡인기로 빨아낸 의사에게 전화해서 조직의 '냄새'가 어땠는지 물어본다. 우리가 대수롭지 않게 생각하는 구취 또한 전신이나 특정 부위의 질환을 드러낸다. 구취에는 생선 냄새, 암모니아 냄새, 퀴퀴한 냄새, 피 냄새 등이 있는데 각각 다른 질병의 지표가 된다. 로버는 그가 담당했던 혐기성 폐 감염 환자 세 명의 경우 '썩은' 듯한 구취가 처음으로 나타났으며 그다음으로 호흡 시의 고통이나 기침, 열 같은 증상을 보였다고 서술했다. 심지어 어떤 환자는 구취가 유일한 증상이었다고 한다.

나는 부지불식간에 입을 꾹 다물었다.

몸에서는 냄새만 나는 게 아니다. 신체가 정상적으로 원활히 작동하고 있을 때에도 몸 안에서는 '윙' 하는 작은 소음이 나고, 몸에 문제라도 생기면 정도가 더욱 심해진다. 19세기 프랑스 의사인 르네 라에네크René Laënee는 사람의 몸에 귀를 기울였을 때 들을 수 있는 소리의 목록을 만들었다. 여성 환자의 몸에서 나는 소리를 듣기 위해서는 종잇조각을 돌돌 말아 귀에 댔는데, 이는 풍만한 여성의 몸 위로 몸을 기울이는 것이 어느 모로 보나 꼴사나운 일이라 상상할 수도 없었기 때문이다. 라에네크가 만든 단순한 종이 원통은 후에 청진기로 진화했다. 우리는 심장판막이 닫힐 때 나는 낮은 '쿵' 소리와 심장으로부터 흘러나가는 혈액의 리듬감 있는 소리를 듣는 것만으로도 건강 상태에 대해 많은 것을 알 수 있다. 왼방실판막과 오른방실판막이 심방에서 심실로 닫히는 '럽lub' 소리와 심장에서 혈액이 흘러나오면서 대동맥판과 폐동맥판이 닫히는 '덥dub' 소리가 건강 상태에 따라 어떻게 달라지는지 이미 수없이 많은 연구가 이루어졌다. 팔에 혈압계 밴드를 착용한 환자의 심장에 청진기를 대고 있으면 심장이 수축과 이완을 반복할 때 혈류 압력의 차이를 들을 수 있다. 간단한 도구 하나만 더 발명하면 의사들은 우리에게로 다가오는 죽음의 말발굽 소리를 들을 수 있을지도 모른다.

라에네크는 특히 질병으로 인한 소리에 관심이 있었다. 그가 종이 관을 통해 들은 소리의 목록은 시를 방불케 한다. 라에네크는 기관지에서 나는 다양한 소리 가운데 폐렴의 소리가 마치 생소금이 프라이팬 위에서 부드럽게 달궈지는 소리 같다고 기록했다. 폐 염증의 일종인 카타르catarrh 증세의 소리는 비둘기가 '구구' 우는 소리와 너무 똑같아서 혹시 불청객 비둘기가 침대 아래 숨어 있는 건 아닌지 의심이 들 정도였다. 기관지가 막힌 환자에게서는 "작은 새가 지저귀는 소리와 층층이 겹쳐진 대리석 석판 사이에 윤활유를 바르고 서로 떼어냈을 때 나는 부드러운 끼익 소리"가 들렸다. "도자기 꽃병 안에서 날아다니는 파리" 같은 기침 소리는 폐병을 암시한다. 그 외에도 "열쇠

구멍을 통해 한숨짓는 바람 소리" "풀무가 단조롭게 웅얼대는 소리" "편이 도자기 컵에 부딪치는 소리" "팽이 돌아가는 소리" 등을 통해 다른 불운한 질병들의 존재를 알 수 있었다. 로버와 나는 차양 아래에 서서 빗소리를 들었다. 내 몸 안에서 가르릉, 구구, 쉿, 타닥타닥 하는 소리와 휘파람을 불고 톱질을 하는 소리가 난다고 생각하니 기침을 하면서도 이상하게 음악적인 기분이 되었다.

로버와 함께 거리 풍경을 관찰하고 있자니 다가오는 사람들이 모두 새로운 면을 내보이는 듯이 느껴졌다. 그들이 무엇을 보여주고 있는지를 알아 내는 것은 그 자체로 훌륭한 게임이다. 물론 나는 이 게임에 적용할 의학적 지식이 없지만 그 대신 완전한 무지에서 비롯된 초심자 특유의 허세를 발휘했다. 나는 특정한 문제를 짚어내는 것보다는 잠재적 흥미의 대상을 찾아내는 데 더 능숙했다. 게다가 버스 정류장은 행인에게 의학적 렌즈를 들이밀기에 최적의 장소였다. 우리는 사람들 무리에서 조금 떨어진 곳에 낡은 옷을 몇 겹 껴입고 새 신발을 신은 나이 든 여인 한 명이 서 있는 것을 보았다. 그녀의 건강 상태는 몰라도 다른 상황에 대해서는 제법 쉽게 추리할 수 있었다.

그 여자 옆에서 버스를 기다리는 젊은 남자가 내 눈길을 끌었다. 남자는 푹 숙인 머리 위로 티셔츠 후드를 눌러쓰고 왼손으로는 핸드폰을 들어 머리 옆에 댄 채 서성이고 있었다. 걸음걸이가 꽤나 특이했다. 상체와 엉덩이가 편안한 걸음에서처럼 유연하게 회전하는 대신 딱딱하게 굳어 있고, 발끝은 바깥쪽으로 틀어졌다. 로버는 내가 발견한 남자가 저런 증상을 보이는 것은 개성 있는 복장 때문이라고 상냥하게 일러주었다. 남자는 젊은 사람들 사이에 유행하는 식으로 바지를 지나치게 내려 입어서 바지가 발목까지 흘러내리는 것을 막으려고 몸을 뻣뻣하게 흔들고 있었던 것이다.

나는 옷이 아니라 몸 때문에 걸음걸이가 이상해진 사람을 찾아 주위를 둘러보았다. 그때 우아하게 차도를 건너는 중년 남자가 눈에 띄었다. 로버도 그를 발견했다.

"저 사람은 분명히 등에 이상이 있을 겁니다. 척추협착증 때문에 다리 움직임이 제한되고 근육에도 위축이 일어난 것 같아요."

남자를 자세히 보니 과연 로버의 말이 맞는 듯했다. 그의 몸통은 튼튼해 보였지만 두 다리는 몸통에 대롱대롱 매달려 있는 것 같았다. 남자는 성큼성큼 걷는 게 아니라 발을 질질 끌고 있었다.

"다리를 제대로 사용하지 못하는 것 같은데요." 나의 견해였다.

"맞아요. 앞으로 나아가는 게 아니라 다리를 지렛대 삼아 무게중심을 좌우로 밀며 전진하고 있는 겁니다."

길을 건너자마자 보행자 수가 급증했다. D 단계였다. 앞쪽 정류장에 멈춘 버스가 퇴근하는 사람들을 한바탕 뱉어놓고 간 모양이다. 키 큰 어른이 자그마한 아이를 재촉하며 손을 이끌고 있었다. 두 사람의 몸은 우비에 전부 가려 맞잡은 손밖에 보이지 않았다. 나는 어른 손에 끌려 다니는 아이였을 때 어떤 기분이었는지 기억해내려 애썼다. 우리 아들은 벌써 내 손에 이끌리기보다는 나를 끌고 다니는데 말이다.

어쩌면 의사가 진심으로 환자와 공감하려면 어린아이, 중

년 여인, 척추협착증과 혐기성 폐 감염에 걸린 남자가 실제로 '되어 봐야' 할지 모른다. 로버나 존슨 같은 의사들이 환자에게 느끼는 공감에 대해 최근 그럴듯한 신경학적 이유가 밝혀졌다. 1990년대 초반, 이탈리아 연구원 쟈코모 리촐라티Giacomo Rizzolatti는 동료들과 함께 원숭이 뇌를 연구하고 있었다. 그들은 정신이 완전히 깨어 있는 짧은꼬리원숭이의 뇌에 단일 뉴런용 미소전극을 찔러넣어 원숭이가 땅콩을 잡을 때 F5라는 전 운동 영역 가운데 어떤 뉴런이 흥분하는지 기록했고, 그 결과 같은 행동에서 활성화되는 뉴런이 무엇인지 알아냈다. 그러던 어느 날, 리촐라티가 평소와 다른 것을 하나 발견했다. 실험 담당자가 기구를 준비하고 원숭이 앞에 땅콩을 놓는 동안 뇌파 기록기가 켜져 있었다. 그런데 가만히 앉아서 실험을 준비하는 것을 지켜보던 원숭이 뇌에서 똑같은 뉴런이 활성화되는 것이 기록기에 포착되었다. 실험 진행자가 땅콩으로 팔을 뻗을 때 뉴런이 활성화된 것이다. 원숭이 자신은 팔을 몸통 옆에 딱 붙이고 움직이지 않고 있었는데 말이다. 즉, 원숭이의 뉴런은 실제 '행동할' 때와 그 행동을 다른 사람이 하는 것을 '볼' 때 똑같이 활동하는 것이다.

놀라운 발견이 아닐 수 없다. 과학자들은 지금껏 개개의 뉴런을 특정 행동과 결부지어왔는데, 하나의 뉴런이 두 개의 서로 다른 상황에서 활동을 개시한 것이다. 이 장면을 한번 되돌아보자. 짧은꼬리원숭이 한 마리가 등장했다. 녀석은 얼굴이 작고 눈썹으로 풍부한 표정을 지을 수 있는 아름다운 동물이다. 다음으로 연구원들이 들어와서 원숭이 머리를 움직일 수 없게 고

정해놓고 두개골을 열어 뇌 활동을 기록하기 시작했다. 이윽고 원숭이는 실험복을 입은 사람이 눈앞의 단에 땅콩을 올려놓는 것을 보았다. 그 순간 원숭이 뇌는 두 가지를 인식했다. 바로 그 사람이 자신과 다른 '개체'이며 원숭이 자신이 곧 하게 될 활동을 하고 있다는 것이다.

이 실험을 되풀이하고 점점 정교화한 결과 원숭이와 사람 뇌의 다양한 영역에 '거울 뉴런'이 있다는 사실이 밝혀졌다. 거울 뉴런은 직접 무언가를 하거나 그 행동을 다른 사람이 하는 것을 볼 때 활성화된다. 감정을 느끼고 다른 사람의 얼굴, 어조, 단어에서 감정을 감지하는 둘레 계통의 편도체와 섬엽에 존재한다. 거울 뉴런은 남에게 자기 행동을 맞추고, 다른 사람이 발을 접질려 고통스럽게 넘어졌을 때 같이 몸을 움츠리고, 친구가 웃으면 따라 웃고, 영화관에서 배우들이 공포 장면을 연기하는 것을 보면서 진짜 공포를 느낄 수 있게 하는 능력에 일조한다. 아기 때 우리가 남들의 행동을 관찰함으로써 공을 던지고 신발 끈을 묶고 문고리를 돌리는 방법을 배우는 것도 거울 뉴런 덕택이다. 대부분 사람들이 남의 행동과 감정을 보고 공감할 수 있는 것도 마찬가지 이유에서다.

굳이 로버와 존슨의 뇌를 들여다보지 않아도 그들의 거울 뉴런 체계가 남들의 신체와 움직임에 민감하다는 것을 알 수 있다. 이는 직업상 다양한 질병을 경험해봤기 때문이다. 한 연구에서 전문 무용수들의 뇌 활동을 관찰하기 위해 발레리나들에게 다른 발레 무용수들이 춤추는 장면을 보여주었다. 그러자 발레리나들의 거울 뉴런이 맹렬히 활동하기 시작했다. 그들은 무용수들의 동작 하나하나를 자기 것처럼 느끼고 있었다. 무용수가 아닌 사람 둘이 같은 장면을 봤을 때도 거울 뉴런이 활동하긴 했으나 정도가 훨씬 덜 했다. 브라질의 전통 무술 춤인 카포에이라는 여러 동작이 발레와 유사한데, 발레를 보는 카포에이라 전문가들의 거울 뉴런도 발레리나만큼은 아니지만 제법 활발히 움직였다. 마찬가지로 카포에이라를 보는 발레리나들은 카포에이라 전문가만큼은 아니지만 무용을 전혀 하지 않는 사람보다는 더 활발한 거울 뉴런 움직임을 보였다. 여기서 한 가지 중요한 사실을 알 수 있다. 남의 움직임을 자기 것처럼 느끼는 경향이 전문성에서 비롯되며 누구나 그런 능력을 갖고 있다는 것이다.

나는 로버와 함께 긴 직사각형 블록을 돌아보는 산책을 마친 다음 학회 건물로 돌아왔다. 오가는 행인의 수는 이전보다 줄어든 상태였다. 우리는 식사를 마친 후 텅 빈 접시에 감탄하는 것과 비슷하게 잠시 침묵에 빠졌다. 그러다 갑자기 로버의 표정이 밝아졌다.

"저렇게요?"

"네!"

나는 로버가 무엇을 봤는지 깨닫고 기분이 좋아졌다. 필라델피아 특유의 생김새를 지닌 여자가 막 우리 옆을 지나간 것이다. 로버가 내게 새로운 것에 집중하게 해주었듯이 나 역시 그의 주의력을 깨운 모양이었다. 로버가 그 여자에게서 정확히 어떤 특징을 봤는지는 모르겠지만 그는 몇 가지 견본을 토대로 추론한 끝에 조금 전 내가 허구의 분류로 치부했던 필라델피아인 생김새의 사례를 알아보게 된 것이다.

실제로 얼굴 비율에 대해 연구하는 사람들은 이목구비의 분포를 지도로 표시할 수 있다. 인체측정학에서는 얼굴의 주요 지형지물 사이의 거리, 고도, 각도를 재서 다른 사람의 비율과 비교한다. 가장 먼저 눈에 들어오는 부위는 눈, 코, 입일 것이다. 눈썹의 가장 낮은 지점, 콧날과 코끝, 눈의 바깥쪽 경계, 두 턱이 생길 만한 지점, 입의 바깥쪽 경계, 턱에서 가장 오목하게 들어간 곳 등은 눈에 덜 띄지만 얼굴 생김을 결정하는 요소들이다. 연구원들은 이런 부위들의 평균 수치를 통해 '평균적인' 얼굴값을 얻고 다른 얼굴들이 평균 얼굴에서 얼마나 다른지를 구한다. 어쩌면 서로 다른 얼굴 생김새들은 평균 얼굴을 기준으로 하면 크게 다르지 않을지도 모른다. 보통의 여섯 살배기 얼굴을 재보면 눈의 가로 길이가 세로 길이의 세 배이고, 턱은 가로 길이가 세로 길이의 두 배나 되는 걸 알 수 있다. 우리가 보기에는 그저 여섯 살배기처럼 생긴 아이지만 그 생김새를 수치화할 수 있는 것이다.

학회 건물 안으로 돌아와서 나는 로버와 악수를 나눴다. 손을 굳게 잡고 싶었지만 내 손이 차고 축축하지 않을지 걱정되었다. 확실히 내 엄지손톱은 그의 눈길을 끌지 못한 것 같다. …… 아니, 과연 그럴까? 로버의 얼굴에 미소가 번졌다. 그는 돌아서 경쾌하게 걸어갔다.

나는 호텔로 돌아가면서 나만의 의학적 연구를 계속 진행했다. 나는 행인들을 전보다 훨씬 더 찬찬히 살펴보았다. 그러다 보니 오래지 않아 내가 주의 깊게 쳐다보는 사람들이 나를 또는 내 시선을 똑같이 주의 깊게 쳐다본다는 것을 알게 되었다. 윽! 우리 아들을 통해 사람들을 너무 빤히 쳐다보면 안 된다는 교훈을 배웠거늘 벌써 잊어버리고 만 것이다. 나는 인간 상호작용의 법칙을 수용하고 시선을 돌렸다.

나는 로버와 존슨이 볼 수 있었던 것의 일부를 놓쳤지만 그렇다고 아무것도 보지 못한 것은 아니다. 다만 내가 그저 '음, 뭔가 이상한데……' 라는 느낌을 받은 데 비해 그 두 사람은 진단을 내릴 수 있었다. 그러나 내가 높이 평가한 것은 두 사람의 진단만이 아니다. 그들이 지닌 지식으로 말미암아 시선이 변화하는 방식, 즉 '아는 만큼 보는' 능력이야말로 정말 소중한 것이다. 나는 마술사의 가림막 뒤를 살펴본 것 같은 기분이 되었다. 가림막 뒤에는 위대한 마술사인 척하는 하찮은 사람이 아니라 눈한 쌍으로 관찰의 전문가에 등극한 위대한 마술사가 서 있었다.

아홉 번째 산책

시각장애인 알렌 고든과 함께

우리가 듣지 못하는 주파수의 진동들

"보라. 눈을 커다랗게 뜨고, 보라!"

— 쥘 베른Jule Verne

길 저편에서 산들바람이
살랑 불어와 유혹의 손길을 건네기에
나는 반사적으로 그것을 따라
다시 브로드웨이 쪽으로
걷기 시작했다.

연달아 동네를 산책하던 어느 날, 운명이 장난을 걸어왔다. 갑자기 걸을 수 없게 된 것이다. 추간판탈출증에 걸린 지 몇 주 후, 나는 문득 왼쪽 다리를 이용해 앞으로 나아갈 수 없다는 것을 깨달았다. 다리를 움직일 수 없는 건 아니었지만 제대로 쓸 수 없었다.

좌골신경과 왼발이 냉전에 돌입한 것이다. 달릴 수 없는 건 불편하지만 참을 만했고 불완전하게나마 걸을 수 있다는 점에서 나는 운이 좋은 편이었다. 하지만 아들을 데리러 가지 못하는 것은 치명적인 타격이었다. 나는 좌절했다. 아무리 일시적인 것이라 해도 걷지 못하는 장애는 내게 불안감을 안겨주었다. 내 걸음걸이는 어색하고 느렸으며 등 수술을 받고 나서도 좀처럼 예전으로 돌아가지 않았다. 발이 마비됐기 때문에 나는 발을 앞으로 내딛는 대신 옆으로 돌려서 걸어야 했다.

걸음걸이에 이상이 생긴 몇 달 동안 거리는 전과 다른 공간이 되었다. 일시적이든 영구적이든 장애가 있거나 노화라는 궁극의 장애를 겪고 있는 사람이라면 동의할 것이다. 내 왼쪽 몸이 균형을 잡을 수 없었으므로 나는 움직일 때마다 오른발을 땅에 단단히 디뎌야 했다. 그 때문에 엘리베이터에서 한 발짝 물러나 다른 사람이 탈 자리를 만들어주거나 좁은 보도 위에서 다른 사람이 지나갈 수 있게 살짝 옆으로 피해주는 것과 같은 미세한 조정을 재빨리 해낼 수 없었다. 시간 여유가 있어도 힘겹고 우스꽝스럽게 움직일 수밖에 없었다.

나는 이때의 경험으로 길에서 누군가 우리에게 다가올 때 자연스레 우리 몸이 미세하게 움직인다는 것을 알았다. 프레드 켄트와 화이트는 보행자들이 보도에서 일종의 댄스 공연을 벌이고 있다고 주장했다. 우리는 다른 행인들과 악수를 나눌 수 있을 정도로 가가워졌을 때 비로소 그들과 상호작용을 시작한다고 생각하지만 사실은 그보다 훨씬 전부터 서로를 의식하고 경로와 보폭을 조정하고 있다. 나는 이번 기회에 이론상으로만 알고 있던 이 사실을 직접 확인했다. 신경이 근육으로 움직임을 미세하게 조정하라는 메시지를 전달하지 못하면 보행자는 실수투성이가 된다. 실제로 내가 다리를 제대로 쓰지 못한 몇 달 동안 겪은 타인과의 신체 접촉은 도시에 거주한 지난 10년 동안 겪은 것의 총합보다 많았다.

다리 부상으로 심한 불편을 느끼고 있던 어느 날, 나는 알렌 고든Arlene Gordon을 만났다. 후텁지근하고 사방이 고요한 날이었다. 보도를 따라 설치된 에어컨 실외기에서 '쏴아아' '똑똑' 하는 소리가 났고 창문 뒤로는 수를 알 수 없는 아파트 주민들이 찬 공기 속에 숨어 있었다. 공원 벤치들은 쓸쓸히 버려졌다. '잔디가 자라나고 다람쥐의 심장이 뛰는 소리마저 들릴 듯한' 날이었다.

나는 길모퉁이를 돌아 그늘이 없는 넓은 대로로 접어들었다. 근처에서 발전기가 털털거렸고 사이렌 소리가 지평선 쪽으로 낮게 사라져갔다. 주인 손에 끌려 산책을 나온 강아지의 발톱이 콘크리트에 긁히는 소리가 들렸다. 하지만 다른 소리들은 전부 공기 중에 녹아버렸다. 보도 위에 뱀처럼 구불구불 펼쳐진 호스가 가로수 뿌리께에서 속에 든 물을 게워내며 젖은 흙냄새를 풍겼다. 나는 대로 왼쪽에서 세 번째 건물로 다가갔다. 옆 건물들보다 보도 안쪽으로 들어간 건물이었다. 한숨 같은 소리를 내며 문이 스르르 열렸다. 대리석이 깔린 로비를 지나 계단 몇 개를 올라가니 엘리베이터가 나타났다. 나는 뒤뚱거리는 걸음으로 걸어가서 오목하게 들어간 버튼을 누르고 엘리베이터 안으로 들어갔다. 그리고 '삐' 소리가 여섯 번 난 후에 엘리베이터에서 내렸다. 7층에 도착해 왼쪽으로 몸을 틀자마자 누군가 내 이름을 불렀다. "알렉산드라 씨인가요?"

복도 맞은편 문간에 고든이 서 있었다. 완벽하게 다듬은 흰 머리에 키가 크고 환한 미소를 띤 여자였다. 그녀는 한 손으로는 열린 문을 붙잡고 다른 한 손을 뻗어 내게 흔들고 있었다. 손가락이 가리키는 방향은 나보다 약간 왼쪽이었지만 내가 인사를 건네자 내 눈을 똑바로 쳐다봤다. 고든의 눈은 채도 높은 파란 셔츠가 비쳐서 각도에 따라 푸른색과 초록색을 오갔다. 그녀는 나를 작고 깔끔한 아파트 안으로 안내했다. 창문에는 블라인드가 드리워 있고 방안 조명은 은은했다. 책장에는 텔레비전 한 대가 있고 그 옆에 양장본 책들이 즐비했다. 섬세한 도자기 상자, 화려한 장식의 물건들, 물개와 코끼리와 새의 자그마한 석상 등 고든의 보물들도 여러 단을 차지하고 있었다.

내가 장식품 하나를 고든의 손바닥 위에 놓았다. 그녀는 시선을 손바닥으로 떨구고 부드럽게 장식품을 감싸 쥐었다. 손가락이 빠르게 표면을 훑었다. 그녀가 뚜껑을 밀면서 말했다. "작은 상자로군요. 뭔지 볼까요……. 뚜껑에 그림이 그려진 모양인데요. 꽃 그림이네요……. 중국에서 가져온 물건이 분명해요. 저는 중국에 두 번 가봤답니다. 홍콩까지 치면 세 번이고요."

고든은 지난 40여 년 동안 세계 곳곳을 여행했다. 가끔은 친구와 동행하기도 했다. 아이슬란드와 그린란드 주변의 북대서양으로 3주짜리 크루즈 여행을 떠난 적도 있다. 그녀는 여행에서 매번 기념품을 구입해서 '사진' 대신으로 삼고 있었다. 우리가 만난 여름날, 고든은 스톰 킹 아트센터Storm King Art Center에서 돌아온 참이었다. 뉴욕 북쪽에 있는 스톰 킹은 아름답게 다듬은 200만 평방미터의 땅에 대형 조각품과 미술관을 위해 특별 제작한 작품들을 설치해놓은 야외 미술관이다.

"스톰 킹에 다녀왔어요!" 고든은 미소를 지으며 이야기를 시작했다. "정말 까무러치게 놀랐어요. 여러 해 전에 갔었는데 기억하고 있던 것과 전혀 다르지 뭐예요."

고든은 수많은 여행을 했고 그곳에서 기념품을 가져왔으며 스톰 킹에서 깜짝 놀랐다는 것은 대수롭지 않아 보일지도 모른다. 그녀가 지난 42년 동안 앞을 볼 수 없었다는 사실을 모른다면 말이다.

스톰 킹에 대한 고든의 기억은 상당히 창의적이다. 그녀가 기억하는 것들은 완전히 꾸며낸 것은 아니지만 온전히 그녀 자신의 감각으로 경험한 것도 아니었다. 일부는 그녀가 동행한 사람이 설명해준 것이다. 고든은 대부분의 여행을 동반자의 시선을 통해 경험한다. 고든이 눈에 보이는 것을 하나하나 묘사해달라고 조르기 때문에 동반자는 눈에 띄는 볼거리뿐 아니라 사소하고 평범한 것들도 꼼꼼히 살펴보고 생생하게 설명해줘야 한다.

"저는 오랜 세월 동안 친구들과 여행을 했어요." 고든이 말을 꺼냈다.

"친구들은 지와 걸으면서 훨씬 더 많은 것을 보게 됐다고 입을 모아 말하더군요."

또한 스톰 킹에 대한 고든의 기억은 시각이 아닌 감각으로 세계를 경험하면서 형성된 것이기도 하다. 그녀는 공기 냄새를 맡고 소리가 잔디와 철제 구조물에 부딪혀 탁 트인 하늘로 퍼져나가는 것을 감지했으며, 하나의 작품에서 다음 작품으로 이동할 때 걸리는 시간으로 공간의 크기를 가늠했다.

나는 시원하고 어둑한 고든의 아파트에 앉아 90센티미터 거리에서 곧은 자세로 내 쪽을 바라보는 집주인을 마주 보며 이 상황에 적응하려 애썼다. 얘기를 할 때 고든은 내 눈을 바라보다가 왼쪽 위를 올려다보곤 했는데, 이는 보통 사람들이 상대를 보면서 말할 때와 똑같은 행동이다. 실제로 고든의 시선은 대화를 나눌 때 눈을 맞추는 방법에 대한 교과서 격이었다.• 고든은 내 말을 듣는 동안 차분히 내가 앉은 방향을 향해 몸을 틀고 시선을 내 눈에 고정시켰다. 가족에 대한 대화를 나누던 중 그녀는 내 왼쪽 어깨너머의 공간을 손가락으로 가리켰다. 손

• 보통 대화에서 두 사람이 서로 바라보는 시간은 3분의 1밖에 되지 않는다. 청자가 화자를 보는 시간이 화자가 청자를 보는 시간의 두 배가량 된다. 우리는 이야기를 할 때 청자가 아니라 하늘, 손, 공중의 한 지점 등 다른 곳을 주로 쳐다본다. 말을 할 때는 잠시 청자를 바라보지만 곧 시선을 돌린다. (얘기를 하다가 다른 사람이 끼어들기 전에 조금 더 집중 받고 싶다면 시선을 돌려보라. 당신의 시선을 통해 다른 사람들은 발언권이 아직 당신에게 있음을 알 수 있다.) 말을 마쳤을 때 시선을 돌려 대화 상대를 바라봄으로써 대화 바통을 넘길 수도 있다. 즉흥 연기에서는 눈 맞춤 하나를 이용해서 말 한 마디 하지 않고도 두 연기자 사이에 지위의 높낮이나 지배력이 생겨난다.

가락을 따라가보니 커다란 소파 뒤의 벽에 사진 두 장이 걸려 있었다. 고든은 자신이 볼 수 없는 그 사진들을 완벽히 설명했다. 사진 두 장은 이제는 어른이 된 고든의 아들이 10분 간격으로 찍은 것으로, 북대서양의 자연 둑이 파도에 덮였다가 파도가 물러나면서 모습을 드러내는 장면을 담았다. 바닷물이 햇빛에 반짝이고 있었다. 고든이 말한 그대로다.

내가 고든을 만나 산책하기로 한 것은 다름이 아니라 고든이 시각장애인이기 때문이다. 나는 한 손으로 꼽을 수 없을 정도로 여러 번의 산책을 한 끝에야 시각이 아니라 다른 감각을 활용한 경험을 거의 못했다는 사실을 깨달았다. 어느 정도 예상했던 터라 그리 놀라지는 않았다. 어쨌든 인간은 시각적 동물이다. 눈은 얼굴에서 중요한 위치에 있고 삼원색의 시각은 백만 가지 색상으로 칠해진 세계의 풍경을 총천연색으로 담아낸다. 인간 두뇌의 시각적 영역에는 우리가 눈에 담은 것을 이해하게 해주는 뉴런이 1억 개나 할당돼 있는데, 이는 피질의 5분의 1을 온전히 차지한다. 그 결과, 눈이 우리에게 보여주는 화려한 광경이 넋을 쏙 빼놓아서 시각이 아닌 다른 감각에는 크게 주의를 기울이지 않게 된다. 실제로 우리가 무엇을 입고, 어디에 살고, 어디에 가고, 심지어 누구를 사랑하는지의 많은 부분이 겉모습에 기반을 두고 있다.

하지만 우리를 둘러싼 세상을 전적으로 빛에 반사되는 시각적 자질로써 정의할 수는 없다. 사실 시각적으로 정의되는 것은 과반수도 되지 않는다. 모든 물체를 구성하는 분자가 우리 주변 공간에 온통 냄새를 풍기고 있지 않은가? 또 공기 중에는 우리가 들을 수 있는 소리와 너무 높거나 낮아서 듣지 못하는 주파수의 진동들이 있지 않은가? 그래서 나는 시력을 잃은 사람이라면 피상적으로나마 내가 눈을 크게 뜨고 있느라 놓쳐버린 영역으로 안내해 줄 수 있으리라고 기대했다.

시각장애인이 보통 사람보다 다른 감각을 더 잘 활용한다는 생각은 단지 그럴듯한 추측이 아니라 엄연한 사실이다. 시각장애인은 '보기'위해 다른 감각들을 사용한다. 우리 신경 시스템은 수십 년 전에 과학자들이 믿었던 것보다 훨씬 적응력이 뛰어나다고 밝혀졌는데, 이 시스템을 기반으로 필요한 다른 감각을 발전시킬 수 있다. 그 덕분에 태어날 때부터 눈이 보이지 않는 사람들도 보이는 세상에 매우 훌륭하게 적응해서 살아갈 수 있는 것이다. 그들의 움직임만 봐서는 목적지를 볼 수 없는 사람이라고는 생각하기 어려울 정도다.

고든은 40년 전, 그녀가 40대였을 때 시력을 잃었다. 시력이 몇 해 동안 꾸준히 약화되더니 수술로도 개선할 수 없는 지경에 이르렀다. 우연의 일치로 당시 고든은 시각장애인들이 세상에 적응하도록 돕는 시설에서 근무하고 있었다. 그녀는 시각장애인 손님들을 위해 일하는 사회복지사로서 자신에게 도움이 될 만한 최고 기술들을 알고 있었고, 원한다면 그것들을 사용할 수 있었다. 하지만 유전적으로 시각 장애를 타고나거나 아주 어린 시절에 시각 장애를 입은 사람과 성인이 되어 시력을 잃은 사람 사이에는 큰 차이가 있다. 안구의 문제로 시력을 잃은 사람들은 시각 피질에는 손상을 입지 않았다. 따라서 보는 것을 해석할 만반의 준비가 갖춰져 있는데 갑자기 시신경으로

부터 아무런 정보도 전해져오지 않는 상황에 놓인 것이다. 시각 피질은 결코 열리지 않을 문을 통해 정보가 들어오기를 기다리다가 시간이 지나면 결국 뒷문에서 다른 정보를 받아들이기 시작한다. 다른 감각기관, 나아가 다른 피질 영역의 정보를 처리하는 것인데 이렇듯 시력을 잃어도 시각 피질은 일자리를 잃기는커녕 어느 때보다도 바쁘게 일하기 시작한다.

그 결과는 놀랍다. 앞이 보이지 않는다는 것은 절대 사소하지 않은 문제지만, 태어날 때부터 시각을 사용할 수 없었던 아기는 성장 과정에서 상당한 재조직화를 거친 끝에 다른 단서들로 시각의 자리를 완전히 대체한다. 과학자들은 많은 경우에 그러하듯 사람의 뇌가 아니라 원숭이의 뇌를 관찰함으로써 이 사실을 알아냈다. (물론 원숭이들이 이 실험에 자원한 것은 아니다. 독자가 지금부터 읽게 될 내용은 셰익스피어 희곡을 타자기로 칠 수 있을 정도로 많은 수의 원숭이들이 가슴이 찢어지는 희생을 한 끝에 밝혀진 것이다. 원숭이는 과학자들이 사람 대신 연구할 정도로 사람과 아주 비슷한 뇌를 갖고 있지만 불행히도 사람이 아니기에 연구를 위해 희생당했다.)

인간과 원숭이 뇌 사이에는 유사점이 많다. 둘 다 속을 너무 많이 넣은 반구형 만두 모양에 뒤쪽에는 작은 구형의 소뇌가 붙어 있다(운동을 관장하는 소뇌는 작지만 몹시 중요한 영역이다). 20세기 초반에 브로드만Brodmann이라는 독일 신경학자는 영장류의 피질, 즉 뇌의 가장 바깥층을 연구해서 서로 다른 역할을 하는 세포들의 독립된 영역 수십 곳의 위치를 지도로 그려냈다. 브로드만이 찾아낸 영역에는 시각 영역, 후각 영역, 청각 영역, 배를 간질이는 것을 알아차리는 영역, 컵으로 손을 뻗는 움직임을 조절하는 영역 등이 있다. 그가 그린 지도를 보면 뇌가 범용 감각 저장소가 아니라는 사실이 명확해진다. 수평으로 뉜 칼날이 엄지손가락에 닿아 있는 것을 시각이 감지하면 우리 뇌의 특정한 영역이 처리한다. 칼날이 엄지손가락에 파고들어 고통을 느끼는 것은 다른 영역이 처리한다. 브로드만이 찾아낸 영역들에 아직도 발견자 이름이 붙어 있는 이유는 그가 몹시 놀라운 사실을 밝혀냈기 때문이다. 바로 각 영역의 모양과 대략의 위치를 표시한 브로드만의 지도가 '모든' 뇌에 똑같이 해당된다는 사실이다. 당신의 뇌 속에 있는 시각 영역은 내 뇌의 시각 영역과 거의 일치한다('거의' 일치한다는 것 또한 중요하다. 그게 당신과 나의 차이를 만들어주니까). 뉴런이 다육성 뿌리처럼 재생성된다면, 그리고 수술 기술이 받쳐준다면 우리는 뇌의 시각 영역을 잘라내 서로 교환할 수도 있을 것이다. 뇌세포의 역할은 유전체 수준에서 이미 지정된 것으로 보인다. 그 예로 쌍둥이는 다른 부분과 마찬가지로 뇌 또한 동일하다.• 하지만 일생 동안 서로 다른 경험을 하면서 두 사람의 뇌는 다르게 발달해간다. 사실 모든 뇌는 그런 식으로 상이한 발달을 겪지만 브로드만의 지도에서 크게 벗어날 정도로 재조직화하는 경우는 없다.

단, 오랫동안 특정 감각기관을 사용하지 못한 사람들의 뇌는 예외다. 이런 상황에 놓인 사람과 동물을 연구한 결과, 뇌에

• 사실 쌍둥이가 완전히 동일한 것은 아니다. 같은 유전체라 해도 조금이라도 다른 환경에 노출되면 다르게 발현되는데, 쌍둥이는 자궁에 있을 때부터 환경적 차이를 겪는다.

가소성plasticity이 있다는 사실이 밝혀졌다. 뇌는 뿌리째 재조직화할 수 있다. 이는 특히 생애 초기에 두드러지는 현상인데, 어떤 면에서는 생애 초기에 한정돼 일어난다고도 할 수 있다.

뇌의 가소성은 뇌가 세상에 대한 정보를 받아들이는 방식에서 기인한다. 브로드만의 연구 결과에 따르면 눈으로 본 것은 뇌의 특정 영역으로 전달된다. 그 목적지는 시각 영역이라고도 하는 후두 피질이다. 우리가 어떤 물체를 지각할 때, 그리고 나중에 그 물체를 지각했던 것을 기억할 때 바로 이 시각 영역에서 뇌세포가 활동해 다른 세포와 전기적 연결을 만들어낸다. 그럼으로써 fMRI(자기공명영상장치) 기계가 신호를 받아 우리는 생각을 떠올릴 수 있다. 이것이 뇌가 현재와 과거의 경험을 다루는 방식이다.

특정한 종류의 물체를 여러 개 보고 있다고 상상해보자. 간단한 예를 들어 초록색 구슬을 제조하는 공장에서 잘못 만들어진 파란색 구슬을 찾는 작업에 투입됐다고 생각해보자. 초록색 구슬이 여러 개 보이는 상황에 놓인 후두 피질은 특이한 파란색 구슬을 보면 관심과 주의를 기울이는 방향으로 구조를 바꿀 것이다. 이 비유는 실제로 세계에서 항상 일어나는 일을 단순화한 것이다. 사람의 뇌는 경험을 통해 변화하며 그 경험의 세부적인 면에도 직접적으로 연결돼 있다. 특정한 행동, 장면 또는 냄새에 대해 충분히 경험을 쌓아 그 분야 '전문가'가 된 사람의 뇌는 기능적으로 비전문가들의 뇌와 확연한 차이가 있다. 찰리 아이즈먼의 뇌는 곤충을 찾아내도록 변화했고, 폴 쇼의 뇌에는 레터링이 가득하고, 시드니 호렌슈타인은 보통 사람들이 얼굴을 보듯 암석을 본다. 만에 하나 전문 첼리스트의 뇌를 볼 기회가 있다면 한번 꼼꼼히 살펴보라. 뇌 구조 전체에서 전문성의 흔적을 엿볼 수 있을 것이다. 우선 평생 동안 음악의 길을 걸은 사람이므로 보통 사람에 비해 청각 피질이 발달해 커졌을 것이다. 그런데 뇌에 남아 있는 흔적은 그보다 더 섬세한 수준까지 미친다. 그 예로 몸에서 촉각적 자극을 받아들이는 체성감각 피질에는 각각의 손가락에서 온 자극을 처리하는 뉴런 집단들이 개별적으로 존재한다. 다시 말해 '엄지손가락' 세포, '검지손가락' 세포 등이 따로따로 존재하는 것이다. 첼리스트의 체성감각 피질에는 왼손가락의 감각을 처리하는 세포가 보통 사람보다 훨씬 많다. 왜일까? 전문 첼리스트는 왼손을 능숙하게 다뤄서 반사적으로 맞는 음을 짚고, 손가락의 압력과 진동을 조절해 음악적으로 뛰어난 연주를 해야 하기 때문이다.

뇌의 가소성은 특히 생애 초기에 뛰어나다. 일반적인 경우 아기의 후두피질은 시각 정보를 주로 처리하지만 다른 감각의 정보 또한 수용한다. 그 반면에 앞을 볼 수 없는 아기의 경우는 어떨까? 눈이 기능하지 않는다면 아무리 뇌에서 변화가 일어나도 앞을 볼 수 없을 것이다. 하지만 여러 연구 결과 눈에서 정보 유입이 없으면 시각 영역의 뉴런들이 새롭게 조직화한다는 것이 밝혀졌다. 뉴런들은 죽어버리는 대신 귀, 코, 입, 피부에서 유입된 감각 정보에 흥분하기 시작한다. 이처럼 뇌의 가소성으로 인해 뉴런의 구조, 뉴런이 흥분되는 속도, 또는 둘 사이의 관계 등이 변화한 끝에 앞이 안 보이는 아기는 자라면서 다른 감각에 유독 예민하게 반응한다.

뇌의 가소성 원칙은 다음과 같다. 뇌는 노출되는 것에 따라 변화하며 이는 특히 어렸을 때 활발하다. 성인의 경우에도 뇌는 항상 변화하고 있다. 물론 어렸을 때처럼 급진적인 변화는 아니나 단순히 무언가를 배우는 것만으로도 뇌에는 변화가 생긴다. 태어난 지 몇 년 만에 운 나쁘게도 종양 등의 문제로 뇌의 반구를 잃은 아이는 상대적으로 '정상적인' 발달이 가능하다. 남아 있는 반구가 사라진 구의 역할을 전부 대신하기 때문이다. 하지만 성인이 갑자기 뇌의 절반을 잃는다면 핵심적인 능력과 지식, 경험을 잃어버리는 치명적인 타격을 입는다. 예를 들어 좌뇌를 잃는다면 언어를 이해하고 단어를 사용하거나 글을 쓰는 능력이 깨끗이 사라져버릴 것이다. 우뇌는 아무리 노력해도 이 능력을 다시 만들어낼 수 없다.

그에 비해 어렸을 때는 뇌의 재조직화가 성인보다 훨씬 극적으로 일어나기 때문에 태어날 때부터 앞이 보이지 않는 아기는 상대적으로 운이 좋은 편이다. 하지만 성인이 되어 시각을 잃은 사람들도 종종 한두 가지 감각의 강화를 경험한다. 예컨대 만화가 제임스 서버James Thurber는 성인이 된 후 시력을 잃었지만 손가락 사이로 연필을 움직이며 보지 않고 그리는 기술을 익혀 그의 트레이드마크인 얼굴이 긴 사냥개 캐릭터를 계속해서 그릴 수 있었다. 서버는 시각적 환각을 겪기도 했는데 시각계가 여전히 무언가를 볼 수 있는 것처럼 착각을 일으켰기 때문이다. 그는 파란색 후버 사 청소기, 춤추는 갈색 반점들과 녹아내리는 보랏빛 반점들, 그리고 숫자 '8'이 쓰인 검은 공 두 개를 보았는데, 이 이미지들은 모두 서버의 기발한 글과 그림에 보탬이 됐다.

어떤 시각장애인들은 냄새를 더 강렬하게 맡을 수 있다. 올리버 색스의 책에는 사람들의 몸에서 나는 냄새에 극도로 민감해진 의사가 한 명 등장한다. 그는 체취는 물론 우리 몸에 묻어 있는 로션, 비누, 세제의 향기, 나아가 걱정스럽거나 불행할 때 몸에서 나는 냄새마저 맡을 수 있다. 그런데 의사는 냄새를 맡음으로써 눈이 보일 때보다 다른 사람의 감정을 더욱 명확히 느낄 수 있었다. 이런 지각적 예리함이 후각적 천재들의 전유물이라고 생각한다면 오산이다. 앞이 보이는 사람도 훈련을 통해 또는 단순히 주의를 기울임으로써 냄새를 예민하게 감지할 수 있다. 고든은 내가 머리를 감은 샴푸나 얼굴에 바른 로션의 향을 맡을 수 있을까? 사람들은 그녀의 후각적 호기심을 충족해줄까, 아니면 후각적 불쾌함을 안겨줄까?

고든이 엘리베이터 안을 떠도는 각종 화장품 향기를 짜증스럽게 느꼈는지는 모르겠으나 그녀의 표정은 마냥 평온했다. 사실 고든은 앞이 보이지 않게 됐다고 해서 초인적인 감각 능력 따위가 생기지는 않았다고 말해주었다. 단지 전보다 다른 감각들을 더 잘 활용하게 됐을 뿐이라는 것이다. 하지만 바로 다음 말에서 고든은 특별한 능력 하나를 언급했다. "그 일이 있고 몇 년 후에 저는 운동기억kinesthetic memory이 얼마나 중요한지 알게 됐지요."

밖으로 나가는 길이었다. 나는 현관을 드나드는 다른 주민들을 방해하거나 고든에게서 멀어지지 않으려고 애쓰며 계단을 머뭇머뭇 내려갔다. 하지만 어수선한 풍경을 보지 못하는 고든은 거침없이 걸음을 내디뎠다. 그녀는 지팡이를 사용했는데, 지팡이는 세계에 대한 운동감각을 확장시키고 촉진해준다. 운동감각이란 우리 몸 안에서 작동하며 사지가 공간의 어디쯤 위치하는지를 인지하는 지각이다. 운동기억이란 근육의 기억이라고도 할 수 있다. 근육과 관절에 있는 감각 수용체들이 뇌에 곧장 피드백을 보내는 과정은 대체로 생각 없이 일어나기 때문이다. 내가 10년 만에 자전거에 올랐을 때, 그리고 오래전에 피아노로 쳤던 쇼팽 왈츠를 손가락으로 더듬더듬 쳤을 때 작동한 것이 다름 아닌 운동기억이다. 운동감각은 우리가 의식하지 않아도 항상 작동하고 있다. 어떤 물체의 위치나 어떤 행동을 하는 방법을 말로 설명하는 것보다 직접 보여주는 것이 더 쉽다고 느낀다면 운동감각이 언어능력을 능가한 것이다.

고든은 전에 살던 집에서 이 감각을 이용해 요리할 때 부엌을 돌아다니거나 잘 정리된 옷장에서 미리 짝을 맞춰둔 의상을 꺼내곤 했다고 설명했다. 그녀의 몸이 부엌이나 옷장 공간 안에서 어떻게 움직여야 할지를 기억하고 있는 것이다. 그러던 어느 날 부엌을 리모델링하면서 가전제품과 자주 쓰는 물건들의 위치를 옮겼는데, 그후로 고든은 몇 년 동안이나 습관적으로 예전에 행주가 놓여 있던 곳에 손을 뻗곤 했다. 새로 들여놓은 근사한 신제품 오븐은 고든에게 쓸모가 없었다. 오븐의 내부가 너무 깊어서 오븐용 냄비를 어디 놓았는지 파악하기 어려웠기 때문이다. 전에 쓰던 오븐에는 냄비가 딱 맞게 들어갔고, 따뜻하고 어두운 오븐 내부의 너비와 깊이도 익숙했다.

고든은 신경이 압박돼 왼손의 감각을 일부 잃었다. 그녀는 전처럼 옷장 안을 능숙하게 더듬지 못하는 것이 불편하다고 했다. "저는 섬유를 만져보고 손에 쥔 것이 니트인지 실크인지, 아니면 면인지 알아내곤 했죠." 그러나 촉각이 둔해진 것치고 우리가 만난 날 그녀의 옷차림은 흠 잡을 데가 없었다. 심지어 지팡이 색깔도 의상과 맞춤했다.

유리섬유 소재의 근사한 지팡이는 단색 줄무늬 장식이 있고 끝에 동그란 구가 하나 붙어 있었다. 고든은 내 팔을 살짝 붙든 채, 반걸음쯤 뒤에서 두 발짝 앞의 땅을 조심스레 두드리며 걸었다. 그러면서 이렇게 걸으면 "낭떠러지가 나타나도 당신만 떨어지고 나는 떨어지지 않을 것"이라고 농담을 던졌다. 나는 그녀가 원하는 대로 앞서 걸었다.

걷다 보니 고든이 알아보기 어려울 정도로 가볍게 고개를 틀어 눈과 귀가 동시에 몸 가장 앞으로 오도록 걷는 것이 눈에 들어왔다. 고든은 한 발짝 앞으로 내민 지팡이가 세계의 어떤 부분에 닿고 있는지 귀 기울여 듣고 있었다. 지팡이를 이용해서 걷는 것을 '지팡이 보행'이라고 부르는데, 이는 시각장애인들 사이에서 지금도 흔하다. 언론은 맹인안내견을 떠들썩하게 다루지만 사실 시각장애인에게 가장 인기 있는 친구는 '기다란 지팡이'다. 시작 장애인들은 지팡이로 몸 앞에 낮은 호를 그리며 다음 걸음을 내디딜 지점을 확인한다. 문간이나 연석처럼 까다로운 지점에 다가가면 지팡이로 땅을 가볍게 쓸어보기도 한다. 시각장애인들은 수많은 연습을 통해 익힌 기술들을 이용해 계단을 오르내리고 쭉 뻗은 담을 따라 걸을 수 있다.

고든과 함께 천천히 길을 걷다 보니, 지팡이를 쥐고 있다는 사실이 다른 행인들에게도 신호를 보낸다는 것을 알게 되었다. 지팡이의 존재만으로 그것을 든 사람이 누군가의 인도를 받아야 한다는 사실이 명확해지는 것이다. 나 역시 눈에 띄지 않는 부상으로 절뚝거리고 있었으므로, 우리가 남과 다르게 대우받아야 한다는 것을 사방팔방에 광고해주는 지팡이라는 네온사인은 퍽 유용했다(물론 다르게 대우받고 싶지 않을 수도 있으리라. 하지만 도시 보도에서는 남들의 배려가 도움이 된다). 대부분의 경우, 우리를 향해 걸어오던 보행자들은 좁은 공간을 두고 최대한 양보하지 않으려 눈치 싸움을 벌이는 대신 그냥 보도를 떠나버렸다.

하지만 지팡이가 진정 빛을 발하는 건 주인이 다가가는 공간에 대해 알려줄 때다. 지팡이는 발밑의 표면이 잔디인지 콘크리트인지, 원만한지 울퉁불퉁한지에 대한 촉각적 정보를 제공한다. 구멍, 경사로, 장애물, 심지어는 문자를 보내는 데 정신이 팔려 느릿느릿 걷다가 충돌하는 사람들까지도 지팡이의 레이더망에 걸려드는 것이다. 하지만 지팡이는 무엇보다도 소리를 통해 정보를 전달한다. 음파를 탐지하는 갈색박쥐를 유리섬유로 옮겨놓은 것이라고 할 수 있다. 지팡이가 내는 '딱딱' 소리는 주변으로 퍼져나간다. 고든은 반사된 소리를 파악하는 훈련을 받았기 때문에 발밑뿐 아니라 머리 위나 옆에서 들리는 소리도 전부 구별할 수 있었다.

돌고래와 박쥐는 음파탐지 능력을 타고났다. 그들은 고주파 소리를 내보낸 다음 반사돼 온 소리의 주파수를 통해 주위 물체들의 그림을 그릴 수 있다. 놀랍게도 이 작업은 돌고래와 박쥐가 움직이는 속도에 맞춰 실시간으로 이루어진다. 믿을 수 없을 정도로 빠른 속도다. 사람도 '딸깍' 소리를 내는 기계식 클리커를 이용해서 기본적인 음파탐지 능력을 익힐 수 있지만 보통은 이 능력을 제대로 활용하지 못한다. 하지만 시각장애인의 경우는 다르다. 어떤 시각장애인들은 예민한 반향 위치 탐지 능력을 갖췄으며 자신이 직접 내는 '딸깍'과 소리의 메아리를 들을 수도 있다. 심지어 능력이 뛰어난 이들은 자전거나 스케이트보드를 탈 수도 있다.

나는 고든과 걸으며 그녀의 청각이 얼마나 예민한지 깨달았다. 우리는 고층 아파트 건물이 여러 채 들어선 전형적인 뉴욕 어퍼웨스트사이드의 거리를 걷고 있었다. 길을 걷는 사람들은 아파트 건물들 사이의 차이점을 잘 알아차리지 못한다. 아파트 1층은 하나같이 비슷한 석회암으로 만들어졌기 때문이다. 특징적인 벽돌 모양이나 처마, 독특하게 생긴 건물 앞면을 보려면 어느 정도 거리를 둬야 한다. 도시에서 솟아난 거석과도 같은 아파트 건물 옆을 지나던 중, 고든이 갑자기 입을 열었다.

"우리가 지금 차양 아래 서 있나요?"

실제로 우리가 지나가는 건물들은 모두 보도 위로 차양을 펼치고 있었다. 아파트 거주민들이 비를 피하며 택시를 기다리거나 외출했다 돌아오는 길에 쉴 수 있는, 반쯤은 사적이고 반쯤은 공적인 공간이다. 하지만 우리는 차양을 향해 빠르게 다가가고 있을 뿐 차양 아래 서 있지는 않았다.

"60센티미터 앞에 차양이 있어요." 나는 고든이 틀린 추리를 한 것에 조금 실망했다.

잠시 후 우리는 차양 아래로 들어갔다. 눈이 잘 보이고 관찰력이 떨어지는 나조차 살갗에 와 닿는 태양의 열기가 순간 차단되었다는 것을 쉽게 느꼈다. 그늘 아래로 들어선 순간 마치 뜨겁게 달궈졌던 머리와 팔이 안도의 한숨을 내쉬는 것 같았다.

"느낄 수 있었어요." 고든이 만족스럽게 말했다. "소리가 완전히 달랐거든요."

그렇군! 열쇠는 소리에 있었다. 지팡이의 '딱딱' 소리는 퍼져나가다 차양 아랫면에 닿으면 짧아지고 작아져서 되돌아온다. 갑자기 머리 위 차양이 우리와 몹시 가까이 있다는 사실이 생생하게 느껴졌다. 그로 인해 울리는 발걸음 소리도 또렷이 들렸다. 도어맨과 아파트 주민이 낮은 목소리로 나누는 대화 소리도 마찬가지다. 차양 아래 공간은 건물 바깥임에도 사적으로 느껴 졌다. 도시 소음에서 벗어나 있기 때문이다.

좁은 보폭으로 세 발짝을 걸어 차양이 드리운 그늘에서 벗어나자 우리가 내는 소리는 다시 탁 트인 공기 중으로 퍼져갔다. 고든에게 차양 밖으로 나온 것을 알아차렸느냐고 물었다. 고든은 한 걸음을 더 내디뎠다.

"이제 밖으로 나왔군요."

고든이 지각하는 차양은 내가 보는 차양보다 양쪽으로 더 넓었다. '소리 차양'은 실제 차양의 양옆 90센티미터까지 펼쳐져 있다. 지팡이의 '딱딱' 소리에 변화가 일어나는 영역이다. 확실히 고든은 차양을 느낄 수 있다. 단지 실제보다 조금 더 넓게 느꼈을 뿐이다.

종교학 교수 존 헐John Hall은 10대 때 한쪽 눈 시력을 잃고 중년이 되어 다른 눈 시력마저 잃었다. 그의 회고록에는 빗소리를 듣고 풍경을 머릿속에 그릴 수 있다는 이야기가 나온다. "비는 시야의 모든 것을 두드리며 전에는 보이지 않던 것들에 색채라는 담요를 덮어씌운다. 불규칙적이고 조각난 세상에서 꾸준히 떨어지는 빗방울은…… 단숨에 상황 전체를 충만하게 보여준다." 후드득 떨어지는 빗소리는 잔디밭, 언덕, 울타리, 길, 덤불을 또렷이 그려낸다. 빗방울이 이리저리 튀고 똑똑 떨어지는 소리로 사물의 거리와 변화와 높이 그리고 재질과 곡선이 단번에 드러나는 것이다.

지팡이가 마법을 부리는 원리도 이와 같다. 고든은 지팡이 소리의 메아리를 듣고 풍경을 파악하는 방법을 설명해주었다. 예컨대, 길을 따라 늘어선 건물 사이로 골목이 나타나면 소리가 달라졌다. 건물의 높이 역시 소리로 알 수 있다. 동네에 있는 학교는 방학 기간이라 조용했지만 길가에서 더 안쪽으로 들어가 있는 위치 때문에 소리가 다르게 들렸다. 또한 고든은 아파트 엘리베이터를 타면 문이 열릴 때 그 층에서 나는 소리로 방금 도착한 층이 지하의 피트니스센터인지 맨 꼭대기 층인지 알 수 있다. "카펫이 깔린 방에서는 종종 길을 잃어요. 소리를 들을 수 없으니까요." 고든이 덧붙였다. 카펫에 대고 지팡이를 아무리 두드려봤자 소리가 반사되지 않기 때문이다.

고든의 경우 지팡이를 사용함으로써 뇌에도 변화가 생겼다. 뇌는 다른 사람이 들어오는 것을 꺼리는 '개인적 공간' 외에도 우리 몸을 딱 맞게 둘러 싼 '주변 공간'을 인지한다. 주변 공간은 우리가 팔다리를 뻗을 수 있는 곳까지를 포함하므로 팔이 긴 사람, 피아노 연주자처럼 손가락이 긴 사람, 다리가 긴 사람의 경우에는 보통 사람보다 더 넓다. 여기에는 신경학적 이유가 있는데, 사람과 원숭이의 뇌에는 주변 공간의 청각, 촉각, 시각 자극을 전문적으로 수용하는 세포들이 존재하기 때문이다. 피아노 연주자가 아니라 팔다리와 손가락 길이가 보통인 사람도 누군가 뒤로 살금살금 다가오면 아무리 독서에 열중해 있거나 식사를 하고 있더라도 알아차릴 수 있다. 이것이 주변 공간을 경험한 사례다. 사람은 숨을 쉬거나 움직일 때 소리를 내고 체취를 풍기고 온기를 내뿜으며 주변 공간에서 소리가 반사되는 방식을 바꿔놓는다. 그러므로 우리는 다가오는 사람의 존재감을 느낄 수 있다.

우리 몸이 확장되면 놀랍게도 뇌에서도 주변 공간이 확장된다. 모자를 처음 쓰면 낮은 문으로 들어설 때마다 머리를 부딪치겠지만 하루 종일 모자를 쓰고 있으면 곧 그런 실수를 하지 않게 된다. 젓가락을 꾸준히 사용하면 뇌는 젓가락을 손가락의 확장으로 여긴다. 야구 선수의 뇌는 야구 배트를 손의 확장으로 경험하고, 트럼펫 연주자는 트럼펫을 몸의 부속품이나 다름없이 생각한다. 또 지팡이를 오래 사용한 시각장애인은 운동선수나 음악가처럼 고유한 기술을 갖게 된다.

단, 모자나 젓가락의 경우에는 그것을 직접 쓸 때만 주변 공간의 확장이 일어난다. 뇌는 유연하기 때문에 새로운 상황에 창의적으로 적응하지만 그럴 필요가 없어지면 금세 원상 복귀한다. 한 연구에서는 피험자들에게 닷새 동안 눈가리개를 씌워두고 fMRI 촬영으로 뇌의 변화를 관찰했다. 그 결과 시각적 정보를 처리하는 후두 피질이 점자를 읽을 때처럼 비시각적인 자극에도 흥분되었다. 하지만 눈가리개를 벗기자 단 하루 만에 시각 피질은 다시 예전처럼 점자에 반응하지 않았다. 연구원들은 시각적 자극을 없애버리면 휴면 상태였던 뇌 속의 연결망이 드러나는 것이라고 추정한다. 시각장애인들은 후두 피질을 놀리지 않으려고 연결망을 일시적으로, 종국에는 무기한으로 이용하는 것이다.

지팡이를 능숙하게 사용하는 사람의 경우 지팡이가 주변 공간을 영구적으로 확장해준다. 뇌는 지팡이 끝을 둘러싼 공간을 앞을 볼 수 있는 사람의 손 주위 공간과 엇비슷하게 처리한다. 시각장애인은 지팡이 끝에서 나는 소리나 무언가와 닿는 감촉에 대해 재빨리 반응하는데, 이는 보통 사람들이 머리나 손 주변의 자극에 반응하는 것에 상응한다.

✷

고든은 조금 걷다가 낭떠러지나 차도로 걸어가게 놔두지 않겠다는 약속을 받고 나서 내 팔을 놓았다. 곧 지팡이가 큼직한 콘크리트 화분에 닿았다. 그녀는 지팡이로 화분을 탐색해 정체를 알아낸 다음 그것을 에둘러 갔다. 하지만 고든은 거치적거리는 것들에서 벗어나자마자 완전히 왼쪽으로 틀어 걷기 시작했다. 왼쪽에는 세계대전 이전에 건축된 14층짜리 건물이 우뚝 서 있었다. 얼핏 봐도 뚫고 들어갈 수 있는 재료로 지은 건물은 아니다.

나는 여기서 시각장애인과 걸을 때 범할 수 있는 심각한 실수를 했다. 고든을 인도하려 한 것이다. 나는 고든이 분명히 벽으로 걸어 들어갈 거라고 판단하고 그녀의 팔을 잡아 멈추려다가 겨우 자제하고 입을 열었다. "음, 왼쪽으로 조금 비뚤게 걷고 있는데요. 그대로 조금만 더 가면……."

고든은 당황하는 기색이 아니었다. "조금만 더 가면 건물에 부딪치겠죠. 하지만 제가 어디를 걷고 있는지는 알고 있어요." 나는 그녀의 말을 믿을 수 없었다. "…… 자칫하면 건물 옆면에 부딪칠 것 같은데요……."

고든은 걸음을 멈추고 내 쪽을 뚫어져라 보더니 다시 걷기 시작했다. 고든은 말한 대로 곧장 직진해서 지팡이로 건물을 두드렸다. 지팡이가 건물과 보도 위에서 빠르게 춤추듯 움직였다. 애완동물을 애정 없이 의무적으로 쓰다듬어주는 것과 비슷한 모양새였다. 그러고 나서 고든은 부드럽게 오른쪽으로 몸을 틀어 건물 벽과 평행하게 걷기 시작했다.

나는 고든이 기준점을 찾기 위해 일부러 왼쪽으로 방향을 틀었다는 것을 깨달았다. 보도 한복판이라는 넓은 바다 한가운데에서 방향을 잡기 위해 지팡이에 닿을 만한 것을 찾아 나선 것이다.

우월감에 빠져 고든이 몸을 다치는 것을 막으려 한 사람은 나 혼자가 아니었다. 고든이 건물 쪽으로 걸어가면 다들 그녀를 붙잡는다고 한다. 하지만 고든은 단지 우리와 다른 방식으로 공간을 보았을 뿐이다. 즉, 고든은 건물을 피하려는 게 아니라 일부러 건물로 직행하고 있었다.

"그렇다면 건물은 장애물이 아니군요?" 내가 물었다. "공간을 탐험할 때 사용하는 기준점일 뿐이에요."

"정답이에요." 고든은 건물 벽과 완전히 평행하게 걸어가면서 미소 지었다.

고든은 아파트 건물을 떠날 때도 비슷한 행동을 했다. 보도를 오가는 행인들의 흐름에 다짜고짜 뛰어드는 대신, 보도 끝의 물체에 닿을 때까지 똑바로 걸었다. 그녀는 가로등에 맞닥뜨리고 나서야 방향을 틀었다. 고든은 미지의 공간으로 향할 때 공간의 넓이가 얼마인지, 또 공간의 가장자리는 어디쯤 있는지를 확인함으로써 그곳을 알아가는 것이다.

고든은 본질적으로 시각을 사용하지 않고 공간 지도를 그리고 있었다. 앞이 보이는 사람들도 눈가리개를 씌워놓으면 똑같은 행동을 한다. 방 안에 홀로 남겨두면 그들은 우선 방안을 원형으로 빙빙 돈다. 그러다가 벽을 찾아 나서고, 벽을 따라 걷다가 시험 삼아 반대편 벽으로 가본다. 그들은 벽에 이리저리 부딪히기를 10분 동안 반복한 끝에 방의 크기와 모양을 제법 잘 설명할 수 있게 된다.

눈가리개를 한 사람들과 고든이 공간을 탐색하며 만든 것을 심리학 용어로 '인지지도cognitive map'라고 부르는데, 주변 공간에 대한 머릿속 지도를 의미한다. 우리는 눈가리개를 하지 않은 평범한 상황에서도 인지지도를 그린다. 새로운 장소에 도착하면 보이고 들리고 느껴지는 것들을 뇌 속에 저장돼있는 장소들의 지도와 비교한다. 동일한 부분이 있으면 몇 가지 신기하거나 특기할 만한 사항들을 제외하고는 실제로 보이는 것을 전부 무시하고 자신 있게 그 공간으로 걸어 들어간다. 친숙한 공간이라면 더 살펴볼 필요도 없이 곧장 들어간다. 잠이 덜 깨 게슴츠레한 눈으로 현관문을 나선 당신을 자동차를 세워둔 곳이나 지하철역으로 이끌어주는 것도 뇌에 저장된 지도이다. 당신은 이미 어느 길에 보도블록이 가지런히 깔려 있고, 움푹 파인 곳이 있고, 햇볕이 정통으로 내리쬐는지 알고 있다. 인지지도를 형성하는 작업은 앞이 보이지 않는다고 해서 멈추지 않는다. 고든은 우선 길의 가장자리가 어디 인지 알아냄으로써 인지지도를 만들었다. 한 장소에 익숙해지면 고든은 방향을 틀어가며 길을 '찾아보지' 않고도 머릿속에 저장된 지도를 이용해 걸어 다닐 수 있게 된다.

하지만 지팡이를 들고 다니는 사람들의 정보원이 지팡이 하나뿐이라고 생각하면 큰 오산이다. 나는 고든이 반 블록에 걸쳐 왼쪽으로 가다가 다시 앞으로 걷는 것을 지켜보았다(그동안 단 한 번도 도움의 손길을 건넬 필요가 없었다). 그러고 나니 눈앞에 재미있는 풍경이 펼쳐졌다. 우리는 블록의 막다른 곳에 서 있었다. 고든은 이를 알아차릴까?

길모퉁이에 서 있는 높은 벽돌 건물은 아까와 마찬가지로 전쟁 전에 지은 낡고 웅장한 아파트로, 그늘을 드리우고 있었다. 고든은 건물 한쪽 구석을 지나치자마자 그 자리에 멈춰 섰다.

"블록 끝에 와 있나요?"

나는 씩 웃었다. "정답이에요!" 나는 고든이 소리를 듣고 우리 위치를 알아냈다고 생각했다. 사거리를 지나가는 대로는 자동차와 트럭이 수없이 오가며 경적을 울리는 소리에 퍽 시끄러웠기 때문이다. 하지만 틀린 추리였다.

"느낄 수 있었어요."

"느꼈다고요?"

"산들바람을요"

과연 공기가 자동차들과 마찬가지로 북쪽에서 남쪽으로 흘러가는 것을 미세하게나마 느낄 수 있었다. 도시 거주자들은 통근 길에 지나치는 건물들의 겉모습에 익숙해지기 마련이지만 건물만큼이나 변함없이 자리를 지키고 있는 구조물이 있다. 바로 바람이다. 바람은 날씨에 따라 바뀌지만 그 움직임은 건물과 같은 거대한 구조물의 영향을 받기 때문에 예측 가능하다. 도시의 미소기후는 대부분 인공 환경에서 생겨난 기류로 말미암아 만들어진다. 특히 뉴욕처럼 도로가 격자형으로 펼쳐진 도시에서는 길모퉁이를 도는 순간 기류가 달라지는 것을 느낄 수 있다. 바람의 방향과 온도는 매일같이 시간에 따라 달라지지만, 직각으로 교차하는 기류들은 차도나 보도에서 일어나는 다른 활동들에 비해 일정하다.

도시의 바람 길은 물리현상의 백과사전과 같다. 베르누이 원리, 벤츄리 효과, 난기류, 회오리, 소용돌이와 같은 용어들의 살아 있는 사례를 볼 수 있는 곳이 바로 도시다. 고층 건물이 늘어선 거리는 바람 터널로 변한다. 넓고 탁 트인 곳에서 불던 바람이 거리라는 좁은 계곡으로 밀려들어가면서 벤츄리 효과에 의해 극적으로 가속하기 때문이다. 따라서 맨해튼 섬을 둘러싸고 흐르는 강 위로 불던 바람은 육지의 골목 사이를 빠른 속도로 지나간다. 맨해튼의 골목에 사는 사람들은 이 바람이 온몸을 웅크리고 걸어야 할 만큼 거세다는 사실을 경험을 통해 잘 알고 있다.• 이 현상은 고층 건물이 즐비한 거리에서나 그렇지 않은 거리에서나 똑같이 일어나지만 건물이 높을수록 바람이 더 멀리까지 빠르게 분다. 고층 건물이 만들어내는 현상은 이게 전부가 아니다. 건물의 높은 층에 부딪힌 바람은 벽을 타고 내려가면서 압력을 만드는데 이 때문에 문을 여닫기가 어려워진다. 통 유리로 된 고층 건물의 경우, 베르누이 원리에 의해 바람이 아래에서 위로 솟구치기도 한다. 그 주위를 걷는 사람들은 치마가 뒤집히지 않게 조심해야 한다. 바람이 건물 모퉁이를 돌면서 생긴 회오리바람은 근처를 지나가는 사람들의 머리에서 모자를 낚아채버리기도 한다. 이런 물리력들이 한데 합쳐지면 소용돌이가 탄생해 낙엽, 버려진 비닐봉지, 도시의 이런저런 파편들을 한바탕 휩쓸고 간다.

우리는 길을 왼쪽으로 틀었다. 사람들이 우리를 피해 멀리 돌아서 갔다. 지팡이를 든 고든과 그녀 옆에서 마이크를 든 나는 확실히 눈에 띌 것이다. 문득 고든 혼자 길을 걸을 때는 어려움이 없는지 궁금해졌다. 켄트와 함께 걸었던 때를 떠올려보니 특히 마음에 걸리는 게 있어서 곧장 고든에게 질문을 던졌다. '핸드폰을 사용하면서 걷는 사람들에겐 어떻게 대처하세요?' 오늘날 걸으면서 통화를 하거나 문자를 보내는 사람들은 흔하고 그들에 대한 비판 역시 거세다. 비판하는 사람들은 아마 공감 능력이 뛰어난 사람들일 것이다. 올리버 색스는 한쪽 눈의

• 이 현상은 맨해튼 서쪽 끝에서 유독 심하다. 미국에서는 바람이 주로 서쪽에서 동쪽으로 불기 때문이다.

주변 시야를 사용할 수 없게 되었을때 도무지 자신이 사는 웨스트빌리지를 돌아다닐 수 없었다고 털어놓았다. 색스는 특히 "핸드폰과 문자메시지에 정신이 팔려서 기능적으로 귀가 먹고 앞이 보이지 않는 것이나 마찬가지인" 사람들이 급하게 걸어다니면서 일으키는 위험에 대해 불평했다. 그들에겐 남들을 살펴보는 배려가 없다. 그래서 보도는 색스 같은 이들에게 위험하고 스트레스 가득한 공간이 된다.

거리에서 핸드폰을 사용하는 것이 문제인 까닭은 핸드폰 통화와 보행이 인지적으로 복잡한 일 같지 않지만 실제로는 주의가 필요하기 때문이다. 그 예로 개인용 핸드폰이 시장에 나오기 전에도 집중을 방해하는 요소에 대한 연구에서 핸드폰이 쓰인 적이 있다. 1969년의 한 연구는 운전 도중 전화기에서 흘러나오는 문장을 들은 피험자들이 판단력이 흐려지고 실수가 잦아지는지 실험했다. (결과는 둘 다 '그렇다'였다. 운전자들은 앞에 나타난 공간이 차가 들어갈 정도로 넓은지조차 제대로 판가름하지 못했다.) 그후 수 많은 연구를 통해 핸드폰이 운전 능력을 떨어뜨린다는 사실이 밝혀진 덕에 이제 미국 대부분 주에서는 운전 중 핸드폰 사용이 불법이다. 그에 따라 핸즈프리 헤드셋 사용량이 급증했지만 사실 핸즈프리가 문제를 전부 해결해 주는 것은 아니다.

주간 고속도로를 총알 같은 속도로 달리는 것처럼 집중력이 필요한 일을 할 때 핸드폰을 사용하는 게 왜 문제인지는 쉽게 이해할 수 있을 것이다. 하지만 길을 걷는다는 간단한 행동을 할 때도 좀 더 무의식적인 수준에서 집중력이 필요하다. 눈을 뜨고 주변 환경을 둘러보면 변화를 알아차릴 수 있다. 보도 반대편의 손수레나 이쪽으로 다가오는 마차, 기다란 목줄을 끌고 제멋대로 뛰어다니는 개를 인식할 수 있다. 그런 것들을 보면 우리는 딱히 의도하지 않고도 행동을 미세하게 조정한다. 실제로 우리는 켄트와 브로드웨이를 걸으면서 대부분 사람들이 충돌을 피하고자 사용하는 방법이 꽤 성공적임을 확인한 바 있다.

나는 고든과 함께 걷는 동안 보행 규칙을 위반하는 사례에 평소보다 민감해졌다. 일례로 핸드폰을 사용하는 사람들은 보행 속도를 늦췄다. 느린 속도는 우리에게 오히려 위협으로 다가왔다. 거리를 걷는 행인들의 속도는 다른 사람들의 속도와 경로를 염두에 두고 본능적으로 조정된 것이기 때문이다. 게다가 핸드폰을 사용하는 행인들은 오랜 세월 동안 지켜진 우측보행의 규칙을 무시하고 도보를 마음대로 누비고 다녔다. 무엇보다도 그들은 주변을 확인하지 않았다. 아니, 아무것도 보지 않았다. 보행자들은 보통 눈을 맞춰 서로를 확인하고 다른 사람들의 경로를 신경 써야 한다는 사회적 규칙을 따른다. 하지만 핸드폰으로 통화하는 사람들은 남을 신경 쓰기는커녕 존재조차 알아채지 못하는 경우가 부지기수다. 발치에 아무리 특이한 게 있어도 발견하지 못한다. 예컨대 한 연구에서는 빨간 코를 붙이고 보라색 점프수트를 입은 광대가 외발자전거를 타며 앞을 지나가게 했는데 그조차도 알아채지 못했다. 이런 사람들이 등장하면 거리에는 5번가에서 벌어졌던 보행자들의 물 흐르는 듯한 댄스 대신, 핸드폰을 사용 중인 형편없는 무용수들과 갑자기 진로를 방해받은 보행자들이 움직이고 멈추기를 반복하는 발작적인 댄스만 남는다. 핸드폰 사용자들은 거리에 시선을 고정하는 대신 귀에 들리는 목소리에만 집중하느라 우리가 개발한 보행법을 무시하고 있다.

고든은 핸드폰을 쓰는 사람들을 어떻게 생각할까? 고든은 그들이 항상 위험하게 느껴진다는 것에 동의하며 주의가 산만한 행인들과 온몸으로 부딪친 경험담을 털어놓았다. 고든이 그 얘기를 하는 동안에도 핸드폰으로 통화하는 젊은 여자 하나가 서서히 우리 뒤로 다가왔다. 그녀는 말없이 상대 이야기를 듣고 있다가 간헐적으로 웃음을 터뜨렸다. 그때 고든이 무언가를 말하고 싶을 때면 종종 그렇듯 자리에 멈춰 섰다. 핸드폰에 대고 웃던 여자가 우리를 지나갔다.

"하지만 한 가지 알려드릴 게 있네요. 핸드폰을 쓰는 사람들은 소리를 내요."

보행자는 말 많은 종족의 일원치고 몹시 조용하다. 고든과 함께 걸으면서 나는 얼마나 많은 행인들이 발걸음을 살금살금 가볍게 내디뎌 우리를 몰래 지나가는지 깨달았다. 물론 태도나 옷차림으로 존재감을 뽐내는 사람도 꽤 많았다. 슬리퍼나 하이힐 소리, 부츠나 딱딱한 굽의 신발이 부드럽게 딸각거리는 소리가 들렸다. 열쇠를 흔드는 소리와 주머니에서 잔돈이 짤랑대는 소리도 났다. 짐을 짊어지고 가는 사람들과 바퀴 달린 여행 가방을 끌고 가는 사람들이 보였다. 페인트칠을 하는 사람, 툴툴대며 걷는 사람, 흥얼대고 휘파람을 부는 사람, 노래를 부르는 사람들이 지나갔다. 발을 바닥에 긁거나 질질 끄는 사람이 다가오는 소리는 잘 들렸다. 향수를 뿌리거나 담배 냄새를 풍기는 사람이 곁을 지나가는 것도 알아채기 쉬웠다. 크로스백이 주인의 몸통에 부딪치며 내는 한숨 같은 소리와 코르덴 소재 옷을 입은 사람이 지나가는 소리도 귀에 들어왔다.

이처럼 자기가 어디로 가는지를 만천하에 드러내는 몇 명을 제외하면 대부분 사람들은 놀라울 정도로 조용하다. 도로 위의 전기차에 비유할 수 있을 정도다. 그래서 핸드폰을 사용하는 사람들은 민폐를 끼치는 한편 시각장애인들에게 자신의 위치와 행동을 광고하는 등대 역할도 한다. 고든에게 미지의 공간에 무엇이 존재하는지 조금이나마 알려주는 것이다. 교양 없이 시끄러운 사람들도 이런 면에서 고든에게는 감사의 대상이 됐다.

또한 사람들은 내가 미처 듣지 못했던 것들을 고든에게 들려주었다. 누구나 목소리를 통해 자신이 어떤 사람인지를 내보인다. 목소리를 들으면 그 주인에 대해 많은 것을 알 수 있다. 성별, 체구, 인종, 나이, 심지어 건강 상태까지도. 흡연자의 습관이나 비만한 사람의 신체적 특징이 목소리에 묻어나기 때문이다. 목소리는 또한 내용과 상관없이 역겨움, 슬픔, 놀라움 등 화자의 감정을 전달한다. 우리 대부분은 날 때부터 자연스럽게 목소리에 담긴 감정을 식별할 수 있다. 꼭 그런 것은 아니지만 시각장애인의 경우 그 능력이 더욱 뛰어날 가능성이 있다. 이 때문에 벨기에 연방경찰은 녹음된 도청 장치를 비롯해 다양한 목소리를 분석하는 업무에 시각장애인을 몇 명 고용했다. 실제로 그들은 말소리 억양을 구별하고 화자가 어떤 종류의 방에 있는지 알아내는 데 발군의 실력을 보였다. 보통 사람들도 들을 수는 있으나 딱히 주의를 기울이지 않는 요소들이다.

나는 '알렉산드라다운' 방식으로 목을 한번 가다듬고 우리가 길모퉁이에 도착했다는 것을 알렸다. 고든은 이미 알고 있으리라 생각했는데, 역시나 그녀는 이미 모퉁이를 돌아 우리 옆의 건물에 대해 회상하고 있었다. 고든은 어린 시절을 여기서 한 블록도 떨어지지 않은 동네에서 보냈다고 한다.

"이 건물이 지어지던 때가 기억나요." 그녀가 지팡이를 빠르게 놀리며 말했다. "강을 내다보는 옥상 정원이 아주 근사했지요." 머리 위에서 나무 소리가 들렸다. 고든이 마지막으로 봤을 때는 묘목에 불과했을 나무들이 울창하게 성장해서 바람결에 나뭇잎을 바스락거리며 웅얼대고 있었다.

고든의 집으로 가는 마지막 길모퉁이를 돌자마자 무시무시한 바람이 불어닥쳤다. 고든은 회상을 멈추고 그 자리에 섰다. "이런 바람이 불면 시각 장애인은 괴로울 거예요." 그녀는 자신이 시각장애인이라는 범주에 속하지 않는 것처럼 말했다. 바람의 백색 소음 때문에 고든이 주변을 둘러보는 중요한 수단인 작은 소리들이 전부 지워져버렸다. 하지만 고든은 다시 걸음을 떼면서 길모퉁이에 세워진 '새' 건물에 대한 얘기를 계속했다. 창문과 길고 깊은 정원에 대해 얘기했다. 나는 그녀의 기억으로 들어가 그녀가 보고 있는 것을 함께 바라보았다.

고든은 아파트 건물 앞에서 몸을 돌리고 내게 손을 내밀었다. "만나뵈어서 반가웠어요." 그녀가 말했다. 그리고 마치 내가 대답 대신 지은 미소를 알아차린 듯 덧붙였다. "저희 건물에 사는 사람 한 명이 이런 질문을 던지더군요. 어떻게 제가 '본다'는 단어를 쓸 수 있느냐고요. 앞이 보이지도 않는데 '본다'는 말을 쓰는 게 이상하게 여겨졌나 봐요. 하지만 저는 볼 수 있어요. 그래서 이렇게 대답해주었죠. '본다'는 단어의 말뜻은 하나가 아니라고요."

열 번째
산책

음향 엔지니어 스콧 레러와 함께

콘크리트 위의 교향악

"소리는 우리에게 찾아온다.
반면 소음은 어쩌다 마주치는 것이다."
— 힐렐 슈바르츠Hillel Schwartz

들리는 것은 오직 에어컨이

윙윙대는 소음뿐이었다.

'처음으로 들린 소리는 무엇일까?' 자연의 소리풍경soundscape에 대해 저술한 캐나다 작곡가 R. 머레이 쉐퍼Murray Schafer가 자문자답했다.

'그것은 물이 애무하는 소리였다.' 인류라는 종은 바다에서 탄생해, 땅에서 숨 쉬는 법을 배우기도 전에 귀를 먼저 발달시켰다. 한 사람이 처음 듣는 소리 역시 물소리다. 우리는 출렁이는 양수를 통해 세상의 소리를 듣기 시작한다. 20주 된 뱃속 태아의 감각기관은 500헤르츠 이하의 상대적 저주파 음밖에 듣지 못한다. 그 시기의 귀는 막 발달을 시작해 신경섬유 몇 개가 자라나 있을 뿐이라서 초당 겨우 몇백 개의 자극밖에 처리하지 못한다.• 태아가 들을 수 있는 것은 그 정도가 전부다. 하지만 그 정도면 충분히 엄마 목소리를 감지할 수 있다. 엄마 목소리는 태반의 소리, 장이 꾸르륵대는 소리, 엄마의 피가 자궁을 돌아 흐르는 소리와 마찬가지로 태아가 살아남고 성장하는 데 중요한 역할을 한다. 태아가 더 발달하면 뇌세포를 흥분시키는 주파수 범위가 20~2만 헤르츠로 더 넓어지고 뇌세포 수도 늘어난다. 태어나기 전에도 태아의 미숙한 귀는 말소리와 새가 지저귀는 소리, 멀리서 천둥이 치는 소리, 형광등에서 흘러나오는 높은 '윙' 소리를 모두 들을 수 있다.

극장의 음향 디자이너이며 목소리 녹음에서부터 박물관 설비까지 온갖 분야를 망라하는 음향 엔지니어인 스콧 레러Scott

• 헤르츠Hz는 우리가 듣는 소리의 높이를 표시하는 단위이다. 소리는 공간을 통해 움직이는 파장이며 초당 진동수의 단위를 헤르츠로 표시한다. 헤르츠가 높을수록 우리가 듣는 소리도 음이 높아진다.

Lehrer와 나란히 길을 나섰을 때 처음 들려온 소리는 연석 옆에서 요란하게 공회전하는 버스 소리였다. 전혀 예상하지 못한 소리는 아니었다. 어쨌든 우리는 도시에 있고, 도시에 거주하는 사람이라면 누구나 달갑지 않은 소음의 세례를 받는데 익숙하다. 버스 소리는 마치 우리를 기다리기라도 한 듯 때맞춰 시작됐다. 물론 듣기 좋은 소리였다는 뜻은 아니다. 버스 엔진은 무언가 휘젓는 것처럼 부글거리는 소리를 냈다. 행인들의 대화에 조금 방해가 될 정도로 시끄러운 소리였다. 그 소리가 사라지지 않는다면 당장 자리를 뜨는 편이 나을 것 같았다. 누적된 소음의 효과에 나는 점점 불편해졌다. "저런 소리에 호감을 느낄 수 있을까요?" 내가 큰 소리로 물었다.

하지만 레러에게는 가능했다.

"소리 그 자체만 듣고 있으면 편안하게 느낄 수도 있을 것 같은데요. 안정된 상태의 소리잖아요. 녹음해서 스튜디오에서 음을 4옥타브만 낮춰주면 케틀드럼 소리처럼 낮고 깊게 반복되는 소리가 될 겁니다."

레러는 버스 공회전 소리가 타악기 소리처럼 리듬감 있다고 주장했다. 확실히 그 소리가 도시의 차도와 어울리지 않게 뚱뚱한 관광버스에서 디젤 냄새와 함께 분출되고 있다는 사실을 몰랐다면 단지 공기 중에서 움직이는 음파 하나에 지나지 않을 터였다. 레러가 말한 안정된 상태의 소리란 파형이 일정하고 예측 가능하며 주파수가 500헤르츠 이하인 소리를 뜻한다. 버스가 내보내는 음파는 테니스공 크기의 공기 뭉치로 초당 200회씩 우리 고막을 두드리고 있었다. 주로 우리 관심을 끄는 변덕스럽고 굴곡 있는 소리와 달리 꾸준하고 일정한 소리였다. 음량이 컸지만 소음으로 가득한 도시에서 지나칠 정도는 아니었다.

나는 공회전을 하며 우리에게 소리를 한 뭉치씩 쏘아대는 버스를 반갑게 맞이했다. 오늘만은 거리에서 들리는 것들에 전부 귀를 기울여보기로 했기 때문이다. 알렌 고든과 시간을 보내고 나서 나는 청각에 관심을 갖게 되었다. 대부분의 산책에서 나는 시각적 자극에만 집중하고 있었다. 소리 몇 가지를 포착하긴 했지만, 새로운 것을 찾으려 발 벗고 나선 사람치고는 놀라울 정도로 무심하게 눈으로 감지할 수 없는 것들을 무시하고 있었다. 오직 시각이라는 하나의 감각에만 몰두했던 것이다. 사람의 귀는 항상 열려 있고 귀를 막을 덮개가 없기 때문에 청각적 장면을 환기시킬 수도 없다. 그래서 아이들이 하는 것처럼 얼굴을 찌푸리고 팔꿈치를 들어올려 손으로 귀를 꼭 막아 보아도 여전히 많은 소리가 귀로 새어 들어온다. 하지만 이처럼 항상 귀를 열어두면서도 우리는 들려오는 소리를 듣는 둥 마는 둥 한다. 우리 머릿속에도 소음이 가득하기 때문이다.

이 때문에 귀 기울여 듣는다는 것은 일면 우리가 듣는 것의 정체를 밝힐 수 있을 만큼 주의를 기울이는 연습이다. 소리에 이름을 붙임으로써 청각 경험 자체가 완전히 달라지기도 한다. 어떤 소리를 달그락거리거나 신음하거나 한숨을 내쉬는 소리라고 생각하며 들으면 우리 귀는 그 소리를 완전히 다르게 받아들이기 시작한다. 하지만 우리가 듣는 것이 오로지 소리의 정체를 알아내기 위해서라고 단언할 수는 없다. 오히려 소리에 이름을 붙이는 순간 듣는다는 경험, 계속해서 귀 기울이고 소리의 특성을 탐구하는 경험은 중단돼버린다. '아, 그냥 딱따구리가 나무에 대고 딱딱거리는 것이었군. 이제 가도 되겠어.' 우리는 소리의 정체를 알아낸 것에 만족해 딱따구리가 벌이는 소란에는 더 이상 관심을 두지 않고 저녁식사 계획을 생각하기 시작한다. 사파리 투어를 할 때 일어나는 현상도 비슷하다. 사바나 평원을 참을성 있게 내다보던 관찰자들 눈앞에 마침내 위풍당당한 동물 한 마리가 나타난다. 그리고 한 마리가 더 나타나는가 싶더니 곧 떼로 몰려오기 시작한다. 우리가 맨 처음으로 던지는 질문은 보통 이것이다. "저게 뭔가요?" 사실 동물의 정체를 알아내고 이름을 붙이는 것은 눈앞의 동물을 이해하는 데 하등 도움이 되지 않는다. 하지만 우리는 종종 이름 하나를 알아낸 것으로 동물을 완전히 이해했다고 착각한다. 그리고 정체가 밝혀진 동물들을 떠나 곧바로 다음 동물을 보러 이동한다.

확실히 소리의 이름이나 근원지를 밝히지 않고 소리를 묘사하기란 매우 어렵다. "저 웃긴 소리는 뭐야?" 우리 아들은 거의 모든 것에 대해 이런 질문을 던진다. 그럼 나는 "공기식 드릴 소리야" 또는 "저 파이프에서 나는 소리야"라고 대답한다. 자동으로 소리의 출처에 대한 대답이 튀어나오는 것이다. 하지만 이런 식으로 대답해도 괜찮지 않을까? "우당탕 달그락 달그락 소리야." "프프스스스트트트스스 소리야" 아이는 편견도 거리낌도 없이 듣고 말하기 때문에 소리를 놀라우리만치 똑같이 흉내 낼 수 있다. 그 반면에 나는 다른 소리를 흉내 내는 데 끔찍이도 재능이 없는데, 우리 아들도 곧 나만큼이나 형편없어질 것이 분명하다. 어린이 책에서는 하나같이 강아지가 '멍멍' 짖고 돼지

가 '꿀꿀' 운다고 가르치고 있으나 단언컨대 강아지와 돼지는 절대 이런 소리를 내지 않는다.•

레러와 떠난 산책에서 내 목표는 소리를 경청하는 한편 소리에 붙여진 이름을 넘어 소리 그 자체를 듣는 것이었다. 사실 이 목표에 가장 적합한 경험은 관광객이 되어 낯선 장소를 방문해보는 것이다. 낯선 장소에서는 가장 평범한 소리조차도 미묘한 차이가 있기 때문이다. 미국에서는 사이렌이 큰 소리로 음조를 바꿔가며 끊임없이 울리는데 영국에서는 점차 낮은 음조로 울린다. 전화벨 소리도 다르다. 그렇기에 오래된 도시를 걷는 관광객은 그 도시 주민은 듣지 못하는 소리들을 들을 수 있다. 관광객은 조약돌을 깐 길거리 위로 바퀴가 덜그럭거리며 지나가는 소리를 듣고, 널찍한 미국 도시보다 좁은 벽 사이에서 다르게 반사되는 소리를 듣는다.

내가 찾아갔을 때 레러는 한창 소리를 추적하는 작업에 몰두해 있었다. 그가 선택한 장소는 독창적이게도 맨해튼 어퍼이스트사이드에 있는 시각 예술의 전당, 즉 메트로폴리탄 미술관이었다. 그의 임무는 밴쿠버의 한 박물관 공연을 다룬 다큐멘터리 영화에 적합한 소리를 찾는 것이었다. 박물관 아트리움에서 찍은 장면 하나가 현실적인 '박물관 아트리움 소리'를 담지 못했기 때문이다. 레러는 아트리움의 크기, 층고, 바닥을 비롯한 전체 구조와 방문객들의 밀도 등을 고려해서 적합한 소리를 찾

• 기린은 어떠한가? 어린이 책을 보면 기린이 아무 소리도 내지 않는다고 착각할 수 있다. 하지만 기린들은 낑낑대고 끙끙 앓는 소리를 낸다. 그뿐 아니라 목을 몸 뒤로 쭉 뻗을 때나 머리를 위아래로 흔들 때 초저주파를 쏘기도 한다.

고 있었다. 그가 미술관 내부를 돌아다니며 각각의 방을 훑어 보고 쓸 만한지 아닌지를 판단하는 동안 나는 그 뒤를 그림자처럼 따라다녔다. 다른 전시실들로 이어지는 통로 격인 중앙의 방은 너무 붐볐고, 커다란 아트리움은 분수대 소리가 '너무 구체적'이었다. 레러는 쓸 만한 공간을 발견하면 문간으로 물러나 작은 오디오레코더에 대고 그 공간에 대해 설명한 다음 가만히 서서 소리를 녹음했다. 지나가는 사람들에게는 아마 멀리 있는 조각상을 지그시 감상하는 듯 보였을 것이다.

우리는 오디오레코더 가득 아트리움 소리를 녹음한 다음 미술관을 떠났다. 문제의 버스에 맞닥뜨린 것이 바로 그때였다. 마침내 우리는 버스를 놔두고 길을 건넜다. 어퍼이스트사이드의 한 골목길에 접어들자 놀라울 정도로 빠르게 정적이 찾아왔다. 초봄이었고 거리는 겨울잠에서 깨어난 사람들로 바글거렸다. 하지만 이 동네 사람들은 몹시 평화롭고 조용했다. 여기서 과연 어떤 소리를 들을 수 있을지 걱정이 들기 시작했다. 비싼 실크 속옷이 바스락거리는 소리밖에 듣지 못하는 건 아닐까?

오전에 잠시 비가 내렸지만, 오후에는 언제 비가 왔느냐는 듯 맑게 갰다. 잎사귀를 활짝 펼친 나무가 희망으로 가득해 보였다. 아이들이 미술관 앞 계단을 이리저리 뛰어다니고 있었다. 아이들이 흥에 겨워 내지르는 고함 소리는 걸어갈수록 점점 희미해졌다. 새들이 지저귀는 소리가 머리 위에서 들려왔고, 우리 자신의 발소리도 다시 들렸다. 레러는 멈춰 서서 우리가 지나온 길을 돌아보았다. "지금은 길이 다 말랐네요. 혹시 아침에 타이어 소리를 들으셨어요?"

아니, 듣지 못했다.

“비가 오면 물기 때문에 타이어가 포장도로에 달라붙어요.” 레러가 설명했다. “고무가 물에 닿는 소리를 또렷이 들을 수 있죠. 마른 대로에 닿는 소리와는 전혀 달라요.”

나는 한 방 먹은 기분이었다. 분명히 내 머리에도 귀가 달려 있는데 어떻게 지금껏 그 소리를 듣지 못했을까? 물이 튀기는 소리나 빗소리는 평범하기 짝이 없지만 타이어가 물에 젖은 아스팔트 위로 굴러가는 소리는 몹시 독특할 터였다. 그런데 지금껏 한 번도 듣지 못한 것이다!

마침 택시 한 대가 평소처럼 고무와 마른 아스팔트가 마찰하는 소리를 내며 질주해갔다. 운전수가 경적을 울리는 바람에 나는 생각에서 깨어났다. 다른 차 한 대가 똑같이 짜증스러운 경적 소리로 대답했다. 나는 미소를 지었다. 이것이야말로 내가 아는 시끌벅적한 도시였다.

도시의 청각적 인상은 두 단어로 정리할 수 있다. ‘소음 덩어리.’ 도시의 소음은 나란히 서서 대화를 나누는 사람들의 목소리를 묻어버릴 만큼 강력하다. 낮게 웅얼거리는 목소리는 지나가는 트럭이 브레이크를 밟는 소리나 거리를 지나가는 차들의 백색 소음에 가려 들리지 않을 것이다. 도시의 소리 풍경에는 넓은 범위의 주파수를 포괄한 광대역 음향이 가득하다. 이런 상황에서는 특정한 소리에 집중할 수 없기 때문에 우리는 도시의 소리를 떠들썩하고 이해하기 어려운 하나의 소음 덩어리로 경험한다. 이를 저음질 소리풍경lo-fi soundscape이라고 한다.

소리를 부정적 함의를 띤 ‘소음’과 가치중립적인 ‘소리’로 나누는 기준이 무엇인지는 또 다른 문제다. 아방가르드 작곡가 존 케이지John Cage가 "음악은 소리다"라고 선언한 사건은 유명하다. 그는 이후 평범한 소리들을 활용해 음악을 만들어냈다. 케이지가 쓴 곡 하나에서는 오케스트라가 4분 33초 동안 연주를 '하지 않는다.' 창문을 통해 들어오는 소리들, 어리둥절해 점점 술렁이기 시작하는 관객들이 내는 소리들이 음악을 구성한다. 하지만 케이지의 주장이 사실이라 해도 모든 소리가 음악적이라고는 할 수 없다. 우리는 마음에 들지 않는 소리를 소음으로 치부해버리는데 그 바탕에는 주관적 평가가 깔려 있다. 사실상 소음에 대해 논할 때 주관성에서 벗어나기란 어렵다. 19세기의 생리학자인 헤르만 폰 헬름홀츠Hermann von Helmholtz는 엄밀성을 중시하는 과학자였음에도 소음이 심신을 괴롭히는 '혼란스럽게 내팽겨쳐진 소리'라고 정의했다.

소음의 상대성은 내게 위안을 안겨주었다. 도시의 소음들이 소리에서 비롯되는 동시에 내 심리에 기인하는 것이라면 도시의 소리풍경에서 매력적인 요소를 찾아낼 수도 있을 것이다. 소리를 심리적으로 인식하는 예로, 도시의 소리에 대한 경험이 노출 정도에 따라 달라지는 것을 들 수 있다. 방문객에게 도시는 그저 시끄러울 따름이다. 하지만 시간이 지나면 들리는 소리가 그대로여도 그 세부 사항에 대해 점점 주의를 덜 기울이게 된다.•

• 사실 듣는 소리 자체가 줄어드는 경우도 있다. 청력 손실은 나이가 들면서 생기기도 하지만(이 책을 쓰는 지금 나는 원래 들을 수 있던 주파수 가운데 고주파수 범위의 6,000헤르츠는 듣지 못하게 되었다) 소리에 노출되는 것만으로도 일어난다. 꼭 헤비메탈 밴드 소리처럼 시끄러운 소리가 아니더라도 말이다.

단, 도시 거주자들이 하나같이 소음으로 분류하는 소리가 있다. 우리는 오래지 않아 그 소리를 들을 수 있었다. 조용한 골목길을 걷는 도중 느닷없이 배기관을 개조한 오토바이 한 대가 대로를 질주하는 소리가 귀청을 때렸다. 오토바이가 시야에 들어온 시간은 길어봤자 2초밖에 되지 않았지만 오토바이 소리는 그렇게 시끄러울 수가 없었다. 우리는 잠시 대화를 멈춰야 했다. 우리 옆을 지나가는 사람들도 대화를 멈췄다. 새들도 지저귐을 멈추고, 버스도 덜덜거리는 엔진의 회전을 멈추고, 발걸음도 울려퍼지기를 멈춘 것 같았다.

오토바이 소리는 워낙 시끄럽기 때문에 소음으로 여겨진다. 오토바이에서 반 블록도 떨어져 있지 않던 우리에게는 그 소리가 아마 100데시벨 이상으로 들렸을 것이다. 데시벨이란 주관적으로 경험하는 소리의 강도를 표시하는 단위이다.• 0데시벨은 소리가 귀에 들리는지 여부를 가르는 역치인데, 현대 도시에서는 단 한 순간도 0데시벨의 정적을 느낄 수 없다. 우리는 보통 60~80데시벨의 환경에서 살며 저녁식사 중에 나누는 평범한 대화, 진공청소기 소리, 교통 소음이 모두 이 범위에 들어간다. 소리 크기가 85데시벨에 다다르면 청력에 돌이킬 수 없는 손상을 입기 시작한다. 그 이유를 알려면 귀의 구조를 들여다봐야 한다.

소리를 담은 공기의 진동은 내이로 전달되고 그에 따라 달

• 데시벨은 전화선을 통해 소리를 전달하는 방법을 발명한 알렉산더 그레이엄 벨의 성에서 따온 이름이다.

팽이관 내부에 수직으로 서 있는 털 모양의 유모세포cilia가 진동한다. 자극을 받은 유모세포가 신경을 흥분시키면 진동이 전자신호로 바뀌어 우리가 들을 수 있게 된다. 이것이 청각의 원리다. 그런데 진동이 너무 강하면 유모세포는 깊숙이 꺾여버린다. 공기 압력은 유모세포를 깎아내고 으스러뜨리고 심지어는 잘라버리기까지 한다. 그 결과 유모세포는 벌어지고 늘어지고 부러지고 서로 붙는다. 이 상태의 유모세포는 수많은 발자국에 짓밟힌 잔디밭에 비유할 수 있다. 유모세포가 오랫동안 시끄러운 소리에 노출되어 휘고 손상을 입으면 두 번 다시 회복되지 않는다. 결국 귀는 솜털처럼 돋아나 있던 유모세포를 잃는다. 이런 귀를 가진 사람의 세상은 점점 더 조용해지다가 마침내 아무런 소리도 음악도 소음도 남지 않을 것이다.

도시에는 청력 손실을 유발하기 일보 직전의 커다란 소리들이 가득하다. 우리 귀가 큰 소리에 손상을 입는 데에는 생물학적 이유가 있다. 귀는 우리가 말할 때 쓰는 몇 백에서 몇 천 헤르츠의 주파수만 듣도록 디자인되었다. 실제로 사람이 만들어낸 소리의 대부분이 이 주파수에 속한다. 한편 고음은 우리의 신경을 긁는다. 지하철이 급커브를 돌거나 브레이크를 밟을 때 내는 '끼익' 소리는 3,000~4,000 헤르츠이고, 손톱이 칠판을 긁는 소리는 2000~4000 헤르츠이다. 이런 고음들이 우리를 괴롭히는 이유는 사람 귀의 생김새가 고주파수 소리도 달팽이관으로 들어갈 수 있게 만들어졌기 때 문이다. 게다가 귀는 소리를 받아들이는 유모세포를 위해 소리의 진동을 증폭시킨다. 단, 높은 소리를 고통스럽게 여기는 것은 귀뿐만이 아니다. 뇌도 고통을 느낀다. 우리가 '짜증나는 소리'로 분류한 소리를 듣고 있다는 것을 인지하면 우리 몸은 그 소리에 짜증스럽게 반응한다. 이와 비슷한 예로 우리의 교감신경계는 기말고사를 치를 때, 갑자기 사자가 나타났을 때, 그리고 사랑하는 사람을 봤을 때 땀을 흘리게 하는데 우리는 땀이 나는 것을 깨달으면 땀을 더 많이 흘린다.

레러와 나는 오토바이 소리가 한바탕 들쑤셔놓은 거리를 걸었다. 나는 레러의 말을 더 잘 들을 수 있도록 머리카락을 왼쪽 귀 뒤로 넘겨서 귀를 드러냈다. 이는 형식적인 행동이었다. 우리 청각은 극도로 예민하기 때문에 머리카락에 덮여 있더라도 듣는 데 아무런 지장이 없다. 레러가 말을 하자 음향 에너지가 내 외이의 구불구불한 동굴을 지나 가느다란 뼈에 가 닿고, 고막을 진동시키고, 작은 유모세포들을 춤추게 했다. 유모세포는 아주 작은 모기조차 움직일 수 없을 정도로 작은 물리력만 있어도 춤추기 시작한다.

청각은 한 가지 면에서 여타 감각과는 다르다. 정상적으로 기능하는 귀는 이음향방사otoacoustic emissions라고 불리는 현상으로 인해 스스로 소리를 낸다. 우리 자신은 듣지 못하는 소리지만, 이음향방사는 사람마다 뚜렷한 개성이 있어 신원을 구분할 때 일종의 청각적 서명처럼 이용된다. 나는 레러 쪽으로 살짝 몸을 기울여 그의 이음향방사를 들어보려 했다. 하지만 아무것도 들리지 않았다. 그 대신 작고 밀도 높은 물체가 부드럽고 단단한 물체와 부딪치는 익숙한 소리가 외이도 안으로 흘러들어왔다. '탁!'

우리는 단번에 소리가 나는 방향을 감지하고 오른쪽으로 몸을 돌렸다. 소리는 철책 너머에서 났다. 휑한 운동장에서 남자아이 하나가 어른 한 명과 함께 소프트볼을 던지는 놀이를 하고 있었다. 농구 코트는 구석마다 물웅덩이가 져 있고 관람석은 사람 없이 휑했다. 철책을 잡고 들여다본다고 해서 소리가 더 잘 들릴 리는 없지만 나는 반사적으로 철책에 손을 댔다. 학교 운동장의 소리만큼이나 어린 시절을 떠올리게 하는 것이 또 있을까? 손이 공에 닿는 소리, 코트에 대고 여러 종류의 공을 튕기는 소리, 아이들이 깡충대거나 내달리며 또는 서로 잡으려고 쫓고 쫓기며 질러대는 높은 소리, 줄넘기 줄이 아스팔트를 찰싹 때리는 소리, 농구공이 골대 백보드에 맞고 떨어지는 소리….

운동장 구석에는 놀이기구가 몇 개 있다. 나는 그것을 보고 자연스럽게 그네를 떠올렸다. 심하게 삐걱대고, 올라탔던 아이들의 무게 때문에 고무 발판이 아래쪽으로 크게 휘어 있는 그네 말이다. 나는 이미 셀 수 없이 많은 그네에 타 봤고 우리 아들도 놀이터 그네에 자주 태운다. 그래서 그네를 미는 속도를 높이고 낮추고 할 때마다 삐걱대는 소리의 속도가 달라진다는 것을 잘 알고 있다.

놀이터를 보자마자 아들이 그네를 타는 장면이 떠올랐다. 순간 그 아이가 얼마나 경이로운지 실감하면서 감정이 북받쳐 올랐다. 이 감정이 어찌나 강렬한지 내 바로 앞에 있는 장면에 대한 시각적·청각적 지각을 대신할 정도였다. 내가 아이를 밀 때 느껴지는 무게감, 겨울날 아이의 찬 손이 그네 체인을 꼭 붙들고 있는 모습, 아이를 어느 높이까지 밀어올려도 괜찮을지에 대한 궁금증 같은 것들이 하나하나 떠올랐다. 연이어 내 어린 시절도 기억났다. 어렸을 적, 나는 그네에서 뛰어내리면 어떤 기분일지 궁금해하다가 다른 아이들이 뛰어내리는 것을 수백 번 보고 나서야 용기를 냈다. 아주 짧은 찰나에 나와 그네 발판 사이에 텅 빈 공간이 느껴지더니, 나는 곧장 아래로 떨어졌다. 걱정한 것과는 전혀 달랐다. 마치 상냥하고 부드러운 손이 나를 떠받들어 올려주는 듯한 느낌이었다.

나는 눈을 감고 고개를 흔들어 과거 기억을 떨쳐버리고 현실로 돌아왔다. 생생한 기억에 주의를 기울인다는 것은 금방이라도 문이 열릴 듯 들썩이는 벽장문을 여는 것과 같다. 그 안에는 온갖 것이 가득해 문을 여는 순간 벽장 가장자리로 흘러넘쳐 의식 안으로 스며들어온다. 현실에서는 레러가 운동화에서 나는 '끼익' 소리에 대해 얘기하고 있었다. 나는 재빨리 그의 목소리에 집중했다.

"그 소리야말로 학교 운동장의 으뜸음이죠." 쉐퍼에 의하면 우리 관심을 끌지 않음에도 어떤 공간의 소리풍경을 특징적으로 구성하는 요소들이 있는데, 레러는 운동화 소리가 하나의 사례라고 보고 있다. 공을 던지는 남자아이는 주황색 하이탑 운동화를 신고 있었다. 나는 아이의 발 움직임을 보고 귀에 들리는 '끼익' 소리와 맞춰보려고 했다. 그 소리는 농구를 연상시켰다. 실제로 레러에 따르면 텔레비전에서 프로농구를 중계할 때 일부러 마이크를 농구 코트에 놓고 그 소리를 잡아낸다고 한다. "사람들이 이 소리에 흥분한다는 것을 아는 거죠. 바쁘게 움직이는 농구화들이 내는 소리요." 그 떠들썩함이라니!

혹시 음향 엔지니어들이 더 큰 효과를 주려고 일부러 소리를 키우는 것은 아닌지 의심이 들었다.

"물론 그렇게 하죠!" 음향 엔지니어인 레러가 대꾸했다.

우리는 학교 운동장에 조금 더 머물렀다. 10대 소년 두 명이 농구 코트 오른쪽에서 등장해 왼쪽으로 걸어갔다. 한 명은 뛰어오르며 골대 가장자리로 손을 뻗었고 다른 한 명은 농구 코트에 대고 공을 드리블하며 공간에 공 튀기는 소리를 더했다. 그 소리는 마치 익은 멜론 향기처럼 선명하게 우리 얼굴에 와 닿았다. 나는 레러에게 농구 코트의 소리가 이처럼 생생하게 울리는 이유를 물었다. 농구 코트는 챔버 음악회를 열기에 좋은 장소라고는 할 수 없으나 커다랗고 생기 있는 소리로 가득했다.

"간단한 물리학으로 설명이 가능합니다." 레러가 단언했다. 모든 소리의 속도는 초당 340미터로 동일하다. 그러므로 음원과 그것을 둘러싼 표면들의 거리를 재고 그 표면의 재질을 알아보면 청자가 어떤 소리를 경험하게 될지 대략 추정할 수 있다. 우리가 서 있는 운동장은 벽돌 벽으로 삼면이 둘러싸여 있고 바닥은 아스팔트였다. "이런 공간은 반향이 심해요." 소프트볼을 던지던 사람들은 운동장 뒷벽 가까이 서 있었고 농구공을 갖고 놀던 소년들은 옆의 벽 근처에 있었다. 벽과 가까이 서 있기 때문에 그들이 내는 소리는 크게 증폭되었다. "잘 들으면 '딱' 하고 소리가 나는 순간의 초기 반향을 들을 수 있어요. 소리가 첫 번째로 마주치는 벽에 부딪쳐 돌아오는 반향은 원래 소리와 구별돼 들리지 않을 겁니다. 원래 소리를 증폭시켜 음량을 키워줄 따름이죠." 한편 소리가 25미터가량 떨어진 다른 벽에 닿았다가 두 번째로 우리 귀로 되돌아오는 데는 70밀리세컨드의 시간이 걸린다. "그 정도 시간차를 두고 나는 소리는 구별해 지각됩니다. '티-카' 하고 소리가 두 개로 나뉘어 들리죠."

우리가 농구공이나 소프트볼 소리의 첫 번째 초기 반향을 구별해내지 못한 까닭은 그 소리와 가장 가까운 벽이 채 6미터도 떨어져 있지 않았기 때문이다. 사람의 귀는 40밀리 세컨드, 즉 20분의 1초가 안 되는 시간 사이에 들려오는 유사한 소리들을 구분할 수 있을 정도로 예리하지 않다. 그러므로 아주 짧은 시간차를 두고 나는 소리들은 뭉개져서 하나의 더 큰 소리를 만들어낸다. 레러는 라이브 음향 작업에서 소리 체계의 '명료도', 즉 청중이 소리를 이해하는 정도를 조절해야 할 때 이 청각적 현상을 이용한다. 극장에서 무대 위의 소리를 증폭시키기 위해 스피커를 사용한다면 무대에서 나는 소리와 스피커에서 나는 소리가 동시에 관객에게 들리게 해야 한다. 하지만 우리 귀가 컴퓨터처럼 정확하지는 않기 때문에 40밀리세컨드의 오차 범위를 여유로 둘 수 있다. 스피커를 무대에서 15미터 떨어뜨려 설치해도 소리의 반향을 느끼는 사람은 거의 없을 것이다.

우리가 서 있던 운동장과 같은 하나의 공간에서 소리가 반향되는 정도를 공간의 '습도'라고 한다. 운동장은 제법 습도가 높아 '축축했다'(우연의 일치로 실제로 물웅덩이도 제법 있었다). 음향 엔지니어는 소리를 녹음할 때 원하는 효과를 주기 위해 공간의 습도를 올리거나 낮춘다. 반 시간 전에 우리가 거닐었던 미술관 안쪽의 작은 방들은 바닥에 카펫을 깔고 벽에 천을 덧대서 습도가 낮았다. 가장 '건조한' 방은 음향 스튜디오일 것이다.

반향을 최소화해 음향적으로 '죽어 있는' 스튜디오에서는 공간이 소리를 정의하는 대신, 믹싱 작업을 하는 사람이 직접 음향 효과를 조절한다. 레러에 의하면 우리가 방마다 고유한 소리가 있다고 느끼는 까닭은 방의 습도와 우리가 듣는 초기 반향 및 메아리 때문이다. "욕실의 소리는 거실과도, 부엌과도 다릅니다." 방의 소리는 공간의 넓이, 벽까지의 거리, 내부에 있는 물체들 그리고 그 물체들의 표면 특성에 달려 있다.

나는 방이라는 공간에는 익숙하지만 방의 소음에 귀 기울여본 적은 없었다. 그럼에도 나는 명백히 욕실다운 소리가 있다는 주장에 두말없이 동의할 수 있다. 사람들이 부엌 대신 욕실에서 노래하는 까닭도 그것이리라. 우리는 눈에 보이는 것과 귀에 들리는 소리가 어긋나야 비로소 소리에 대해 생각한다. 가령 영화에서 부엌 장면이 나왔는데 욕실 소리가 나면 관객들은 분명히 무언가 이상하다는 것을 알아챌 것이다. 그래서 음향 엔지니어들은 올바른 반향, 반사, 주파수로 구성된 구체적인 방 소리를 미리 만들어서 카탈로그로 관리한다. "욕실 소리처럼 들리도록 모든 수치를 미리 조정해놓은 소리가 있어요. 그 소리의 리버브 유닛reverb unit(음향의 반향을 길게 연장해 주는 장치)에 욕실이 아니라 어디 스튜디오 같은 건조한 방에서 녹음한 배우의 목소리를 입히는 거죠. 결과물을 들으면 관객들은 배우가 욕실에 있다고 생각하게 됩니다."

나는 집에 돌아가면 서재 소리를 들어보겠다고 약속했다. 내가 없어도 우리 서재에 소리가 있을지 호기심이 생겼다.

레러와 나는 내키지 않는 걸음으로 운동장을 떠나 거리로 돌아왔다. 낮은 비계 아래를 지나는데 문득 고든이 지팡이 소리를 듣고 차양을 실제보다 조금 더 넓게 느꼈던 것이 기억났다. 레러 역시 비계 아래에서 소리의 변화를 느꼈다. 우리는 잠시 그 자리에 멈추고 서로 같은 것을 눈치챘다는 사실에 미소를 지었다. 반대편에서 걸어오던 관광객 한 무리가 비계 아래에 서서 미친 사람처럼 기뻐하는 우리를 보고 고개를 갸웃거렸다. 대로 가까이 가니 소리의 밀도가 점차 높아졌다. 말하며 걷는 사람들, 머리 위의 새들, 도심으로 달려가는 트레일러트럭과 버스들. 어딘가에서 쇠파이프 하나가 떨어졌는지 세 번 '쿵' 소리가 나더니 이내 조용해졌다.

내가 웅성거리는 소리와 굉음, 사람들과 자동차의 소리들 사이로 레러의 말을 한 마디도 놓치지 않고 들을 수 있다는 것, 그리고 레러 또한 내 말을 들을 수 있다는 것이 문득 대단하게 느껴졌다. 심리학에서는 이를 '칵테일파티 효과'라고 부른다. 시끄러운 파티에 있을 때 가장 특징적으로 드러나는 이 효과 덕분에 우리는 앞에 서 있는 매력적인 사람의 말을 소음으로 가득한 방 안에서도 또렷이 들을 수 있다. 사람이라는 종은 이 임무를 몹시 능숙하게 처리한다. 나아가 우리는 자기 이름이나 아는 사람의 이름처럼 관심 있는 단어가 들리면 옆으로 세 개의 대화 소리를 뚫고 그것을 포착할 수 있다. 완벽히 부드럽게 돌아가는 라디오 다이얼처럼 순식간에 그 대화에 주파수를 맞추는 것이다.

우리가 어떻게 이런 일을 해낼 수 있는지는 아직 수수께끼지만 청각적 복원auditory restoration 현상이 하나의 단서가 된다.

전문용어를 빼고 쉽게 설명하자면 이는 지각적으로 빠진 부분을 채워넣는 능력이라 할 수 있다. 우리는 모두 자기도 모르게 이 현상을 경험해본 적이 있다. 예컨대 친구 이야기를 듣고 있을 때 주위가 완전히 고요한 경우는 드물다. 다른 소리가 친구 말 소리보다 커서 방해가 되는 경우도 잦다. 하지만 우리는 소음 때문에 친구의 말이 전혀 들리지 않을 때가 아니고서는 이를 알아채지 못한다. 대부분의 경우 말소리는 소음에 뒤덮여 있지만 우리는 용케 단어 하나 빠뜨리지 않고 이야기를 듣는다. 뇌는 듣지 못한 소리의 빈자리를 자발적으로 채우기 때문이다. 이는 너무나 감쪽같아서 우리는 듣지 못한 단어가 있다는 것조차 알아채지 못한다.

쉽사리 믿어지지 않는다면 시각적 맹점을 떠올려보라. 청각적 복원에 대응할 만한 시각적 현상인 '맹점'은 우리가 코끼리를 눈앞에 두고도 보지 못한다고 말할 때 쓰는 비유이기도 하지만 여기서는 문자 그대로의 의미를 지닌다. 안구의 구조 때문에 우리 시야에는 실제로 보이지 않는 구멍이 있다. 안구 뒤편 망막에는 빛을 전기신호로 바꿔주는 광수용체들이 가득 들어 있는데, 그 수가 매우 많아서 안구에 들어오는 빛이라면 광수용체에 가 닿는 것을 피할 수 없다. 그러므로 밝은 낮에 눈을 뜨고 있으면 역동적인 시각적 장면이 구석구석까지 눈에 들어오는 것이다. 단, 한 가지 짚고 넘어갈 게 있다. 망막 한가운데에는 작은 구멍이 있다. 이상한 구조라고 생각할지 모르겠으나 이 구멍은 안구의 신경세포들이 밖으로 나가는 데 꼭 필요한 통로다. 시신경은 안구에 들어온 시각적 정보를 전부 지니고 안구를 떠나 뇌로 향한다. 하지만 뇌로 연결망을 구축하기 위해 뚫어놓은 구멍에는 광수용체가 없고, 따라서 망막의 한가운데에 와 닿는 빛은 우리 눈이나 뇌에서 인식하지 못한다. 그렇다면 눈을 뜰 때마다 정면에서 작은 검은색 구멍을 보아야 하는 게 아닐까? 우리가 그 구멍을 볼 수 없는 이유는 영리한 우리 뇌가 느슨해진 밧줄을 재빨리 팽팽히 당겨주기 때문이다. 우리 뇌는 구멍의 위치에 와야 할 것을 판단해서 그 자리를 메꾼다. 즉, 우리는 보게 될 장면들을 계속 유연하게 만들어내고 있는 것이다.

우리 눈이 보지 못하는 것을 볼 수 있는 능력을 갖추고 있으니, 우리 귀가 듣지 못하는 것을 들을 수 있는 능력을 갖췄다 해도 그리 놀라운 일은 아니리라. 하지만 청각적으로 소리를 분류하고 빈자리를 채워 넣는 인간의 능력은 다른 동물에 비하면 아무것도 아니다. 박쥐의 예를 보자. 대부분의 박쥐 종은 완전히 장님은 아니지만 시각보다는 음파탐지를 이용해 길을 찾는다. 박쥐들에게 시끄러운 거리 한가운데에서 대화에 집중하는 것쯤은 어린애 장난일 것이다. 음파탐지를 하는 박쥐들은 세계를 들음으로써 본다. 그들은 코나 입에서 고주파를 쏘아서 돌아오는 소리를 듣고 세계를 인식하는데, 이 작업은 빠른 속도로 날아가는 동시에 이루어진다. 돌아온 소리의 강도와 속도를 파악함으로써 즉각적으로 주변 환경의 그림을 그려내는 것이다. 박쥐들의 음향시각sound vision은 몹시 예리해서 날아가는 도중에도 잡히지 않으려고 나름대로 노력하는 벌레들을 낚아챌 수 있다.• 이런 음향시각을 통해 박쥐들은 부드러운 물체와 딱딱한 물체를 구별하고 물체가 멀리, 가까이 또는 코앞에 있는지 알아내고, 심지어는 나무 종류를 구별한다. 예컨대 뉴욕 시에 사는 갈색박쥐는 잎사귀가 넓은 플라타너스를 단풍나무와 참나무로부터 손쉽게 구분할 것이다. 더욱 놀라운 사실은 박쥐들이 나뭇가지를 피해서 날고 먹이를 향해 곤두박질치는 동시에 세계의 소리를 분석하고 조직화하는 작업을 해낸다는 것이다. 비행하면서 주변의 이미지를 조정하는 것은 퍽 어려운 과제다. 이를 위해 박쥐들이 찾은 해결책은 바로 어딘가에 부딪쳐 돌아오는 소리를 기반으로 새로 내는 소리의 속도, 높이, 크기를 즉각적으로 조정하는 것이다. 단, 아직도 한 가지 난제가 남아 있다. 박쥐는 사회적 동물이기 때문에 주변에서 소리를 내며 날아다니는 다른 박쥐들이 있다. 작은 공간 안에서 박쥐 수천 마리가 날아다니는 경우도 있다. 이런 상황에서 박쥐가 다른 박쥐가 내는 소리, 자기가 낸 소리의 반향, 서로 소통하기 위한 경고 또는 요청의 소리를 어떻게 구별하는지는 아직도 수수께끼로 남아 있다. 가끔 박쥐들이 아무 소리도 내지 않는 전략을 쓰는 모습이 관찰되기도 한다.

레러와 나도 잠깐 그 전략을 취했다. 우리는 다음 길모퉁이에 서서 대화를 멈췄다. 그러자 소리가 더 잘 들리기 시작했다. 우리는 모든 소리에 귀를 쫑긋 세웠다. 자동차가 오갔고 행인들은 길모퉁이로 걸어왔다가 떠났다. 바닷가에서 조약돌을 주워 모아 따뜻해질 때까지 주먹에 꼭 쥐고 있다가 주머니에 넣

• 박쥐에 대해 찬사를 보낼 이유는 많지만 가장 중요한 이유는 이것이다. 박쥐는 우리가 매일 모기에 산 채로 물어뜯기지 않게 해주는 제1의 도우미다.

는 것처럼, 나는 그 모든 소리들을 모았다. 개 목걸이가 쨍그랑대는 소리와 개 발톱이 콘크리트를 긁는 소리, 행인의 이어폰에서 새어나온 음악이 들렸다. 발밑에서는 지하철이 덜컹덜컹 지나갔다. 트럭이 큰 소리를 내며 지나갔고 버스는 우는 듯한 소리를 냈다. 자동차 소리가 소강상태에 접어들면 새들이 짧고 날카롭게 음계를 내려가며 지저귀는 소리가 들렸다. 그 직후에는 짤막한 음향적 드라마가 한 편 펼쳐졌다. 점프수트를 입은 남자 한 명이 묵직한 비닐봉지를 연석으로 끌고 갔다. 남자 몸이 기울어진 것을 보고, 또 비닐봉지가 보도에 낮게 긁히는 소리를 듣고 그 무게를 짐작할 수 있었다. 잠시 후 다른 남자가 텅 빈 짐수레를 끌고 점프수트 입은 남자를 따라갔다. '탕' 소리를 내며 접히는 플라스틱 쓰레받기를 들고 비질을 하고 있던 제3의 남자가 그만 그 짐수레에 치일 뻔했다.

레러는 흡족한 표정을 지었다. "방금 음향적으로 많은 일이 일어났군요! 이 사소한 사건에 얼마나 많은 요소들이 있는지 좀 보세요." 레러는 점프수트를 입은 남자, 짐수레를 끈 남자, 비질을 하는 남자 세 사람이 막 지나간 자리를 손으로 가리켰다. "교향악이 따로 없었어요!"

아무것도 없던 공간에서 교향악이 생겨났다. 나는 밤낮으로 도시 소음의 지배를 받는 사람으로서 비닐봉지 끄는 소리를 교향악으로 받아들이는 레러의 능력이 도시에 대한 영리한 적응법이라고 생각했다. 그에게는 똑같은 소리를 음악으로 바꿔 듣는 능력이 있다. 이런 식의 변형에 통달한 이는 케이지만이 아니었던 것이다. 우리 모두가 이 능력을 발휘할 수 있다면 얼마나 좋을까? 우리는 음악에 감정적으로 반응하고 소리에 신체적으로 반응한다. 호메로스의 한 이야기에서는 합창 소리가 역병을 막았다고 했다. 로마 작가들은 짧은 플루트 연주곡이 통풍을 치유한다고 주장했다. 다윗의 하프 연주가 사울 왕의 정신착란을 완화시켰다는 이야기는 유명하다. 내 경우에는 아트 테이텀Art Tatum이 코드 몇 개만 짚어도 금세 마음이 평안해진다. 자연의 소리 가운데 특히 자가 유사성을 띤 소리는 더 호감을 준다. 흘러가는 물소리, 울창하게 지붕을 이룬 나무 아래로 속삭이는 바람 소리 같은 것들 말이다. 이 소리들은 속도나 크기가 달라져도 우리에게는 같은 소리로 느껴진다는 점에서 프랙털fractal과 닮았으며, 이유는 알 수 없지만 우리 안에서 깊은 공명을 일으킨다.

우리가 서 있는 사거리에서는 도시 환경의 전형적인 소리들이 들려왔다. 트럭과 버스 소리, 길거리에서 전도하는 사람들과 목소리를 높여 얘기하는 사람들 소리, 하이힐이 또각거리는 소리와 핸드폰 벨소리가 들려왔다. 몇번인가 모든 도시 소음의 목록을 만들려고 시도한 사람들이 있었다. 우리 귀에 와 닿는 밝고 어둡고, 단순하고 복잡하고, 짧고 긴 소리들의 분류 체계를 만드는 것은 불가능한 작업처럼 보인다. 우리는 모든 소리에 귀를 기울일 집중력이 없고 설령 소리를 듣는다 해도 그것을 표현할 어휘력이 부족하다. 자신의 몸이 작동하며 심장이 쿵쾅거리고 관절이 삐걱거리는 소리조차도 곧잘 놓치지 않는가. 몸 안의 소리를 들으려면 무반향실에 가야 한다. 그 이상한 방에서는 모든 외부 소리가 잦아들기 때문에 혈액이 몸 안을 순환

하는 소리, 심장박동이 서로 겹쳐지며 철컥거리는 소리, 그리고 숨을 들이쉴 때마다 폐 근육이 늘어나는 소리를 들을 수 있다.

도시 거주자들은 원치 않게 도시 소음 전문가가 되었다. 나는 셔틀버스와 시내버스 소리가 다르다는 것을 알고, 평소에 차를 대던 길 건너편에 누군가 주차하면 그것을 청각적으로 느낄 수 있다. 주변에서 들려오는 말소리로 내가 브로드웨이에 있는지, 브로드웨이에서 한 블록 떨어진 암스테르담 대로에 있는지도 알 수 있다. 주기적으로 숲을 걷는 사람은 나무가 내는 특징적인 소리로 나무 종류를 구분할 수 있을지도 모른다. 전나무는 흐느끼며 신음하고, 호랑가시나무는 휘파람을 불고, 물푸레나무는 '쉬이' 소리를 내고, 너도밤나무는 바스락거리는 소리를 내기 때문이다. 내 귀는 숲에서는 둔해 빠진 기관이지만 도시에서는 제 능력을 발휘한다. 또 다른 예로 시골 사람들은 귀뚜라미가 주어진 시간 동안 우는 횟수를 세어서 바깥 기온을 알아낸다.• 그 반면에 도시 거주자인 나는 잠에서 깨어나 몇 초 안에 거리에서 나는 소리만을 단서로 오늘이 평일인지 주말인지 알 수 있다. 쓰레기 수거 트럭이 '끄윽' 하고 신음하는 소리가 들린다면 평일이다. 멀리 고속도로에서 들려오는 차 소리가 한풀 꺾여 있다면 주말이다.

우리가 서 있던 길모퉁이에서 차 한 대가 천천히 후진해서 연석 옆의 평행주차 칸으로 진입하기 시작했다. 그때, 자동차

• 책에서 읽은 바에 따르면 수은주에서 섭씨 1도가 올라갈 때마다 귀뚜라미가 우는 속도가 네 배로 뛴다고 한다.

타이어가 회전하다가 보도 가장자리에 닿았다. 고무 섬유와 콘크리트가 서로 마찰하며 끼익 소리를 내다가 곧 하품하는 듯한 소리를 냈다. 굉장한 소리들의 조합이 내 귀를 채웠다. 이는 도시의 평범한 소리가 아니라 도시 생활 가운데 만날 수 있는 특정한 순간의 소리였다. 평행주차를 하는 소리, 즉 자동차가 애써 비좁은 공간으로 몸뚱이를 우겨넣는 소리이며 두 인조물이 부딪쳐 서로 온전성을 지키려 투쟁하는 이 소리는 시간이 흐르면 도시에서 사라질지도 모른다. 도시 환경 디자인이나 주차 규율, 교통수단, 타이어의 소재, 혹은 보도가 크게 바뀌어서 희귀한 것이 될 수도 있다. 운이 좋으면 평행주차를 하는 소리는 21세기 초반을 그린 시대극에서 음향효과로서 명맥을 이어갈지도 모른다. 전화벨 소리와 현금출납기 소리, 구식 카메라가 플래시 파우더를 터뜨리는 나지막한 소리, 그리고 초기 냉장고 문의 걸쇠가 딸깍 잠길 때 나던 소리와 나란히 '잃어버린 소리 카탈로그'의 한 페이지에 이름을 올릴지도 모른다.

레러가 내게 질문을 던졌다. "느껴지나요?" 또다시 발밑에서 지하철이 덜컹거리고 지나갔다. 귀를 쫑긋 세우면 지하철 소리를 들을 수 있지만 소리가 워낙 낮아서 듣는다기보다 느낀다는 표현이 더 적합할 것 같았다. "아시다시피 소리는 물리적인 것이죠. 주파수가 어느 정도까지 낮아지면 소리를 듣는 것과 동시에 느끼게 됩니다. 저 버스 소리도 느껴지네요." 레러는 여유롭게 달리는 버스 쪽으로 고갯짓했다. "저 버스 때문에 우리 몸이 흔들리고 있어요."

정말이었다! 커다란 관광버스는 엔진 소리와 타이어가 눌리는 소리를 공기 중에 뱉는 한편, 놀랍게도 그 소리의 힘으로 우리 몸을 밀치고 있었다. 레러는 또 다른 소리 하나를 지적했다. '쿵, 털썩!' 자동차가 맨홀에 비뚜름하게 덮여 있던 맨홀 뚜껑을 친 것이다. 이번에도 소리가 귀에 들리는 동시에 몸으로 느껴졌다. 이처럼 소리에는 촉각적인 면이 있다. 우리는 청각적 경험에서 물리적 행위자, 즉 음파를 두 가지 방법으로 동시에 지각한다. 시각적 경험에서도 나타나는 현상이지만 청각의 경우만큼 뚜렷하지는 않다. 예컨대 자외선은 보이지 않고 느낄 수만 있다. 그런데 우리가 느끼는 것은 사실 조직이 서서히 타들어가는 감각이다.• 하지만 몸으로 소리를 느끼는 것은 그렇게까지 고통스럽지 않은 데다 퍽 흔한 일이다. 낮은 주파수에서 청각은 촉각으로 변신한다. 우리는 덜컹대며 지나가는 지하철 소리를 마치 형체가 있는 것처럼 발바닥과 배에서 느낄 수 있었다.

이 사실은 우리가 모르는 사이 대단한 결과를 이끌어냈다. 몇몇 도시에서는 경찰차 사이렌을 친숙하고 무시하기 쉬운 자장가 같은 소리에서 주파수가 낮은 저음으로 바꿨다. 같은 원리로 소리는 전쟁에서도 사용된다. 미국 정부는 최근에 비치사성 음향기기라는 것을 사용하기 시작했다. 이 기기는 특정 지역에 저주파음을 쏘아서 군중을 통제하거나 경고를 보낸다.

청각에는 이 외에도 두 가지 감각을 통합하는 요소들이 있

• 자외선을 볼 수 있는 동물도 많다. 예를 들어 벌은 꽃 한가운데에 있는 수술 둘레의 고리에 닿아 굴절된 자외선을 이용해 먹이를 찾고, 새들은 건강한 새의 깃털은 자외선을 더 많이 반사한다는 점을 이용해 짝짓기 상대를 찾는다.

다. 시각과의 통합이 그 중 하나다. 눈을 감으면 청각에 집중하기가 훨씬 쉬워진다. 이는 하나의 감각을 차단해야 다른 감각을 사용할 수 있기 때문이 아니라, 반대로 시각이 청각에 변화를 주기 때문이다. 우리는 귀를 통해 듣지만 종종 소리 나는 곳으로 고개를 돌려 소리의 정체를 확인하기도 한다. 눈으로 소리를 들으려 하다니 우스꽝스러운 행동이지만 실은 일리가 있다. 지하철 플랫폼에서 대화 상대의 말을 들으려 애쓰다 보면 귀를 그쪽으로 내미는 동시에 상대의 입을 뚫어져라 쳐다보게 된다. 입술 모양과 얼굴 표정을 보는 것은 말소리를 실제로 듣는 것만큼이나 정확하다. 그런 기술은 배운 적이 없다고? 다시 생각해보라. 당신은 평생 사람들이 말하는 것을 보면서 자신도 모르게 '시각적으로 듣는 방법'을 익혀왔다. 이와 유사하게, 소리의 근원지에 대한 궁금증은 그것을 눈으로 확인한 후에야 해소된다. 아파트 창문 밖에서 들려오는 자동차 경보 소리는 처음에는 공격적으로 들리지만 그 소리를 어떤 차가 내고 있는지를 보면 생각이 바뀐다(그리고 별다른 일이 아니기에 소리를 대수롭지 않게 넘기게 된다).

레러의 말에 따르면 영화 제작자들은 눈으로 들을 수 있는 능력을 십분 활용하고 있다. 음향을 담당하는 녹음 기술자들은 우리가 지금 보고 있는 것과 같은 거리의 한 장면을 담아낼 때 굳이 모든 소리를 녹음하는 수고를 하지 않는다. 그 대신 영화를 보는 사람들이 시각적으로 집중할 만한 인물을 찾아서 그 인물의 발소리만 잡아낸다.

"그러면 다른 인물들의 소리는 들을 수 없잖아요?"

"그렇죠?"

"다른 소리도 녹음해야 하는 것 아닌가요?" 나는 레러의 이야기에 깊은 인상을 받았다.

"그럴 필요 없어요. 다음에 영화관에 가면 한번 주의 깊게 보세요. 서너 사람이 한꺼번에 걸어가는데 한 사람 발소리만 들리는 경우가 부지기수일 겁니다."

소리가 시각적 집중을 이끌어낸 덕분에 나머지 사람들의 소리가 들리지 않아도 거슬리지 않는 것이다. 나는 존 해디디언과 걸을 때 본 비둘기들을 떠올렸다. 아무런 소리도 내지 않는 그 비둘기들은 영화 촬영에 아주 적합해 보였다. 우리가 듣고 있는 소음이 일면 영화적이라고 생각하니 세상이 다르게 느껴지기 시작했다. 영화는 명백히 시각적 경험이지만 그 경험을 고조하려면 음향을 극적으로 사용해 효과를 더해야 한다. 영화를 볼 때 우리는 종종 소리를 듣고 보이지 않는 것을 보기도 한다. 스크린에 개가 등장하지 않아도 개 짖는 소리 하나면 울타리에 가둬놓은 위협적인 경비견과 그 옆을 지나가는 행인 또는 침입자의 이미지를 그릴 수 있다. SF 영화 관객들은 자동문이 만족스러운 '프스슷' 소리를 내며 열린다는 것을 알고 있고, 감독들은 관객들에게 익숙한 이 소리를 잘 활용한다. 문이 열리는 것을 보여주려면 닫힌 문과 열린 문의 정지 화면을 촬영하고 나중에 음향효과를 더하는 것으로 충분하다.

물론 도시의 소리들은 감정적이 아니라 기능적이라는 점에서 영화의 사운드트랙과 다르다. 영화에서는 점점 희미해져가는 바이올린 연주를 반음 낮춰 무슨 일이 일어나는지 암시한다.

코믹하거나 멜로드라마틱하거나 리드미컬한 소리를 넣어 장면에 방점을 찍기도 한다. 하지만 현실에서 우리는 사물들과 사람들이 내는 소리만을 듣는다. 박자에 맞춘 발소리는 듣기 어렵고, 기분에 꼭 맞는 선율이 흘러나오는 법도 없다.

자신만의 사운드트랙을 들으며 도시를 걷는다는 것은 어떤 기분일까? 강도가 나타날 때면 위협적인 음악이 흘러나오고 사랑하는 사람이 등장하면 멋들어진 바이올린 선율이 점차 고조된다고 상상해보자, 헤드폰을 쓰거나 귀에 이어폰을 꽂고 걷는 것의 즐거움이 바로 이것이리라. 하지만 음악을 듣는 보행자는 거리를 걷는다는 실제 경험에 주의를 집중하지 못하고 핸드폰으로 통화하는 사람들과 마찬가지로 사회적 감각이 거의 사라지다시피 하므로 다른 행인들에게 민폐가 될 수 있다. 음악을 듣는 보행자의 눈에 다른 행인들은 이어폰에서 흘러나오는 사운드트랙을 배경으로 펼쳐지는 3D 걸작 영화에 등장하는 인물들일 뿐이다. 그는 자유자재로 영화 안을 누비고 다닌다. 방해하는 사람도, 뒷목에 입김을 불어넣으며 흐름을 끊어버리는 사람도 없다. 그는 더 이상 실제로 바깥 세계를 경험하는 것이 아니다. 세상 안에서 걸어가고 있으면서도 세상에 대한 관찰자로 남아 있는 것이다. 그가 어깨를 나란히 하고 걸어가는 행인에게로 손을 뻗으면 손이 행인의 몸을 통과해 쑥 들어갈지도 모른다. 그가 만들어낸 매혹적인 영화 스크린에 비친 환영일 뿐이기 때문이다.

✶

우리가 서 있던 길모퉁이에서 누군가 가래를 퉤 뱉었다. 절로 표정이 일그러질 정도로 불쾌한 소리였다. 우리는 그에게서 충분히 멀리 떨어져 있음에도 불결한 가래 덩이를 피하려고 반사적으로 몸을 움츠렸다. 청각은 그네에 대한 향수 같은 감정적 기억 외에도 시각적이거나 촉각적인 기억들을 떠오르게 한다. 도시에서 일정하게 '뚜, 뚜' 하고 울리는 신호음을 들으면 후미등을 켜고 천천히 후진하는 트럭이 생생히 떠오른다. 나는 거리를 걷다가 독특하게도 시각이나 촉각 등의 감각과 관련되는 소리들을 발견했다. 무거운 짐을 끌고 분투하는 남자를 봤을 때는 허리가 아프겠다는 느낌이 들었고, 발랄하게 껌을 씹으며 지나가는 여자아이를 보니 내 입과 입술에 터진 풍선껌이 붙어 있는 느낌이 들었다

마치 귀가 몸 전체에 연결된 듯한 기분이었다. 실제로, 음악을 들으면 손가락과 발이 절로 까딱이고 내키면 엉덩이까지 들썩인다. 애인의 목소리를 들으면 그 즐거움이 뱃속에서도 느껴지고 뒷목의 솜털이 곤두선다. 오늘 산책에서처럼 소리를 들음으로써 향수에 젖고, 공감하고, 역겨움을 느끼고, 진이 빠질 수도 있다. 햄릿의 아버지는 귀에 사리풀이라는 독초를 넣어서 살해 당했다. 놀랄 일은 아니다. 당시에는 귀가 몸 안의 모든 지점과 연결돼 있다고 여겼으니까. "귀는 수은처럼 빠르게 몸의 자연적인 문과 골목들을 통과해간다." 나는 지나가는 여자가 하이힐을 또각거리는 소리에 이입해 마치 나 자신이 높다란 힐 위에 불안정하게 올라서 있는 것처럼 느꼈다.

우리가 매일 노출되는 소리들은 모르는 사이에 특정한 방

식으로 몸에 영향을 준다. 특히 저주파 소리는 그 주범이다. 저주파 음은 아주 뜸하게 귀에 도착하기 때문에 간과하기 일쑤지만 사실 수은처럼 우리 몸 안으로 스며든다. 이렇게 낮은 소리들을 불가청음infrasound이라고 부른다. 마치 사람이 듣지 못하는 소리는 진정한 소리가 아닌 것처럼 말이다. 하지만 우리에게 친숙한 동물들 가운데에는 불가청음을 이용해 살아가는 것들도 있다. 코끼리가 하나의 예다. 또한 황소가 땅을 쿵쿵 찧으며 내는 소리는 10길로미터 밖까지 퍼져나가는데, 불가청음은 시공간을 통해 전달되면서 쉽사리 약화되지 않기 때문이다. 공교롭게도 많은 인공물이 불가청음을 내는데 이 소리들은 온갖 곳에 퍼져 피해를 입힌다.

대형 사무용 빌딩에서 퀴퀴한 공기를 밖으로 내보내며 주파수가 낮은 소리를 내는 환풍구 팬은 우리에게 유용하지만 한편으로는 혈전증을 유발하기도 한다. 저음으로 윙윙대는 소리가 우리 몸 안의 문과 골목 안으로 들어가서 심장과 박자를 맞춰 진동함으로써 심장박동을 증폭시키고 혈액이 정상적으로 순환하는 것을 막기 때문이다. 바람 소리를 비롯해 주파수가 7헤르츠인 소리는 뇌의 알파파와 같은 주파수로 진동해 두통과 메스꺼움의 원인이 된다. 큰 소리는 심장이 멈추거나 박동을 한 번 건너뛰게 할 수 있다. 해군의 소나 신호는 고래의 의사소통을 방해하고 그들의 귀 조직을 손상시킨다.

소리는 살아 있는 것이 내든, 살아 있는 것의 모조품이 내든 똑같이 전염성이 있다. 일례로 영화 속 인물이 숨을 거칠게 몰아쉬는 것을 보면 관객의 호흡도 빨라진다. CM송의 목적은 소비자의 머릿속에 남아 끊임없이 되풀이되는 것이다. 소비자가 당장 콜라나 침대 매트리스나 피자를 사고 싶지 않더라도 무의식을 파고들어가 목이 마르거나 졸리거나 배가 고플 때를 노린다. 소리의 전염에는 생물학적 요소도 있다. 수만 년 전에 어떤 포식자가 우리 아버지들의 아버지에게 으르렁댔다고 치자. 우리 조상은 으르렁 소리를 듣고 꽁무니가 빠져라 도망갔겠지만 그 진동만은 뱃속에 남았을 것이다. 그래서일까? 나는 아기 상태를 갓 벗어난 우리 아들이 우는 소리를 뱃속으로 느낀다. 아이가 울면 나는 마치 '엄마 버튼'이 눌린 것처럼 반응한다. 그 버튼이 정확히 어디에 있는지 짚을 수는 없지만 아이가 우는 소리는 내 뱃속을 온통 덜컹덜컹 진동하게 하는 주파수다. 그 진동을 느끼면 나는 아이를 향해 당장 달려가야 할 것 같은 책임감을 느낀다.•

그런데 우리 아들의 울음소리는 견딜 수 있지만 다른 사람의 울음소리는 대부분 도시 소음과 마찬가지로 참기 어렵다. 같은 이유로 몇 세대에 걸친 도시 거주자들은 소음에 몸을 움츠리고 때로는 화를 냈다가 결국은 무소음 협약, 반反 소음 캠페인, 소음경감 위원회를 만들어냈다. 소음에 대한 불평은 무려 기원전 500년으로 거슬러 올라간다. 당시에는 코끼리가 울부짖는 소리와 말이 히힝 우는 소리, 그리고 사람들이 징이나 북을 치며 즐겁게 노는 소리가 너무 시끄럽다는 불평이었다. 런던

• 실제로 fMRI를 이용한 연구에서 아기가 우는 소리를 들으면 부모의 뇌에서 편도체와 복측 전전두엽 피질이 활성화된다는 것이 밝혀졌다. 그 반면에 부모가 아닌 사람은 울음소리보다 웃음소리에 더 큰 반응을 보였다.

에서는 17세기에 이런 불평이 조직화된 구심점을 찾았다. 당시 런던 시민들을 괴롭히던 소리의 종류는 몹시 다양했다. 아이 울음소리 말고도 바구니, 콩, 종, 양배추, 계란, 꽃을 근방의 불특정 다수에게 광고하는 행상들의 소리가 있었다. 또 굴뚝청소부, 의자 수선 공, 장이들은 소리 높여 자신의 서비스를 광고했다. 개들은 으르렁댔고 수탉은 '꼬끼오' 울었고 거리의 음악가들은 이미 손상을 입을 대로 입은 청각에 동냥하듯 시끄러운 음악을 던져주었다. '사악하고 유해한' 거리 음악가를 금지하는 의회법이 제정될 정도였다. 20세기에 들어서자 뉴욕도 소음에 반대하는 소란 통에 끼어들었다. 그런데 이 시점에는 이미 소음의 구성 요소가 달라져 있었다. 시끄러운 동물 소리 대신 기계 소리가 도시의 소리풍경을 차지했다. 소음 비판론자들은 엔진 회전 소리, 자동차 경적 소리, 공기 드릴 소리, 씩씩거리고 지나가는 트럭 소리를 예로 들었다. 기계 소리가 너무 시끄러운 나머지 집 안에서 형편없는 솜씨로 피아노를 치는 사람들과 거리에서 엉망으로 색소폰을 부는 사람들의 소리까지 전부 묻힐 지경이었다. 사람들이 내는 노랫소리, 울음소리, 정보 소리, 휘파람 소리, 벨소리, 덜커덩거리고 쿵쾅거리고 삐걱거리는 소리들 역시 건강에 해롭고 주거지에 적합하지 않은 것은 마찬가지였다.

우리가 마침내 길모퉁이를 떠났을 때쯤 내 귀는 이미 소리를 잔뜩 머금은 터라 도시의 소리에 더 이상 집중하지 않았다. 그래서 레러가 '우리가 들었던 사이렌 소리처럼요'라고 말했을 때 나는 깜짝 놀랐다. 사이렌 소리는 들은 적이 없었기 때문이다. 도시의 소리풍경에서 가장 시끄러운 것이 어떻게 내 귀에 걸려들지 않았는지 의문이었다. 하지만 레러의 설명을 듣고 나니 어느 정도 이해가 되었다. 도시의 소리는 단지 도시에서 나는 소리의 총합이 아니었다. “아시다시피 사이렌 소리는 녹음할 수 없어요. 저렇게 멀리서 나는 소리는 녹음해봤자 더 가까이 있는 다른 소리들에 가려지거든요.” 음향적 장면에는 사이렌 소리 외에도 다른 소리들이 가득했다. “물론 사이렌을 가까이에서 녹음한다면 확실히 또렷한 소리를 얻을 수 있을 겁니다. 하지만 그 소리를 다른 소리 환경에서 재생해보면 듣던 것과 다르죠.”

현실 세계에서 소리는 어떤 구조를 지나느냐에 따라 특정한 방식으로 반향을 일으킨다. 귀에 도착한 소리는 소리의 근원지와 귀 사이에 놓여 있는 것에 따라 변화를 겪은 결과물이다. 소리의 높이와 크기에는 변함이 없어 보이지만 실제로는 듣는 사람이 한 블록 거리에 있는지 세 블록 거리에 있는지에 따라 가변적으로 달라진다. 도플러 효과Doppler effect는 사이렌이 달린 앰뷸런스가 멀어져가는 속도에 영향을 받지만 듣는 사람이 움직이는 방향도 마찬가지로 영향을 끼친다. 이런 시각에서 보면 도시에서 귀를 열어둔 모든 순간이 독특하기 짝이 없다. 소리풍경은 찰나에 그려졌다고 곧 씻겨 사라지는 것이니까.

기온도 소리를 지각하는 방식을 변화시킨다. 온도가 달라진다 해서 우리의 귀나 소리 자체가 변하는 것은 아니지만 소리가 전달되는 거리나 경로는 달라진다. 태양이 뜨겁게 내리쬐는 탁 트인 야외에 서본 적이 있다면 머리가 아니라 몸에 정적의 기억이 남아 있을 것이다. 또한 맑은 밤에 야외에 있으면 텐트

세 개 너머에서 나는 소리도 또렷이 들린다. 레러가 언급한 사이렌 소리는 사람들이 손에 장갑을 끼고 보도 위에서 발소리를 요란하게 울리는 추운 날에 더 멀리까지 전해진다.

동물들이 소리를 내는 습성을 들여다보면 그 원리를 설명할 수 있다. 자연선택에서는 가장 또렷한 소리로 잠재적 짝에게 신호를 보낼 수 있는 개체가 살아남는다. 따라서 많은 경우에 공기 중이나 물속에서 소리신호를 보내는 최선의 방법을 본능적으로 알고 있는 개체가 진화의 선택을 받는다. 공기나 물을 들여다보면 겹겹이 쌓아 올린 케이크처럼 층마다 온도나 압력이 달라지기도 한다. 예를 들어 깊은 바다 속은 얕은 바다보다 훨씬 수압이 높으므로 바다 깊숙이 다이빙해 들어간다면 수압은 서서히 강해질 것이다. 한편 육지는 밤마다 차게 식고 아침에는 지열 복사로 말미암아 하늘이 땅보다 더 온도가 높기 때문에 땅에 가까운 공기일수록 기온이 낮다. 이처럼 성격이 다른 층은 각각 음속이 다르다.• 소리의 속도는 기온이 올라가거나 기압이 낮아질수록 느려진다. 따라서 소리가 기온이 낮은 층을 통과하다가 그 위의 높은 기온 층으로 접어들면 널리 퍼져 확산된다. 반대로 높은 기온 층을 통과하던 소리는 옆에 낮은 기

• 소리 자체는 변하지 않는다. 소리란 압축된 파동이 매질을 통과하며 입자들로 진동을 전달하는 것이다. 우리는 이 파동에 대해 음의 높낮이나 세기를 논한다. 그러나 소리의 전달 속도 또한 빨라지고 느려질 수 있다. 직관과는 달리, 소리는 공기 중에서 초당 340미터를 이동하는 반면 물속에서는 대략 초당 1,500미터를 이동한다. 물의 밀도가 공기 밀도보다 높아서 파동이 입자를 통과하는 시간을 늦추지만 물의 탄성이 공기보다 낮으므로 결과적으로 속도가 더 빠른 것이다. 탄성이 더 높은 고체 매질에서는 속도가 물속보다 15배나 더 빨라진다.

온 층이 있어도 그리로 전달되지 않고 원래 층에서 계속 움직인다. 소리가 약해져 사라지기 전에 가능한 한 멀리까지 퍼져나가려 하는 것이다.

새소리가 새벽과 해 질 녘에 주로 들리는 이유가 바로 이것이다. 땅이 차게 식은 밤에는 가장 낮은 층의 공기가 차갑고 나무 꼭대기의 공기가 더 따뜻하다. 보통 땅이 공기보다 더 따뜻한 것에 비해 기온 역전이 일어난 것이다. 새벽에 노래하는 새는 평소보다 나무 위쪽으로 노랫소리를 멀리 보낼 수 있다. 가능한 한 많은 이성에게 구애의 노래를 들려주어야 하는 새들에게는 반가운 소식이다. 같은 원리로 해가 쨍쨍한 날 정오에 바닥에 둘러앉아 노래를 부르는 새는 거의 볼 수 없다. 이 역시 기온 때문이다. 따뜻한 공기 중에서는 노랫소리가 사방팔방으로 흩어져 사라진다. 단 몇 발짝 거리에 있는 새에게 말을 걸어도 공기 중에서 메시지가 사라져버리는 것이다.

이와 유사하게 고래들은 바다 속에 그들 전용의 정교한 라디오 채널을 만들어 이용한다. 북대서양 수심 1,000 미터 깊이에는 수온도 수압도 적당한 바닷물 층이 하나 있다. 고래들은 이 층을 통해 수평으로 대략 수십 킬로미터나 떨어져 있는 곳까지 장거리 소리신호를 주고받는다. 추정컨대 빙원 아래의 깊은 물속에 사는 긴수염고래가 내는 20헤르츠의 소리는 수백 킬로미터를 이동한다. 긴수염고래는 사회성이 뛰어나서 산산이 흩어져 있을 때면 저주파 음으로 서로 연락을 주고받는다. 다른 고래들의 소리, 얼음 소리, 또는 지나가는 배나 해저 탐사, 해군 소나 등 사람의 영향이 없다면 이 소리는 더 멀리까지 전달될 수 있다.

소리가 기온에 따라 다르게 움직인다면 계절에 따라서도 소리 지각이 달라질 것이다. 거대한 눈보라가 지나간 후의 도시는 유난히 조용하다. 눈이 소음을 차디찬 망토 아래에 숨겨버렸기 때문이다. 간혹 가로등 머리에서 떨어지는 눈덩이도 소리 없이 땅에 내려앉는다. 이런 날씨에 거리를 돌아다니는 차는 몇 되지 않고, 단지 제설차가 근성 있게 바퀴 아래의 아스팔트 대로를 긁어 눈을 떠내고 있을 따름이다. 눈 덮인 보도 위에서 부츠는 주인의 무게에 뽀드득거리는 소리를 낸다.

운동화를 신어 조용한 내 발소리는 계절이 봄임을 알리고 있었다. 우리는 지하철역을 향해 계단을 내려갔다. 조금 전 우리 발밑으로 덜컹대며 지나간 바로 그 지하철이다. 레러와 나는 작별 인사를 하기 전에 지하철 대합실에 잠시 머물렀는데, 그 공간에는 감탄스러울 만큼 다양한 소리가 존재했다. 우리는 회전식 개찰구가 둔탁하게 돌아가는 소리를 들었고, 곁을 스쳐 지나가는 사람들의 대화 토막도 엿들었다. 안내방송은 인상적인 통계 숫자들을 읊고 있었다. 열차가 들어올 때는 덜컹거리는 소리가 온 주파수 대역에서 반향을 일으켰고 브레이크가 '끼익' 하는 소리, 엑셀이 '윙' 돌아가는 소리가 들렸다. 퇴근하는 사람들 한 무리가 열차에서 내리며 다양한 소리를 냈다. 열차에서 막 내린 사람들을 위해 열차를 타려는 사람들이 자리를 피해 줬고, 곧 그들이 열차 안으로 들어가며 인파의 흐름을 바꿨다. 개찰구가 지하철 이용자 한 명 한 명의 요금을 기록하며 굉장한 속도로 '땡' 소리와 함께 돌아갔다.

"개찰구 돌아가는 소리를 좀 더 조화롭게 만드는 데는 아무도 신경 쓰지 않은 모양이에요." 나는 개찰구마다 다른 소리가 겹쳐지는 것을 듣고 있다가 말했다.

"단2도예요." 말이 끝나기 무섭게 레러가 우리가 듣고 있는 소리를 설명해주었다. "사람들은 단2도 음계를 좋아하지 않아요."

사람들이 단2도를 싫어하는 데는 견고한 과학적 이유가 있다. 소리의 높이는 진동하는 주파수 가운데 가장 잘 들리는 주파수로 결정되지만 그 주파수는 소리가 날 때 생긴 여러 주파수 중 하나일 뿐이다. 예를 들어 피아노 건반 하나를 치면 음 하나가 들리지만 실제로 그 음은 여러 높이의 소리가 모여서 만들어진 것이다. 음악 전문가를 제외한 대부분 사람들이 잘 모르는 사실이다. 하나의 음 안에 숨겨진 여러 높이의 소리를 배음overtone이라고 하는데 그 높이는 피아노 건반의 다른 음과 일치한다. 피아노 건반에서 가온 다middle C 음이 가장 크게 진동하는 주파수는 262헤르츠지만 정확히 한 옥타브 위의 '도'에 해당하는 524헤르츠의 진동도 포함돼 있다. 이 숨겨진 진동이 첫 번째 배음이다. 다음 배음들은 차례로 솔, 장3음을 구성하는 도와 미, 단3음을 구성하는 솔과 낮은 시다. 우리는 배음을 듣지 못해도 확실히 인식하고 있다. 한 옥타브 위아래의 음, 또는 5도나 3도의 음은 듣기 좋다. 하지만 서로 다른 배음 행렬에 속한 음끼리는 불협화음을 이루기 십상이다. 단2도가 그런 경우다. 같은 원리로 증4도 음정, 감5도 음정을 일컫는 3온음은 어찌나 귀에 거슬리는지 중세 시대에는 사악한 힘이 만들어낸 소리로 간주해 '악마의 음정diabolus in musica'이라는 딱지가 붙었으며 음악에서 이용하는 것을 금했을 정도다.

옥스퍼드 영어사전에는 '침묵'이라는 단어의 오래된 용법 하나가 영구적으로 보존돼 있다. 19세기에 침묵은 '향미를 필요로 하는 증류수'를 뜻했다. 그날 저녁, 레러와 산책하며 녹음한 테이프를 다시 들어보다가 나는 이 사실을 떠올렸다. 우리 집 서재는 침묵에 잠겨 있었다. 아니, 이것은 침묵이 아니라 '상대적인' 침묵이다. 몇 블록 거리에서 고속도로의 조용한 소음이 들려왔고 서재 맞은편 뒤창에서는 아파트 생활에서 흔히 들을 수 있는 소리들이 들려왔다. 근처에서 온수 모드로 세탁기가 돌아가는 활기 없는 소리가 났다. 귓속에서는 낮에 들은 소리들도 아직까지 울려퍼지며 바깥에 있을 때 미처 듣지 못한 소리들을 대변하고 있었다. 이렇듯 뇌는 침묵 속에서도 소리를 만들어낸다. 사람은 소음이라는 향미를 필요로 하는 것이다.

나는 오늘 산책 중 나눈 대화를 받아쓰다가, 무차별적으로 귀를 기울이는 녹음기가 내가 놓친 소리들을 전부 포착했다는 것에 놀랐다. 신뢰할 수 있는 이 녹음기에는 내가 걷는 동안 다리에 일정한 박자로 부딪치는 소리까지 기록돼 있었다. 내가 코를 훌쩍이는 소리가 녹음된 것을 보니 걷는 동안 날씨가 쌀쌀해졌던 모양이다. 또 하나 놀랄 만한 사실이 있다. 바람이 세게 불어서 테이프에 다른 소리가 하나도 녹음되지 않은 순간이 있는 것이다. 한 번은 높은 웃음소리가 바람 소리를 뚫고 올라왔지만 아무 소리도 고개를 내밀지 못한 순간도 있었다. 나는 레러가 필요 없는 소리를 내지 않는지 귀 기울여보았다. 관절 꺾는 소리, 한숨 소리, 숨을 들이마실 때 나는 휘파람 소리 같은 것들 말이다. 하지만 레러는 조용했다. 테이프 마지막에 이르자 우리는 작별 인사를 나누었고, 레러는 곧바로 도시의 소리들 사이로 자취를 감췄다.

나는 오직 듣기를 목적으로 산책했으면서도 많은 소리를 놓쳤다. 하지만 다른 수확이 있다. 내가 듣는 소리들은 유해한 도시 소음에서 우리 도시만의 개성 넘치고 맛깔스러운 재잘거림으로 변신했다. 나는 자동차가 평생 오가는 소리와 파리가 윙윙대는 소리를 즐기기 시작했고, 비둘기를 보면 소리 내어 울기를 기다리게 되었다. 또 지나가는 사람들을 보며 흥얼거리거나 재채기를 하라고 마음속으로 부추기기 시작했다. 도시에서 들리는 끼익, 꺄악, 꽥꽥 소리의 수와 흑흑, 휘잇 소리의 수를 세어 어느 쪽이 더 많은지 비교해보기도 했다. 소리 하나하나가 내가 초대한 손님처럼 즐거움을 안겨주었다. 나는 소리들을 반갑게 맞았다.

열한 번째
산책

반려견 피니건과 함께

촉촉한 코로 탐색하는 세상

"단 하나의 진정한 여행은 낯선 땅을 방문하는 것이 아니라 다른 눈을 갖는 것, 다른 사람의 눈으로, 그것도 백 명이나 되는 다른 사람의 눈으로 우주를 보는 것, 그들이 저마다 보고 있으며 그들 자신이기도 한 백 가지 우주를 보는 것이리라."

— 마르셀 프루스트Marcel Proust

기다린 줄을 목에 비끄러맨

비글 한 마리가 잰걸음으로 지나가다가

쓰레기더미 위로 소변을 갈기며

버릇없이 영역 표시를 했다.

이 프로젝트의 처음은 전적으로 개와 나선 산책에서 비롯되었다. 그러므로 개와의 산책으로 마무리 짓는 것이 타당해 보인다. 나는 털이 곱슬곱슬하고 현명한 잡종견 펌퍼니클과 16년 동안 산책을 했다(그리고 비공식적으로 녀석을 연구했다). 나는 펌퍼니클이 거리에서 무엇을 선택하고 무엇에 주의를 기울이는지, 어디서 갑자기 멈춰서고 어디로 돌진하는지를 보며 녀석의 세상을 보기 시작했다. 녀석이 집중하는 것에 같이 집중하고 지면에서 60센티미터 높이의 눈이 보는 것을 함께 보았으며, 녀석이 세상을 눈으로 보는 대신 코로 냄새 맡는 것을 관찰했다. 그러다 보니 나 자신의 지각에도 변화가 생겼다. 나는 나무 한 그루, 가로등 하나 없는 긴 대로가 얼마나 끔찍한지 알게 되었다. 표식을 남길 공간이 하나도 없는 이곳에서는 앞서 지나간 다른 개들의 메시지를 전해들을 길이 없다. 게다가 새로 메시지를 남길 공간도 없으니, 개들에게는 참 난감한 공간이 아닐까? 나는 거리에 소변을 봄으로써 남과 의사소통하려는 시도는 단 한 번도 해본 적이 없지만, 연석 옆의 다양한 시설물과 나무를 비롯한 잡다한 장식품들로 생기에 가득 찬 거리를 높이 평가하는 펌퍼니클의 미의식에 전염되었다.

나는 펌퍼니클을 데리고 녀석의 눈높이에 맞춰 세상을 경험할 수 있는 다양한 산책에 나섰다. '바람을 거슬러 걷는 산책' 중에 녀석은 눈을 가늘게 뜨고 코를 공기 중에 높이 쳐들고는 구멍을 심하게 벌름거렸다. 나는 이 '냄새를 맡는 산책'에서 길이나 목적지에 충실히 앞으로 나아간다는 나의 산책 개념을 버렸다. 걷다가 펌퍼니클이 냄새를 맡아보고 싶어 하는 대상이 나타나면 그 자리에 멈춰 녀석이 코로 풍경을 들이마시는 동안 기다려주었다. 녀석이 나이를 들면서 우리는 산책 시간의 대부분을 한 장소에 앉아서 보내게 되었다. 다른 개들의 냄새를 가득 안은 바람이 불어오고 후각적으로 근사한 전망이 있는 곳이었다. 대부분 사람들은 개를 운동시키거나 소변을 보게 하려고 산책을 나선다. 타당한 이유이긴 하지만, 세상을 보기 위한 산책은 시키지 않아도 되는 걸까? 다른 개와 사교를 나눌 필요는 없을까? 새로운 냄새를 맡아보기 위한 산책도 좋지 않을까?

사람들은 후각을 중심으로 기능하지 않기 때문에 세계에 얼마나 다채로운 냄새들이 있는지 쉽사리 상상하지 못한다. 눈이 다른 감각을 제한하고 있는 것이다. 두 눈이 세계를 너무나 생생하게 그려내기 때문에 우리는 세상을 단지 볼 수 있는 것들의 연속으로밖에 이해하지 못한다. 그와 반대로 코가 지면 가까이에 있는 다른 포유류들은 네 발로 걸어다니며 세계를 냄새로 파악한다. 『버드나무에 부는 바람The Wind in the Willows』의 저자인 케네스 그레이엄Kenneth Grahame은 상냥한 두더지의 입을 빌어 교훈을 전한다. "예민한 신체적 지각을 상실한 지 이미 오래인 우리에게는 동물과 주변 환경 간의 의사소통을 표현하기에 알맞은 용어들조차 없다……. 예를 들어 밤낮으로 동물 콧속에서 웅얼대는 다양하고 섬세한 전율들, 우리를 부르고 경고 하고 부추기고 쫓아내는 한편 바람결에 실려와 쓰다듬듯 부드럽게 유혹하는 그 전율들을 표현하려 해도 우리에게는 '냄새'라는 단어 하나밖에 없다."

책에서 두더지는 소리의 비유(웅얼대다), 촉각적 비유(쓰다듬다), 감정적 수사(전율· 부추기다·경고하다) 등을 사용하고 있는데, 코가 납작하고 눈이 둔한 우리 사람들은 이를 통해 냄새로 본다는 것이 어떨지 상상해볼 수 있다. 우리는 방문했던 장소의 생김새를 생생히 묘사하곤 한다. 하지만 그 장소의 냄새가 어땠느냐는 물음에는 과연 대답할 수 있을까? 우리는 '여름날 같은 냄새'처럼 다른 냄새를 상기시키는 추상적이고 모호한 비유를 들 수밖에 없다. 마늘 냄새나 갓 구운 빵 냄새처럼 그 냄새 자체의 특성이 아닌 다른 냄새에 빗대 설명하거나 역겹다·사랑스럽다·맛있다·맵다 등의 피상적인 수식어를 사용할 것이다. 사실 냄새는 기억을 상기시키는 데 특출한 능력이 있다. 얼굴에 훅 끼쳐오는 파이프 담배 냄새를 맡으면 어린 시절 아버지가 담배를 끊기 전에 책상에서 나던 냄새, 발소리, 바지 주머니에든 잔돈이 쨍그랑거리던 소리 그리고 아버지가 내 말을 들으며 미소지었을 때의 기분 같은 것들이 떠오른다. 냄새는 기억과 마찬가지로 온전히 개인적이다. 이미지는 잉크나 유채물감으로 그려 수백 명, 많게는 수백만 명에게 손쉽게 보여줄 수 있지만 냄새는 그럴 수 없다.

개들이 냄새를 '잘' 맡는다는 사실은 이제 상식이 되었다. 우리 사람들은 아침이 오면 눈을 떠 세상을 맞이하지만 개들은 콧구멍 두 개를 벌름거리며 잠에서 깬다. 개의 코는 이 작업을 훌륭히 수행할 수 있게 만들어졌다. 콧구멍 안쪽에는 냄새 분자가 들어오기를 기다리는 전문 후각 수용체 세포의 터널이 미로처럼 얽혀 있다. 또한 콧속 깊은 곳의 '냄새 저장 창고'는 골질판을 경계로 주된 호흡 경로에서 떨어져 있기 때문에 개들에게 있어 호흡과 냄새를 맡는 행위는 별개의 것이 된다. 그 덕에 냄새가 더 오랫동안 코 안에 머무르는 것이다. 우리는 냄새가 나는 것들을 떠올려보라고 하면 봄날의 꽃송이, 쓰레기통, 새로 뽑은 차, 버스 배기구 정도밖에 생각하지 못한다. 하지만 실제로는 거의 모든 것에 냄새가 있다. 휘발성이 있는 분자는 공기 중으로 증발해 콧속의 후각 수용체로 날아들기 때문에 휘발성 분자로 만들어진 것이라면 무엇이든 냄새가 난다.

개 코 안에는 후각 수용체가 몇 억 개나 있다. 게다가 입 안 경구개 위에 있는 보습코 기관(야콥슨 기관 또는 서골비 기관이라고도 불림)은 호르몬처럼 콧속 수용체를 흥분시키지 않는 분자들을 담당하며 제2의 코로서 기능한다. 모든 동물의 몸에는 뇌와 몸의 활동에 관여하는 호르몬이 있는데, 우리가 발산하는 페로몬이라는 호르몬이 바로 보습코에서 탐지된다. 개들은 바로 이 보습코를 이용해 땅 위에 흩뿌려진 다른 개의 소변 냄새를 맡고 거기서 스트레스나 짝짓기할 준비가 되었다는 단서를 읽어낸다.

개는 '후각예민종'이고 인간은 '후각부진종'이다. 하드웨어가 부족해서는 아니다. 인간을 만드는 청사진인 유전체의 거의 2퍼센트가 후각 수용체 코드화에 사용되었다. 계산해보면 유전자 50개 중 하나는 후각을 탐지하는 세포를 만드는 데 쓰인 것이다. 그만큼 냄새는 우리에게 중요하다. 냄새 없는 삶을 한번 상상해보라. 음식의 향미가 사라지고 주위가 온통 단조로워진다면 삶이 끔찍하게 불행하지 않겠는가? 물론 어떤 냄새는 우리를 성가시게 괴롭히기도 한다.•

하지만 평범한 하루는 냄새와 상관없이 흘러간다. 우리는 냄새에 지나치게 몰두하지 않는다. 사람들에게 냄새는 유혹적이고 매력적이고 무언가를 떠올리게 하거나, 역겹고 불쾌하고 피하고 싶거나 둘 중에 하나다. 하지만 개의 세계는 온통 냄새로 가득하다. 개에게 냄새는 우리가 '냄새'라는 단어에서 떠올리는 것과는 달리 오로지 정보를 의미한다. 개의 세계에서 지형은 냄새로 빚어져 있고 풍경은 향기로 선명히 채색돼 있다.

생물학적으로 사람의 코는 개의 코와 동일하게 작동한다. 사람의 코 안쪽에는 냄새를 받아들이는 수용체 세포들이 있다. 물론 수백 개나 되는 수용체는 개에 비하면 여전히 수억 개나 적은 숫자다.•• 세포 개수의 차이는 자연히, 맡을 수 있는 냄새 개수의 차이로 이어진다. 개들은 1~2PPT(1조 분의 1의 농도 단위) 수준의 냄새도 맡을 수 있다. 개의 후각은 우리와는 차원이 다르게 예민하다. 핫도그와 머스터드 소스를 1조 대 1의 비율로 섞어 놓아둬도 개들은 머스터드 냄새를 맡을 수 있다.

도시의 평범한 동네에서 어떤 냄새가 나는지를 이해하고 싶다면 개에게 물어보는 것이 가장 좋은 방법이다. 그래서 나는

• 코를 통해 냄새를 맡는 것은 코 앞쪽, 즉 비강을 통한 후각 작용이다. 그와 반대로 입을 통해 코 뒤쪽으로 냄새를 맡는 것은 비후를 통한 후각 작용이라고 하는데, 이 작용 때문에 식사할 때 코를 막으면 혀 위에 올려놓은 음식이 무엇인지 알아내기 어렵다.

•• 수용체와 뇌가 냄새 전체에서 개개의 냄새를 골라내는 방법은 아직 과학이 답해야 할 문제로 남아 있다. 냄새 종류마다 하나의 수용체가 배정돼 있는 것도 아니고, 한 종류의 냄새가 아무 수용체나 활성화시키는 것도 아니다. 장미 향기와 커피 향, 아기 머리에서 나는 냄새를 전문적으로 처리하는 수용체는 없다. 냄새 분자 하나가 여러 수용체를 깨우고 여러 수용체가 여러 냄새에 반응한다.

이 책을 쓰기 위한 프로젝트의 일환으로 우리 집에서 키우고 있는 성실하고 장난기 많은 검은 개 피니건과 함께 동네 한 바퀴를 걸어보기로 했다. 나는 우선 피니건에게 나와 함께 나가서 우리 동네의 냄새들을 소개해줄 의향이 있는지 물었다. 소파 끄트머리에 머리를 대고 나른하게 드러누워 있는 것을 보니 녀석은 별로 구미가 당기지 않는 모양이다. 하지만 다시 한 번 부탁하자 피니건은 소파에서 뛰어내려와 얌전히 개 목걸이를 하고 나와 나란히 현관문을 걸어 나섰다.

피니건은 들떠서 나를 상쾌한 공기 속으로 잡아끌었다. 나는 녀석이 이끄는 대로 갔다. 그다음 우리는…… 곧장 그 자리에 멈췄다. 나는 산책로에 대한 결정권을 피니건에게 넘겨줄 작정으로, 아파트 문을 나서자마자 공원 방향인 왼쪽이나 도심 방향인 오른쪽으로 목줄을 당기는 대신 계단 위에 멈춰 섰다. 그러자 언제나 말을 잘 듣는 피니건도 따라 멈췄다. 녀석은 계단 꼭대기에 올라앉아 자랑스럽게 코끝을 앞으로 내밀었다. 몇 안 되는 행인들이 꾸준히 옆을 지나가며 공기를 밀어내 피니건에게 새로 맡을 냄새들을 선사해주었다. 누군가 앞에 나타나기라도 하면 녀석은 머리를 홱 숙이고 기대감과 흥분에 꼬리를 마구 흔들어댔다.

나는 피니건이 움직이기를 기다렸다. 하지만 녀석은 행인들 사이에 가만히 멈춰 선 채 길 위에서 일어나는 사건들에 반응하며 머리만 움직이고 있었다. 바람이 유독 심한 날이라 길 건너편 건물 위에 내걸린 낡고 초라한 깃발이 깃대를 세차게 때리고 있었다. 피니건은 천이 나부끼고 깃발 끝이 깃대에 부딪치는 소리에 귀를 쫑긋 세웠다. 스콧 레러라면 뉴잉글랜드 바닷가 오두막집에 바람이 스치는 음향으로 활용할 법한 소리였다. 도시의 바람은 한 블록 거리에서 누군가 고함치는 소리를 실어왔고, 바람에 부풀어 오른 비닐봉지 하나를 주차된 차들 위로 굴려보냈다.

우리는 계단 위에 서서 몇 분을 흘려보냈다. 그러다 내가 먼저 움직이지 않으면 그 자리에 하염없이 서 있다가 산책이 끝날 거라는 생각이 들었다. 피니건이 다른 종류의 동물이었더라면 야외 나서자마자 번개처럼 달려갔을 것이다. 하지만 피니건이 얌전히 자리에 서 있는 바람에 결국은 내가 방향을 정하고 걷기 시작했다. 나는 길을 나서며 피니건이 어디에 주의를 기울이는지 확인했다. 아들과 산책할 때와 마찬가지로 오디오레코더는 쓸모가 없었다. 피니건이 무엇을 봤는지를 알아내려면 녀석이 어디로 가고 어디에 머무는지를 관찰하고, 집중할 때 끝이 접히는 귀와 기분에 따라 흔들리는 꼬리를 눈여겨봐야 했다.

피니건은 곧장 재채기를 한 번 하더니 코를 핥았다. 당시는 꽃가루가 간지러워서 반사적으로 재채기가 나온 거라 생각하고 대수롭잖게 넘겼지만, 나중에 이 행동을 재평가하게 되었다. 어쨌든 피니건은 내 옆에서 의기양양하게 걷고 있었다. 걸음을 내디딜 때마다 높이 쳐든 머리가 부드럽게 위아래로 까딱거렸다. 녀석의 시선은 왼쪽 담벼락, 닫히고 있는 차 문, 오른쪽으로 지나가는 다른 개를 차례로 훑었다. 자동차 한 대가 요란하게 경적을 울렸다. 피니건은 멈춰 서지는 않았지만 눈을 가늘게 뜨고 귀를 납작하게 접어 머리에 댔다. 귀를 이렇게 하면 소리가 아예 들리지 않거나 적어도 작게 들린다. 사람이 움직일 수 없는 귀를 양손으로 덮는 것에 대응하는 행동이다.

오래지 않아 피니건은 급작스럽게 자리에 멈추더니 다시 한 번 코를 핥았다. 땅딸막하고 별 볼일 없는 난간이 주의를 끈 것이다. 콘크리트를 부어 만든 다음 철제 막대 위에 세운 난간은 건물이 자신을 보호하기 위해 입은 짧은 치마와 같았다. 피니건은 난간 표면에서 몇 밀리미터 거리까지 코를 바짝 들이대고는 난간을 뚫어져라 바라보았다. 코가 난간에 닿아 작고 축축한 자국이 남았다. 나는 피니건이 코로 무엇을 보고 있는지 알아내려 애썼다. 난간에는 액체가 말라붙은 흔적이 여러 군데에 지저분하게 남아 있었다. 덜 마른 부분도, 유독 지저분한 부분도 있다.

더 생각할 것도 없었다. 피니건은 개들의 노다지, 즉 다른 개들의 소변을 발견한 것이다. 소변 자국이 시간 간격을 두고 겹겹이 쌓여 있는 것이 내 눈으로도 선명히 보였다. 피니건은 만족스러운 표정으로 냄새를 킁킁 맡은 후 다음 소변 자국으로, 그리고 다음 소변 자국으로 옮겨갔다. 유감스럽게도 길모퉁이까지 남은 난간은 6개나 되었다. 난간마다 새롭게 주의를 기울이는 것을 보니, 피니건에게 이 소변 자국들은 전부 각양각색으로 느껴지는 것이 확실했다. 각각의 자국들은 서로 다른 개들의 이야기를 들려주었을 것이다. 밥을 양껏 먹은 개, 교미할 준비가 된 개, 공격적인 개, 아픈 개의 이야기가 이곳에 남아 있었다. 그중에는 무언가를 그리워하거나 의심하는 개 또는 슬프거나 즐거워하는 개도 있었을지 모른다.

나는 보도를 지금까지와 다르게 상상하기 시작했다. 보도는 그곳을 지나쳐간 다른 사람들의 기분, 건강 상태, 습관의 흔적이 남아 있는 공간이다. 사람들의 흔적을 어떤 형태로 볼 것인지는 또 다른 문제인데, 불행히도 내 머릿속에 가장 처음으로 떠오른 형태는 사람들이 남기고 간 쓰레기다. 도시에는 언제나 사람들이 손가락 사이로 슬쩍 떨어뜨리고 간 쓰레기가 있어서 다른 사람이 지나갔다는 것을 알 수 있다. 하지만 잘 찾아보면 더 섬세한 단서들도 있다. 주차된 차 옆을 지나갈 때 따뜻한 공기가 느껴진다면 주인이 시동을 끄고 떠난 지 얼마 되지 않았다는 뜻이다. 찻잎 모양을 보고 점을 치는 것처럼, 보도 위에 떨어진 꽃잎이나 낙엽이 흩뜨려진 것을 보고 얼마나 많은 사람들이 그 자리를 스쳐 지나갔는지를 알 수 있다. 걷다가 바닥에 담배꽁초가 산더미처럼 쌓여 있으면 고개를 들어보라. 십중팔구는 상가 건물 입구가 보일 것이다(그리고 시간은 아마 점심시간을 지난 오후일 것이다). 몇 년 전에 나는 보도 위에 외롭게 남은 장갑 한 짝들을 주목하기 시작했다. 주인의 손을 따뜻하게 덥혀주다가 바닥으로 떨어져 예외 없이 어색한 모양이거나 애원하는 자세로 얼어붙은 이 우울한 피조물들을 보면 누군가 최근에 이 길을 지나가면서 맨손으로 어떤 일을 했다는 것을 알 수 있다. 오른쪽 장갑이 왼쪽 장갑보다 더 자주 눈에 띄었는데, 이는 오른손잡이가 훨씬 많다는 사실과 더불어 사람들이 지갑을 꺼내거나 휴대전화에서 번호를 누르거나 신발 끈을 다시 묶는 등 손을 능숙하게 다뤄야 할 일을 할 때 오른쪽 장갑을 주로 벗는다는 경향성을 보여준다.

장갑을 떨어뜨리고 간 사람들에 대해 확실히 알 수 있는 것은 하나뿐이다. 분명 그들은 손이 시렸을 것이다. 하지만 그들이 행복했는지 슬펐는지, 나이가 많았는지 적었는지, 건강했는지 아팠는지는 알 수 없다. 근처에 사는 사람인지 단지 지나가고 있었는지, 혼자 걸었는지 다른 사람과 함께였는지도 알 수 없다. 털장갑의 주인은 어린이고 가죽장갑의 주인은 어른이겠지만 그 밖에 개인 정보는 오리무중이다. 나는 그 정보가 고스란히 남아 있으리라는 것을 알았으나 그것을 찾아낼 지각 능력이 없었다. 하지만 개들은 그 정보를 손에 넣을 수 있다. 피니건이 내게 그 능력을 보여줄 것이다.

피니건이 난간을 조사하는 것을 보고 있자니 궁금증이 하나 생겼다. 피니건이 냄새를 맡고 있는 것의 정체를 깨닫자 흩뿌려진 소변 얼룩이 내 눈에도 쉽게 들어왔다. 하지만 피니건이 소변 얼룩으로 직행하지 않는 경우도 있었다. 녀석은 확신하지 못하고 고민하는 듯 얼룩 주변의 냄새를 맡았다. 개의 시야는 사람의 시야와 털끝만치도 닮지 않았지만 피니건이 내가 본 것을 볼 수 있다는 점은 확실했다. 피니건은 소변 얼룩을 볼 수 있음에도 사람들이 어떤 장면을 눈으로 훑어보듯 주변을 '훑어 맡고' 있었다. 장면을 본다는 것은 한 지점에 시선을 고정해 바라보는 것이 아니라 눈을 앞뒤로 움직이며 앞에 펼쳐진 모든 것을 보는 것이다. 마찬가지로 한 장면을 냄새 맡기 위해 피니건은 그 옆과 위를 냄새 맡고, 이 얼룩을 만들어낸 장본인이 근처에 있는지 알아내고자 공기 냄새도 맡았다. 개는 냄새를 한 번 들이마실 때마다 새로운 냄새를 맡을 수 있다. 실제로 매번 새로운 냄새가 생겨나기 때문이다. 나는 냄새에 대해 모르던 사실들을 몇 가지 알게 되었다. 냄새는 고정된 위치가 없고 정적이지도 불변이지도 않다. 근원지에서 퍼져나가는 안개나 구름과 비슷하다. 따라서 냄새를 통해 파악한 거리는 사물들이 서로의 냄새 영역으로 파고들어가 마구 겹쳐져 있는 뒤죽박죽 공간이 된다.

나는 피니건이 킁킁대는 것을 자세히 보려고 몸을 숙였다. 당연한 결과지만 피니건은 내가 자기를 쳐다보는 이유가 궁금한 모양인지 몸짓을 멈췄다. 하지만 녀석이 '빠르게' 킁킁대고 있다는 것만은 확실히 볼 수 있었다. 개는 초당 7번까지도 킁킁댈 수 있다. 한편 사람은 2초에 한 번씩 킁킁댄다. 노력하면 열두어 번까지는 연속으로 킁킁댈 수 있겠지만 그 직후에 숨을 내쉬면서 좋은 냄새를 담은 공기가 전부 코 밖으로 나가버릴 것이다. 그러니 무언가를 냄새 맡고 싶지 않다면 코로 강하게 숨을 내쉬는 게 하나의 방법이다. 냄새의 영향 범위를 벗어나 다음 숨을 들이마신다면 후각 수용체는 그 냄새를 느끼지 못할 것이다.

피니건의 콧구멍은 냄새를 들이마실 뿐 아니라 세계를 구성하는 여러 냄새의 견본을 모으는데, 이로써 개들은 일종의 표준적 후각을 갖게 된다. 우리 사람들이 어떤 소리를 들으면 무의식적으로 왼쪽 귀와 오른쪽 귀에서 느껴지는 소리의 강도 차이를 계산해 소리의 근원지를 즉각 알아내듯이, 개들은 왼쪽 콧구멍과 오른쪽 콧구멍에서 느껴지는 냄새의 강도 차이를 측정할 수 있다. 연구원들이 개의 콧구멍을 극히 세밀하게 관찰한 결과, 개들은 음식이나 사람과 같은 혐오스럽지 않은 냄새를 맡을 때 오른쪽 콧구멍을 먼저 사용하고 그 냄새에 익숙해지면 왼쪽 콧구멍을 사용한다는 사실이 밝혀졌다. 그와 반대로 아드레날린이나 수의사의 땀 냄새는 오른쪽 콧구멍으로만 맡는 경향이 있었다. 콧구멍과 그 안의 후각세포들은 같은 쪽 뇌로 정보를 보낸다. 즉, 오른쪽 콧구멍은 우뇌로 정보를 보내는 것이다. 연구원들은 오른쪽 콧구멍에서 일어나는 활동이 공격성, 두려움, 기타 강렬한 감정 등 흥분 반응을 일으키는 자극과 관련이 있다는 결론을 내렸다. 반면 왼쪽 콧구멍과 좌뇌는 마음을 진정시키는 경험과 관련이 있다. 따라서 이론적으로는 개가 어느 쪽 콧구멍을 벌름거리는지를 자세히 보면 당신을 친근하게 여기는지 적대적으로 여기는지 알 수 있다.

킁킁대는 것에 대해 한참 생각하다 보니 피니건이 재채기를 했던 게 떠올랐다. 처음 산책을 시작할 때 피니건은 커다랗게 재채기를 한 번 했다. 나 때문에 코를 킁킁대는 것을 멈췄던 피니건은 다시 산책을 시작할 때에도 재채기를 했다. 이는 바로 경구개를 청소하는 행동이다. 개는 코 안에 들어 있는 것을 전부 뱉어내고 다음 냄새를 맡기 위해 재채기를 한다. 사람들이 대화 중 다음 주제로 넘어갈 때 정중하게 목을 가다듬거나, 엘리베이터처럼 밀폐된 사회적 공간에서 어색한 침묵을 깨기 위해 '에헴' 하고 헛기침을 하는 것과 비슷한 원리다.

코를 핥는 것 역시 냄새를 맡기 위한 준비 과정이다. 알다시피 비가 내려 땅이 촉촉이 젖어 있으면 세상은 전혀 다른 냄새를 풍긴다. 햇볕에 모든 표면이 바싹 마르고 따뜻하게 달궈져 있는 여름날도 마찬가지다. 길을 지나가는 사람이 잠재적인 냄새 흔적이라 할 수 있는, 땅에 내려앉은 냄새 분자들을 감지할 가능성은 적다. 하지만 햇볕에 달궈진 공기 또는 개 코 안쪽의 따뜻한 공기는 냄새를 휘발시켜 더 쉽게 맡을 수 있게 한다. 젖은 공기나 젖은 코는 냄새를 더 쉽게 흡수하게 해준다. 이게 바로 피니건이 코를 혀로 핥거나 표면에 젖은 코를 가져다 대는 이유다. 입맛을 다시는 게 아니라 보습코로 끌어당겨 냄새를 맡으려는 것이다.

✳

우리는 다시 걷기 시작했지만 속도는 느렸다. 피니건은 땅바닥이나 길을 잃은 타이어 휠 캡, 종이봉투 등의 냄새를 맡느라 자주 멈춰 섰다. 때로는 그 자리에 가만히 서서 바람 냄새를 맡기도 했다. 상쾌한 바람 한 줄기가 피니건에게는 후각적 불꽃놀이와 같다. 그 바람에는 우리 동네뿐 아니라 길 모퉁이 너머나 언덕 위의 냄새까지도 실려 있다. 심지어 뉴저지에서 온 냄새도 있다! 바람은 우리가 걷는 방향 저 멀리에서 높은 산과 과거의 냄새를 담고 불어왔다.

이렇게 느린 속도로 걷다 보니 전에는 길에서 미처 발견하지 못했던 것들에 시선을 던지게 되었다. 나는 건물 옆면에 붙어 있는 작은 수도꼭지와 보도에 박혀 있는 놋쇠 못에 주목했다. 나중에 알게 된 사실이지만 이 못들은 국가협회가 박아둔 것이다.• 거리 북쪽과 남쪽에 해 그림자가 드리워지는 비율이

다르다는 사실도 눈에 들어왔다. 또한 블록마다 위치한 소화전 앞에서 걸음을 멈추기를 반복하다 보니 어떤 소화 전에는 보초가 붙어 있다는 것을 알게 되었다. 소화전 앞에 키 작은 보호 말뚝이 박혀 있는 것이다. 과거에 자동차가 소화전을 들이받는 불행한 사고가 여러 번 있었음을 엿볼 수 있는 단서다. 나는 보도의 많은 부분을 조금 지나치다 싶을 정도로 면밀히 들여다보았다. 그러자 지금껏 존재조차 몰랐던 것들이 모습을 드러냈다. 그저 검은 멍처럼 보였던 것은 자세히 살펴보면 씹다 버린 더러운 껌딱지이거나 액체가 튄 자국이었다.

그때 거리에서 낮은 계단 세 개만큼 올라가 있는 고층 아파트 입구에서 무언가가 피니건의 주의를 끌었다. 피니건의 시선을 따라가보니 남자 두 명이 나이가 지긋한 거구의 신사 한 분을 휠체어에 앉히느라 문 앞에서 부산을 떨고 있었다. 세 사람 모두에게 꽤나 힘겹고 버거운 일 같아 보였다. 노인이 시선을 느꼈는지 우리를 쳐다보았다. 나는 예의 바른 사람답게 미소를 한 번 지어 보이고 시선을 돌렸다. 노인은 기를 써가며 휠체어에 앉는 모습을 내게 보이고 싶지 않을 것이다. 하지만 피니건은 꿈쩍도 하지 않았다. 녀석은 내가 아무리 잡아끌어도 시선을

• 이 못은 '측지학 측량 표식'으로 도시 전역에 숨어 있다. 19세기 초반에 토지측량의 일환으로 뉴욕에 처음 못을 박았고 각 못의 위도, 경도, 고도, 다른 못과의 거리 등 좌표를 기록해서 시간이 지나 건물을 새로 짓거나 해수면이 상승할 때 이 못의 좌표가 달라지는지 여부를 확인했다. 이 표식들은 많은 시간이 흐른 뒤에도 찾아볼 수 있도록 공공건물, 역사적인 건축물, 기반암처럼 안정적인 장소에 남겨졌으며 부식되거나 녹이 슬지 않도록 철, 놋쇠, 바위와 같은 재료를 사용했다. 측량 표식들은 아직도 제 역할을 다하고 있는데, 뉴욕을 방문하는 사람들은 비공식적으로 이 표식들을 찾아내는 일종의 보물찾기를 진행하기도 한다.

고정한 채 발꿈치에 체중을 싣고 그 자리에 못 박힌 듯 서서 따라오지 않았다. 목줄이 팽팽하게 당겨졌다. 나는 피니건을 돌아보았다. 녀석의 행동은 버릇없었다.

하지만 개를 두고 예의를 논할 수 없는 일이다. 개에게 어떤 특성을 부여하는 것은 우리 사람들이다. 사실 개들은 문화적으로 완벽히 무지하다. 사람의 환심을 사서 집 안에 입성했지만 녀석들은 사람의 관습을 알지도 못하고 신경 쓰지도 않는다. 개가 누군가를 빤히 바라볼 때마다 주인이 벌을 준다면 그 행동이 그르다는 것을 알게 될지도 모르지만 꼭 그런 것도 아니다. '주인이 벌을 주러 오니 조심하자'는 것만 배우게 될지도 모를 일이다. 예의란 사람이 만든 개념이기에 개가 예의를 차린다는 생각은 아무래도 괴상 하기 짝이 없다.

한편 나와 휠체어를 탄 남자는 피니건의 뚫어질 듯한 시선을 당황스럽게 느꼈다. 피니건은 그냥 그쪽을 보는 것뿐이지만 내게는 그 남자가 느끼는 시선의 부담을 덜어줄 의무가 있었다. 단지 개의 시선일지라도 말이다.• 개는 우리를 꿰뚫어보지 못한다. 그럼에도 개의 시선으로 불편을 느낄 수 있다는 사실은 시선에 힘이 있다는 증거다. 나는 피니건과 우리 아들이 남들을 무례하게 쳐다보는 걸 보고 어떤 심리학자나 사회학자의 논문을 읽었을 때보다도 더 실감 나게 시선의 중요성을 깨달았다.

• 보나마나 피니건은 진짜로 남자를 보는 게 아니라 단순히 냄새를 맡고 있는 것뿐이겠지만. 사람이 누군가를 볼 때 코도 그쪽으로 향하는 것처럼 개가 코로 냄새를 맡을 때 눈도 그쪽을 향한다(그렇다고 해서 우리가 그 사람의 냄새를 맡고 있는 건 아니다).

피니건이 겨우 내 말을 듣고 자리를 떴을 때, 나는 거리에서 마주친 다른 개들의 시선이 어디로 향하는지 유심히 살펴보기 시작했다. 개들 대부분은 나를 보기보다는 피니건의 다리 사이 냄새를 맡거나 녀석과 얼굴을 맞대고 꼬리를 흔들기 바빴다. 하지만 가끔은 나를 쳐다보기도 했다. 아니, 그냥 냄새를 맡은 것인지도 모른다. 어쨌든 그것은 일종의 환대처럼 느껴졌다. 개의 시선도 사람과 다를 바 없는 것이다.

그때 갈색과 흰색 털이 섞인 생기 넘치는 사냥개 한 마리가 목줄을 쥔 주인을 끌다시피 하며 우리 쪽으로 달려왔다. 피니건에게서 특별한 냄새라도 난 모양이었다. 피니건과 그 녀석은 킁킁대며 서로의 냄새를 맡았다. 그들은 꼬리를 공중에 빳빳이 세우고 힘차게 흔드는 것으로 인사를 나누고 나서 춤추듯 움직이며 서로의 냄새를 집중적으로 맡기 시작했다. 그 움직임을 춤에 비유한 것은 마치 오래 합을 맞춰온 댄스 파트너들의 움직임 같아 보였기 때문이다. 동시에 일어나는 행동도, 상대의 움직임에 대한 응수로 보이는 행동도 있었다. 녀석들은 우선 서로의 배 아래쪽 냄새를 맡아보고는 다시 일어나서 얼굴을 맞댔다. 다음으로는 상대의 꼬리 아래에 코를 처박으며 원형으로 스텝을 밟았다. 나는 반대편 목줄을 쥔 여자에게 미소를 지었다. 개들끼리 서로 알아가고 있으니 미소라도 지어 보이는 게 적절하게 여겨졌던 것이다. 여자는 키가 크고 비가 내리지 않는 날인데도 레인코트를 입고 있었다. 헤어스타일은 비싼 미용실에서 손질한 것 같았지만 얼굴에는 피곤한 기색이 역력했다. 그녀는 겨우 답례의 미소를 지어 보였다. 나는 피니건이 냄새를 맡으며 그녀의 개에 대해 무엇을 알아냈을지 궁금해졌다. 어떤 기분인지, 어떤 생각을 하고 있는지, 혹시라도 병이 있는지 알았을까? 내가 만났던 필라델피아의 의사 베넷 로버는 환자들의 조직 샘플 냄새를 맡는다. 이처럼 사람들도 충분한 훈련을 받으면 말 그대로 질병의 냄새를 맡을 수 있다. 실제로 신체 검진을 기계의 중재 없이 의사가 직접 하던 시절에는 전문의들이 냄새로 환자의 병을 알아내는 사례가 드물지 않았다. 한 예로 19세기에는 광인들에게서 '노란 사슴이나 쥐' 냄새가 난다고들 했다. 이 방법을 사용하려면 우선 사슴과 쥐 냄새를 알아야 할 텐데, 그러려면 반대로 광인의 냄새를 맡아보는 편이 빠를 것이다. 장티푸스 환자는 갓 구운 갈색 빵 같은 냄새가 나고, 홍역 환자는 방금 뽑은 깃털 냄새가 난다. 옴에 걸리면 곰팡내가, 통풍에 걸리면 유청 냄새가, 폐결핵에 걸리면 김빠진 맥주 냄새가 난다. 당뇨병은 푹 익다 못해 썩어가는 과일처럼 견딜 수 없이 달콤한 냄새가 난다.

그때 갑자기 상대편 개가 어딘가로 돌진하더니 주인을 이끌고 다른 즐길 거리를 찾아 떠났다. 둘이 떠난 자리에는 냄새만 남았다. 피니건은 그 냄새를 킁킁 맡고 돌아서 잰걸음으로 길을 나섰다. 나는 여자의 냄새를 맡아보고 싶다는 충동을 억누르고 자리를 떴다. 그 후로 몇 분 동안 보도에는 우리를 제외하고는 쥐새끼 한 마리 지나가지 않았다. 그래서 피니건은 거리의 여러 물체들을 면밀하게 조사하기 시작했다. 녀석은 구멍이라는 구멍마다 코끝을 들이밀었다. 피니건을 따라 걷다 보니 우리 동네에 낮은 1층 창문이 제법 많다는 사실을 알게 되었는데, 그것들은 저마다 개를 매혹시키는 향기를 지닌 듯했다. 피니건은 주차된 차 사이의 틈에도 매료되었다. 길 반대편의 냄새를 한 줄기 맡을 수 있기 때문이다. 우리는 가로등에서 몹시 오랜 시간을 보냈다. 피니건은 사물들 대부분에 흥미를 보이며 즐거워했지만 보도 옆에 주차 된 커다란 덤프트럭에 가까이 가자 잔뜩 경계하는 듯했다. 덤프트럭을 덮은 비닐 방수포가 밧줄 아래로 삐져나와 펄럭대고 있었다. 근처에는 덜 마른 콘크리트를 둘러싼 노란 '출입금지' 테이프가 마찬가지로 소리를 내고 있었다. 하지만 두 소리는 전혀 달랐다. 피니건은 바람결에 방수포와 테이프가 펄럭거리는 것을 보고 겁을 먹은 것 같았다. 하지만 녀석은 용기를 냈다. 뒤로 물러서지 않고 네 발을 땅 위에 굳게 디딘 채 머리를 앞으로 쏙 빼고 수수께끼 테이프에 코를 들이댔다. 10초 동안 70번 코를 킁킁댄 후 피니건은 테이프가 유해하기는커녕 따분하기 짝이 없는 물체라고 판단하고 자리를 떠났다. 나는 거리에서 바람이 내는 다른 소리들에도 귀를 기울여보았다. 한번 음향 엔지니어의 귀로 들어보려 노력했다. 잎사귀가 둥근 나무들에서는 잎이 큼직한 참나무와는 다른 소리가 났고, 피나무의 작은 잎이 쏴 하고 흔들리는 소리는 또 달랐다. 그러나 피니건은 소리에 눈곱만치도 신경 쓰지 않는 것 같았다.

피니건은 다른 데 정신이 팔려 있었다. 한동안 어슬렁어슬렁 걷던 녀석은 갑자기 코끝으로 무언가를 급히 좇으며 나를 잡아끌기 시작했다. 녀석을 따라가자 저층 아파트 건물의 옥외 계단이 나타났다. 나는 피니건이 한 주도 빠짐없이 침 범벅이

된 테니스공의 냄새를 맡고 그것을 숨긴 담쟁이덩굴을 찾아가는 것에 감탄하곤 했지만, 이번에는 녀석의 코가 길을 헤맨 모양이었다. 우리가 도착한 곳에 공은 없었다. 눈앞에는 미동 없이 닫혀 있는 문 하나가 있을 뿐이었다.

3분쯤 지났을까, 문이 열리더니 아침 산책에서 종종 마주치던 여자가 집 안에서 나왔다. 개를 데리고 한낮의 산책을 하러 나섰다가 막 집에 돌아온 참이라고 했다. 내가 깜짝 놀라서 그녀의 집 앞에 서 있는 이유를 설명하는 동안 피니건은 즐겁게 몸을 흔들었다. 녀석은 곧 자리를 뜨려 했지만 나는 그 자리에 좀 더 머무르면서 피니건이 어떻게 그 여자가 사는 집을 알아냈는지를 밝혀내고 싶었다.

사실 조금도 놀랄 일이 아니다. 건물들은 그 안에 사는 거주민에 대해 눈에 띄는 단서를 보여주지 않지만, 사람들은 모두 발자국마다 개성적인 냄새를 남겨놓고 이동할 때도 공기 중에 체취를 남긴다. 향수를 뿌린 사람이나 흡연자가 내리고 난 엘리베이터에 타본 적이 있다면 무슨 뜻인지 이해할 것이다. 그렇기 때문에 개들은 딱히 탐지 전문견이 아니더라도 사람들의 개성적인 냄새들을 탐지하고 그들이 걸어간 방향까지 짚어낼 수 있다. 우리가 남긴 발자국 하나하나는 시간이 지나면서 앞뒤 발자국과 조금 다른 냄새를 풍기게 된다. 가장 최근에 남긴 발자국 냄새가 가장 강하고, 가장 오래된 발자국 냄새가 가장 약하다. 그러므로 탐지견은 발자국 다섯 개만 있으면 냄새의 밀도 차이로 발자국 주인이 걸어간 방향을 알아낼 수 있다.

피니건은 발자국 냄새를 맡고 여자가 방금 집에 돌아왔다는 것을 알아챘다. 피니건이 보는 도시의 동네들은 친숙하고 낯선 사람들과 개들이 지나간 단서로 뒤덮여 있다. 나는 매일 아침 문을 나설 때 거의 같은 풍경을 본다. 하지만 피니건은 문을 나서기 전에 잠시 그 자리에서 멈칫 한다. 피니건의 앞에는 녀석이 집에서 머무른 6시간 동안 쌓인 냄새로 겹겹이 치장한 전혀 새로운 거리가 펼쳐지기 때문이다. 그 거리는 냄새를 맡아줄 코를 기다리고 있다.

곧게 뻗은 길에는 멈춰 서서 냄새를 맡아볼 나무 보호대나 가로등, 소화전 따위가 하나도 없어서 우리는 적당한 속도로 걸었다. 내 원래 목표는 피니건이 어딘가에 집중하는 것을 보는 거였지만 사실상 나는 피니건 자체를 보고 있었다. 어떤 면에서는 합리적이다. 피니건도 결국은 우리가 산책 중 일상적으로 마주치는 다른 개들과 마찬가지로 이 도시의 일부가 아닌가? 나는 피니건의 자세를 주목했다. 녀석은 꼬리를 높이 쳐들고 등을 낫처럼 휜 채 걷고 있었다. 개들의 걸음걸이는 사람의 걸음걸이처럼 종류가 다양하며 저마다 구체적인 이름이 있다. 녀석들은 걷거나 서성거리기도 하고, 빠르게 걷거나 느긋하게 걷기도 하고, 여차하면 전속력으로 달릴 수도 있다. 이를 각각 보행walk, 측대속보pace, 속보trot, 측대보amble, 질주gallop라고 부른다. 난간 옆을 걸을 때 피니건은 평범하게 보행했다. 왼쪽 앞발을 따라 왼쪽 뒷발을 부드럽게 내디뎠고, 연이어 오른쪽 앞발을 따라 오른쪽 뒷발을 내디었다. 전문가들이 보면 '엉성하게 걷는다'고 평할 법한 걸음걸이였다. 걸을 때 발자국을 하나하나 정확히 남기지 않는 대신, 오른쪽 앞발 발자국과 왼쪽 뒷발

발자국이 살짝 겹치게 걸어서 특징적인 흔적을 남긴다. 그러나 엉덩이를 가볍게 흔들며 걷는 피니건의 걸음걸이는 엉성하다는 단어로 설명하기 부적합하다는 생각이 들었다. 기술적으로는 어떤지 모르겠으나 '나른하다'거나 '무심하다'는 표현이 어울릴 것 같다. 내가 두 발을 교차해 걸을 때 쓰는 정도의 에너지만을 사용한, 쉽고 마음 편한 걸음걸이다.

피니건은 길고 별 볼 일 없는 거리를 속보로 지나갔다. 속보에서는 뒷발 두 개가 앞발 두 개를 따라 움직인다. 한 번 걸음을 디딜 때마다 한쪽은 앞발과 뒷발을 발가락이 닿을 정도로 붙이고 다른 쪽은 앞발과 뒷발을 가능한 한 멀리 벌린다. 나와 달릴 때면 피니건은 순간적으로 네 다리를 모두 땅에서 떼고 힘차게 질주한다. 이렇게 달리면 뒷다리가 땅을 밀어내서 전진이 가능하다. 한번은 길을 지나는데 우리를 향해 측대속보로 다가오는 개가 한 마리 있었다. 한쪽의 두 다리가 동시에 움직이고 그것을 좇아 다른 쪽 두 다리가 움직였다. 양옆으로 뒤뚱거리는 우스운 걸음걸이였다. 그 개의 주인은 목줄을 손목에 대충 걸고 손을 주머니에 넣고 있었다. 팔을 흔들지 않고 걷는 그 남자 역시 양옆으로 뒤뚱거리며 걷는 것처럼 보였다. 나와 함께 사람들의 걸음걸이를 관찰했던 에번 존슨은 포유류와 파충류의 걸음걸이가 다르다는 사실을 알고 있었다. 포유류는 등 위쪽과 어깨가 골반과 반대로 움직이는 한편 파충류는 몸을 앞뒤로 흔들며 다리와 연결된 신체 부위를 동시에 움직인다. 우리가 마주친 개와 그 주인의 걸음걸이는 분명히 파충류와 닮아 있었다.

피니건과 나는 산책을 시작한 지점으로 돌아왔다. 그곳은 우리의 종착지이기도 했다. 피니건은 건물과 건물 계단 또는 그 옆의 난간 냄새를 알아채고 망설임 없이 문으로 향했다. 나는 잠시 멈춰 서서 산책을 마친 지금 녀석의 시선이 처음과 달라진 데가 있는지 관찰하려 했다. 하지만 그럴 기회는 없었다. 모자를 쓴 어린 여자아이 하나가 화색을 띤 얼굴로 아장아장 우리 쪽으로 걸어왔기 때문이다. 아이 어머니는 한 손으로는 유모차를 밀고 다른 한 손으로는 핸드폰으로 뭔가를 하느라 아이에게 신경을 쓰지 못하고 있었다. 피니건은 고개를 들고 곧장 몸을 돌려 아이를 마주했다. 아이가 피니건의 머리로 손을 뻗으며 "멍멍이!" 하고 외쳤다. 하지만 피니건은 머리를 수그리고 아이의 손길을 피했다. 그때 아이 어머니가 불쑥 나타나 아이를 데려가버렸다.

피니건은 기분 나쁘다는 눈빛으로 나를 올려다보았다. 나는 녀석에게 동정의 눈길을 보냈다. 사람들은 개를 만지는 걸 좋아한다. 하지만 개들도 사람 손길을 좋아할까? 그렇기도 하고 아니기도 하다. 개의 촉각에 대해서는 아직 연구된 바가 많지 않다. 그러나 말이나 사람의 촉각에 대한 연구 결과 둘 다 몸의 부위에 따라 촉각적 민감성이 다르다는 사실이 밝혀졌다. 알다시피 손가락 끝, 입술, 생식기는 촉각이 극도로 예민하지만 등이나 다리처럼 상대적으로 무딘 부위도 있다. 바깥에서 우연히 몸이 닿았을 때 얼마나 기분이 나쁘냐는 닿은 부위가 어딘지에 달렸다. 말은 배 양옆, 즉 기수의 다리가 와닿는 부분이 매우 민감해 사람이 감지하지 못할 정도로 약한 압력에도 반응한다. 이로써 말이 기수의 명령을 듣지 않는 이유를 설명할 수 있는데,

아마 촉각적 신호를 과도하게 받아서 뇌가 제대로 처리하지 못했기 때문일 것이다. 십중팔구 개도 극도로 민감한 부위가 있어서 아무 데나 만지고 쓰다듬으면 달가워하지 않는다. 말과 개를 박자감 있게 힘주어 토닥거리면 진정 효과가 있다는 증거가 있긴 하지만, 개들은 저마다 촉각이 예민하고 둔한 부위가 다르다. 개가 다른 개의 어느 부분을 건드리는지, 그리고 자기 몸의 어느 부분을 핥는지를 관찰해보면 특히 민감한 부분을 알 수 있다. 몸 전체로 세상을 경험하는 종에게는 '개인적 공간'이 몸 자체에서 비롯되는 것이다.

피니건과 떠난 산책은 평범했다. 중요한 사건도 일어나지 않았고, 집에서 기다리고 있던 사람에게 굳이 들려줄 만한 얘기도 없었다. 하지만 피니건을 관찰하면서 나는 중요함의 개념 자체를 새로 세우게 되었다. 나는 우리 세계가 냄새로 채색돼 있다는 것을 알게 되었다. 우리 동네는 냄새를 조각조각 모아 기운 조각보와 같고 그 조각보는 하루 동안의 이야기를 들려주었다. 나는 피니건이 무엇을 보는지 관찰하면서 유년기의 냄새를, 그리고 크레용 냄새와 낡은 책의 곰팡내와 새 차 냄새처럼 내 안에서 여문 냄새들을 기억해냈다. 개의 눈높이에서 난간과 창문과 쓰레기를 보다 보니 비로소 풍경 속으로 들어온 기분이었다. 나는 지금까지 출근하러, 장을 보러, 차를 타러 부단히 걸어다닐 때 눈을 감고 멍하니 발걸음만 옮기고 있었다. 피니건이 알아차린 세부 사항들을 전부 놓치고 있었던 것이다.

피니건과 나는 집 안으로 들어가 함께 소파에 앉았다. 나는 눈을 감고 피니건의 털 냄새를 맡았다. 녀석의 머리 위에서는 빠르게 흐르는 강물 냄새가 났고, 부드럽게 어진 귀에서는 햇볕에 데워진 창가 자리 같은 냄새가 났다. 피니건도 내 냄새를 맡는 것을 느낄 수 있었다.

에필로그

진정으로, 본다는 것

"내 방법을 알잖아.
사소한 것들에 대한 관찰을 토대로 알아낸 걸세."
— 셜록 홈즈Sherlock Holmes

알고 보니 나는 거의
모든 것을 놓치고 있었다.

바닥에 털썩 주저앉아 현관문 옆에 놓은 의자 밑을 더듬어 신발을 찾았다. 워킹화가 필요한 날이었다. 오늘 나는 처음 걸었던 길을 다시 홀로 걸으며 무엇을 볼 수 있는지 확인할 작정이었다.

처음으로 산책을 떠난 날 이후 도시는 실질적으로 거의 변하지 않았다. 물론 건물이 헐리고 새로 올라갔으며, 나무 여러 그루가 폭풍에 유실되고 그 자리에 다른 나무들이 심어졌다. 차도에서 자전거를 타고 다니는 사람들이 늘었고 그런 사람들을 비난하는 사람들도 늘었다. 우리 동네에는 새 식료품점이 문을 열었고 음식점 대여섯 개가 폐업했다. 하지만 공간도, 동네도, 도시도 전과 같았다.

나는 무언가 하나쯤은 바뀌었기를 소망했다. 그 무언가는 아마도 나 자신일 터였다.

비가 내리고 있었다. 걷는 데 방해가 될 거라는 생각이 스쳤지만 곧 기분이 좋아졌다. 우산 소리를 들을 수 있겠구나! 나는 문밖으로 한 발짝을 떼며 머리 위를 덮은 우산이 소리를 어떻게 바꿔놓는지 실험해보았다. 빗방울이 우산 천 위로 떨어지면서 만족스럽게 '후드득' 소리를 냈지만, 우산 때문에 거리의 소리가 한풀 꺾여서 시끄럽게 느껴지지는 않았다. 실제로 바깥 소리가 작아진 것은 아니다. 하지만 머리 위에서 들리는 빗소리가 내 청각을 지배하고 있었다. 비옷 모자를 푹 눌러쓰니 그나마 남아 있던 거리의 소음들도 거의 차단되고 내 숨소리만 귀에 들어왔다. 콘크리트에 발을 내딛는 소리, 다리가 비옷에 닿는 소리, 팔과 몸 사이에서 옷이 바스락거리는 소리 등. 내가 움직이며 내는 소리들이 또렷이 들리기 시작했다.

나는 비옷 모자를 벗고 우산도 내던지고 비에 젖은 채 걸어 보기로 했다. 나는 아침을 맞이하는 사람의 자세로 아파트 건물을 나와, 손에는 수첩을 쥐고 걷기 시작했다.

그때 갑자기 패닉이 밀려왔다. 모든 것이 '너무' 낯익게 느껴졌다. 저쪽에는 벚나무가 있고 아파트 옆에는 벽돌 건물이 있다. 울타리와 담쟁이덩굴과 차도가 있고, 차도에는 언제나처럼 차들이 지나다닌다. 거리는 평소에 걸으며 보았던 풍경과 조금도 달라진 게 없고 영화 속의 한 장면과도 거리가 멀다. 나는 아이나 예술가의 눈으로 풍경을 볼 수 없었다. 새로운 냄새도 맡을 수 없었다.

나는 그 자리에 우뚝 서서 이 불행한 상황에 대해 곰곰이 생각하다가 문득 아파트 건물에 시선을 던졌다. 아파트 제일 아래층은 석회암 같아 보이는 돌로 지어졌다. 그리로 한 발짝 다가가보았다. 경사지고 홈이 난 돌을 보니 석회암보다는 콘크리트 같았다. 그 순간 내 눈에 알파벳 O가 들어왔다. 대담한 크기의 C도 보였다. 나는 시야의 초점을 조절하며 자세히 들여다보았다. 암석 표면에는 고대의 화석과 조개를 비롯한 해양 퇴적물이 가득하다. 대문자 O처럼 보이는 흔적 옆에는 소문자 o가 여러 개 있는데 모두 고대 바다나리의 원반인 듯하다. 그 근처에 부서진 조개 조각과 깃털처럼 생긴 등뼈 자국이 드문드문 흩어져 있다. 자세히 볼수록 암석 표면이 프랙털 패턴을 취하고 있다는 것이 명확해졌다. 깨지지 않은 조개껍데기, 깨진 조개껍데기 그리고 조개껍데기에 눌린 흔적이 차례로 나 있다.

내가 기대했던 산책이 비로소 시작되었다. 나는 이 동네에 6년을 살면서도 해양생물들이 아파트 입구에서 휴식을 취하고 있다는 것을 알지 못했다. 비 때문에 축축해진 석회암 표면에 물이 무늬를 그려놓았다. 석회암 양쪽 끄트머리에서 반대편을 향해 젖은 자국이 퍼져나갔다. 건물 아래쪽의 커다란 얼룩은 개가 만들어놓은 게 분명했다. 창틀에 올려놓은 화분에 물을 너무 많이 줬는지 아래쪽으로 흙탕물이 흘러가고 있었다.

내 뒤에서 소리가 들려왔다. 타이어가 젖은 아스팔트 표면에 달라붙는 소리는 원통에 둘둘 말린 테이프를 뜯어낼 때 나는 소리와 비슷했다. 새 몇 마리가 휘파람 같은 소리를 냈다. 한 마리는 그냥 지저귀고 다른 한 마리는 휘파람을 여섯 번 불어서 서술적인 메시지를 보내고 있다.

완전히 새로운 거리가 눈앞에 펼쳐졌다.

몇 미터 떨어진 곳에서 무언가가 시선을 잡아끌었다. 그리로 달려가다시피 하면서 나는 옆을 지나가던 죄 없는 행인 바로 앞으로 무례하게 돌진해갔다. 내가 달려간 대상은 모르타르로 미처 채우지 못한 보도 틈이다. 나는 무릎을 꿇고 그 안을 들여다보았다. 틈 안에는 잎이 두 개 자라난 작고 희망찬 식물 열두어 개가 햇빛을 향해 솟아나 있었다. 그중 어떤 것에도 곤충의 흔적은 남아 있지 않았다. 식물들 사이에는 셀 수 없이 많은 느릅나무 씨앗이 떨어져 있었다. 바싹 마른 씨앗들은 색깔을 잃은 채 습기에 축 늘어져 있었다. 보도 사이의 틈은 계절의 이야기를 들려주었다. 늦봄이었고, 식물들은 바쁘게 성장과 번식의 순환 주기를 돌고 있었다. 틈 안에 담배꽁초나 종잇조각 같은 쓰레기가 없는 것을 보니 동네가 잘 관리되고 있다는 것을 알 수 있었다.

머리 위에서는 새 한 무리가 고층 아파트 건물의 벽돌 벽으로 곧장 날아갔다. 나는 다른 새들이 그 뒤를 따라 날아가는 것을 보고서야 인접한 두 건물 사이에 5센터미터나 될까 말까 하는 좁은 공간이 있다는 것을 알아챘다. 새들은 그 틈으로 들어가 머리를 내밀고 꽁지를 헛되이 흔들었다. 가끔은 마치 벽돌이 살아난 것처럼 새 한 마리가 벽에서 공중으로 날아올랐다. 건물 사이에는 잔디와 나뭇가지와 종잇조각이 들어찬 새 둥지 아파트가 들어서 있었다. 새들은 벽면에서 튀어나온 벽돌 한 줄을 발코니로 삼았다. 검은색과 밝은 갈색의 화려한 깃털을 지닌 수컷 한 마리가 벽돌을 숫돌로 삼아 부리를 칼처럼 뾰족하게 갈고 있었다.

근처 건물에서 문이 홱 열렸다. 남자들 한 무리가 문을 둘러싸고 서서 보도에서 말없이 대기하는 세탁기 몇 대를 건물 안으로 옮기려 했다. 남자 한 명이 내 시선을 눈치 채고 미소를 지었다. "보아하니 그쪽에 둥지가 있는 것 같군요!" 그가 유쾌하게 말했다. "둥지로 건물 한 채를 지을 정도예요." 내가 대답했다. 새들도 제 나름의 가전제품을 나르고 있었는지도 모른다. "새들도 냉장고가 필요할 겁니다!" 남자가 대꾸했다. 그와 인사를 나누고 나는 다시 걷기 시작했다. 재주 좋은 새들이 만든 둥지를 더 지켜보고 싶었지만, 낯선 이와 유쾌하면서도 늘어지지 않는 완벽한 대화를 나누고 나니 자리를 떠야 할 것 같았다.

그때부터는 장면들이 빠르고 강렬하게 다가오기 시작했다.

부드러운 초록색 씨앗들이 흠뻑 젖은 채 바닥에 애벌레처럼 일렬로 늘어서 있고 그 옆에는 작은 초록색 애벌레들이 기어 다니고 있다. 눈에 거슬리는 노란색 레터링의 광고를 단 트럭 한 대가 덜덜대며 지나갔다. 트럭은 지나가는 길에 도로 작업 때문에 세워놓은 철판 하나를 쳐서 넘어뜨렸고, 그러자 그 옆의 주황색 원추형 교통 표지판 세 개도 덩달아 쓰러졌다. 나는 아들과 걷던 기억을 떠올렸다. 한창 말을 배우던 우리 아들은 '주황색'이라는 단어를 발음하는 것을 좋아했다. 그래서 우리는 거리를 걸을 때마다 주황색 물체를 찾아 나섰다('보라색'은 발음이 정말 재미있지만 거리에서 찾기 꽤 어렵다. 하지만 주황색은 놀랄 정도로 흔하다). 길모퉁이 쓰레기통 안에 기다란 나뭇가지 하나가 서 있는데, 잔가지를 모조리 다듬은 모양새였다. 나는 대청소를 마친 만족감에 빛나고 있을 거라는 기대를 품고 근처의 나무를 올려다보았다. 그때 내 허리 높이에 닿는 커다란 갈색 개가 모퉁이를 돌며 나뭇가지를 슬쩍 쳐다보았다. 개를 끌고 가는 사람은 우산을 쓴 여자인데, 샴푸 향기를 풍겨서 방금 머리를 감았다는 것을 알 수 있었다. 개가 고개를 돌려 깊은 눈으로 나를 응시 했다. 나는 미소를 지어주었다. 녀석은 그에 대꾸하듯 내 냄새를 맡으며 팔꿈치에 축축한 자국을 남겼다. 여자 뒤에는 우산을 쓰지 않은 젊은 남자가 핸드폰 문자메시지를 쓰면서 몸을 오른쪽으로 기울인 채 걷고 있었다. 남자는 보도 바깥으로 곧장 걸어나갔다.

걷다 보니 열린 문 하나가 보였다. 건물 뒤편에 있는 전용 주차장으로 연결되는 문이다. 그 안의 벽은 담쟁이덩굴에 온통 뒤덮여 있다. 주차장 안에는 아무도 없었다. 나는 주위를 재빨리 둘러보고 주차장 안으로 살금살금 걸어 들어갔다.

마지막 산책을 시작하고 반 블록밖에 걷지 않은 시점이었다. 평범하게 시작한 산책은 걷는 동안 몰라볼 정도로 풍부해졌다. 19세기에 노련한 해부학자들은 뼈 하나를 보고도 어떤 동물의 것인지 맞추고, 심지어는 그 동물을 복원해내는 능력을 뽐냈다고도 한다. 도시라는 동물도 마찬가지로 작은 단서 하나만 있으면 추적할 수 있다. 평범한 동네에 무엇이 있는지 본다는 것은, 보이는 모든 것이 역사를 지녔다는 사실을 깨닫는 것이기도 하다. 당신이 보고 있는 것은 누군가 깎거나 벼려서, 또는 손으로 정성스럽게 만들어서 언젠가 지금의 그 위치에 놓았을 것이다. 어떤 역할을 수행했거나 특정한 기능을 위해 만들어졌을 수도 있다. 당신이 보고 있는 것은 한때 누군가에게 발견되었고 지금 누군가의 마음을 움직이고 있을지 모른다. 그것이 바로 도시의 단서다.

동네에 무엇이 있는지 살펴보면 우리 시각이 얼마나 제한돼 있는지 깨닫게 된다. 우리는 감각적 능력과 인간이라는 조건 그리고 주의 범위가 좁다는 제한을 받고 있다. 그 중 적어도 주의력 부족이라는 문제 하나는 극복할 수 있다. 우리는 개와 같은 동네를 걸으면서도 다른 것을 보고, 쥐와 같은 길을 걸으면서도 서로 잠든 시각에만 활동한다. 우리는 매일 다른 사람들을 지나치면서도 자기 머릿속을 떠도는 생각들에 사로잡혀 있느라 그들이 아는 것, 그들이 하는 것을 전혀 보지 못한다.

우리 동네를 비롯한 모든 동네에는 볼거리와 들을 거리가 믿을 수 없을 만큼 빼곡히 들어차 있다. 내가 보지 못하고 놓쳐 버렸던 사소한 것들을 알아보게 해준 것은 나와 함께 걸은 사람들의 전문성 그 자체가 아니라, 그들의 집중에 대한 흥미였다. 나는 선택적 집중을 강화해줄 능력이 있다고 생각되는 사람들을 산책의 동반자로 선택했다. 실제로 그 전문가들은 자신이 무엇을 보고 있는지 알려주었지만 그다음에 감각과 뇌를 조절해 그가 보는 것을 실제로 눈에 담는 것은 나의 몫이었다. 그렇게 한번 집중이라는 선율을 익히고 계속 흥얼거리다 보면, 어느 순간 시야가 완전히 바뀌어 있다는 것을 깨달을 것이다.

내가 혼자 걸었던 첫 산책은 이제 유화의 밑칠처럼 느껴진다. 캔버스에 가장 첫 번째로 칠하는 층은 다음에 덧칠할 층들의 배경이 되지만 그 자체는 덧칠에 의해 가려진다. 그런데 묵직한 렘브란트 풍의 유화에서조차 밑칠이 보이는 틈이 있다. 기름과 잉크와 색료가 완전히 덮어버리지 않은 부분 말이다. 이는 게으름의 소산이 아니다. 주변의 맥락이 바뀌었기 때문에 칠하지 않은 부분의 의미 또한 달라진다. 초상화 주인공의 코나 귀나 눈을 형성하는 부분에 분홍색과 빨간색 얼룩이 둘러싸이면 밑칠이 보이는 틈은 콧구멍이나 귓구멍이나 눈의 구석 부분으로 변한다. 단지 밑칠 이상의 의미를 갖게 되는 것이다. 내 첫 번째 산책은 그 후 층층이 덧칠한 산책들로 말미암아 의미가 더해진, 칠하지 않고 남겨둔 부분과 같았다.

이 산책들이 내 머릿속에 미친 영향은 손에 잡힐 정도로 또렷하다. 내 시야는 완전히 달라졌다. 이제 내 머리는 나뭇잎에서 벌레혹을 찾아보고, 에어컨이 윙윙대는 소리를 듣고, 도시

골목에 버려진 쓰레기의 역겹도록 달콤한 냄새 또는 내 얼굴에 남은 비누 냄새를 맡을 수 있게 준비 태세를 갖추고 있다. 나는 이제 내 자신의 숨소리를 들을 수 있고, 심장고동을 느낄 수 있고, 내가 길을 걷다가 보도의 다른 행인들과 공간을 협상할 때 몸무게가 어느 쪽으로 쏠리는지 감지할 수 있다. 나는 걸을 때마다 대퇴골이 엉덩이뼈 소켓 안에서 회전하고, 팔이 다리의 박자에 맞춰 흔들리는 것을 느낄 수 있다. 앞뒤에 있는 행인들이나 지나가는 차 안의 사람들이 나누는 대화 소리, 내 옆에서 걷는 피니건의 개 목걸이가 짤랑거리는 소리를 들을 수 있다. 이제 내게 있어 걷기는 단지 육체를 수송하는 수단이 아니라 정신적인 고양을 가능케하는 도구이자 몹시 매력적인 행위다. 유감이지만 지금의 나는 아무 때나 걸음을 늦추고 사방을 살펴본다는 점에서 산책의 동반자로 삼기에는 껄끄러운 사람이 된 듯하다. 원한다면 이런 습관을 버릴 수도 있을 것이다. 하지만 나는 새롭게 얻은 이 습관이 몹시 마음에 든다. 나는 우리 모두가 한때 지녔으나 느끼는 법을 잊고 있었던 것, 바로 경이감을 되찾았다.

주위를 둘러보고, 주의를 기울이고, '바로 지금'에 충실하라는 말이 독자에게 지겨울지도 모르겠다. 현재를 등한시한다고 꾸짖는 것 같아서 압박감을 느낄지도 모르겠다. 내가 같이 걸은 사람들 대다수는 주의 깊게 보는 것의 전문가인데도 자신이 충분히 주의를 기울이지 않는다고 자책하기 일쑤였다.

지레 지치지 말기 바란다. 강요하는 사람은 아무도 없다. 당신에게는 하나의 기회가 주어졌을 뿐이다. 우리는 부주의를 권장하는 문화의 산물이다. 하지만 이 책을 끝까지 읽음으로써, 어쩌면 이 책을 읽기로 함으로써, 당신은 자세히 살펴보는 행위에 가치를 두는 새로운 문화의 일원이 될 수 있다. 관찰하는 사람의 눈앞에는 하찮은 동시에 굉장한 것들의 어마어마한 지층이 모습을 드러낸다. 그러니, 보라!

참고문헌

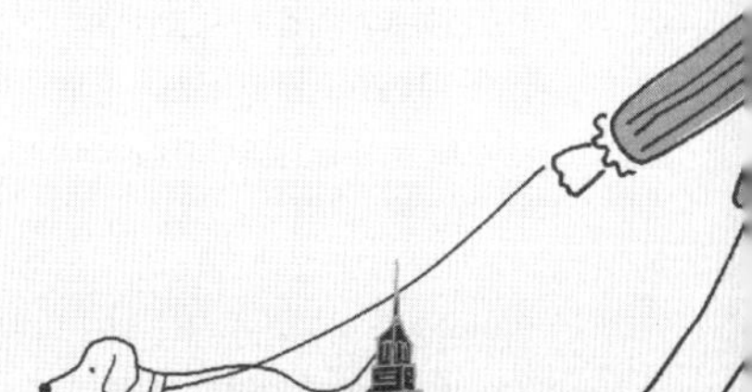

장별 제사

"당신은 그저 보는 것만으로도 많은 것을 관찰할 수 있다."
Y. Berra, The Yogi Book (New York: Workman Publishing Company, 2010).

"새로운 것을 발견하고 싶으면 어제 걸었던 길을 다시 걸어라."
이 말은 존 버로스가 했다고 널리 알려졌지만 원 출처를 찾을 수 없었다. 1949년 〈네이처Nature〉지 제42호에는 다음과 같은 이 문장의 변형이 실렸다. "태양 아래 새로운 것을 보려 한다면 어제 갔던 길을 오늘 다시 가야 한다." 논조는 같으나 버로스가 정확히 어떤 단어들을 사용했는지는 아직 수수께끼로 남아 있다.

"본다는 것은 보고 있는 것의 이름을 잊어버리는 것이다."
재인용 출처 L. Weschler, Seeing is Forgetting the Name of the Thing One Sees: Over Thirty Years of Conversations with Robert Irwin (Berkeley, CA: University of California Press, 2008).

"세상은 명백한 사실들로 가득하건만 아무도 관찰할 생각을 하지 않는다네."
A. C. Doyle, The Hound of the Baskervilles (Ontario, Canada: Broadview, 2006), p. 75.

"의미심장한 이야기를 하나 해드리겠소. 길을 가다가 땅에 떨어진 보석을 보고 허리를 굽혀 줍는 건 그 보석을 보았기 때문이오. 그러나, 보석을 보지 못했다면 무심코 지나쳐 돌아보지도 않을 것이오."
W. Shakespeare, Measure for Measure, act II, scene I.

"당신이 얼마나 먼 곳을 여행하는지는 중요하지 않다. 보통 멀리 여행할수록 결과는 나쁠 뿐이다. 당신이 얼마나 많은 것을 알아차리는지가 중요하다."
H. D. Thoreau, The Journal, 1837-1861 (New York: New York Review of Books, 2009), entry on May 6, 1854.

"우리는 언제나 우리가 보는 것들을 말해야 한다. 하지만 가장 어려우면서도 중요한 일은, 우리가 보는 것들을 제대로 봐야 한다는 것이다."
Le Corbusier, Le Corbusier Talks with Students From the Schools of Architecture, trans. P. Chase (New York: Princeton Architectural Press, 1999).

"삶이 외부 세계를 여행하는 하나의 움직임이 아니면 무엇이겠는가? 어쩌면 동물만의 특권인 이동 능력이야말로 지식의 열쇠일지도 모른다."
G. Santayana, "The Philosophy of Travel," in The Birth of Reason and Other Essays (New York: Columbia University Press, 1995), p. 5.

"보라. 눈을 커다랗게 뜨고, 보라!"
J. Verne, Michael Strogoff (play) (New York: Samuel French & Son, 1881), p. 57.

"소리는 우리에게 찾아온다. 반면 소음은 어쩌다 마주치는 것이다."
H. Schwartz, Making Noise: From Babel to the Big Bang & Beyond (New York: Zone Books, 2011), p. 50.

“단 하나의 진정한 여행은 낯선 땅을 방문하는 것이 아니라 다른 눈을 갖는 것, 다른 사람의 눈으로, 그것도 백 명이나 되는 다른 사람의 눈으로 우주를 보는 것, 그들이 저마다 보고 있으며 그들 자신이기도 한 백 가지 우주를 보는 것이리라.”
M. Proust, In Search of Lost Time, Vol. 5: The Captive (New York: Random House, 1993), p. 343.

“내 방법을 알잖나. 사소한 것들에 대한 관찰을 토대로 알아낸 걸세.”
A. C. Doyle, “The Boscombe Valley Mystery,” in The Adventures of Sherlock Holmes and the Memoirs of Sherlock Holmes (New York: Penguin, 2001).

프롤로그

페흐너와 제임스의 ‘집중’에 대한 연구
W. James, Principles of Psychology, vol. 1, ch. 11, “Attention” (New York: Dover, 1890/1950).

“카메라로 보는 것처럼 그림을 가만히 보라.”
S. Carson, M. Shih, and E. Langer, “Sit Still and Pay Attention?”, Journal of Adult Development 8 (2001): 183-188.

“웅성거리고 흐드러진 혼돈”
『Principles of Psychology』 488쪽에 나오는 윌리엄 제임스의 유명한 말이다. 하지만 제임스는 추후 저작 『Some Problems of Philosophy: A Beginning of an Introduction to Philosophy』(New York: Longmans, Green, and Co., 1916)에서 이 말을 한 사람이 따로 있다고 쓰고 있는데, 이름은 밝히지 않았다.

집중에 대한 전반적인 내용
R. Parasuraman, ed., The Attentive Brain (Cambridge, MA: MIT Press, 1998).
S. Kastner and L. G. Ungerleider, “Mechanisms of Visual Attention in the Human Cortex,” Annual Review of Neuroscience 23 (2000): 315-341.

선택적 집중력
S. Yantis, “The Neural Basis of Selective Attention: Cortical Sources and Targets of Attentional Modulation,” Current Directions in Psychological Science 17 (2008): 86-90.

첫 번째 산책

어린 시절의 경험에 대해
이를 상상해보려는 시도는 발달심리학자 찰스 퍼니휴Charles Fernyhough의 저작 『A Thousand Days of Wonder: A Scientist’s Chronicle of His Daughter’s Developing Mind』(New York: Avery, 2009)에서 비롯되었다.

공감각
R. E. Cytowic, Synesthesia: A Union of the Senses (New York: Springer-Verlag, 1989).
R. E. Cytowic, The Man Who Tasted Shapes (New York: Putnam, 1993).

우울한 숫자 3
A. R. Luria, The Mind of a Mnemonist (Cambridge, MA: Harvard University Press, 1987).

꾀죄죄한 신발 끈 같은 알파벳 'h', 낡은 목재를 떠올리게 하는 알파벳 'a'
V. Nabokov, Speak, Memory (New York: Putnam, 1966)

공통 감각sensorium commune
U. Muëller, "The Context of the Formation of Heinz Werner's Ideas," in J. Valsiner, ed., Heinz Werner and Developmental Science (New York: Plenum, 2005), pp. 25-55.

구불구불한 선을 행복하게 느끼는 경향
J. Valsiner, ed., Heinz Werner and Developmental Science (New York: Kluver Academic, 2005).

공감각 이론
공감각자들의 주관적 경험은 몹시 상이하므로(나보코프Nabokov는 색을 입힌 알파벳 블록 장난감을 보고 색이 전부 잘못됐다고 지적했다) 어떤 연구원들은 시냅스 분화의 미발생이 공감각을 설명하는 데 있어 충분치 않다고 생각한다. 예를 들어 사이토윅Cytowic은 둘레 계통의 '다중 양상 결합polymodal combination'으로 공감각이 생긴다고 주장한다.

자연적 공감각에 대해
F. Gonzalez-Crussi, The Five Senses (San Diego: Harcourt Brace Jovanovich, 1989).

"태초의 흘러넘치는 감각"
James, Some Problems of Philosophy: A Beginning of an Introduction to Philosophy (New York: Longmans, Green, and Co., 1916), p. 50.

구, 원뿔, 원통에 대한 세잔의 주장
L. Birch, How to Draw and Paint Animals (London: David & Charles UK, 1997).

구, 원뿔, 원통에 대한 프뢰벨의 주장
Pratt Institute Monthly, 1904.

자연 세계의 긴밀성에 대해
D. L. Ruderman, "The Statistics of Natural Images," Network: Computation in Neural Systems 5 (1994): 517-548.

새것애호증
J. S. Bruner, "Nature and Uses of Immaturity," American Psychologist 27 (1972): 687-708.

"쓰레기가 새끼를 치는 것이다."
L. Halprin, Cities (New York: Reinhold Publishing Corporation, 1963), p. 51.

수도관
C. Delafuente, "It's no hydrant, but this hardware plays a critical role in fires," New York Times, August 26, 2007.

물활론에 대해
J. Piaget, The Child's Conception of the World (London: R. & K. Paul, 1926/1951).

유년 시절의 생물과 무생물 구분에 대해
G. Hatano, "Animism," in R. A. Wilson and F. Keil, eds., The MIT Encyclopedia of the Cognitive Sciences (Cambridge, MA: MIT Press, 1999), pp. 28-29.

꽃에게 친구를 만들어주는 것
Piaget, The Child's Conception of the World.

두 번째 산책

로마 도로의 육각형 포석
M. G. Lay, Ways of the World: A History of the World's Roads and of the Vehicles That Used Them (New Brunswick, NJ: Rutgers University Press, 1992).

클로칸 나 오와라크
Clocháan na bhFómharach
http://www.nationaltrust.org.uk/giants-causeway/history/.

건물의 풍화
M. Mostafavi and D. Leatherbarrow, On Weathering: The Life of Buildings in Time (Cambridge, MA: MIT Press, 1993).

계단의 부식
J. Templer, The Staircase: Studies of Hazards, Falls, and Safer Design (Cambridge, MA: MIT Press, 1992).

은행나무
"Introduction to the Ginkgoales," http://www.ucmp.berkeley.edu/seedplants/ginkgoales/ginkgo.html.

원예학 책
P. Henderson, Handbook of Plants and General Horticulture (New York: Peter Henderson & Company, 1910) 등

센트럴파크에 대해
R. Rosenzweig and E. Blackmar, The Park and the People: A History of Central Park (Ithaca, NY: Cornell University Press, 1992).

맨해튼 편암에 대해
C. Merguerian and C. J. Moss, "Structural Implications of Walloomsac and Hartland Rocks Displayed by Borings in Southern Manhattan," in G. N. Hanson, ed., Thirteenth Annual Conference on Geology of Long Island and Metropolitan New York, 1996, p. 12.

전문성에 대해
A. Diderjean and F. Gibet, "Sherlock Holmes-An Expert's View of Expertise," British Journal of Psychology 99 (2008): 109-125.

무용수를 보는 무용수의 뇌
B. Calvo-Merino, D. E. Glaser, J. Grézes, R. E. Passingham, and P. Haggard, "Action Observation and Acquired Motor Skills: An fMRI Study with Expert Dancers," Cerebral Cortex 15 (2005): 1243-1249

체스 마스터의 기억력
F. Gobet and H. A. Simon, "Recall of Random and Distorted Positions: Implications for the Theory of Expertise," Memory && Cognition 24 (1996): 493-503.
P. Chassy and F. Gobet, "Measuring Chess Experts' Single-Use Sequence Knowledge: An Archival Study

of Departure from 'Theoretical' Openings," PLoS One 6(2011): e26692.

방추상 얼굴 영역
M. Bilalic, R. Langner, R. Ulrich, and W. Grodd, "Many Faces of Expertise: Fusiform Face Area in Chess Experts and Novices," Journal of Neuroscience 31 (2011): 10206-10214.

색스와 안면실인증
O. Sacks, The Mind's Eye (New York: Knopf, 2010).

편암에 대해
D. C. Roberts, A Field Guide to Geology-Eastern North America (New York: Houghton Mifflin, 2001).

뉴욕의 지질학
J. Kiernan, A Natural History of New York City: A Book for Sidewalk Naturalists Everywhere (New York: Houghton Mifflin, 1959).

석회암
석회암과 그 안의 생물들에 대한 정보의 출처는 다음과 같다.
http://academic.brooklyn.cuny.edu/geology/powell/613webpage/NYCbuilding/IndianaLimestone/IndianaLimestone.htm.

세 번째 산책

2시간마다 단어 하나를 배우는 아이들:
M. Tomasello, Constructing a Language: A Usage-Based Theory of Language (Cambridge, MA: Harvard University Press, 2005), p. 50.
L. Fenson, et al., "Variability in Early Communicative Development," Monographs of the Society for Research in Child Development 59 (1994): 1-185.

폼페이의 벽에 새겨진 글자들
W. S. Davis, Readings in Ancient History: Illustrative Extracts from the Sources (Boston: Allyn and Bacon, 1913).

레터링에 대해
paulshawletterdesign.com.

뉴욕 시의 건축 디자인
N. White, E. Willensky, and F. Leadon, AIA Guide to New York City (New York: Oxford University Press, 2010).

즐거움을 주는 시각적 자극에 대한 갈증
I. Biederman and E. A. Vessel, "Perceptual Pleasure and the Brain," American Scientist 94 (2006): 249-255.

임산부 같은 '&'
www.aiga.org/lettering-grows-in-brooklyn.

딜런시 6-8번가
J. Mendelsohn, The Lower East Side Remembered and Revisited: A History and Guide to a Legendary New York Neighborhood (New York: Columbia University Press, 2009).

비정상적인 발을 위한 신발
Advertisement, Jewish Frontier, vol. 18, 1951, p. 43.

유명한 강도 사건
H. P. Jeffers, Commissioner Roosevelt: The Story of Theodore Roosevelt and the New York City Police, 1895-1897 (New York: Wiley, 1996).

풍속점
Report of the Special Committee of the Assembly Appointed to Investigate the Public Offices and Departments of the City of New York and of the Counties Therein Included, vol. 2 (Albany, NY: James B. Lyon, 1900), p. 2002.
R. Zacks, Island of Vice: Theodore Roosevelt's Doomed Quest to Clean Up Sin-Loving New York (New York: Doubleday, 2012).

테트리스 연구
R. Stickgold, A. Malia, D. Maguire, et al., "Replaying the Game: Hypnagogic Images in Normals and Amnesics," Science 290 (2000): 350-353.

네 번째 산책

"지루하거나 우울할 때면 길모퉁이에 서서 30분을 보내보라."
M. Kalman, The Principles of Uncertainty (New York: Penguin, 2007).

"누구나 다른 '움벨트Umwelt'를 가졌다는 것을 확인하는 가장 좋은 방법은 당신에게는 낯선 지역을 그곳에 익숙한 사람과 함께 탐험해보는 것이다. 당신에게는 길이 보이지 않겠지만, 당신을 이끌어주는 사람은 헤매지 않고 길을 찾을 수 있을 것이다."
J. von Uexküll, "A Stroll Through the Worlds of Animals and Men," in C. H. Schiller, ed., Instinctive Behavior: The Development of a Modern Concept (New York: International Universities Press, 1934/1957), pp. 5-80.

"벌거벗겨져 치욕스러운 모습"
A. Kazin, A Walker in the City (New York: Harcourt Brace Jovanovich, 1951), p. 78.

개인적 공간
H. Hediger, Wild Animals in Captivity (London: Butterworth, 1950).

타인에 대한 판단
M. Bar, M. Neta, and H. Linz, "Very First Impressions," Emotion 6 (2006): 269-278.

공막과 눈의 가로-세로 비율
H. Kobayashi and S. Kohshima, "Unique Morphology of the Human Eye," Nature 387 (1997): 767-768.

시각의 신경생물학
N. J. Emery, "The Eyes Have It: The Neuroethology, Function and Evolution of Social Gaze," Neuroscience and Biobehavioral Reviews 24 (2000): 581-604.

집중의 신경심리학
R. Datta and E. A. DeYoe, "I Know Where You Are Secretly Attending! The Topography of Human Visual Attention Revealed with fMRI," Vision Research 49 (2009): 1037-1044.

신생아의 시선에 대한 흥미
T. Farroni, G. Csibra, F. Simion, and M. Johnson, "Eye Contact Detection in Humans from Birth," Proceedings of the National Academy of Sciences 99 (2002): 9602-9605.

눈 맞춤과 애착
K. S. Robson, The Role of Eye-to-Eye Contact in Maternal-Infant Attachment," Journal of Child Psychology and Psychiatry 8 (1967): 13-25.
A. J. Guastella, P. B. Mitchell, and M. R. Dadds, "Oxytocin Increases Gaze to the Eye Region of Human Faces," Biological Psychiatry 63 (2008): 3-5.

일반적인 눈 맞춤
A. Senjua and M. H. Johnson, "The Eye Contact Effect: Mechanisms and Development," Trends in Cognitive Sciences 13 (2009): 127-134.

눈과 예술
M. F. Marmor and J. G. Ravin, The Artist's Eyes: Vision and the History of Art (New York: Abrams, 2009), pp. 125-127.

지하철을 기다리면서 절대 불평하지 않는 아이
G.K. 체스터튼Chesterton 역시 『On Running After One's Hat』에서 기차역의 소년들에 대해 비슷한 이야기를 쓴 적이 있다.

정석적인 창의적 뇌
Ö. de Manzano, S. Cervenka, A. Karabanov, et al., "Thinking Outside a Less Intact Box: Thalamic Dopamine D2 Receptor Densities Are Negatively Related to Psychometric Creativity in Healthy Individuals," PLoS One 55 (2010): e10670.

가로등
"Lighting," NYC Department of Transportation Street Design Manual, 2010.
http://www.nyc.gov/html/dot/html/about/streetdesignmanual.shtml.

다섯 번째 산책

곤충 표식의 범주
C. Eiseman and N. Charney, Tracks and Sign of Insects and Other Invertebrates: A Guide to North American Species (Mechanicsburg, PA: Stackpole Books, 2010).

"사람들이 경악에 차서 그 자리에 돌처럼 굳었다."
Quote from the Wabash Plain Dealer in D. E. Nye, Electrifying America: Social Meanings of a New Technology, 1880-1940 (Cambridge, MA: MIT Press, 1992), p. 3.

빛에 끌리는 무척추동물
C. Bruce-White and M. Shardlow, "A

Review of the Impact of Artificial Light on Invertebrates," (2011), retrieved from http://www.buglife.org.uk/.

대로 한가운데의 개미들
www.livescience.com/11068-ant-oases-nyc-street-medians.html.

탐색 이미지
S. J. Shettleworth, Cognition, Evolution, and Behavior (New York: Oxford University Press, 1998).

보호색을 띤 나방을 찾도록 훈련받은 큰 어치들
J. Alcock, Animal Behavior, 9th ed. (Sunderland, MA: Sinauer, 2011).

후각적 탐색 이미지
V.O. Nams, "Olfactory Search Images in Striped Skunks," Behaviour 119 (1991): 267-284.
F. R. Cross and R. R. Jackson, "Olfactory Search-Image Use by a Mosquito-Eating Predator," Proceedings of the Royal Society B 22 (2010): 3173-3178.
I. Gazit, A. Goldblatt, and J. Terkel, "Formation of an Olfactory Search Image for Explosives Odours in Sniffer Dogs," Ethology 111 (2005): 669-680.

색스의 첫 번째 투렛증후군 환자
http://blog.ted.com/2009/09/qa_with_oliver.php.

토기 물병의 탐색 이미지
J. von Uexküll, "A Stroll Through the Worlds of Animals and Men," in C. H. Schiller, ed., Instinctive Behavior: The Development of a Modern Concept (New York: International Universities Press, 1934/1957).

뇌 속에서 일어나는 시각적 탐색
M. P. Eckstein, "Visual Search: A Retrospective," Journal of Vision 11 (2011): 1-36.

방사선 전문의, 위성영상 분석 전문가, 어부들
Eckstein, "Visual Search."

여섯 번째 산책

쿠퍼새매
W. A. Estes and R. W. Mannan, "Feeding Behavior of Cooper's Hawks at Urban and Rural Nests in Southeastern Arizona," The Condor 105 (2003): 107-116.

박새
H. Slabbekoorn and M. Peet, "Birds Sing at a Higher Pitch in Urban Noise: Great Tits Hit the High Notes to Ensure That Their Mating Calls Are Heard Above the City's Din," Nature 424 (2003): 267.

멧종다리
W. E. Wood and S. M. Yezerinac, "Song Sparrow (Melospiza melodia) Song Varies with Urban Noise," The Auk 123 (2006): 650-659.

회색가지나방
J. Alcock, Animal Behavior, 9th ed. (Sunderland, MA: Sinauer, 2011).

북아메리카 영장류
"Raccoons Attack in Los Angeles," interview with J. Hadidian, November 24, 2006, retrieved from http://www.npr.org/templates/story/story.php?storyId=6534152.

너구리 개체수
J. Hadidian, S. Prange, R. Rosatte, et al., "Raccoons (Procyon lotor)," in S. D. Gehrt, S. P. D. Riley, and B. L. Cypher, eds., Urban Carnivores: Ecology, Conflict, and Conservation (Baltimore: The Johns Hopkins Press, 2010), pp. 35-47.

너구리의 쓰레기봉투 접근법
Ibid.

너구리의 손
I. D. Walker, "A Successful Multifingered Hand Design-the Case of the Raccoon," in Proceedings of the IEEE/RSJ International Conference on Intelligent Robots and Systems, 1995, 186-193.

너구리의 라틴어 학명과 그 역사
M. Pettit, "The Problem of Raccoon Intelligence in Behaviourist America," British Society for the History of Science 43 (2010): 391-421.

너구리의 악당 근성과 탐욕
H. B. Davis, "The Raccoon: A Study in Animal Intelligence," The American Journal of Psychology 18 (1907): 447-489.

쿨리지의 너구리 레베카
"Coolidge 'Coon' Gets Ribbon and Is Now Named Rebecca," New York Times, December 25, 1926.
"Coolidge Returns to the White House from His Vacation," New York Times, September 12, 1927.

부활절 달걀 굴리기
"President's Wife Attends the Easter Egg-Rolling," New York Times, April 19, 1927.

10센티미터의 홈을 통과할 수 있는 너구리
J. Hadidian과의 개인적 소통, December 21, 2010.

찌르레기와 셰익스피어
S. Mirsky, "Shakespeare to Blame for Introduction of European Starlings to U.S.," Scientific American (May 23, 2008).

우리가 보게 될 것에 대한 기대
C. Summerfield and T. Egner, "Expectation (and Attention) in Visual Cognition," Trends in Cognitive Science 13 (2009): 403-409.

부주의 맹시
D. J. Simons and C. F. Chabris, "Gorillas in Our Midst: Sustained Inattentional Blindness for Dynamic Events," Perception 28 (1999): 1059-1074.

단서-표적 감지
R. T. Marrocco and M. C. Davidson, "Neurochemistry of Attention," in R. Parasuraman, ed., The Attentive Brain

(Cambridge, MA: MIT Press, 1998), pp. 35-50.

계속해서 자라나는 쥐의 이빨
A. F. Hanson and M. Berdoy, "Rats," in V. T. Tynes, ed., Behavior of Exotic Pets (UK: Blackwell Publishing, 2010) pp. 104-116.

비둘기를 막기 위한 부엉이 모형
J. Hadidian, ed., Wild Neighbors: A Humane Approach to Dealing with Wildlife (Washington D.C.: Humane Society Press, 2007).

주촉성
M. R. Lamprea, F. P. Cardenas, J. Setem, and S. Morato, "Thigmotactic Responses in an Open-Field," Brazilian Journal of Medical Biological Research 41 (2008): 135-140.

쥐의 체유 얼룩
Hadidian, ed., Wild Neighbors.

쥐의 수염
Hanson and Berdoy, "Rats."

쥐가 내는 소리
Ibid.

쥐의 놀이
L. W. Cole, "Observations of the Senses and Instincts of the Raccoon," Journal of Animal Behavior 2 (1912): 299-309.

쥐의 몸단장
C. C. Burn, "What Is It Like to Be a Rat? Rat Sensory Perception and Its Implications for Experimental Design and Rat Welfare," Applied Animal Behaviour Science 112 (2008): 1-32.

쥐의 주거 범위
Hadidian, ed., Wild Neighbors.

중세 이래의 쥐 방제
Hadidian, ed., Wild Neighbors.

볼티모어의 쥐 동네
L. C. Gardner-Santana et al., "Commensal Ecology, Urban Landscapes, and Their Influence on the Genetic Characteristics of City-Dwelling Norway Rats (Rattus norvegicus)," Molecular Ecology 18 (2009): 2766-2778.

격자를 선호하는 쥐
"Rats Say: Manhattan Rules!" interview with David Eilam, Science Daily, January 13, 2009.

단체 급강하
M. Ballerini, et al. "An Empirical Study of Large, Naturally Occurring Starling Flocks: A Benchmark in Collective Animal Behaviour," Animal Behaviour 76 (2008): 201-215.
H. Pomeroy and F. Heppner, "Structure of Turning in Airborne Rock Dove (Columba livia) Flocks," The Auk 109 (1992): 256-267.

활강하는 비둘기들
D. Larson, U. Matthes, P. E. Kelly, et al., The Urban Cliff Revolution:

Origins and Evolution of Human Habitats (Ontario, Canada: Fitzhenry & Whiteside, 2004), p. 29.

절벽과 그 생태
D. W. Larson, U. Matthes, and P. E. Kelly, Cliff Ecology: Pattern and Process in Cliff Ecosystems (Cambridge, UK: Cambridge University Press, 2000).

"고대에 거주하던 절벽, 동굴, 경사면을 콘크리트와 유리로 다시 만든 구조물"
Larson, Matthes, and Kelly, Cliff Ecology, pp. 247-248.

열섬 효과
EPA.gov: "100만 명 이상이 거주하는 도시의 연평균기온은 교외보다 1~3℃ 높다. 저녁에는 12℃까지 차이가 날 수 있다." "덥고 햇빛이 쨍쨍한 여름날에는 건물 지붕과 도로 표면 온도가 기온보다 27~50℃가량 높을 수 있다." http:/www.epa.gov/beatisld/index.htm.

일곱 번째 산책

보행군
W. H. Whyte, City: Rediscovering the Center (New York: Doubleday, 1988).

보행 속도
R. L. Knoblauch, M. T. Pietrucha, and M. Nitzburg, "Field Studies of Pedestrian Walking Speed and Startup Time," Transportation Research Record 1538 (1996): 27.

도로용량편람
Transportation Research Board of the National Academies, 2010.

떼 지어 이동하는 물고기의 법칙
B. L. Partridge, "Internal Dynamics and the Interrelations of Fish in Schools," Journal of Physiology 144 (1981): 313-325.

집단 지성
L. Fisher, Perfect Swarm: The Science of Complexity in Everyday Life (New York: Basic Books, 2009).

'내딛고 미끄러지기'
M. Wolff, "Notes on the Behaviour of Pedestrians," in A. Birenbaum and E. Sagarin, eds., People in Places: The Sociology of the Familiar (New York: Praeger Publishers, 1973), pp. 35-48.

보행자 행동의 사회학
E. Goffman, Behavior in Public Places: Notes on the Social Organization of Gatherings (New York: Free Press, 1963).
Wolff, "Notes on the Behaviour of Pedestrians". Whyte, City.

골목을 돌기 전 미리 머리를 움직이는 것
R. Grasso, P. Prévost, Y. P. Ivanenko, and A. Berthoz, "Eye-Head Coordination for the Steering of Locomotion in Humans: An Anticipatory Synergy," Neuroscience Letters 253 (1998): 115-118.
T. Imai, S. T. Moore, T. Raphan, and B. Cohen, "Interaction of the Body,

Head, and Eyes During Walking and Turning," Experimental Brain Research 136 (2001): 1-18.

모르몬귀뚜라미와 이집트땅메뚜기
I. Couzin, "!@#$% Traffic: From Insects to Interstates," lecture, World Science Forum, New York, 2009.

세로토닌과 집단의 관계
M. L. Anstey, S. M. Rogers, S. R. Ott, et al., "Serotonin Mediates Behavioral Gregarization Underlying Swarm Formation in Desert Locusts," Science 323 (2009): 627-630.

무단횡단
P. D. Norton, Fighting Traffic (Cambridge, MA: MIT Press, 2008).

'굽은 길에서 갑자기 방향을 바꿔 아무런 예고 없이 튀어나오는 사람들' '목적지로 달려갔다가 다시 반대로 달려가는 사람들' '게걸음으로 흐름을 거슬러가는 사람들' '미식축구의 레프트 엔드처럼 인간 방패 노릇을 하는 사람들과 막무가내로 부딪쳐 오는 사람들' '터벅터벅 걷는 사람들' '질주해가면서 방향을 급히 바꾸는 사람들'
M. B. Lewick, "The Confusion of Our Sidewalkers and the Traffic Problems of the Future in the Erratic Pedestrian," New York Times, August 3, 1924.
"사람들은 시선을 받는 게 싫어서 계속 걸어가요."
Ellen Langer와의 개인적 소통, June 1, 2010.

눈 맞춤으로 상대를 '움직일' 수 있다
I. Couzin, "!@#$% Traffic"에서 얻은 아이디어.

한스 몬데르만과 '벌거벗은 거리'
T. McNichol, "Roads Gone Wild," Wired, December 2004.

1센트 동전의 가격
http://www.usmint.gov/faqs/circulating_coins/index. cfm?action=faq_circulating_coin, retrieved July 31, 2012.

걸으며 길을 보는 것
T. Foulsham, E. Walker, and A. Kingstone, "The Where, What and When of Gaze Allocation in the Lab and the Natural Environment," Vision Research 51 (2011): 1920-1931.

보도의 역사
A. Loukaitou-Sideris and R. Ehrenfeucht, Sidewalks: Conflict and Negotiation Over Public Space (Cambridge, MA: MIT Press, 2009).

보도의 구성 요소
http://www.infrastructurist.com/2010/02/22/the-sidewalks-of-today-and-tomorrow-is-concrete-our-only-option/.

방해물 전담 부서
Arthur F. Cosby, compiler, 1906-1908 Code of Ordinances of the City of New York.

유체역학
Couzin, "!@#$% Traffic".
L. F. Henderson, "On the Fluid Mechanics of Human Crowd Motion," Transportation Research 8 (1974): 509-515.

"그저 괜찮은 의자일 뿐인걸요."
W. H. Whyte, "Please, Just a Nice Place to Sit," New York Times Magazine, December 3, 1972.

조절할 수 있는 의자들
Whyte, City.

여덟 번째 산책

셜록 홈즈와 벨 박사
T. A. Sebeok, The Play of Musement (Bloomington, IN: Indiana University Press, 1982).

"옷소매가 얼마나 중요한 사실을 내보이고 있는지, 엄지손톱이 얼마나 풍부한 것들을 암시하고 있는지, 신발 끈에 얼마나 심각한 문제들이 드러나 있는지 자네는 결코 깨닫지 못하는 것 같군."
A. C. Doyle, "A Case of Identity," in The Adventures of Sherlock Holmes and the Memoirs of Sherlock Holmes (New York: Penguin, 2001).

'손톱 이상'
R. S. Fawcett, S. Linford, and D. L. Stulberg, "Nail Abnormalities: Clues to Systemic Disease," American Family Physician 69(2004): 1417-1424.

걸음걸이
J. Perry, Gait Analysis: Normal and Pathological Function (Thorofare, NJ: Slack Inc., 1992).

아기의 걷기와 넘어지기
K. E. Adolph, "Learning to Move," Current Directions in Psychological Science 17 (2008): 213-218.

입각기와 발걸음 내딛기
Perry, Gait Analysis, p. 5.

잘못된 걸음걸이
http://library.med.utah.edu/neurologicexam/html/gait_abnormal.html#03.

견종별 표준 걸음걸이
American Kennel Club standards, retrieved from http://www.akc.org

구취
B. E. Johnson, "Halitosis, or the Meaning of Bad Breath," Journal of General Internal Medicine 7 (1992): 649-659.
B. Lorber, "Bad Breath and Pulmonary Infection," American Review of Respiratory Disease 112 (1975): 875-877.

라에네크의 소리 목록
H. Schwartz, Making Noise: From Babel to the Big Bang & Beyond (New York: Zone Books, 2011), pp. 210-212.
J. L. Andrews and T. L. Badger, "Lung Sounds Through the Ages," JAMA 241 (1979): 2625-2630.

거울 뉴런
G. di Pellegrino, L. Fadiga, L. Fogassi, et al., "Understanding Motor Events: A Neurophysiological Study," Experimental Brain Research 91 (1992): 176-180.

전문 무용수들의 뇌 활동
B. Calvo-Merino et al., "Action Observation and Acquired Motor Skills: An fMRI Study with Expert Dancers," Cerebral Cortex 15 (2005): 1243-1249.

인체 측정학
L. G. Farkas and I. R. Munro, Anthropometric Facial Proportions in Medicine (Springfield, IL: Charles C. Thomas, 1987).

아홉 번째 산책

"잔디가 자라나고 다람쥐의 심장이 뛰는 소리"
G. Eliot, Middlemarch (New York: Oxford University Press, 2008).

시선과 대화
C. L. Kleinke, "Gaze and Eye Contact: A Research Review," Psychological Bulletin 100 (1986): 78-100.

시선과 즉흥 연기
K. Johnstone, Improv: Improvisation and the Theatre (New York: Routledge, 1981).

100만 가지 색상으로 칠해진 세계의 풍경
J.D. Mollon, "Color Vision: Opsins and Options," Proceedings of the National Academy of Science 96 (1999): 4743-4745.

뇌의 재조직화
D. Bavelier and H.J. Neville, "Cross-Modal Plasticity: Where and How?", Nature Reviews Neuroscience 3 (2002): 443-452.

브로드만의 뇌 지도
S. Kastner and L. G. Ungerleider, "Mechanisms of Visual Artention in the Human Cortex," Annual Review of Neuroscience 23 (2000): 315-341.

서버와 파란색 후버 사 청소기
V. S. Ramachandran and S. Blakeslee, Phantoms in the Brain: Probing the Nature of the Human Mind (New York: Harper Perennial, 1999).

맹인의 후각
O. Sacks, The Mind's Eye (New York: Knopf, 2010), p. 233.

지팡이 보행에 대해
National Research Council, "The Cane as a Mobility Aid for the Blind," 1971.
A. Serino, M. Bassolino, A. Farné, and E. Ládavas, "Extended Multisensory Space in Blind Cane Users," Psychological Science 18 (2007): 642-648.

맹인의 반향 위치 탐지
B. N. Schenkman and M. E. Nilsson, "Human Echolocation: Blind and Sighted Persons' Ability to Detect Sounds Recorded in the Presence of

a Reflecting Object," Perception 39 (2010): 483-501.

존 헐
Sacks, The Mind's Eye.
J. Hull, Touching the Rock: An Experience of Blindness (New York: Pantheon, 1991).

주변 공간
Serino et al., "Extended Multisensory Space".
S. Blakeslee and M. Blakeslee, The Body Has a Mind of Its Own: How Body Maps in Your Brain Help You Do (Almost) Everything Better (New York: Random House, 2007).

피험자들에게 눈가리개를 씌은 fMRI 연구
L. B. Merabet et al., "Rapid and Reversible Recruitment of Early Visual Cortex for Touch," PLoS One 3 (2008): e3046.

피험자들에게 눈가리개를 씌우고 방 안에 넣은 연구
O. Yaski, J. Portugali, and D. Eilam, "The Dynamic Process of Cognitive Mapping in the Absence of Visual Cues: Human Data Compared with Animal Studies," The Journal of Experimental Biology 212 (2009): 2619-2626.

도시의 바람들
K. Pryor, "The Wicked Winds of New York," New York Magazine, April 24, 1978, 35-40.

"핸드폰과 문자메시지에 정신이 팔려서 기능적으로 귀가 먹고 앞이 보이지 않는 것이나 마찬가지인 사람들"
Sacks, The Mind's Eye, p. 199.

1969년의 핸드폰 연구
I. D. Brown, A. H. Tickner, and D. C. Simmonds, "Interference Between Concurrent Tasks of Driving and Telephoning," Journal of Applied Psychology 53 (1969): 419-424.

외발자전거를 타는 광대
I.E. Hyman, Jr.; S. M. Boss; B. M. Wise et al., "Did You See the Unicycling Clown? Inattentional Blindness While Walking and Talking on a Cell Phone," Applied Cognitive Psychology 24 (2010): 597-607.

목소리에 담긴 정보
P. Belin, P. E. G. Bestelmeyer, M. Latinus, and R. Watson, "Understanding Voice Perception," British Journal of Psychology 102 (2011): 711-725.

벨기에 연방 경찰의 맹인 근무자들
D. Bilefsky, "A Blind Sherlock Holmes: Fighting Crime with Acute Listening," New York Times, October 29, 2007.

열 번째 산책

최초의 소리
R. M. Schafer, The Soundscape: Our Sonic Environment and the Tuning of the World (Rochester, VT: Destiny Books, 1994), p. 15.

자궁 속의 소리
M. C. Busnel, C. Granier-Deferre, and J. P. Lecanuet, "Fetal Audition," Annals of the New York Academy of Sciences 662 (1992): 118-134.
S. Tyano and M. Keren, "The Competent Fetus," in Parenthood and Mental Health: A Bridge Between Infant and Adult Psychiatry (New York: Wiley Online, 2010).

디젤 엔진의 소리
Diesel Technology: Report of the Technology Panel of the Diesel Impacts Study Committee (Washington, D.C.: National Academy Press, 1982)를 비롯한 다양한 출처

기린의 초저주파음
Research by E. Muggenthaler, in D. Feldman, Why Do Pirates Love Parrots? (New York: Harper, 2006).

저음질 소리풍경, '음악은 소리다.'
R. M. Schafer, The Soundscape.

소음은 '혼란스럽게 내팽개쳐진 소리'다
H. L. F. Helmholtz, On the Sensations of Tone as a Physiological Basis for the Theory of Music, trans. A. J. Ellis (London: Longmans Green and Co., 1875), p. 8.

소음의 방해성
Schwartz, Making Noise, p. 239.

손톱을 칠판에 대고 긁는 소리
C. Reuter and M. Ochler, "Psycho-acoustics of Chalkboard Squeaking," 162nd Acoustical Society of America Meeting, San Diego, California, 2011.

이음향방사
D. T. Kemp, "Exploring Cochlear Status with Otoacoustic Emissions: The Potential for New Clinical Applications," in M. S. Robinette and T. J. Glattke, eds., Otoacoustic Emissions: Clinical Applications (New York: Thieme, 2002), pp. 1-47.

청각적 서명으로서의 이음향방사
M. Swabey, S. P. Beeby, A. Brown, and J. Chad, "Using Otoacoustic Emissions as a Biometric," Proceedings of the First International Conference on Biometric Authentication (2004), pp. 600-606.

으뜸음
R. M. Schafer, The Soundscape.

청각적 복원
L. Riecke, F. Esposito, M. Bonte, and E. Formisano, "Hearing Illusory Sounds in Noise: The Timing of Sensory-Perceptual Transformations in Auditory Cortex," Neuron 64 (2009): 550-561.

박쥐에 대해
C. Moss and A. Surlykke, "Probing the Natural Scene by Echolocation in Bats," Frontiers of Behavioral Neuroscience 4 (2010): 1-16.

호메로스와 다윗 등이 음악에 보인 신체 적 반응
F. Gonzalez-Crussi, The Five Senses (San Diego: Harcourt Brace Jovanovich, 1989), pp. 38-44.

자가 유사성
M. N. Geffen, J. Gervain, J. F. Werker, and M. O. Magnasco, “Auditory Perception of Self-Similarity in Water Sounds,” Frontiers in Integrative Neuroscience 5 (2011): 15.
W. J. Davies, “The Perception of Susurration: Envelopment in Indoor and Outdoor Spaces,” 18th International Congress on Acoustics, Kyoto, 2004.

흐느끼며 신음하는 전나무
토마스 하디Thomas Hardy가 『Under the Greenwood Tree or the Mellstock Quire: A Rural Painting of the Dutch School』에서 쓴 바 있다.

귀뚜라미가 우는 횟수와 기온의 관계
S. D. Martin, D. A. Gray, and W. H. Cade, “Fine-Scale Temperature Effects on Cricket Calling Song,” Canadian Journal of Zoology 78 (2000): 706-712.

전투 무기로서의 소리
U.S. Department of Defense Non-Lethal Weapons Program, http://jnlwp.defense.gov.

공상과학영화의 자동문
〈스타워즈 에피소드 5- 제국의 역습> 감독이 이 전략을 사용했다.

M. Chion, Audio-Vision: Sound on Screen (New York: Columbia University Press, 1994), p. 12.

사리풀, ‘귀는 수은처럼 빠르게 몸의 자연적인 문과 골목들을 통과해 간다.’
W. Shakespeare, Hamlet, act I, scene V.

코끼리가 하나의 예다. 황소가 땅을 쿵쿵 찧어 내는 소리는 10킬로미터나 퍼져 나가는데, 불가청음은 시공간을 통해 전달되면서 쉽사리 약화되지 않기 때문이다.
K. McComb, D. Reby, L. Baker, et al., “Long-Distance Communication of Acoustic Cues to Social Identity in African Elephants,” Animal Behaviour 65 (2003): 317-329.

불가청음의 의학적 효과
G. M. Foy, Zero Decibels (New York: Scribner, 2010), pp. 6-7.

숨 쉬는 소리
Chion, Audio-Vision, p. 36.

으르렁 소리에 뱃속이 진동했을 것이다
Foy, Zero Decibels, p. 35.

아이 웃음소리와 울음소리의 효과
E. Seifritz et al., “Differential Sex-Independent Amygdala Response to Infant rying and Laughing in Parents Versus Nonparents,” Biological Psychiatry 54 (2003): 1367-1375.

런던의 반소음 운동
Schwartz, Making Noise, pp. 143ff.

기원전 500년, 17세기 런던, 21세기 뉴욕의 소음들
E. Thompson, The Soundscape of Modernity: Architectural Acoustics and the Culture of Listening in America, 1900-1922 (Cambridge, MA: MIT Press, 2002).

공기나 물을 들여다보면 겹겹이 쌓아 올린 케이크처럼 층마다 온도나 압력이 달라지기도 한다
J. W. Bradbury and S. L. Vehrencamp, Principles of Animal Communication, 2nd ed. (Sunderland, MA: Sinauer Associates, 2011).

소리를 통한 동물의 의사소통
Ibid.

긴수염고래
R. Payne and D. Webb, "Orientation by Means of Long Range Acoustic Signaling in Baleen Whales," Annals of the New York Academy of Sciences 188 (1971): 110-141.

사람들이 바다 속에 미치는 영향
M. L. Melcon et al., "Blue Whales Respond to Anthropogenic Noise," PLoS One 7 (2012): e32681.

배음
D. J. Levitin, This Is Your Brain on Music: The Science of a Human Obsession (New York: Penguin, 2006)

디아볼루스 인 무시카
M. Kennedy, The Concise Oxford Dictionary of Music (Oxford: Oxford University Press, 2004).

열한 번째 산책

"예민한 신체적 지각을 상실한 지 이미 오래인 우리들에게는…"
K. Grahame, The Wind in the Willows (New York: Charles Scribner's Sons, 1960), pp. 80-81.

개 코에 대해
G. S. Settles, D. A. Kester, and L. J. Dodson-Dreibelbis, "The External Aerodynamics of Canine Olfaction," in F. G. Barth, J. A. C. Humphrey, and T. W. Secomb, eds., Sensors and Sensing in Biology and Engineering (New York: Springer, 2002), pp. 323-336.

개 코 내부의 후각 수용체들에 대해
S. Firestein, "How the Olfactory System Makes Sense of Scents," Nature 413 (2001): 211-217.
냄새 지각에 대한 더 많은 정보는 http://bigthink.com/users/stuartirestein에서 찾을 수 있다.

개가 킁킁거리는 것에 대해
B. A. Craven, E. G. Paterson, and G. S. Settles, "The Fluid Dynamics of Canine Olfaction: Unique Nasal Airflow Patterns as an Explanation of Macrosmia," Journal of the Royal Society Interface 7 (2010): 933-943.

왼쪽 콧구멍과 오른쪽 콧구멍의 역할 분화
M. Siniscalchi, R. Sasso, A. M. Pepe, et al., "Sniffing with the Right Nostril:

Lateralization of Response to Odour Stimuli by Dogs," Animal Behaviour 82 (2011): 399-404.

측지학 측량 표식
http://celebrating200years.noaa.gov/survey_marks/welcome.html#look
F. W. Koop, "Precise Leveling in New York City," a report of the City of New York Board of Estimate and Apportionment, 1909-1914.

질병의 냄새
M. Shirasu and K. Touhara, "The Scent of Disease: Volatile Organic Compounds of the Human Body Related to Disease," Journal of Biochemistry 150 (2011): 257-266.
"Odor as a Symptom of Disease," New York Medical Journal 69 (1899): 103.

발자국을 통한 추적
P. G. Hepper and D. L. Wells, "How Many Footsteps Do Dogs Need to Determine the Direction of an Odour Trail?" Chemical Senses 30 (2005): 291-298.

개의 걸음걸이
C. M. Brown, Dog Locomotion and Gait Analysis (Wheat Ridge, CO: Hoflin Publishing, 1986).

엉성한 걸음걸이
P. Rezendes, Tracking and the Art of Seeing: How to Read Animal Tracks and Sign (New York: Harper Collins, 1999).

말의 촉각적 민감성
C. A. Saslow, "Understanding the Perceptual World of Horses," Applied Animal Behaviour Science 78 (2002): 209-224.

에필로그

렘브란트 풍의 유화들
제임스 엘킨스가 렘브란트 초상화에 대해 쓴 글에서 얻은 아이디어다.
http://www.jameselkins.com/index.php?option=com_content&view=article&id=227.

박다솜 옮김

서울대학교 언어학과를 졸업했다. 옮긴 책으로는 『과부하 인간』, 『사무실의 도른자들』, 『노동의 상실』, 『불안은 날마다 나를 찾아온다』, 『요즘 애들』, 『유쾌한 우울증의 세계』, 『행복으로 가고 있어』 등 다수가 있다. 번역 에이전시 엔터스코리아에서 활동했고, 계속해서 좋은 책들을 번역하고 있다.

이토록 지적인 산책

1판 1쇄 인쇄 2024년 6월 28일
1판 1쇄 발행 2024년 7월 10일

지은이. 알렉산드라 호로비츠
옮긴이. 박다솜
펴낸이. 최태선

펴낸곳. 라이온북스
등록. 제313-2005-000221호
주소. 14056 경기도 안양시 동안구 벌말로 123 A-2106
전화. 070. 8633. 1268
팩스. 02. 6442. 4364
이메일. lionbooks@naver.com

제작. 타라티피에스
용지. 표지 : 아르떼 210g + 본문 : 미색모조 80g

ISBN 979-11-983333-2-2 03180

+ 본 도서는 〈관찰의 인문학〉의 재출간본입니다.